INSOLVENZRECHT
und Anfechtungsrecht

2018

Wolfgang C. Fahlbusch
Rechtsanwalt
Dozent, Fachanwalt für Insolvenz-, Bank- und Kapitalmarktrecht

ALPMANN UND SCHMIDT Juristische Lehrgänge Verlagsges. mbH & Co. KG
48143 Münster, Alter Fischmarkt 8, 48001 Postfach 1169, Telefon (0251) 98109-0
AS-Online: www.alpmann-schmidt.de

Zitiervorschlag: Fahlbusch, Insolvenzrecht und Anfechtungsrecht, Rn.

Fahlbusch, Wolfgang C.
Insolvenzrecht und Anfechtungsrecht
10., überarbeitete Auflage 2018
ISBN: 978-3-86752-557-2

Verlag: Alpmann und Schmidt Juristische Lehrgänge
Verlagsgesellschaft mbH & Co. KG, Münster

INHALTSVERZEICHNIS

LITERATURVERZEICHNIS

Baumbach/Hueck	GmbHG, 21. Auflage 2017 (zit.: Baumbach/Hueck-Bearbeiter)
Baur/Stürner/Bruns	Zwangsvollstreckungsrecht, 13. Auflage 2006
Bork	Einführung in das neue Insolvenzrecht, 8. Auflage 2017
Braun	InsO, 7. Auflage 2017
Demharter	Grundbuchordnung, 31. Auflage 2018
Haarmeyer/Wutzke/Förster	Handbuch zur Insolvenzordnung, EGInsO, 4. Auflage 2013
Heidelberger Kommentar Kayser/Thole	Insolvenzordnung, 9. Auflage 2018 (zit.: HK-Bearbeiter)
Hess/Pape	InsO und EGInsO, 1998
Hess/Weis	Das neue Anfechtungsrecht, 2. Auflage 1999
Huber	Anfechtungsgesetz, 11. Auflage 2016
Jaeger/Henckel	Konkursordnung, 9. Auflage 1996
Jauernig/Berger	Zwangsvollstreckungs- und Insolvenzrecht, 23. Auflage 2010
Kübler/Prütting/Bork	Das neue Insolvenzrecht, RWS-Dokumentation 18: Insolvenzordnung, Einführungsgesetz zur Insolvenzordnung, Band I, 2. Auflage 2000
Kuntze/Ertl/Herrmann/ Eickmann	Grundbuchrecht, 6. Auflage 2006
Larenz	Lehrbuch des Schuldrechts, Bd. 1, AT, 15. Auflage 2013
Medicus/Petersen	Bürgerliches Recht, 26. Auflage 2017

Münchener Kommentar Kirchhof/Lwowski/Stürner	Insolvenzordnung, Bd. 1, 3. Auflage 2013 Bd. 2, 3. Auflage 2013 (zit.: MK-Bearbeiter)
Obermüller/Hess	InsO, 4. Auflage 2003
Palandt	Bürgerliches Gesetzbuch, 77. Auflage 2018
Smid	Grundzüge des Insolvenzrechts, 4. Auflage 2002
Staudinger	BGB, 3. Buch Sachenrecht, §§ 883–902, Neubearbeitung 2013
Stöber	Zwangsversteigerungsgesetz, 21. Auflage 2016
Thomas/Putzo	Zivilprozessordnung, 38. Auflage 2017
Uhlenbruck	InsO, 14. Auflage 2015
Zeuner	Die Anfechtung in der Insolvenz, 2. Auflage 2007
Zöller	Zivilprozessordnung, 32. Auflage 2018

1. Teil: Das Insolvenzrecht

1. Abschnitt: Zweck und Begriff des Insolvenzverfahrens

Am 01.01.1999 ist die Insolvenzordnung in Kraft getreten. Sie beseitigt die Dualität von Konkurs- und Vergleichsordnung in den alten Bundesländern durch ein einheitliches Insolvenzverfahren und stellt die innerdeutsche Rechtseinheit wieder her, indem sie diese mit der Gesamtvollstreckungsordnung der neuen Bundesländer in sich vereint.[1] 1

Nach Art. 5 des Finanzmarktstabilisierungsgesetzes vom 18.10.2008 wurde mit dem § 19 Abs. 2 InsO n.F. – befristet bis zum 31.12.2010, durch Art. 1 des Gesetzes zur Erleichterung der Sanierung von Unternehmen vom 24.09.2009 bis zum 31.12.2013 verlängert und aufgrund Gesetzes vom 05.12.2012 nunmehr unbefristet – wieder an den sog. zweistufigen modifizierten Überschuldungsbegriff angeknüpft, wie er vom BGH[2] bis zum Inkrafttreten der InsO vertreten wurde.

Das am 01.11.2008 in Kraft getretene Gesetz zur Modernisierung des GmbH-Rechts und zur Bekämpfung von Missbräuchen hat insbesondere aufgrund der Reform des Kapitalersatzrechts erhebliche Änderungen der Insolvenzordnung herbeigeführt.

Am 01.03.2012 ist das Gesetz zur weiteren Erleichterung der Sanierung von Unternehmen (ESUG) sowie am 01.07.2014 das Gesetz zur Verkürzung des Restschuldbefreiungsverfahrens und zur Stärkung der Gläubigerrechte in Kraft getreten.

Weiterhin sind am 05.04.2017 das Gesetz zur Verbesserung der Rechtssicherheit bei Anfechtungen nach der Insolvenzordnung und nach dem Anfechtungsgesetz sowie am 26.06.2017 die europäische Insolvenzordnung (EuInsVO) in Kraft getreten. Das Gesetz zur Erleichterung der Bewältigung von Konzerninsolvenzen vom 13.04.2017 trat am 21.04.2018 in Kraft (BGBl. I S. 866).

Im Gegensatz zur Einzelzwangsvollstreckung der ZPO dient das Insolvenzverfahren nicht der Befriedigung eines Gläubigers, sondern führt zu einer Gesamtbereinigung aller Schulden durch gleichmäßige Befriedigung aller persönlichen Gläubiger aus dem Vermögen des Insolvenzschuldners, sog. „Gesamtvollstreckung". 2
Dieses Ziel wird dadurch erreicht, dass bei Unzulänglichkeit des Schuldnervermögens zur Befriedigung aller Gläubiger das Prioritätsprinzip der Einzelzwangsvollstreckung, vgl. insbesondere § 804 Abs. 3 ZPO, ersetzt wird durch das Prinzip der gleichmäßigen, quotenmäßigen Befriedigung aller persönlichen Gläubiger, sog. „Verlustgemeinschaft der Gläubiger", unabhängig davon, ob die Forderung tituliert ist oder nicht und wann sie entstanden ist.

Während die Einzelzwangsvollstreckung auf der Initiative des einzelnen Gläubigers beruht, wird das Insolvenzverfahren durch die Gläubigergemeinschaft selbst – d.h. durch deren Organe, die Gläubigerversammlung, §§ 74–79 InsO, und den Gläubigerausschuss, §§ 67–73 InsO – bzw. durch den Insolvenzverwalter „als zentrale Figur des Insolvenzverfahrens", §§ 56–66 InsO, durchgeführt, und zwar unter Aufsicht des Insolvenzgerichts, § 58 Abs. 1 InsO.

---

1 Vgl. zu den Reformzielen Graf/Schlicker ZIP 2002, 1166 ff.

2 BGHZ 119, 201, 214.

3 Die Befriedigung der Gläubiger erfolgt durch Verwertung des Schuldnervermögens, wofür gleichrangig drei Wege zur Verfügung stehen:

1. Liquidation des Vermögens und Verteilung des Erlöses;

2. Sanierung des Unternehmens und Erwirtschaftung von Gewinnen, die an die Gläubiger verteilt werden – sog. „investive Verwertung";

3. Übertragende Sanierung, bei der das Unternehmen (oder selbstständige Teile davon) an Dritte übertragen und der Kaufpreis an die Gläubiger verteilt wird – sog. sanierende Liquidation.

2. Abschnitt: Das Insolvenzeröffnungsverfahren

A. Die Voraussetzungen der Eröffnung

Fall 1:

Das Amtsgericht A (Insolvenzgericht) hat auf Antrag des Gläubigers G das Insolvenzverfahren über das Vermögen des Schuldners S durch Beschluss eröffnet.

I. Das Insolvenzverfahren über das Vermögen des/der … wird heute, den …, 12.00 Uhr, eröffnet (§ 27 Abs. 2 Nr. 1, 3, Abs. 3 InsO).

II. Zum Insolvenzverwalter wird ernannt … (§ 27 Abs. 2 Nr. 2 InsO).

III. Die erste Gläubigerversammlung zur Beschlussfassung über den Fortgang des Insolvenzverfahrens auf der Grundlage eines Berichts des Verwalters wird bestimmt auf … (§§ 29 Abs. 1 Nr. 1, 156 InsO).

IV. 1. Die Gläubiger werden aufgefordert, ihre Forderungen bis zum … beim Verwalter anzumelden (§§ 28 Abs. 1, 174 InsO).

2. Sie haben dem Verwalter unverzüglich mitzuteilen, welche Sicherungsrechte sie an beweglichen Sachen oder Rechten des Schuldners in Anspruch nehmen. Der Gegenstand, an dem das Sicherungsrecht beansprucht wird, die Art und der Entstehungsgrund des Sicherungsrechts sowie die gesicherte Forderung sind zu bezeichnen (§ 28 Abs. 2 InsO).

V. Prüfungstermin der Gläubigerversammlung über die angemeldeten Forderungen wird bestimmt auf … (§§ 29 Abs. 1 Nr. 2, 176, 177 InsO).

VI. Alle Personen, die eine zur Masse gehörige Sache im Besitz haben oder zur Masse etwas schuldig sind, werden aufgefordert, nicht mehr an den Schuldner zu leisten, sondern an den Verwalter (§ 28 Abs. 3 InsO)."

Gegen diesen Beschluss legt S sofortige Beschwerde bei dem Amtsgericht A mit der Begründung ein, dass G zwischenzeitlich befriedigt worden sei.

4 A. **Zulässigkeit der sofortigen Beschwerde**

I. Statthaftigkeit

Gemäß §§ 6 Abs. 1, 34 Abs. 2 InsO, § 567 Abs. 1 Nr. 1 ZPO ist die sofortige Beschwerde des Schuldners gegen die Eröffnung des Insolvenzverfahrens statthaft. Sie hat keine aufschiebende Wirkung, § 4 InsO i.V.m. §§ 567 Abs. 1, 570 Abs. 1 ZPO. Diese kann aber gemäß § 570 Abs. 2 u. 3 ZPO ausdrücklich angeordnet werden.[3]

3 Thomas/Putzo § 570 Rn. 2, 3; Pape NJW 2001, 23 ff.

II. Zuständigkeit

Zuständig ist das Landgericht als Beschwerdegericht, § 4 InsO i.V.m. § 569 Abs. 1 ZPO. Das Insolvenzgericht kann gemäß §§ 567 Abs. 1, 572 Abs. 1 ZPO der Beschwerde abhelfen.

III. Allgemeine Prozessvoraussetzungen

Die allgemeinen Prozessvoraussetzungen, insbesondere die Partei- und Prozessfähigkeit sowie die Prozessvollmacht, vgl. aber § 88 Abs. 2 ZPO, müssen gegeben sein.

IV. Form

Die sofortige Beschwerde kann, auch in nicht dringenden Fällen, schriftlich oder zu Protokoll der Geschäftsstelle bei dem Beschwerdegericht eingelegt werden, § 4 InsO i.V.m. §§ 569 Abs. 1 S. 1, Abs. 2 u. 3, 567 Abs. 1 ZPO.

V. Frist

Die sofortige Beschwerde ist binnen einer Notfrist von zwei Wochen einzulegen, § 4 InsO i.V.m. § 569 Abs. 1 S. 1 ZPO. Diese beginnt gemäß §§ 6 Abs. 2, 30 Abs. 1 S. 1, 9 Abs. 3 InsO mit der Wirksamkeit der öffentlichen Bekanntmachung des Eröffnungsbeschlusses,[4] also mit Ablauf des zweiten Tages nach der Veröffentlichung, § 9 Abs. 1 S. 3 InsO, dagegen nicht mit der Zustellung des Eröffnungsbeschlusses an den Insolvenzschuldner.
Nach Ablauf dieser Notfrist ist die sofortige Beschwerde nur nach Maßgabe des § 4 InsO i.V.m. § 569 Abs. 1 S. 3 ZPO, d.h. bei Vorliegen der Voraussetzungen einer Nichtigkeits- oder Restitutionsklage[5] zulässig.

VI. Beschwerdebefugnis

Nur der Insolvenzschuldner kann den Beschluss, durch den das Insolvenzverfahren über sein Vermögen eröffnet wurde, mit der sofortigen Beschwerde anfechten, § 34 Abs. 2 InsO.[6]

Die Begrenzung des Rechtsmittels der sofortigen Beschwerde auf die Person des Schuldners verstößt nicht gegen Art. 3 Abs. 1 GG.[7]

Gegen die Zulässigkeit der sofortigen Beschwerde des S bestehen keine Bedenken.

B. **Begründetheit der sofortigen Beschwerde**

Die sofortige Beschwerde ist begründet, wenn das Insolvenzgericht die Voraussetzungen für den Erlass des Eröffnungsbeschlusses zu Unrecht angenommen hat, wobei gemäß **§ 4 InsO** i.V.m. **§ 571 ZPO** auf den Zeitpunkt der Entscheidung des Beschwerdegerichts abzustellen ist.[8] **5**

4 Holzer ZIP 2008, 391 ff.
5 Zöller/Heßler § 569 Rn. 6 b m.w.N.
6 Hess/Pape Rn. 180.
7 BVerfG NJW 1990, 1902.
8 BGH ZIP 2008, 2285; 1034, 1035; Zöller/Heßler § 571 Rn. 2.

Es sind somit die Voraussetzungen für die Eröffnung des Insolvenzverfahrens zu prüfen.

6 I. **Zulässigkeit des Insolvenzantrags**

1. Antrag auf Eröffnung des Insolvenzverfahrens, **§ 13 Abs. 1 S. 1 InsO**

Das Insolvenzverfahren wird nicht von Amts wegen, sondern nur auf Antrag, der schriftlich oder zu Protokoll der Geschäftsstelle oder des Rechtspflegers gestellt werden muss, **§ 4 InsO** i.V.m. **§ 496 ZPO, § 24 Abs. 2 RPflG**, eröffnet.

Antragsberechtigt sind:

- jeder (künftige) Insolvenzgläubiger, **§§ 13 Abs. 1 S. 2, 14 InsO**
- der (künftige) Insolvenzschuldner, **§ 13 Abs. 1 S. 2 InsO**, bei Prozessunfähigkeit sein gesetzlicher Vertreter, Nachlasspfleger;[9]

  Nach **§ 13 Abs. 1 S. 3 InsO** ist dem Antrag des Schuldners generell ein Verzeichnis der Gläubiger und ihrer Forderungen beizufügen. Bei laufendem Geschäftsbetrieb sind fakultativ nach **§ 13 Abs. 1 S. 4 Nr. 1–5 InsO** die dort bezeichneten Forderungen kenntlich zu machen, nach Abs. 1 S. 5 sind die Angaben zur Bilanzsumme, zu den Umsatzerlösen und zur durchschnittlichen Zahl der Arbeitnehmer des vorangegangenen Geschäftsjahres zwingend, vgl. dazu **§§ 21 Abs. 2 Nr. 1 a, 22 a InsO**. Nach **Abs. 1 S. 6** sind die Angaben nach S. 4 weiterhin zwingend, wenn der Schuldner **Eigenverwaltung** beantragt hat, die Voraussetzungen des **§ 22 a Abs. 1 Nr. 1–3 InsO** vorliegen oder die Einsetzung eines **vorläufigen Gläubigerausschusses** im Eröffnungsverfahren beantragt wird.[10]

- Zum Antragsrecht bei juristischen Personen und Gesellschaften ohne Rechtspersönlichkeit vgl. **§ 15 InsO** (Antragsrecht des einzelnen Vorstandsmitgliedes zur Stellung eines Insolvenzantrags auch bei Gesamtvertretung;[11] Antragsrecht des Geschäftsführers einer insolventen Komplementär-GmbH hinsichtlich der KG).[12]
- Zur Antragspflicht bei juristischen Personen im Falle der Zahlungsunfähigkeit oder Überschuldung vgl. **§ 15 a Abs. 1 InsO**.[13]

  Im Fall der Antragspflicht ist der Eröffnungsantrag ohne schuldhaftes Zögern, spätestens aber drei Wochen nach Eintritt der Zahlungsunfähigkeit oder Überschuldung zu stellen. Nach der Rspr. des BGH[14] beginnt die Drei-Wochenfrist bei Überschuldung mit der Kenntnis des zuständigen Organs vom Vorliegen dieses Insolvenzgrundes, wobei ein Aufwand zu verlangen ist, der eine zuverlässige Eigenprüfung ermöglicht. Im Falle der Zahlungs-

9 BGH ZIP 2007, 1868.
10 AG Hannover ZInsO 2015, 1693; AG Hamburg ZInsO 2013, 134; Marotzke Der Betrieb 2012, 560 ff., 617 ff.
11 AG Göttingen ZIP 2011, 394.
12 AG Dresden ZIP 2003, 3151 ff.
13 Schmidt ZInsO 2014, 2325 ff.; Cymutta BB 2012, 3151 ff.
14 BGH ZIP 2012, 1557, 1558; 2007, 1256.

unfähigkeit beschränkt sich die Verpflichtung zur Eigenprüfung auf die Liquidität des Unternehmens.

Der Geschäftsführer als Ersteller der Prognose hat die im Verkehr erforderliche Sorgfalt zu beachten, konkretisiert nach § 43 Abs. 1 GmbHG.[15] Das beinhaltet die Verpflichtung, nach Eintritt erster Krisenanzeichen die Informationssammlung und Dokumentation zu beginnen.[16] Die kontinuierliche Überprüfung der Fortführungsfähigkeit des Unternehmens ist Aufgabe des Geschäftsführers.[17] Spätestens ab dem Zeitpunkt der Erkennbarkeit rechnerischer Überschuldung wird das Vorliegen des Insolvenzverschleppungstatbestandes vermutet.[18] Der Geschäftsführer trägt die Beweislast, dass aus damaliger Sicht eines sorgfältig handelnden Geschäftsführers eine positive Fortführungsprognose gerechtfertigt war.[19] Nicht ausreichend ist der pauschale Hinweis auf stille Reserven, vielmehr bedarf es der nachvollziehbaren Darlegung, aus welcher Bilanzposition stille Reserven realisiert werden können. Weiterhin sind auch stille Lasten aufzudecken.[20]

Zur Insolvenzantragspflicht bei Führungslosigkeit der Gesellschaft vgl. § 15 a Abs. 3 InsO.[21]

Der Antrag kann mit der Kostenfolge des § 4 InsO, § 269 Abs. 3 S. 2 ZPO zurückgenommen werden, jedoch nicht mehr **nach** der Insolvenzeröffnung oder **nach** rechtskräftiger Abweisung des Antrags, § 13 Abs. 2 InsO, da nach diesem Zeitpunkt der Antragsteller auf den Fortgang des Verfahrens keinen Einfluss mehr hat.[22]

2. Allgemeine Verfahrensvoraussetzungen 7

a) Zuständigkeit

Das Amtsgericht, in dessen Bezirk ein Landgericht seinen Sitz hat (vgl. aber § 2 Abs. 2 InsO), ist als Insolvenzgericht zur Entscheidung über den Insolvenzantrag **sachlich** zuständig, **§ 2 Abs. 1 InsO**. **Örtlich** ist das Gericht zuständig, in dessen Bezirk der Schuldner seinen allgemeinen Gerichtsstand hat bzw. der Schwerpunkt seiner selbstständigen wirtschaftlichen Tätigkeit liegt, **§ 3 Abs. 1 S. 1 und 2 InsO**.[23]

Bei Unternehmen kommt es in erster Linie darauf an, wo sich ihre Hauptniederlassung befindet.[24] Zu deren Begründung genügen die bloße Anmeldung eines Gewerbebetriebs und die Eintragung im Handelsregister nicht, vielmehr ist es erforderlich, dass ein Erwerbsgeschäft ständig betrieben

15 BGH a.a.O.; Blöse GmbHR 2005, 832.
16 Baumbach/Hueck/Zöllner/Noak § 43 Rn. 17.
17 BGH ZIP a.a.O.; Tamm BB 2012, 1944 ff.
18 BGH ZIP 2012, 1455, 1456; 2007, 2171; 2000, 184, 185.
19 BGH a.a.O.
20 Blöse ZIP 2003, 1687, 1689, 1690.
21 AG Oldenburg ZIP 2016, 1936; Pape ZInsO 2011, 2154, 2157; Passarge GmbHR 2010, 295, 297.
22 BGH ZIP 2008, 1596; MK-Schmah § 13 Rn. 122 ff.
23 BayObLG ZIP 2003, 676; AG Göttingen ZIP 2010, 640; Gehrlein ZInsO 2012, 2117, 2118; zum Insolvenzgerichtsstand des persönlich haftenden Gesellschafters einer OHG/KG, BGB-Gesellschaft KG ZIP 2000, 1170; zur Zuständigkeitserschleichung OLG Celle ZIP 2010, 489; AG Göttingen ZIP 2007, 1281.
24 AG Göttingen ZIP 2010, 640; Gehrlein ZInsO 2012, 2117 ff.

wird und sich dieses in äußeren Erscheinungen kundtut.[25] Der Wohnsitz des neu bestellten Geschäftsführers begründet keine Zuständigkeit des für den Wohnsitz des Geschäftsführers zuständigen Insolvenzgerichts.[26]

Funktionell zuständig ist der Richter, vgl. **§ 18 Abs. 1 RPflG**.

b) Insolvenzfähigkeit, §§ 11, 12 InsO

Die Parteifähigkeit für das Insolvenzverfahren wird auf der Schuldnerseite als Insolvenzfähigkeit bezeichnet.
Insolvenzfähig sind alle natürlichen und juristischen Personen, wobei der nicht rechtsfähige Verein einer juristischen Person gleichsteht, **§ 11 Abs. 1 S. 1 u. 2 InsO**.[27]

Weiterhin sind auch Vorgesellschaften, z.B. Vor-GmbH,[28] insolvenzfähig. Nach **§ 11 Abs. 2 Nr. 1 InsO** kann ein Insolvenzverfahren auch über das Vermögen einer **Gesellschaft ohne Rechtspersönlichkeit** eingeleitet werden.[29]

Auch eine in Vollzug gesetzte fehlerhafte Gesellschaft ist hinsichtlich des gebildeten Gesellschaftsvermögens insolvenzfähig.[30]

c) Verfahrensvollmacht

Gemäß § 4 InsO gelten insoweit die §§ 80 ff. ZPO. Anwaltliche Vollmachten sind im Insolvenzverfahren nicht von Amts wegen zu prüfen, nur die von nicht anwaltlichen Vertretern.

d) Rechtsschutzinteresse

Voraussetzungen zur Einleitung eines Insolvenzverfahrens durch einen Gläubiger ist gemäß **§ 14 Abs. 1 InsO** das Vorliegen eines Rechtsschutzinteresses, was von Amts wegen zu prüfen ist.[31] Es ist grundsätzlich aufgrund der Gläubigereigenschaft gegeben, fehlt jedoch dann, wenn der Gläubiger auf einfachere und zweckmäßigere Art und Weise die Befriedigung seiner Forderung erreichen kann. Dies liegt insbesondere dann vor, wenn die Forderung zweifelsfrei vollständig dinglich gesichert ist.[32]

Der Insolvenzantrag ist als rechtsmissbräuchlich anzusehen, wenn mit dem Insolvenzverfahren der ausschließliche Zweck verfolgt wird, einen Konkurrenten aus dem Wettbewerb zu entfernen.[33]

Das Rechtsschutzinteresse für den Insolvenzantrag fehlt auch nicht schon dann, wenn die Forderung des antragstellenden Gläubigers gering ist, da

25 BayObLG Rpfl. 1980, 486; Haarmeyer/Wutzke/Förster S. 51.
26 OLG Celle ZIP 2006, 921.
27 BGH ZIP 2003, 2123: Insolvenzfähigkeit der Vor-GmbH.
28 BGH ZIP 2003, 2123.
29 BGH ZIP 2003, 2123.
30 BGH ZIP 2006, 2174, 2175.
31 BGH WM 2008, 227; 1996, 652.
32 BGH ZInsO 2011, 1216; 2008, 103, 104; Geißler ZInsO 2014, 14 ff.
33 BGH ZIP 2011, 1161, 1162.

anderenfalls insbesondere die kleinen und damit häufig die wirtschaftlich schwächeren Gläubiger benachteiligt würden.[34] Zur Befriedigung der Forderung vgl. § 14 Abs. 1 S. 2 InsO unter Rn. 13.

Auch ein nachrangiger Insolvenzgläubiger, vgl. § 39 InsO, hat ohne Rücksicht auf die tatsächlichen Befriedigungsaussichten ein Rechtsschutzinteresse für die Stellung eines Insolvenzantrags.[35]

3. Angabe des Eröffnungsgrundes, sog. materieller Eröffnungsgrund, **§ 16 InsO**

Als Eröffnungsgründe kommen die **Zahlungsunfähigkeit**, die **drohende Zahlungsunfähigkeit** und die **Überschuldung** in Betracht, wobei es von der Person des Schuldners abhängt, welcher Insolvenzgrund geltend gemacht werden kann. 8

a) **Zahlungsunfähigkeit, § 17 InsO**

Die Zahlungsunfähigkeit ist der allgemeine Eröffnungsgrund, vgl. § 17 Abs. 1 InsO, d.h., sie kann bei natürlichen und juristischen Personen, dem nicht rechtsfähigen Verein und den Gesellschaften ohne Rechtspersönlichkeit i.S.d. **§ 11 Abs. 2 Nr. 1 InsO** vorliegen. 9

Zahlungsunfähig ist der Schuldner, wenn er nicht in der Lage ist, die fälligen Zahlungsverpflichtungen zu erfüllen, **§ 17 Abs. 2 S. 1 InsO**. In die zur Feststellung der Zahlungsunfähigkeit aufzustellende Liquiditätsbilanz sind auf der Aktivseite neben den verfügbaren Zahlungsmitteln (sog. Aktiva I) die innerhalb von drei Wochen flüssig zu machenden Mittel (sog. Aktiva II) einzubeziehen und zu den am Stichtag fälligen und eingeforderten Verbindlichkeiten (sog. Passiva I) sowie den innerhalb von drei Wochen fällig werdenden und eingeforderten Verbindlichkeiten (sog. Passiva II) in Beziehung zu setzen. Auch die innerhalb von drei Wochen nach dem Stichtag fällig werdenden Verbindlichkeiten (sog. Passiva II) sind bei der Feststellung der Zahlungsunfähigkeit zu berücksichtigen.[36] Nach außen erkennbar wird die Zahlungsunfähigkeit in der Regel, wenn der Schuldner seine Zahlungen eingestellt hat, **§ 17 Abs. 2 S. 2 InsO**. Diese – widerlegbare – gesetzliche Vermutung indiziert die Zahlungsunfähigkeit.[37]

Von der Zahlungsunfähigkeit ist die sog. Zahlungsstockung[38] zu unterscheiden, bei der ein nur kurzfristiger Geldmangel umgehend durch Kreditaufnahme behoben werden kann. Ist der Schuldner nicht in der Lage, sich innerhalb von drei Wochen die zur Begleichung der fälligen Forderungen benötigten finanziellen Mittel zu beschaffen, handelt es sich nicht nur um eine bloße Zahlungsstockung. Beträgt die innerhalb von drei Wochen nicht zu beseitigende Liquiditätslücke des Schuldners weniger als 10% ihrer fälli-

34 BGH WM 1986, 652; LG Berlin NJW-RR 1992, 831; Hess/Pape Rn. 119; Gerhardt ZZP 1995, 467, 482 ff.
35 BGH ZIP 2010, 2055, 2056; Gundlach/Müller ZInsO 2011, 84 ff.
36 BGH ZIP 2018, 283, 288; 2015, 585; 437; 2013, 2015; Mylich ZIP 2018, 514 ff.
37 BGH ZIP 2017, 2368, 2369; 2007, 1469.
38 BGH ZIP 2015, 437; 2005, 1468, 1469; 2003, 488, 391; Krüger/Wigand ZInsO 2011, 314 ff.; Bork ZIP 2008, 1749 ff.; Hess/Pape Rn. 97.

gen Gesamtverbindlichkeiten, ist allerdings regelmäßig Zahlungsunfähigkeit noch nicht eingetreten, es sei denn, es ist bereits absehbar, dass die Lücke demnächst mehr als 10% erreichen wird. Beträgt die Liquiditätslücke des Schuldners 10% oder mehr, ist dagegen regelmäßig von Zahlungsunfähigkeit auszugehen, sofern nicht ausnahmsweise mit an Sicherheit grenzender Wahrscheinlichkeit zu erwarten, dass die Liquiditätslücke demnächst vollständig oder fast vollständig geschlossen wird und den Gläubigern ein Zuwarten nach den besonderen Umständen des Einzelfalles zuzumuten ist.[39]

Es ist ausreichend, wenn die Zahlungseinstellung aufgrund der Nichtbezahlung nur einer – nicht unwesentlichen – Forderung gegenüber einer Person besteht.[40] Die tatsächliche Nichtzahlung eines erheblichen Teils der fälligen Verbindlichkeiten reicht für eine Zahlungseinstellung auch dann aus, wenn tatsächlich noch geleistete Zahlungen beträchtlich sind, aber im Verhältnis zu den fälligen Gesamtschulden nicht den wesentlichen Teil ausmachen.[41] Gestundete Forderungen können im Rahmen einer zum Nachweis der Zahlungsunfähigkeit zu erstellenden Liquiditätsbilanz außer Betracht bleiben.[42]

Eine Forderung ist in der Regel i.S.d. § 17 Abs. 2 InsO fällig, wenn eine Gläubigerhandlung feststeht, aus der sich der Wille, vom Schuldner Erfüllung zu verlangen, im allgemeinen ergibt, sog. ernsthaftes Einfordern.[43]

Eine einmal eingetretene Zahlungsunfähigkeit wird regelmäßig erst beseitigt, wenn die geschuldeten Zahlungen an die Gesamtheit der Gläubiger wieder aufgenommen werden können.[44]

Anhang: Es wird ergänzend auf die IDW-Standards IDW S 11 zur Beurteilung des Vorliegens von Insolvenzeröffnungsgründen verwiesen.[45]

b) Drohende Zahlungsunfähigkeit, § 18 InsO

10 Der Eröffnungsgrund der drohenden Zahlungsunfähigkeit liegt vor, wenn der Schuldner voraussichtlich nicht in der Lage sein wird, die bestehenden Zahlungspflichten im Zeitpunkt der Fälligkeit zu erfüllen, **§ 18 Abs. 2 InsO**. In die Prognose sind auch Zahlungspflichten einzubeziehen, deren Fälligkeit im Prognosezeitraum nicht sicher, aber überwiegend wahrscheinlich ist. Auch eine unstreitige Forderung, die für eine begrenzte Zeit gestundet ist, kann bei der Prognose, ob drohende Zahlungsunfähigkeit vorliegt, zu berücksichtigen sein.[46]

39 BGH ZIP 2010, 683, 687; 2009, 1235, 1237; 2007, 1666; 1469; MK-Ellenberger § 17 Rn. 10 ff.; HK-Kreft § 17 Rn. 18, 45.
40 BGH WM 2012, 998, 999; 2011, 1429; ZIP 2010, 683, 686; 2003, 410, 412.
41 BGH ZIP 2006, 2222, 2223.
42 BGH ZInsO 2012, 732; Gehrlein ZInsO 2012, 2117, 2120.
43 BGH ZIP 2013, 228, 231; 2009, 1235, 1237 m. Anm. Schulz ZIP 2009, 2281; 2008, 706, 707; 420, 422; 2007, 1796, 1798.
44 BGH ZIP 2010, 683, 687; 2007, 1469, 1471; AG Hamburg ZIP 2002, 2270.
45 Steffan/Solmecke ZInsO 2015, 1365 ff.
46 BGH ZIP 2014, 1289, 1292; Gehrlein BB 2014, 1539 ff.

Mit dem Eröffnungsgrund der drohenden Zahlungsunfähigkeit soll bereits im Vorfeld einer wirtschaftlichen Krise auf die rechtzeitige Eröffnung eines Insolvenzverfahrens hingewirkt werden, um die Chancen einer Sanierung zu erhöhen. Hierauf kann sich jedoch nur der Schuldner selbst berufen, § 18 Abs. InsO, der auf Verlangen des Gerichts einen Liquiditätsplan einreichen muss. Damit soll verhindert werden, dass Gläubiger den Schuldner schon im Vorfeld der Insolvenz durch einen Insolvenzantrag unter Druck setzen können.[47]

c) **Überschuldung, § 19 InsO**

Die Überschuldung kommt als Eröffnungsgrund bei juristischen Personen, **§ 19 Abs. 1 InsO**, dem nichtrechtsfähigen Verein, § 11 Abs. 1 S. 2 InsO, und bei Gesellschaften ohne Rechtspersönlichkeit in Betracht, bei denen keiner der persönlich haftenden Gesellschafter eine natürliche Person ist, **§ 19 Abs. 3 InsO** (Hauptfall: GmbH & Co. KG). 11

Die Überschuldung lässt sich nicht anhand der Handels- und Steuerbilanz feststellen, mag ein negatives Ergebnis der fortgeschriebenen Jahresbilanz auch indizielle Bedeutung haben.[48]

Die Überschuldung ist gegeben, wenn das Vermögen des Schuldners die bestehenden Verbindlichkeiten nicht mehr deckt, **§ 19 Abs. 2 S. 1 InsO**.[49]

Nach Art. 5 des Finanzmarktstabilisierungsgesetzes vom 18.10.2008 wird mit dem § 19 Abs. 2 S. 1 InsO n.F. – befristet zunächst bis zum 31.12. 2010, durch Art. 1 des Gesetzes zur Erleichterung der Sanierung von Unternehmen vom 24.09.2009 verlängert bis zum 31.12.2013 und aufgrund Gesetzes vom 05.12.2012[50] nunmehr unbefristet – wieder an den sog. zweistufigen modifizierten Überschuldungsbegriff angeknüpft, wie er vom BGH bis zum Inkrafttreten der InsO vertreten wurde (s.o.). 12

Mit dem Finanzmarktstabilisierungsgesetz hat der Gesetzgeber nur den Insolvenzgrund der Überschuldung neu geregelt, der allgemeine Insolvenzgrund der Zahlungsunfähigkeit nach § 17 InsO besteht dagegen unverändert fort.

Im Unterschied zur bisherigen Fassung des § 19 Abs. 2 InsO a.F. ist bei der Prüfung der Wahrscheinlichkeit einer Fortführung des Unternehmens, sog. Fortführungsprognose, nunmehr nicht mehr ausschließlich auf den bei der Erstellung des Überschuldungsstatus anzuwendenden Bewertungsmaßstab – Fortführungswerte für Vermögenswerte und Verbindlichkeiten bei positiver Prognose, s.o. sog. „going concern" –, bei negativer Prognose dagegen Ansatz von Liquidationswerten, abzustellen, vielmehr liegt eine Überschuldung nach **§ 19 Abs. 2 S. 1 InsO** n.F. im Falle einer positiven Fortführungsprognose gar nicht vor.[51]

47 OLG München ZIP 2013, 1121; Kübler/Prütting, RWS-Dok. 18, Bd. I, S. 176.
48 BGH ZIP 2017, 427, 429.
49 Bitter/Hommerich/Reiß ZIP 2012,1201 ff.
50 Schmidt ZIP 2013, 485 ff.
51 Böcker/Poertzgen GmbHR 2013, 17 ff.; Kaiser ZIP 2012, 2478 ff.; Kübler/Prütting/Pape 33. EL, § 19 Rn. 30.

Ist somit die Fortführung des Unternehmens nach den Umständen des Einzelfalls überwiegend wahrscheinlich, kommt es auf eine Gegenüberstellung der Aktiva und Passiva der Gesellschaft nicht mehr an.

Die Prognose tritt kumulativ als selbstständiges, gleichrangiges Tatbestandsmerkmal neben die rechnerisch ermittelte Vermögensübersicht, sog. „exekutorisches Element".[52]

Liegt bereits eine rechnerische Überschuldung unter Zugrundelegung von Liquidationswerten nicht vor, so erübrigt sich eine Prognose. Fällt dagegen die Fortführungsprognose positiv aus, kommt es auf das Vorliegen einer rechnerischen Überschuldung, unabhängig von dem Umfang der rechnerischen Unterdeckung, nicht an.[53]

Aus dem Gesetzestext des § 19 Abs. 2 S. 1 InsO n.F. „ ... es sei denn ..." ergibt sich, dass dann, wenn eine positive Fortführungsprognose dazu führt, dass die rechnerische Überschuldung entfällt, immer auf Liquidationswerte abzustellen ist.[54]

Mit dem § 19 Abs. 2 S. 1 InsO n.F. wird der Eintritt der materiellen Insolvenz in Form der Überschuldung zeitlich weiter nach hinten verlagert. Für den Organvertreter des schuldnerischen Unternehmens besteht keine Insolvenzantragspflicht nach § 15 a InsO, solange die Fortführungsprognose des Unternehmens positiv ist.

Zur Vermeidung der Haftung aus Insolvenzverschleppung, vgl. § 823 Abs. 2 BGB i.V.m. § 15 a InsO, § 64 S. 1 GmbHG, ist daher sicherzustellen, dass die Fortführung in Fällen bilanzieller Überschuldung nur dann gerechtfertigt ist, wenn die positive Prognose auf professionellen und objektivierbaren Finanzplänen beruht.

Anhang: Es wird ergänzend auf die IDW-Standards IDW S 11 zur Beurteilung des Vorliegens von Insolvenzeröffnungsgründen verwiesen.

4. Glaubhaftmachung gemäß **§ 14 Abs. 1 InsO** i.V.m. **§ 294 ZPO**

13 Der Antrag des Gläubigers ist nur zulässig, wenn

a) der Bestand der Forderung, deren Titulierung grundsätzlich nicht erforderlich ist, glaubhaft gemacht ist, es sei denn, die dem Insolvenzantrag zugrunde liegende Forderung ist die einzige, die für den Fall ihres Bestehens den Insolvenzgrund ausmachen würde, und diese Forderung wird von dem künftigen Insolvenzschuldner bestritten. Hier bedarf die Forderung des vollen Beweises.[55] Ist die Forderung, auf die der ursprüngliche Antrag gestützt war, erfüllt, kann der Gläubiger die Forderung auswechseln.[56]

---

52 Hecker/Glozbach BB 2009,1544 ff.; Holzer ZIP 2008, 2108 ff.; Hölzle ZIP 2008, 2003 ff.; Schmidt Der Betrieb 2008, 2467 ff.

53 Baumbach/Hueck/Haas § 64 Rn. 43b; 47a m.w.N.

54 Baumbach/Hueck/Haas § 64 Rn. 56 m.w.N; zur **Prüfungsreihenfolge** Baumbach/Hueck/Haas § 64 Rn. 59 a

55 BGH ZIP 2006,1456; 1452; 247; ZIP 2010, 291– Forderung aus einer vollstreckbaren Urkunde; ZIP 2007,1226 – zur Einrede der Verjährung; Hess/Pape Rn. 122; Haarmeyer/Wutzke/Förster S.133 f.

56 BGH WM 2004, 1466; 2006, 247.

Nach § 14 Abs. 1 S. 2 InsO ist der Insolvenzantrag nicht allein dadurch unzulässig, dass die Forderung erfüllt wird. Nach der Gesetzesbegründung habe der Fiskus/Sozialversicherungsträger ein Interesse daran zu verhindern, dass ein insolventes Unternehmen weiterhin wirtschaftliche Aktivitäten entwickelt.[57] Aus dem Wortlaut des Gesetzestextes entnimmt die h.M.,[58] dass die weiteren Anspruchsvoraussetzungen des § 14 Abs. 1 S. 1 InsO grundsätzlich fortbestehen müssen, lediglich das Erfordernis der Glaubhaftmachung der Forderung durch § 14 Abs. 1 S. 2 InsO entfällt.

b) der Insolvenzgrund glaubhaft gemacht ist; zu den Mitteln der Glaubhaftmachung vgl. § 4 InsO i.V.m. § 294 ZPO.

Die Glaubhaftmachung erfolgt durch Vorlage von Urkunden, z.B. Kontoauszüge oder Rechnungen über Warenlieferungen, aus denen sich das Bestehen der Gläubigerforderung ergibt[59] – die Zahlungsunfähigkeit, z.B. durch die Fruchtlosigkeitsbescheinigung des Gerichtsvollziehers.[60]

Die Überschuldung ist durch den Gläubiger kaum glaubhaft zu machen, ggf. durch Vorlage testierter Jahresabschlüsse.

Die Prüfung der Zulässigkeit des Insolvenzantrages ist keine selbstständige, mit der sofortigen Beschwerde anfechtbare Entscheidung, sondern nur eine interne, vorbereitende Prüfungstätigkeit des Insolvenzrichters.[61]

Fehlt eine der Voraussetzungen, ist der Antrag als unzulässig zurückzuweisen. Gegen die Entscheidung steht dem Antragsteller die sofortige Beschwerde gemäß §§ 34 Abs. 1, 6 InsO, § 567 ZPO zu.[62]

II. Begründetheit des Insolvenzantrags

1. Nach der Zulässigkeit des Insolvenzantrages hat das Insolvenzgericht **von Amts wegen, § 5 Abs. 1 S. 1 InsO**, zu prüfen, ob der Insolvenzantrag begründet ist, insbesondere, ob der **Insolvenzgrund** vorliegt, die Glaubhaftmachung ist insoweit nicht ausreichend.[63] Dabei sind der Schuldner, bei einer OHG alle Gesellschafter,[64] zu hören. Gesteht der Schuldner seine Zahlungsunfähigkeit nicht ein, hat das Insolvenzgericht nach pflichtgemäßem Ermessen zu ermitteln,[65] ggf. ist ein Gutachter zu bestellen.[66] Als Sachverständiger kommt insbesondere nach **§ 22 Abs. 1 S. 2, Abs. 2 InsO** ein gerichtlich bestellter vorläufiger Insolvenzverwalter in Betracht. **14**

57 BGH ZIP 2012, 1674; LG Bonn ZIP 2012, 1362; AG Wuppertal ZIP 2012, 1363; 2058; AG Hamburg ZIP 2012, 1044; LG Berlin ZIP 2012, 935; AG Göttingen ZIP 2011, 2312; AG Köln ZIP 2011, 1379; Hackländer/Schur ZInsO 2012, 901 ff.; Pape ZInsO 2011, 2154, 2157 ff.

58 BGH ZIP 2015, 329; 2013, 1086; Beth ZInsO 2013, 1680.

59 BGH ZIP 2004, 1466 – bei Sozialversicherungsträgern Aufschlüsselung nach Arbeitnehmer/Monat; 2011, 1971 – bei Finanzamt durch Vorlage von Steueranmeldungen und -bescheiden.

60 LG Hamburg ZIP 2002, 447; Haarmeyer/Wutzke/Förster S. 172; BGH ZIP 2006, 1457; 2004, 1466; 2006, 141– bei Sozialversicherungsträgern Beitragsrückstand von über sechs Monaten ausreichend; dagegen nicht bei voraussichtlichem Erfolg eines Erlassverfahrens, LG Hildesheim ZIP 2008, 325.

61 Haarmeyer/Wutzke/Förster S. 110.

62 Haarmeyer/Wutzke/Förster S. 110.

63 Jauernig § 83 V 3.

64 Haarmeyer/Wutzke/Förster S. 86.

65 BGH ZIP 2006, 1056; Haarmeyer/Wutzke/Förster S. 184.

66 BGH ZIP 2004, 915 – keine Ermächtigung des Sachverständigen, die Wohn- und Geschäftsräume des Schuldners zu betreten.

15 2. Hinsichtlich des **Bestehens** der **Forderung** ist dagegen – wie im Rahmen der Zulässigkeit – die Glaubhaftmachung ausreichend, es sei denn, dass gerade diese Forderung für das Vorliegen des Insolvenzgrundes maßgebend ist.[67]

Eine die Zulässigkeit des Insolvenzantrags betreffende Aufrechnung gegen die dem Antrag zugrunde liegende Forderung setzt zumindest einen substantiierten Vortrag voraus.[68]

Streitig ist, ob die Befriedigung des den Insolvenzantrag stellenden Gläubigers, die nur dann wirksam ist, wenn sie aus insolvenzfreiem Vermögen oder vonseiten eines Dritten erfolgt, – die Leistung des Schuldners aus der Insolvenzmasse wäre gemäß §§ 21 Abs. 2 Nr. 2, 24 Abs. 1, 81 Abs. 1 S. InsO unwirksam,[69] im Übrigen anfechtbar,[70] – der Insolvenzeröffnung entgegen steht.

a) Nach der ganz h.M. ist der Wegfall der Forderung als ursprüngliche materielle Insolvenzvoraussetzung unerheblich, wenn der Insolvenzgrund weiterhin vorliegt.

Dieser Auffassung ist der Vorzug zu geben, da sie auch in Übereinstimmung mit **§ 13 Abs. 2 InsO** steht, wonach der Antrag nach Eröffnung des Insolvenzverfahrens nicht mehr zurückgenommen werden kann, weil das Verfahren in ein Amtsverfahren übergegangen ist. Aus dem Charakter des reinen Amtsverfahrens ergibt sich zudem, dass es auf den Wegfall der Forderung als materielle Voraussetzung nicht mehr ankommen kann, wenn der Insolvenzgrund objektiv vorliegt.[71] Ein weiteres Argument ergibt sich aus **§ 213 InsO**, wonach die Möglichkeit besteht, auch nach der Eröffnung das Insolvenzverfahren auf Antrag des Schuldners mit Zustimmung aller Insolvenzgläubiger einzustellen. Liegt eine solche Zustimmung nicht vor, wird das Verfahren fortgeführt. Ob der antragstellende Gläubiger befriedigt wurde, ist unerheblich.[72]

3. Auch wenn die materiellen Insolvenzvoraussetzungen im Übrigen vorliegen, ist der Insolvenzantrag nicht begründet, wenn der Insolvenzeröffnung Hindernisse entgegenstehen.

16 a) Gemäß **§ 26 Abs. 1 S. 1 InsO** ist der Eröffnungsantrag abzuweisen, wenn eine die Kosten des Verfahrens, vgl. § 54 InsO, deckende Masse nicht vorhanden ist.[73]

Die Kosten des Verfahrens sind die Gerichtskosten für das Insolvenzverfahren, vgl. § 54 Nr. 1 InsO, die Vergütung und die Auslagen des vorläufigen Insolvenzverwalters, des Insolvenzverwalters und der Mitglieder des Gläubigerausschusses, vgl. § 54 Nr. 2 InsO. Die übrigen Masseverbindlichkeiten i.S.d. § 55 InsO werden somit bei der Prüfung der Kostendeckung nicht mehr berücksichtigt.[74]

67 BGH ZIP 2010, 291; 2006, 247; Haarmeyer/Wutzke/Förster S. 133.
68 BGH ZIP 2003, 1005.
69 AG Hamburg ZIP 2005, 364.
70 BGH ZIP 2002, 97.
71 Haarmeyer/Wutzke/Förster S. 322.
72 MK-Schmahl § 13 Rn. 125 m.w.N.
73 Voigt ZIP 2004, 1531 ff.
74 Hess/Pape Rn. 163 ff.

Können die sonstigen Masseverbindlichkeiten i.S.d. § 55 InsO im eröffneten Verfahren nicht mehr gedeckt werden, führt dies zur Masseunzulänglichkeit gemäß § 208 Abs. 1 InsO.

Nach § 26 Abs. 1 S. 1 InsO hat das Insolvenzgericht, ggf. nach Einholung eines Sachverständigengutachtens, zu prüfen, ob die Verfahrenskosten des gesamten Verfahrens gedeckt sind, bei der Prognose ist auf den bei Verwertung der Masse zu erwartenden Erlös abzustellen.[75]

Ob das Vermögen des Schuldners nach § 26 Abs. 1 S. 1 InsO voraussichtlich ausreichen wird, um die Kosten des Verfahrens zu decken, berechnet sich durch einen Vergleich zwischen dem verwertbaren, d.h. dem in angemessener Zeit in Geld umwandelbaren Vermögen des Schuldners mit den voraussichtlichen Kosten für das gesamte Insolvenzverfahren.[76]

Einzustellen sind auch Forderungen, die nur prozessual durchzusetzen sind, z.B. die Insolvenzanfechtung,[77] erzielbare Verwertungskostenbeiträge,[78] auch Ansprüche, deren Geltendmachung dem Insolvenzverwalter nach §§ 92, 93 InsO vorbehalten sind.[79] Dabei sind die Prozessaussichten und das Kostenrisiko – unter Einbeziehung eines Prozesskostenhilfeverfahrens, §§ 114 ff., 116 S. 1 ZPO[80] – zu berücksichtigen.

b) Streitig ist, ob das Insolvenzverfahren bei hinreichend sicherer Feststellung fehlender Deckung für notwendige Maßnahmen des Insolvenzverwalters, z.B. Aufwendungen zur Beseitigung von Altlasten, zu eröffnen ist.[81] **17**

Eine – isolierte – Anfechtung der Kostenentscheidung nach Abweisung des Eröffnungsantrages mangels Masse ist unzulässig.[82]

Ein antragstellender Gläubiger haftet gemäß § 23 Abs. 1 S. 2 GKG auch dann als Zweitschuldner für gerichtliche Auslagen, z.B. Sachverständigenkosten, wenn sein Antrag auf Eröffnung des Insolvenzverfahrens mangels Masse abgewiesen worden ist.[83]

Der Schuldner hat kein Beschwerderecht mit dem Ziel einer Abweisung des Antrags mangels Masse.[84]

c) Nach **§ 26 Abs. 1 S. 2 InsO** unterbleibt die Abweisung mangels Masse, wenn die Verfahrenskosten nach § 4 a InsO gestundet sind oder ein Kostenvorschuss zur Deckung der voraussichtlichen Kosten des Insolvenzverfahrens i.S.d. § 54 InsO geleistet wird. Dies ist dann sachdienlich, wenn anzu-

75 BGH WM 2004, 595 zur Anhörung des Schuldners.
76 BGH ZInsO 2011, 92, 93; ZIP 2011, 90, 91; 2003, 2171, 2172.
77 AG Göttingen ZInsO 2013, 84; AG Hamburg ZIP 2006, 1784; Brünkmanns ZInsO 2011, 2167 ff.
78 BGH WM 2011, 505.
79 AG Hamburg ZIP 2007, 2428.
80 OLG Köln ZIP 2004, 2450; OLG Düsseldorf ZIP 2002, 1208; OLG Karlsruhe ZIP 1989, 1071 ff.; Zöller/Geimer § 116 Rn. 6 ff.
81 MK-Haarmeyer § 26 Rn. 19.
82 OLG Köln ZIP 2000, 1168; OLG Zweibrücken NZI 2000, 271.
83 OLG Köln ZIP 2010, 637.
84 BGH ZIP 2008, 1793.

nehmen ist, dass die vorhandene Masse nach Eröffnung des Insolvenzverfahrens z.B. durch Anfechtungsprozesse oder Fortsetzung der Produktion, angereichert werden kann.

Der Vorschuss kann durch den Antragsteller, einen sonstigen Gläubiger oder einen Dritten geleistet werden, er wird nicht Teil der Insolvenzmasse und ist auf ein bei dem künftigen Insolvenzverwalter einzurichtendes Anderkonto oder bei der Gerichtskasse einzuzahlen.

Wurde ein Eröffnungsantrag mangels Masse abgewiesen, so ist ein erneuter Eröffnungsantrag zulässig, wenn glaubhaft gemacht ist, dass zwischenzeitlich ausreichendes Schuldnervermögen ermittelt wurde. Auch die Einzahlung eines Kostenvorschusses genügt.[85]

Im Falle der Abweisung des Insolvenzantrages mangels Masse werden die AG, die KGaA und die GmbH mit Eintritt der Rechtskraft des Abweisungsbeschlusses aufgelöst, §§ 131 Abs. 1 Nr. 3, Abs. 2 Nr. 2 HGB, 262 Abs. 1 Nr. 4 AktG, 60 Abs. 1 Nr. 5 GmbHG. Ist der Schuldner eine natürliche Person, hat das Insolvenzgericht ihn in das Schuldnerverzeichnis gemäß § 26 Abs. 2 InsO einzutragen.

18 d) Streitig ist, ob die Bestimmung des **§ 765 a ZPO**, wonach der Schuldner Vollstreckungsschutz genießt, wenn die Vollstreckungsmaßnahme wegen ganz besonderer Umstände für ihn eine Härte bedeutet, die mit den guten Sitten nicht vereinbar ist, auf das Insolvenzverfahren Anwendung findet.

aa) Nach einer Auffassung[86] ist § 765 a ZPO nur eine auf die Einzelzwangsvollstreckung zugeschnittene Vollstreckungsschutzvorschrift.

bb) Nach der Gegenmeinung[87] stellt § 765 a ZPO dagegen einen allgemeinen Rechtsschutzgrundsatz dar, der auch auf das Insolvenzverfahren anzuwenden ist.

Das Insolvenzgericht darf die Eröffnungsentscheidung nicht verzögern, wenn die Insolvenzeröffnungsvoraussetzungen vorliegen.[88]

19 *Der Tenor lautet:*
Die sofortige Beschwerde des Schuldners gegen den Eröffnungsbeschluss des AG ... vom ... wird zurückgewiesen.
Der Schuldner trägt die Kosten des Verfahrens.

Die Kostenentscheidung beruht auf **§ 4 InsO i.V.m. § 97 ZPO**. Eines Ausspruchs über die vorläufige Vollstreckbarkeit bedarf es wegen **§ 794 Abs. 1 Nr. 3 ZPO** nicht. Die Entscheidung des Beschwerdegerichts wird erst mit Rechtskraft wirksam, **§ 6 Abs. 3 S. 1** InsO, vgl. aber **S. 2**.

85 BGH WM 2002, 1894.

86 Smid InsO § 4 Rn. 10; Kübler/Prütting/Pape § 14 Rn. 17.

87 BGH ZIP 2011, 1707; 2008, 2441, 2442; OLG Köln ZInsO 2000, 107; MK-Ganter § 4 Rn. 34 m.w.N.

88 BGH ZIP 2006, 1957; AG Hamburg ZIP 2008, 520.

B. Die Sicherungsmaßnahmen nach §§ 21 ff. InsO

Die durch gerichtlichen Beschluss angeordneten Sicherungsmaßnahmen dienen der Sicherung und Erhaltung des Schuldnervermögens zum Schutz der Insolvenzgläubiger, §§ 38 ff. InsO, und der aus- und absonderungsberechtigten Gläubiger, §§ 47 ff. InsO.[89] **20**

Vorläufige Sicherungsmaßnahmen dürfen nur bei Zulässigkeit des Antrags auf Eröffnung des Insolvenzverfahrens angeordnet werden,[90] dagegen bedarf es keiner vorherigen Anhörung des Schuldners.[91]

Insbesondere kommen in Betracht:

I. Einsetzung eines vorläufigen Gläubigerausschusses, § 21 Abs. 2 S. 1 Nr. 1 a InsO

Die Einsetzung steht im Ermessen des Insolvenzgerichts, vgl. im Übrigen **§ 22 a InsO**.[92] **21**

II. Allgemeines Verfügungsverbot, § 21 Abs. 2 S. 1 Nr. 2 InsO

Das Insolvenzgericht kann nach **§ 21 Abs. 2 S. 1 Nr. 2 InsO** dem Schuldner ein allgemeines Verfügungsverbot auferlegen oder den Schuldner in seiner Verfügungsbefugnis mit der Maßgabe beschränken, dass die Verfügungen nur mit Zustimmung des vorläufigen Insolvenzverwalters wirksam sind. **22**

Wird der Beschluss des Verfügungsverbots nach § 21 Abs. 2 S. 1 Nr. 2 InsO verkündet, tritt die Wirksamkeit im Zeitpunkt der Verkündung ein. Dabei ist es unerheblich, ob der Adressat bei der Verkündung anwesend ist.

Umstritten ist, in welchem Zeitpunkt ein durch nicht verkündeten Beschluss erlassenes Verfügungsverbot wirksam wird. Nach h.M.[93] wird das allgemeine Verfügungsverbot des § 21 Abs. 2 S. 1 Nr. 2 InsO bereits mit seinem Erlass wirksam, § 27 Abs. 2 Nr. 3, Abs. 3 InsO.

Das Insolvenzgericht kann gemäß § 21 Abs. 2 S. 1 Nr. 1 InsO die Einsetzung eines vorläufigen, sog. **„starken Insolvenzverwalters"** im Zusammenhang mit dem Erlass des allgemeinen Verfügungsverbots nach **§ 21 Abs. 2 S. 1 Nr. 2 InsO** anordnen. **23**

Dadurch wird schon vor der Eröffnung des Insolvenzverfahrens die Verwaltungs- und Verfügungsbefugnis des Schuldners mit einer den Insolvenzbeschlag vorwegnehmenden Wirkung auf den vorläufigen Insolvenzverwalter übertragen, **§ 22 Abs. 1 S. 1 InsO**.[94]

In diesem Fall hat er das Vermögen des Schuldners zu sichern und zu erhalten, ggf. das Unternehmen des Schuldners fortzuführen[95] und zu prüfen, ob das Vermögen des Schuldners die Kosten des Verfahrens decken wird, **§ 22 Abs. 1 S. 2 Nr. 1–3 InsO**.[96]

---

89 BGH ZIP 2011, 1419, 1426; Gehrlein ZInsO 2012, 2117, 2121 ff.

90 BGH ZIP 2007, 899, 900.

91 BGH ZIP 2011, 1875, 1876.

92 AG Hamburg ZIP 2013, 1135; Marotzke Der Betrieb 2012, 560, 561; Smid ZInsO 2012, 757, 760 ff.

93 BGH WM 2012, 1129, 1130; Uhlenbruck/Vallender § 24 Rn. 11.

94 BGH ZIP 2013, 1493.

95 Hoenig/Meyer ZIP 2002, 2162 ff.

96 Klüter WM 2010, 1483 ff. – zur Insolvenzgeldvorfinanzierung.

Der vorläufige Insolvenzverwalter hat nach **§ 24 Abs. 2 i.V.m. §§ 85 Abs. 1, 86 InsO** das Recht zur Aufnahme anhängiger Rechtsstreitigkeiten, die nach Änderung des § 240 S. 2 ZPO durch Art. 18 EGInsO bereits mit Anordnung der vorläufigen Verwaltung unterbrochen werden.[97] Das Verfahren der freiwilligen Gerichtsbarkeit wird **nicht** entsprechend § 240 ZPO unterbrochen.[98]

Die von dem sog. starken vorläufigen Insolvenzverwalter begründeten Verbindlichkeiten sind gemäß **§ 55 Abs. 2 S. 1 InsO** Masseverbindlichkeiten im eröffneten Verfahren, entsprechendes gilt gemäß **§ 55 Abs. 2 S. 2 InsO** für Verbindlichkeiten aus einem Dauerschuldverhältnis.

Nach **§ 55 Abs. 3 InsO** kann auch bei Einsetzung eines sog. „starken vorläufigen Insolvenzverwalters" die Bundesanstalt für Arbeit die auf sie nach § 169 SGB III übergegangenen Ansprüche auf Arbeitsentgelt nur noch als Insolvenzgläubiger geltend machen.[99]

Reicht die Insolvenzmasse für die Erfüllung dieser Masseverbindlichkeiten nicht aus, so haftet der vorläufige Insolvenzverwalter den Massegläubigern nach **§§ 21 Abs. 2 Nr. 1, 61 S. 1 InsO** auf Schadensersatz, beschränkt auf das negative Interesse.[100] Nach **§ 61 S. 2 InsO** scheidet eine Schadensersatzpflicht des vorläufigen Insolvenzverwalters jedoch aus, wenn dieser die Masseunzulänglichkeit bei Begründung der Verbindlichkeit nicht erkennen konnte.

Pflichtwidrigkeit und Verschulden des Insolvenzverwalters werden widerleglich vermutet, ihm obliegt der Beweis des Gegenteils, **§ 61 S. 2 InsO**.

24 Ordnet das Insolvenzgericht die vorläufige Insolvenzverwaltung isoliert, d.h. ohne Verhängung eines Verfügungsverbots an, so ist der vorläufige, sog. **„schwache Insolvenzverwalter"** lediglich „Berater" des Schuldners ohne eigene Verfügungsmacht über dessen Vermögen mit nur denjenigen Pflichten, die das Insolvenzgericht ausdrücklich anordnet, **§ 22 Abs. 2 InsO**.[101]

Der **vorläufige Insolvenzverwalter** hat in diesem Falle zumindest die Aufgabe der Massesicherung und Masseerhaltung[102] und damit die der Überwachung des Verhaltens des Schuldners. Er hat dagegen **keine Verwertungsbefugnis** i.S.d. **§§ 159, 165 ff. InsO**.[103]

Nach der Vorstellung des Gesetzgebers sollte der sog. „starke Verwalter" der Regelfall, der sog. „schwache Verwalter" die Ausnahme sein. In der Gerichtspraxis wird dagegen überwiegend zunächst ein Gutachter oder ein sog. „schwacher Verwalter" eingesetzt, um die Begründung von Masseverbindlichkeiten – auch sog. oktroyierte Verbindlichkeiten aus Dauerschuldverhältnissen, soweit die Gegenleistung in Anspruch genommen wird, vgl. § 55 Abs. 2 InsO zu vermeiden.

Nach der Rspr. des BGH[104] ist eine dem vorläufigen „schwachen" Insolvenzverwalter erteilte umfassende Ermächtigung „für den Schuldner zu handeln" unzulässig, die Befugnisse dieses vorläufigen Insolvenzverwalters muss das Insolvenzgericht selbst einzeln festlegen. Das Insolvenzgericht kann den vorläufigen Insolvenzverwalter ermächtigen, einzelne, im Voraus genau festgelegte Verpflichtungen zulasten der späteren Insolvenzmasse einzugehen, **§ 55 Abs. 2 InsO analog**.

Das Insolvenzgericht kann dagegen den vorläufigen sog. „schwachen" Insolvenzverwalter nicht ermächtigen, Räume eines am Eröffnungsverfahren nicht beteiligten Dritten zu durchsuchen.[105]

25 Die Wirkungen des allgemeinen Verfügungsverbots ergeben sich aus **§ 24 Abs. 1 i.V.m. §§ 81, 82 InsO**, wonach Verfügungen des Schuldners absolut unwirksam sind[106] und der gute Glaube nur bei Grundstücksgeschäften und bei Leistungen an den Schuldner

97 BGH WM 2005, 345.

98 OLG Köln, ZIP 2001, 1553.

99 So schon BAG ZIP 2001,1964, 1967, 1968.

100 BGH ZIP 2014, 736, 737.

101 BGH ZIP 2012, 737, 738; 2008, 1977 m. Anm. Bork 1984; Haas 1985; 2007, 2273, 2274; 2006, 2092, 2093; 431, 432; Nobbe WM 2009, 1537 ff.; Fischer WM 2009, 629 ff.; Schulte/Kaubrügge ZIP 2008, 2348 ff.; Nobbe/Ellenberger WM 2006, 1885, 1890.

102 Schönfelder WM 2007, 1489 ff.

103 BGH WM 2007, 895; 2006, 1636.

104 BGH ZInsO 2015, 26; WM 2002, 1888 m. Anm. Prütting/Stickelbrock ZIP 2002, 1608 ff.

105 BGH ZIP 2009, 2068.

106 Haarmeyer/Wutzke/Förster S. 230; Bork Rn. 137, 137a; a.A. Hess/Pape Rn. 252; Smid WM 1995, 785, 787.

geschützt ist. Es soll den Bestand der (künftigen) Insolvenzmasse im Interesse der Insolvenzgläubiger vor masseschädigenden Verfügungen des Schuldners schützen.

Die Anordnung eines Zustimmungsvorbehalts hindert jedoch nicht den Eintritt des Verfügungserfolgs, wenn die dingliche Einigung erfolgt und der Eintragungsantrag gestellt ist.[107]

Auch eine zeitlich **nach** der Vereinbarung einer Globalzession getroffene Anordnung nach **§ 21 Abs. 2 S. 1 Nr. 2 InsO** hindert nicht den Rechtserwerb an einer im Voraus abgetretenen Forderung.[108]

Ein qualifiziertes Legitimationspapier, **§ 808 Abs. 1 BGB**, fingiert zugunsten des Schuldners, dass der Inhaber einziehungsberechtigt ist. Das gilt auch dann, wenn der Versicherungsnehmer in seiner Verfügungsbefugnis durch ein insolvenzrechtliches Verfügungsverbot eingeschränkt war und daher die verbriefte Forderung nicht wirksam auf den Inhaber übertragen konnte.[109]

Adressat einer Aufrechnungserklärung nach § 388 BGB ist der vorläufige „starke" oder „einzelermächtigte Insolvenzverwalter".[110]

Das allgemeine Verfügungsverbot steht unter der auflösenden Bedingung der rechtskräftigen Aufhebung. Mit der Rechtskraft dieses Beschlusses verliert es automatisch seine Wirkungen.[111]

III. Untersagung/einstweilige Einstellung der Zwangsvollstreckung, § 21 Abs. 2 S. 1 Nr. 3 InsO

Das Insolvenzgericht kann weiterhin schon im Eröffnungsverfahren Maßnahmen der Einzelzwangsvollstreckung gegen den Schuldner untersagen oder einstweilen einstellen, soweit nicht unbewegliche Gegenstände betroffen sind. Damit wird die Wirkung des Vollstreckungsverbots, das grundsätzlich erst nach **§ 89 InsO** mit der Eröffnung des Insolvenzverfahrens eintritt, bereits in das Insolvenzeröffnungsverfahren vorverlagert.[112] **26**

Die nach Wirksamwerden des Einstellungsbeschlusses durchgeführte Vollstreckungsmaßnahme ist mit der Vollstreckungserinnerung nach **§ 766 ZPO** anfechtbar. Das Vollstreckungsorgan hat den Untersagungs-, bzw. Einstellungsbeschluss von Amts wegen zu beachten, neue oder bereits vorliegende Zwangsvollstreckungsaufträge dürfen nicht mehr ausgeführt werden. Bereits eingeleitete Vollstreckungsmaßnahmen sind nach **§ 775 Nr. 2 ZPO** einstweilen einzustellen.

Mit Eröffnung des Insolvenzverfahrens verliert der Untersagungs-, bzw. Einstellungsbeschluss seine Wirkungen, Einzelzwangsvollstreckungsmaßnahmen sind unzulässig, **§ 89 InsO.**

Bei Ablehnung des Insolvenzeröffnungsantrags hat das Insolvenzgericht durch Beschluss auszusprechen, dass die im Eröffnungsverfahren angeordneten Vollstreckungsschutzmaßnahmen aufgehoben werden, vgl. **§ 25 Abs. 1 InsO**.

---

107 BGH ZIP 2012, 1256, 1257; HK-Kayser § 81 Rn. 17.

108 BGH ZIP 2010, 138; 2009, 2347, 2349 m. Anm. Mitlehner ZIP 2010, 1934 ff.

109 BGH ZIP 2010, 890, 891.

110 BGH ZInsO 2012, 693, 695; Gehrlein ZInsO 2012, 2117, 2122.

111 Baur/Stürner II Rn. 7.43.

112 Haarmeyer/Wutzke/Förster, S. 304; Vallender ZIP 1997, 1993, 1996.

Fall 2:
Gläubiger G beantragt am 01.03. die Eröffnung des Insolvenzverfahrens über das Vermögen des Schuldners S. Das Insolvenzgericht, das den Antrag zugelassen hat, ordnet u.a. durch Beschluss vom 05.03. nach § 21 Abs. 2 S. 1 Nr. 3 InsO die einstweilige Einstellung von Einzelzwangsvollstreckungsmaßnahmen an, soweit nicht unbewegliche Gegenstände betroffen sind. Am 07.03. wird der Beschluss dem Schuldner S zugestellt, am 11.03. erfolgt die öffentliche Bekanntmachung.
Gläubiger A, der einen Zahlungstitel gegen Schuldner S erwirkt hat, lässt durch den Gerichtsvollzieher (GVZ) bei S einen Pkw pfänden, dessen Eigentümer S ist.
Der von dem Insolvenzgericht nach § 22 Abs. 2 InsO bestellte sog. „schwache vorläufige Insolvenzverwalter" I legt dagegen die Zwangsvollstreckungserinnerung nach § 766 ZPO ein. Zu Recht?

27 A. **Zulässigkeit der Zwangsvollstreckungserinnerung**

I. **Statthaftigkeit**

Die Erinnerung ist statthaft, wenn ein Verstoß gegen vollstreckungsrechtliche Verfahrensvorschriften bei der Zwangsvollstreckungsmaßnahme durch den Gerichtsvollzieher geltend gemacht wird, **§ 766 Abs. 1 ZPO**.[113]
Der nach **§ 22 Abs. 2 InsO** vom Insolvenzgericht bestellte sog. „schwache vorläufige Insolvenzverwalter" I beruft sich vorliegend auf einen Verstoß gegen **§ 21 Abs. 2 S. 1 Nr. 3 InsO** als Vollstreckungshindernis.[114] Die Zwangsvollstreckungserinnerung ist somit statthaft.

II. **Zuständigkeit**

Eine besondere gesetzliche Regelung über die Zuständigkeit zur Entscheidung über die Zwangsvollstreckungserinnerung betreffend Zwangsvollstreckungsmaßnahmen im Insolvenzeröffnungsverfahren fehlt.
Zum Teil[115] wird wegen der Sachnähe unter analoger Anwendung des § 89 Abs. 3 InsO die Zuständigkeit des Insolvenzgerichts angenommen, nach h.M.[116] verbleibt es wegen der fehlenden besonderen gesetzlichen Regelung bei der ausschließlichen Zuständigkeit des Vollstreckungsgerichts nach **§§ 766, 764 Abs. 1, 2, 802 ZPO**. Danach ist das Vollstreckungsgericht zuständig; funktionell zuständig ist der Richter, § 20 Nr. 17 RPflG.

III. **Allgemeine Prozessvoraussetzungen**

Weiterhin müssen die allgemeinen Prozesshandlungsvoraussetzungen, Partei- und Prozessfähigkeit sowie die Prozessvollmacht, vgl. aber § 88 Abs. 2 ZPO, vorliegen.

IV. **Form**

Die Erinnerung muss schriftlich oder zu Protokoll der Geschäftsstelle eingelegt werden. Die Bezeichnung als Vollstreckungserinnerung ist nicht erforderlich.[117]

---

113 Zöller/Stöber § 766 Rn. 2; Thomas/Putzo § 766 Rn. 16 m.w.N.
114 MK-Haarmeyer § 21 Rn. 74.
115 AG Dresden ZIP 2004, 778; Uhlenbruck/Vallender § 21 Rn. 27.
116 AG Rostock NJW-RR 2000, 716; AG Köln NJW-RR 1999, 1351; Steder ZIP 2002, 65, 70 m.w.N.
117 Zöller/Stöber § 766 Rn. 21; Thomas/Putzo § 766 Rn. 19.

V. **Frist**

Die Vollstreckungserinnerung nach § 766 ZPO ist nicht befristet, sie kann daher bis zum Ende des Zwangsvollstreckungsverfahrens eingelegt werden.[118]

VI. **Erinnerungsbefugnis des sog. „schwachen vorläufigen Insolvenzverwalters"**

Zum Teil[119] wird die Erinnerungsbefugnis nur des sog. starken vorläufigen Insolvenzverwalters bejaht, nach h.M.[120] ist dagegen auch der sog. „schwache vorläufige Insolvenzverwalter" erinnerungsbefugt. **28**

Nach dieser h.M. kann auch der **Schuldner**, dem ein allgemeines Verfügungsverbot nach **§ 21 Abs. 2 S. 1 Nr. 2 InsO** nicht auferlegt worden ist, die Vollstreckungserinnerung nach § 766 ZPO einlegen; dagegen steht dem Insolvenzgläubiger keine Erinnerungsbefugnis zu, da durch die Zwangsvollstreckungserinnerung nach **§ 766 ZPO** nur der Bestand der (künftigen) Insolvenzmasse gesichert werden soll.

Die Erinnerungsbefugnis des sog. „schwachen vorläufigen Insolvenzverwalters" ist jedoch nur dann gegeben, wenn die Zwangsvollstreckung in einen Gegenstand betrieben wird, der in die (künftige) Insolvenzmasse fällt, andernfalls wäre diese nicht betroffen, vgl. **§ 35 InsO**.

Gegenstände, die nicht der Zwangsvollstreckung unterliegen, sind dagegen dem Insolvenzbeschlag entzogen, **§ 36 Abs. 1 InsO**, vgl. aber **§ 36 Abs. 2 InsO**.[121]

Diese Voraussetzungen sind vorliegend gegeben, der sog. schwache vorläufige Insolvenzverwalter ist somit erinnerungsbefugt.

VII. **Rechtsschutzinteresse**

Das Rechtsschutzinteresse ist gegeben, da die Zwangsvollstreckung begonnen hat und noch nicht beendet ist.[122]

Die Vollstreckungserinnerung des sog. „schwachen vorläufigen Insolvenzverwalters" I ist damit zulässig.

B. **Begründetheit der Vollstreckungserinnerung** **29**

Die Vollstreckungserinnerung ist begründet, wenn die angefochtene Zwangsvollstreckungsmaßnahme unzulässig ist.
Bei der Prüfung ist das gesamte Zwangsvollstreckungsverfahren zu durchlaufen und auf Verfahrensfehler des Vollstreckungsorgans zu untersuchen. Für die Entscheidung über die Vollstreckungserinnerung kommt es nach allgemeiner Meinung[123] auf die Verhältnisse **zum Zeitpunkt der Beschlussfassung** über die Vollstreckungserinnerung an.

I. Hinsichtlich der **allgemeinen Verfahrensvoraussetzungen** sowie der **allgemeinen** und **besonderen Voraussetzungen der Zwangsvollstreckung** bestehen keine Bedenken.[124]

---

118 Thomas/Putzo § 766 Rn. 20.

119 Steder ZIP 2002, 65, 70; MK-Haarmeyer § 21 Rn. 75.

120 Zöller/Stöber § 766 Rn. 17 m.w.N.

121 BGH ZIP 2006, 2321 – beschränkt persönliche Dienstbarkeit; BAG ZIP 2008, 979 – fiktives Arbeitseinkommen nach § 850 Abs. 2 S. 1 ZPO.

122 Zöller/Stöber § 766 Rn. 13 m.w.N.

123 Thomas/Putzo § 766 Rn. 23; Zöller/Stöber § 766 Rn. 28 ff.

124 Vgl. statt aller Thomas/Putzo, Vorbem § 704.

30 II. Zu prüfen ist jedoch, ob der Zwangsvollstreckung in den Pkw die Anordnung des Insolvenzgerichts nach **§ 21 Abs. 2 S. 1 Nr. 3 InsO** als **Vollstreckungshindernis, § 775 Nr. 2 ZPO**,[125] entgegensteht.

Das setzt voraus, dass

1. die Anordnung des Insolvenzgerichts nach **§ 21 Abs. 2 S. 1 Nr. 3 InsO** wirksam ist.

   Die Anordnung setzt einen zulässigen Antrag auf Eröffnung des Insolvenzverfahrens voraus.[126] Vor der Anordnung von Sicherungsmaßnahmen nach **§ 21 Abs. 2 S. 1 Nr. 3 InsO** ist weder dem Gläubiger noch dem Schuldner rechtliches Gehör zu gewähren.[127] Für die Rechtswirkung des die Sicherungsmaßnahmen anordnenden Beschlusses ist maßgebend, dass der Beschluss existent wird, d.h., er muss aufhören, ein Internum des Gerichts zu sein, was grundsätzlich dann gegeben ist, wenn der Insolvenzrichter den unterschriebenen Beschluss an die Geschäftsstelle zur weiteren Veranlassung herausgibt.[128]

2. ein Mobiliarzwangsvollstreckungsverfahren vorliegt.

   Der Gläubiger betreibt die Zwangsvollstreckung in körperliche Sachen nach **§§ 808 ff. ZPO**.

3. der Pkw zu dem Vermögen des künftigen Insolvenzschuldners gehört, das zugunsten aller Gläubiger pfändbar ist und in einem danach eröffneten Insolvenzverfahren dem Insolvenzbeschlag unterliegt, vgl. **§§ 80 Abs. 1, 35, 36 InsO**. Diese Voraussetzungen sind vorliegend gegeben.

4. Gläubiger A von dem die Zwangsvollstreckung untersagenden Beschluss nach **§ 21 Abs. 2 S. 1 Nr. 3 InsO** erfasst ist.

   Mit der Anordnung nach § 21 Abs. 2 S. 1 Nr. 3 InsO wird das im eröffneten Insolvenzverfahren geltende Vollstreckungsverbot nach **§ 89 InsO** für die **Insolvenzgläubiger**, vgl. **§§ 38, 39 InsO**, auf das Insolvenzeröffnungsverfahren vorverlagert.[129] Dadurch soll sichergestellt werden, dass sich der einzelne (künftige) **Insolvenzgläubiger** in dem Insolvenzeröffnungsverfahren durch Zwangsvollstreckungsmaßnahmen **keine** Vorteile gegenüber den anderen (künftigen) Insolvenzgläubigern verschaffen kann, vielmehr die gleichmäßige anteilige Befriedigung aller Insolvenzgläubiger gewährleistet wird.

   *Weiterhin soll durch die Anordnung nach **§ 21 Abs. 2 S. 1 Nr. 3 InsO** die Wirkung der sog. **Rückschlagsperre** gemäß **§ 88 InsO** uneingeschränkt zur Geltung gelangen, wonach das Pfändungspfandrecht allein infolge der Insolvenzeröffnung unwirksam wird, wenn ein Insolvenzgläubiger dieses im letzten Monat vor dem Antrag auf Eröffnung des Insolvenzverfahrens oder – wie vorliegend – nach diesem Antrag durch Zwangsvollstreckung an dem zur Insolvenzmasse gehörenden Ver-*

125 Zöller/Stöber § 775 Rn. 5.

126 BGH ZIP 2007, 899, 900; Kübler/Prütting/Pape § 21 Rn. 10; Steder ZIP 2002, 65.

127 BGH ZIP 2011, 1875, 1876.

128 BGH ZIP 1995, 40, 41; 1996, 1909; Steder ZIP 2002, 65, 70.

129 Steder ZIP 2002, 65, 68 m.w.N.

mögen des Schuldners erlangt hat. Ist die Zwangsvollstreckungsmaßnahme durch Befriedigung des Gläubigers aufgrund Erlösauskehr vor der Eröffnung des Insolvenzverfahrens beendet, läuft die sog. ***Rückschlagsperre*** *nach* ***§ 88 InsO*** *ins Leere. An die Stelle des Pfändungspfandrechts ist die Befriedigung des Gläubigers getreten, der Insolvenzverwalter kann nur noch im Wege der Insolvenzanfechtung nach* ***§§ 129 ff. InsO*** *(vgl. dazu unten Rn. 103 ff.) die Rückgewähr des Verwertungserlöses zur Masse geltend machen.*

Gläubiger A ist ein persönlicher Gläubiger, der einen Vermögensanspruch hat, d.h. einen Anspruch, der auf Geld gerichtet ist oder sich gemäß **§ 45 InsO** in einen Geldanspruch umwandeln lässt und zum Zeitpunkt der Insolvenzeröffnung, vgl. § 27 Abs. 2 Nr. 3, Abs. 3 InsO, begründet ist, vgl. **§ 38 InsO**. Er ist **somit (künftiger) Insolvenzgläubiger** und daher von der Anordnung nach **§ 21 Abs. 2 S. 1 Nr. 3 InsO betroffen.**

Durch die nach Wirksamwerden des die Zwangsvollstreckung untersagenden Beschlusses durchgeführte Zwangsvollstreckungsmaßnahme ist zwar eine öffentlich-rechtliche Verstrickung an dem Pfandgegenstand eingetreten, der Gläubiger A hat jedoch an dem gepfändeten Pkw kein Pfändungspfandrecht erworben.[130]
Der Gerichtsvollzieher hat bei der Pfändung des Pkw gegen das Vollstreckungshindernis nach **§ 21 Abs. 2 S. 1 Nr. 3 InsO** verstoßen.

Die Vollstreckungserinnerung ist begründet.

Der Tenor der Entscheidung lautet:
Die Zwangsvollstreckung in den Pkw – genaue Bezeichnung – Az. ... wird für unzulässig erklärt.
Die Kosten des Verfahrens trägt der Gläubiger.
Die Vollziehung der Entscheidung wird bis zu ihrer Rechtskraft ausgesetzt.

Die Kostenentscheidung folgt aus **§§ 91 ff. ZPO**.[131]

Die vorläufige Vollstreckbarkeit ergibt sich ohne besonderen Ausspruch aus **§ 794 Abs. 1 Nr. 3 ZPO**. In der Praxis wird jedoch in dem Beschluss die Vollziehung der Entscheidung bis zum Ablauf der sofortigen Beschwerdefrist oder bis zu einer anderweitigen Anordnung des Beschwerdegerichts hinausgeschoben, um zu verhindern, dass für den Fall des Stattgebens einer gegen die Entscheidung eingelegten sofortigen Beschwerde, **§ 793 ZPO**, zwischenzeitlich durch Aufhebung der Vollstreckungsmaßnahme ein Rangverlust eintritt.[132]

---

130 Vgl. Steder ZIP 2002, 65, 70; Thomas/Putzo § 803 Rn. 7 ff. m.w.N.
131 H.M.: BGH NJW-RR 1989, 125; Zöller/Stöber § 766 Rn. 34 m.w.N.
132 Zöller/Stöber § 766 Rn. 30 m.w.N.

IV. Anordnung einer vorläufigen Postsperre, § 21 Abs. 2 S. 1 Nr. 4 i.V.m. §§ 99, 101 Abs. 1 S. 1 InsO

31 Die Anordnung einer Postsperre ist gerechtfertigt, wenn konkrete Anhaltspunkte dafür bestehen, dass durch das Verhalten des Schuldners wesentliche Belange der Masse gefährdet sind und diesen bei einer Abwägung der Vorrang vor dem Schutz des Briefgeheimnisses gebührt.[133]

V. Verbot der Herausgabe von Gegenständen, die mit Aus- oder Absonderungsrechten belastet sind, § 21 Abs. 2 S. 1 Nr. 5 InsO

32 Das Insolvenzgericht kann ein Verbot aussprechen, dass Gegenstände, die mit Aus- oder Absonderungsrechte belastet sind, an die Gläubiger zur Verwertung herauszugeben sind.

Es wird damit im Interesse der **Unternehmensfortführung** verhindert, dass Sicherungsgläubiger dem Unternehmen im Eröffnungsverfahren Anlagevermögen oder Waren entziehen. Entsprechende Anordnungen kommen aber nur im Fall einer Betriebsfortführung in Betracht, wenn die Gegenstände für die Unternehmensfortführung von erheblicher Bedeutung sind. Die Regelung sieht weiterhin die Möglichkeit vor, den gesicherten Gläubigern den Forderungseinzug im Eröffnungsverfahren zu untersagen. Dadurch sollen die Gläubiger gehindert werden, zur Sicherheit abgetretene Forderungen noch im Eröffnungsverfahren einzuziehen, um die Kostenpauschale nach **§§ 170, 171 InsO** zu vermeiden.[134]

Als Ausgleich besteht eine Zinszahlungspflicht nach **§ 169 S. 2, 3 InsO**[135] sowie eine Entschädigungsregelung für den durch die Nutzung eingetretenen **Wertverlust**.[136]

Soweit der vorläufige Insolvenzverwalter im Eröffnungsverfahren die Forderungen einzieht, kann er nach **§§ 170, 171 InsO** für die künftige Masse den Kostenbeitrag geltend machen.[137] Im Übrigen ist der vorläufige Insolvenzverwalter zur abgesonderten Befriedigung des Sicherungsnehmers aus dem Erlös verpflichtet,[138] weiterhin zur bestmöglichen Verwertung.[139]

VI. Rechtsbehelfe gegen die Anordnung von Sicherungsmaßnahmen

33 Nach **§ 21 Abs. 1 S.2 InsO** i.V.m. **§§ 6 InsO, 567 ZPO** steht dem Schuldner die sofortige Beschwerde gegen die Anordnungen der Sicherungsmaßnahmen zu.[140]

---

133 BGH WM 2006, 2233; 2003, 2114, 2115; AG Ludwigshafen ZIP 2016, 1842.

134 Bette ZInsO 2010,1628 ff.– zur Forderungsabtretung im Rahmen echten Factorings.

135 BGH ZIP 2010, 132, 134 ab drei Monate nach Anordnung; BVerfG 2012, 1252, 1253 – verfassungsgemäß auch bei Aussonderungsberechtigten.

136 BGH ZIP 2016, 2131; 2012, 1566, 1568; 779, 781; Kayser ZIP 2013, 1353; Hölzle ZIP 2014, 1151.

137 Heubiein ZIP 2009, 11 ff.; Kuder ZIP 2007, 1690.

138 BGH ZIP 2010, 739, 742, 745.

139 BGH ZIP 2011, 1419, 1426.

140 BGH ZIP 2008, 476, 477; 2004, 915.

Nach Wegfall der Eröffnungsvoraussetzungen entfallen die im Insolvenzeröffnungsverfahren angeordneten Maßnahmen, vgl. **§ 25 Abs. 1, 2 InsO**.[141]

C. Der Eröffnungsbeschluss

I. Wirksamkeit des Eröffnungsbeschlusses

34 Der Eröffnungsbeschluss wird erst wirksam, „wenn er aufhört, eine innere Angelegenheit des Gerichts zu sein", wenn die Geschäftsstelle ihn also zur Mitteilung an einen der Beteiligten oder zur öffentlichen Bekanntmachung herausgegeben hat.[142] Ein eventueller Zustellungsmangel hat auf die Gültigkeit der Insolvenzeröffnung keinen Einfluss.[143]

Die öffentliche Bekanntmachung des Insolvenzeröffnungsbeschlusses schließt den Nachweis einer früheren Zustellung an einzelne Beteiligte jedenfalls nicht aus, soweit für diese Rechtsmittelfristen in Lauf gesetzt werden.[144]

35 Die Bekanntmachung des Eröffnungsbeschlusses und die Hinweispflichten des Insolvenzgerichts erfolgen nach **§ 30 InsO**, die Mitteilung an Register- und Grundbuchämter nach **§§ 31–33 InsO**.[145]

Der Insolvenzvermerk ist auch dann im Grundbuch einzutragen, wenn das Grundstück im Eigentum einer Erbengemeinschaft steht und das Insolvenzverfahren über das Vermögen eines der Miterben eröffnet wird,[146] auch bei Eigentum einer BGB-Gesellschaft im Fall der Insolvenz eines Gesellschafters.[147] Das Grundbuchamt hat von der Verfügungsbefugnis eines Eigentümers auszugehen, wenn auf Ersuchen des Insolvenzgerichts ein eingetragener Insolvenzvermerk wieder gelöscht worden ist.

36 Gegen die Entscheidung, die Eröffnung des Insolvenzverfahrens anzuordnen oder abzulehnen, ist die sofortige Beschwerde statthaft, **§§ 6 Abs. 1, 34 InsO, § 567 ZPO**. Hat das Insolvenzgericht einen Antrag auf Eröffnung des Insolvenzverfahrens abgewiesen, hat das Beschwerdegericht darüber nach dem Sach- und Streitstand im Zeitpunkt der Beschwerdeentscheidung zu entscheiden.[148]

Der Schuldner ist dagegen bei einer von ihm selbst beantragten Verfahrenseröffnung nicht beschwert,[149] auch nicht, soweit er die Abweisung des Eröffnungsantrags mangels Masse begehrt.[150]

---

141 BGH ZIP 2007, 895, 896; OLG Celle ZIP 2001, 796.

142 MK-Schmahl § 30 Rn. 5 ff.; zur Wirksamkeit bei örtlicher Unzuständigkeit BGH WM 1998, 569.

143 Kirchhoff WM 2005 Beilage, S. 8.

144 BGH WM 2003, 942.

145 Aktuelle Änderungen der Bekanntmachungsvorschriften Holzer ZiP 2008, 391 ff.; BGH WM 2003, 398 zur fehlenden Schuldnerbezeichnung im Insolvenzeröffnungsbeschluss; BGH ZIP 2004, 766 Vordatierung eines Insolvenzeröffnungsbeschlusses ist rechtswidrig, nicht nichtig.

146 BGH ZIP 2011, 1273, 1274; MK-Schmahl § 32 Rn. 19.

147 OLG München ZIP 2017, 717; OLG Hamm ZIP 2014, 1297; Kessler DNotZ 2012, 614, 616.

148 BGH ZIP 2008, 2285; 1034, 1035; 2006, 1957.

149 BGH ZIP 2012, 998, 999; 2011, 135; 2007, 553.

150 OLG Celle Rpfl. 1999, 410.

37

AMTSGERICHT
Hagen
Az:

Beschluss

In dem Insolvenzantragsverfahren über das Vermögen der

im Handelsregister des Amtsgerichts Hagen unter HRB 12345 eingetragenen Muster GmbH, Musterstr. Str. 71-75, 12345 Musterstadt, gesetzlich vertreten durch den Geschäftsführer Herrn Mario Mustermann, Woschonstr. 1, 12345 Musterstadt

Geschäftszweig: Handel mit Kosmetikartikeln.

wird zur Aufklärung des Sachverhalts angeordnet (§ 5 InsO):

Es wird ein schriftliches Sachverständigengutachten darüber eingeholt,

- ob und gegebenenfalls welche Sicherungsmaßnahmen zu treffen sind;
- ob ein nach der Rechtsform der Schuldnerin maßgeblicher **Eröffnungsgrund** vorliegt, bejahendenfalls zu welchem Zeitpunkt von dem Eintritt der materiellen Insolvenz auszugehen ist;
- ob und bejahendenfalls welche Aussichten gegebenenfalls für eine Fortführung des schuldnerischen Unternehmens bestehen;
- ob eine kostendeckende Masse vorhanden ist;
- ob und gegebenenfalls gegenüber welchen Sozialversicherungsträgern und Berufsgenossenschaften Beitragspflichten bestehen und wie die Betriebsnummern lauten;
- ob Grundbesitz vorhanden ist und gegebenenfalls wie die genauen Grundbuchbezeichnungen lauten.

Ferner wird der Sachverständige mit der Prüfung beauftragt, ob im Falle der Eröffnung

- sich das vorliegende Verfahren zur Durchführung schriftlicher Termine im Sinne des § 5 Abs. 2 InsO eignet;
- die Zustimmung der stimmberechtigten Gläubiger zu besonders bedeutsamen Rechtshandlungen im Sinne des § 160 Abs. 1 S. InsO einzuholen ist, bejahendenfalls zu welchen konkreten.

Mit der Erstattung des Gutachtens wird

Rechtsanwalt Max Weltmeister, Superring 1, 12345 Musterstadt

beauftragt.

Der Sachverständige ist berechtigt, Auskünfte über die schuldnerischen Vermögensverhältnisse bei Dritten einzuholen.

Die Schuldnerin hat dem Sachverständigen Einsicht in die Bücher und Geschäftspapiere zu gestatten und sie ihm auf Verlangen bis zur Entscheidung über die Eröffnung des Verfahrens herauszugeben. Sie hat alle Auskünfte zu erteilen, die zur Aufklärung der schuldnerischen Einkommens- und Vermögensverhältnisse erforderlich sind. Bei Missachtung dieser Pflicht kann das Gericht die Schuldnerin oder ihre organschaftlichen Vertreter zur Abgabe der eidesstattlichen Versicherung laden, zwangsweise vorführen lassen oder in Haft nehmen (§§ 22 Abs. 3, 97, 98, 101 InsO).

Das Gutachten hat in aller Regel eine geordnete und hinreichend aufgeschlüsselte geprüfte Übersicht über die schuldnerischen Einkommens- und Vermögensverhältnisse einschließlich der Art und Höhe der Schulden zu geben.

Sollte sich im Rahmen der Ermittlungen herausstellen, dass im Falle der Eröffnung das Verfahren als Hauptinsolvenzverfahren nach Art. 3 Abs. 1 EuinsVO zu eröffnen ist, ist dieser Umstand dem Gericht frühzeitig mitzuteilen.

Falls der Sachverständige den Auftrag nicht binnen sechs Wochen vollständig erfüllen kann, ist dem Gericht ein Zwischenbericht zu erstatten. Innerhalb dieser Frist ist zudem regelmäßig bis zum Abschluss der Ermittlungen zu berichten. Sollten Sicherungsmaßnahmen erforderlich werden, ist dies dem Gericht unverzüglich mitzuteilen.

Hinweis für den Anwendungsbereich der Anordnung:

Die getroffenen Anordnungen gelten für alle im Laufe der Ermittlungen anhängige Antragsverfahren. Das Ergebnis dieser Beweisaufnahme wird in allen weiteren Verfahren verwertet, die zur Zeit der Entscheidung über die Eröffnung anhängig sind.

Hagen, 02.06.2017
Amtsgericht

Papst

38

AMTSGERICHT
Hagen
Az:

Beschluss

Über das Vermögen

der im Handelsregister des Amtsgerichts Hagen unter HRB 12345 eingetragenen Muster GmbH, Musterstr. Str. 71-75, 12345 Musterstadt, gesetzlich vertreten durch den Geschäftsführer Herrn Mario Mustermann, Woschonstr. 1, 12345 Musterstadt

Geschäftszweig: Handel mit Kosmetikartikeln.

wird wegen Zahlungsunfähigkeit und Überschuldung heute, am 17.07.2017, um 10:38 Uhr das Insolvenzverfahren eröffnet.

Die Eröffnung erfolgt aufgrund des am 31.05.2017 bei Gericht eingegangenen Antrags der Schuldnerin.

Zum Insolvenzverwalter wird ernannt Rechtsanwalt Max Weltmeister, Superring 1, 12345 Musterstadt.

Forderungen der Insolvenzgläubiger sind bis zum 01.09.2017 unter Beachtung des § 174 InsO beim Insolvenzverwalter anzumelden. Die Gläubiger werden aufgefordert, dem Insolvenzverwalter unverzüglich mitzuteilen, welche Sicherungsrechte sie an beweglichen Sachen oder an Rechten der Schuldnerin in Anspruch nehmen. Der Gegenstand, an dem das Sicherungsrecht beansprucht wird, die Art und der Entstehungsgrund des Sicherungsrechts sowie die gesicherte Forderung sind zu bezeichnen. Wer diese Mitteilungen schuldhaft unterlässt oder verzögert, haftet für den daraus entstehenden Schaden (§ 28 Abs. 2 InsO).

Wer Verpflichtungen gegenüber der Schuldnerin hat, wird aufgefordert, nicht mehr an diese zu leisten, sondern nur noch an den Insolvenzverwalter. Stichtag, der dem Berichts- und Prüfungstermin (§ 29, 156, 176 InsO) entspricht, ist

der **22.09.2017**.

Bis zu diesem Zeitpunkt können die Gläubiger schriftliche Stellungnahmen bei Gericht einreichen

- zur Person des Insolvenzverwalters,
- zur Einsetzung, Besetzung und Beibehaltung des Gläubigerausschusses (§ 68InsO),
- zur Hinterlegungsstelle und zu den Bedingungen zur Anlage und Hinterlegung von Geld, Wertpapieren und Kostbarkeiten (§ 149 InsO),
- zur Zwischenrechnungslegung gegenüber der Gläubigerversammlung (§ 66 Abs. 3 InsO),
- zur Entscheidung über den Fortgang des Verfahrens (§ 157 InsO),
- zur Entscheidung über die Wirksamkeit der Verwaltererklärung zu Vermögen aus selbstständiger Tätigkeit (§ 35 Abs. 2 InsO),
- zu besonders bedeutsamen Rechtshandlungen des Insolvenzverwalters (§ 160 InsO):
  - die Veräußerung des Unternehmens oder des Betriebs der Schuldnerin,
  - zur Veräußerung des Unternehmens oder des Betriebs der Schuldnerin,
  - die Veräußerung des Warenlagers im Ganzen,
  - die Veräußerung eines unbeweglichen Gegenstandes aus freier Hand,
  - die Veräußerung einer Beteiligung der Schuldnerin an einem anderen
  - Unternehmen, die der Herstellung einer dauernden Verbindung zu diesem
  - Unternehmen dienen soll,
  - die Aufnahme eines Darlehens, das die Masse erheblich belasten würde,
  - die Anhängigmachung, Aufnahme, Beilegung oder Vermeidung eines Rechtsstreits mit erheblichem Streitwert,

- zur Betriebsveräußerung an besonders Interessierte oder Betriebsveräußerung unter Wert (§§ 162, 163 InsO),
- zur Beantragung der Anordnung oder der Aufhebung der Anordnung einer Eigenverwaltung (§§ 271 und 272 InsO),
- zur Zahlung von Unterhalt aus der Insolvenzmasse (§§ 100, 101 InsO).

Soweit zu besonders bedeutsamen Rechtshandlungen (§ 160 InsO) des Insolvenzverwalters bis zum Stichtag kein Widerspruch eines stimmberechtigten Gläubigers bei Gericht eingeht, so gilt die Zustimmung als erteilt (§ 160 Abs. 1 Satz 3 InsO).

Die Tabelle mit den Forderungen und die Anmeldeunterlagen sowie der Bericht des Insolvenzverwalters werden spätestens ab dem 08.09.2017 zur Einsicht der Beteiligten auf der Geschäftsstelle des Amtsgerichts Hagen, Heinitzstr. 42/44, 58097 Hagen, Zimmer Nr. 273 niedergelegt.

Ein schriftlicher Widerspruch, mit dem ein Beteiligter eine Forderung bestreitet, muss spätestens am Prüfungsstichtag bei Gericht eingehen. Im Widerspruch ist anzugeben, ob die Forderung nach ihrem Grund, ihrem Betrag oder ihrem Rang bestritten wird.

Der Insolvenzverwalter wird beauftragt, die nach § 30 Abs. 2 InsO zu bewirkenden Zustellungen an die Schuldnerin und an die Schuldner der Schuldnerin (Drittschuldner) sowie an die Gläubiger durchzuführen (§ 8 Abs. 3 InsO). Die im elektronischen Informations- und Kommunikationssystem erfolgten Veröffentlichungen von Daten aus diesem Insolvenzverfahren einschließlich des Eröffnungsverfahrens werden spätestens sechs Monate nach der Aufhebung oder der Rechtskraft der Einstellung des Insolvenzverfahrens gelöscht.

Veröffentlichungen im Restschuldbefreiungsverfahren einschließlich des Beschlusses nach § 289 InsO werden spätestens sechs Monate nach Rechtskraft der Entscheidung über die Restschuldbefreiung gelöscht.

Sonstige Veröffentlichungen nach der Insolvenzordnung werden einen Monat nach dem ersten Tag der Veröffentlichung gelöscht.

Rechtsmittelbelehrung:

Gegen diesen Beschluss steht dem Schuldner das Rechtsmittel der sofortigen Beschwerde gern. § 34 Abs. 2 InsO zu. Die sofortige Beschwerde ist bei dem Amtsgericht Hagen, Heinitzstr. 42/44, 58097 Hagen schriftlich in deutscher Sprache oder zur Niederschrift der Geschäftsstelle einzulegen. Die Beschwerde kann auch zur Niederschrift der Geschäftsstelle eines jeden Amtsgerichtes erklärt werden.

Die sofortige Beschwerde muss innerhalb von zwei Wochen bei dem Amtsgericht Hagen eingegangen sein. Dies gilt auch dann, wenn die Beschwerde zur Niederschrift der Geschäftsstelle eines anderen Amtsgerichtes abgegeben wurde.

Die Frist beginnt mit der Verkündung der Entscheidung oder, wenn diese nicht verkündet wird, mit deren Zustellung. Zum Nachweis der Zustellung genügt auch die öffentliche Bekanntmachung. Diese gilt als bewirkt, sobald nach dem Tag der unter www.insolvenzbekannimachungen.de erfolgten Veröffentlichung zwei weitere Tage verstrichen sind. Maßgeblich für den Beginn der Beschwerdefrist ist der frühere Zeitpunkt.

Die sofortige Beschwerde muss die Bezeichnung des angefochtenen Beschlusses sowie die Erklärung enthalten, dass sofortige Beschwerde gegen diesen Beschluss eingelegt wird. Sie soll begründet werden.

Hagen, 17.07.2017
Amtsgericht

Papst
Richter am Amtsgericht

II. Beschlagnahmewirkung des Eröffnungsbeschlusses

39 Die **Beschlagnahme, § 80 Abs. 1 InsO**, tritt grundsätzlich – vom Zeitpunkt des Wirksamwerdens des Eröffnungsbeschlusses aus gesehen – **rückwirkend** ein.[151]
Sie erstreckt sich auf die Insolvenzmasse. Dazu gehört gemäß **§ 35 InsO** das bei der Eröffnung vorhandene Vermögen, aber auch dasjenige Vermögen, das der Schuldner während des Verfahrens erlangt, sog. **Neuerwerb**.[152]

Das dem Insolvenzbeschlag unterliegende Vermögen des Schuldners ist gemäß **§ 35 InsO** Insolvenzmasse, wobei darunter die sog. **„Sollmasse"** zu verstehen ist, d.h. die Masse, wie sie sich in ihrem Bestand nach den gesetzlichen Bestimmungen zusammensetzen soll, im Gegensatz zur sog. **„Istmasse"** – wie sie der Insolvenzverwalter vorfindet –, die z.B. auch dem Insolvenzschuldner nicht gehörende Gegenstände umfasst.[153]

Die Beschlagnahme bewirkt die öffentliche **Verstrickung** des Vermögens des Schuldners, die unter strafrechtlichem Schutz gemäß § 136 StGB steht. Insbesondere gehören gemäß **§ 36 Abs. 2 Nr. 1 InsO** auch die Geschäftsbücher zur Insolvenzmasse – im Gegensatz zu § 811 Abs. 1 Nr. 11 ZPO –, da der Insolvenzverwalter diese Unterlagen für die Verwaltung benötigt.

Ferner fallen – ungeachtet der Verschwiegenheitspflicht des insolventen Berufsträgers – die Gebührenforderungen von Steuerberatern und Rechtsanwälten in die Insolvenzmasse,[154] weiterhin privatärztliche Honorarforderungen.[155]

III. Herausgabetitel

Fall 3:

Das Insolvenzgericht eröffnet über das Vermögen des Insolvenzschuldners S das Insolvenzverfahren, ernennt Rechtsanwalt R zum Insolvenzverwalter und händigt ihm die Ernennungsurkunde aus. Zum Vermögen des S gehört u.a. ein wertvolles Gemälde, dessen Herausgabe der S verweigert. R erhebt Klage gegen S auf Herausgabe des Gemäldes an die Insolvenzmasse.

40 **Zulässigkeit der Klage**

I. Zuständigkeit
Die Zuständigkeit regelt sich nach den §§ 2 Abs. 1, 3 Abs. 1 InsO, §§ 13 ff. ZPO.

II. Allgemeine Prozessvoraussetzungen
Hinsichtlich der allgemeinen Prozessvoraussetzungen wie Partei- und Prozessfähigkeit sowie Prozessvollmacht ergeben sich keine Besonderheiten, vgl. aber § 88 Abs. 2 ZPO.

151 Jauernig § 56 V 6.
152 BGH ZIP 2007, 1020; Hess/Pape Rn. 195.
153 Jauernig § 48 IV.
154 BGH ZIP 2003, 2176.
155 BGH ZIP 2005, 850; Berger ZInsO 2013, 569 ff. – immaterielle Wirtschaftsgüter in der Insolvenz.

III. Rechtsschutzinteresse

Es ist jedoch zu prüfen, ob R das Rechtsschutzinteresse für die vorliegende Herausgabeklage zusteht.

Für die Klage auf Herausgabe des Gemäldes – als Anspruchsgrundlage kommt **§ 148 Abs. 1 InsO** in Betracht – ist das Rechtsschutzinteresse dann zu verneinen, wenn R auf einem einfacheren und billigeren Weg einen vollstreckbaren Titel auf Herausgabe des Gemäldes gegen den Insolvenzschuldner erhalten kann.

1. Der Eröffnungsbeschluss ist **Herausgabetitel** gemäß § 794 Abs. 1 Nr. 3 ZPO i.V.m. **§ 148 Abs. 2 S. 1 InsO**. Er hat einen vollstreckungsfähigen Inhalt, nämlich die Pflicht des Schuldners zur Herausgabe aller zur Insolvenzmasse gehörenden Gegenstände.[156]

   Dabei wird der Grundsatz des Vollstreckungsrechts, dass der herauszugebende Gegenstand im Titel genau zu bezeichnen ist,[157] durchbrochen. Es handelt sich vielmehr um einen sog. **Globaltitel**, den der Insolvenzverwalter durch Bezeichnung der Gegenstände, soweit sie unter **§§ 35, 148 Abs. 1 InsO** fallen, ausfüllt.

   Die Zwangsvollstreckung erfolgt im Wege der **Herausgabevollstreckung** gemäß **§ 4 InsO i.V.m. §§ 883, 885 ZPO.**[158] Einer über den Eröffnungsbeschluss hinausgehenden richterlichen Anordnung bedarf es nicht.

   In der Praxis nimmt der Gerichtsvollzieher alle im Besitz des Schuldners befindlichen Gegenstände, soweit sie unter § 35 InsO fallen, an sich, da der Insolvenzverwalter in der Regel die einzelnen zur Insolvenzmasse gehörenden Gegenstände nicht kennt und somit nicht näher bezeichnen kann.

   § 90 der Gerichtsvollziehergeschäftsanweisung lautet:

   Eröffnungsbeschluss

   „1. Der Beschluss, durch den ein Konkurs-Gesamtvollstreckungs- oder Insolvenzverfahren eröffnet wird, ist ein vollstreckbarer Titel zugunsten des Verwaltens auf Herausgabe der Masse und auf Räumung der im Besitz des Schuldners befindlichen Räume.

   2. Eine Benennung der zur Masse gehörenden Gegenstände ist weder für den Eröffnungsbeschluss vorgesehen noch in der Vollstreckungsklausel nötig. Die mit der Vollstreckung zu erfassenden Gegenstände bezeichnet der Verwalter in seinem Auftrag an den Gerichtsvollzieher."

   Zur Rechtfertigung dieses Vorgehens des Gerichtsvollziehers wird darüber hinaus auf die Parallele zur Zwangsvollstreckung in das bewegliche Vermögen wegen einer Geldforderung verwiesen, in der der Gerichtsvollzieher auch in eigener Verantwortung entscheidet, ob die Sache, in die vollstreckt wird, zu dem haftenden Vermögen gehört oder nicht.[159]

2. Der Insolvenzverwalter muss weiterhin eine **vollstreckbare Ausfertigung** des Eröffnungsbeschlusses bei dem **Insolvenzgericht** beantragen, vgl. **§ 4 InsO i.V.m. §§ 795, 724 Abs. 2 ZPO**, und dessen **Zustellung** bewirken, vgl. **§ 4 InsO i.V.m. §§ 795, 750 Abs. 1 ZPO**.

---

156 BGH ZIP 2012, 1096; MK-Füchsl/Wieshäupl § 148 Rn. 61 ff.

157 Vgl. statt aller Thomas/Putzo, Vorbem. § 704 Rn. 16.

158 BGH ZIP 2012, 1096; Bork Rn. 51.

159 Henckel ZZP 1984, 459.

Die Klage des Insolvenzverwalters R gegen den Schuldner auf Herausgabe des Gemäldes ist somit wegen fehlenden Rechtsschutzinteresses unzulässig und daher durch Prozessurteil abzuweisen.[160]

Fall 4: Abwandlung von Fall 3

S hatte das Gemälde bei seinem Bruder B „sichergestellt", der die Herausgabe verweigert. R erhebt Klage gegen B auf Herausgabe des Gemäldes an die Insolvenzmasse.

41 A. **Zulässigkeit der Klage**

Auch hier könnte zweifelhaft sein, ob R ein Rechtsschutzinteresse für die Klage auf Herausgabe des Gemäldes gegen B hat.

I. Das Rechtsschutzinteresse entfällt für die Klage auf Herausgabe des Gemäldes gegen B nicht wegen Bestehens eines vollstreckbaren Titels gegen diesen, da der Eröffnungsbeschluss ausschließlich ein Herausgabetitel gegen den Insolvenzschuldner S ist.[161]

II. Weiterhin ist das Rechtsschutzinteresse auch nicht wegen der Möglichkeit einer Titelumschreibung gemäß **§§ 727, 795 ZPO** zu versagen, da diese aus den Gründen zu I. nicht in Betracht kommt.

Die Klage ist somit zulässig.

B. **Begründetheit der Klage**

Der Herausgabeanspruch des R stützt sich auf § 985 BGB.

Eine Besitzberechtigung des B gemäß § 986 Abs. 1 S. 1 BGB entfällt jedenfalls aufgrund des Erlöschens des Auftragsverhältnisses mit der Eröffnung des Insolvenzverfahrens über das Vermögen des S nach § 115 Abs. 1 InsO.

Die Klage ist danach begründet.

Anhang:

42 Der **Insolvenzschuldner** kann Einwendungen, welche die Art und Weise der Zwangsvollstreckung oder das vom Gerichtsvollzieher bei ihr zu beobachtende Verfahren betreffen, im Wege der Erinnerung gemäß **§§ 4, 148 Abs. 2 S. 2 InsO** i.V.m. **§ 766 ZPO** gel-

---

160 Thomas/Putzo a.a.O.

161 Haarmeyer/Wutzke/Förster S. 484.

tend machen, über die das Insolvenzgericht zu entscheiden hat, **§ 148 Abs. 2 S. 2 InsO**.[162]

Dies gilt auch für den Einwand der Unpfändbarkeit gemäß **§ 4 InsO i.V.m. § 811 ZPO**, vgl. aber § 36 Abs. 2 Nr. 2 InsO, da das Insolvenzverfahren – auch wenn es sich um die Zwangsvollstreckung zur Erwirkung der Herausgabe von Sachen handelt, auf die § 811 ZPO grundsätzlich nicht anwendbar ist – eine **Generalvollstreckung** und damit letztlich **Geldvollstreckung** ist.[163]

Gegen die Entscheidung des Insolvenzgerichts findet die sofortige Beschwerde nach **§ 793 ZPO** statt.[164]

Besteht zwischen dem Schuldner und dem Insolvenzverwalter Streit darüber, ob ein Gegenstand zur Insolvenzmasse gehört, ist die **Feststellungsklage** des **Insolvenzverwalters** gegen den Schuldner zulässig und nicht mangels Rechtsschutzbedürfnisses – weil der Eröffnungsbeschluss Vollstreckungstitel ist – vgl. dazu **Fälle 3 und 4** – abzuweisen.[165] Dem Insolvenzschuldner steht dagegen die **Vollstreckungsgegenklage** gemäß **§ 4 InsO i.V.m. §§ 795, 767 ZPO** zu.

---

162 BGH ZIP 2012, 1096; 2006, 2008; 2008, 2441, 2442 zu § 765 a

163 MK-Füchsl/Wieshäupl § 148 Rn. 76.

164 BGH ZIP 2006, 2008.

165 BGH ZIP 2008, 413, 414; 1984, 1501, 1502; MK-Füchsl/Wieshäupl § 148 Rn. 74.

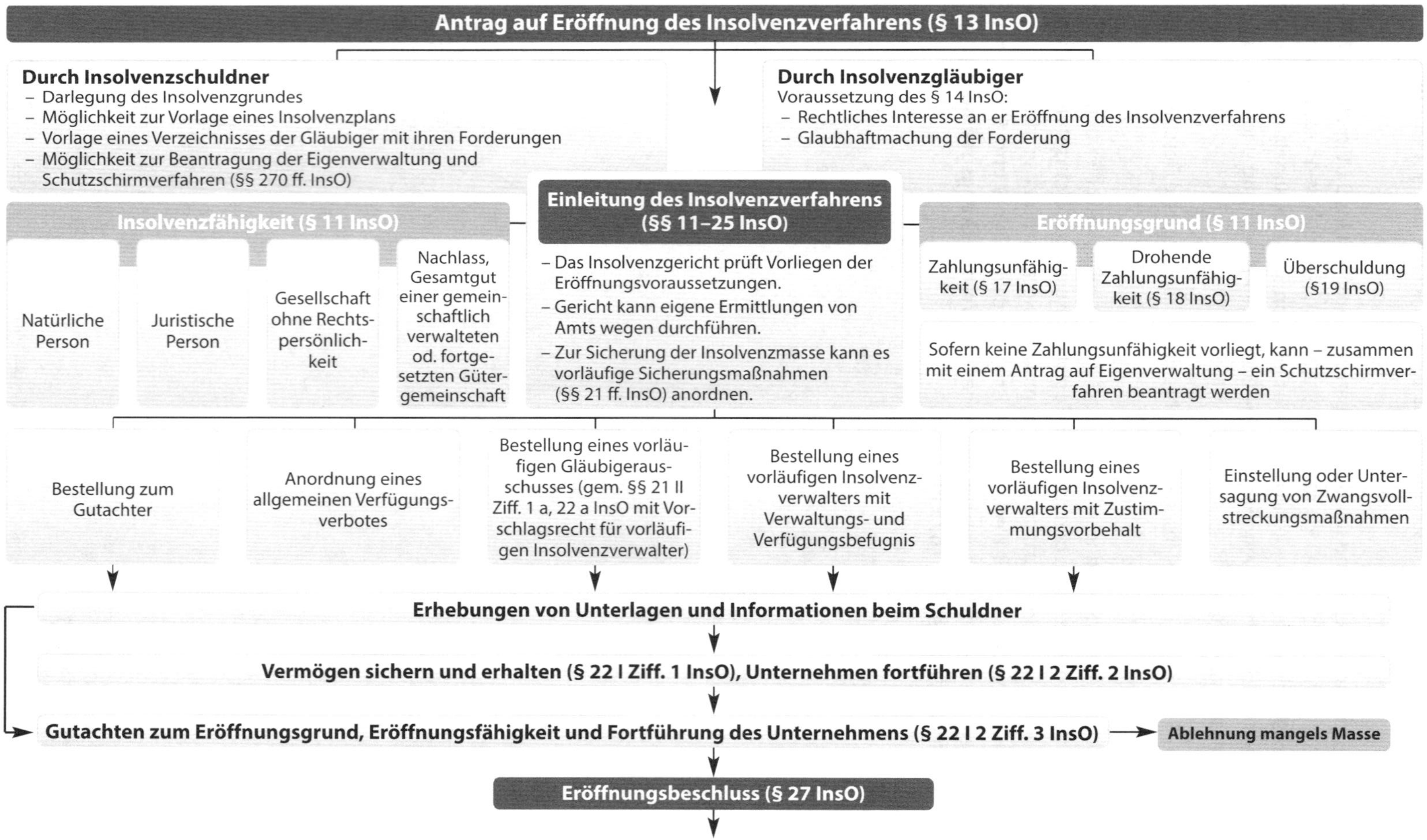
Antrag auf Eröffnung des Insolvenzverfahrens (§ 13 InsO)
Durch Insolvenzschuldner
– Darlegung des Insolvenzgrundes
– Möglichkeit zur Vorlage eines Insolvenzplans
– Vorlage eines Verzeichnisses der Gläubiger mit ihren Forderungen
– Möglichkeit zur Beantragung der Eigenverwaltung und Schutzschirmverfahren (§§ 270 ff. InsO)
Durch Insolvenzgläubiger
Voraussetzung des § 14 InsO:
– Rechtliches Interesse an er Eröffnung des Insolvenzverfahrens
– Glaubhaftmachung der Forderung
Einleitung des Insolvenzverfahrens (§§ 11–25 InsO)
– Das Insolvenzgericht prüft Vorliegen der Eröffnungsvoraussetzungen.
– Gericht kann eigene Ermittlungen von Amts wegen durchführen.
– Zur Sicherung der Insolvenzmasse kann es vorläufige Sicherungsmaßnahmen (§§ 21 ff. InsO) anordnen.
Insolvenzfähigkeit (§ 11 InsO)
Natürliche Person
Juristische Person
Gesellschaft ohne Rechtspersönlichkeit
Nachlass, Gesamtgut einer gemeinschaftlich verwalteten od. fortgesetzten Gütergemeinschaft
Eröffnungsgrund (§ 11 InsO)
Zahlungsunfähigkeit (§ 17 InsO)
Drohende Zahlungsunfähigkeit (§ 18 InsO)
Überschuldung (§19 InsO)
Sofern keine Zahlungsunfähigkeit vorliegt, kann – zusammen mit einem Antrag auf Eigenverwaltung – ein Schutzschirmverfahren beantragt werden
Bestellung zum Gutachter
Anordnung eines allgemeinen Verfügungsverbotes
Bestellung eines vorläufigen Gläubigerausschusses (gem. §§ 21 II Ziff. 1 a, 22 a InsO mit Vorschlagsrecht für vorläufigen Insolvenzverwalter)
Bestellung eines vorläufigen Insolvenzverwalters mit Verwaltungs- und Verfügungsbefugnis
Bestellung eines vorläufigen Insolvenzverwalters mit Zustimmungsvorbehalt
Einstellung oder Untersagung von Zwangsvollstreckungsmaßnahmen
Erhebungen von Unterlagen und Informationen beim Schuldner
Vermögen sichern und erhalten (§ 22 I Ziff. 1 InsO), Unternehmen fortführen (§ 22 I 2 Ziff. 2 InsO)
Gutachten zum Eröffnungsgrund, Eröffnungsfähigkeit und Fortführung des Unternehmens (§ 22 I 2 Ziff. 3 InsO)
Ablehnung mangels Masse
Eröffnungsbeschluss (§ 27 InsO)

Einleitung des Insolvenzverfahrens – der Eröffnungsbeschluss hat zum Inhalt:

- Bezeichnung von Insolvenzschuldner und Insolvenzverwalter sowie Angabe der Stunde der Verfahrenseröffnung (§ 27 Abs. 2 Nr. 1–3 InsO)
- Aufforderung der Gläubiger zur Forderungsanmeldung und Bestimmung der Anmeldefrist (§ 28 InsO)
- Bestimmung des Berichts- und Prüfungstermins (§ 29 InsO)
- Bestellung des Insolvenzverwalters (§ 56 InsO) sowie ggf. Angabe der Gründe, aus denen das Gericht von einem einstimmigen Vorschlag des vorläufigen Gläubigerausschusses zur Person des Verwalters abgewichen ist, § 27 II Ziff. 5 i.V.m. § 56 a InsO
- Evtl. Einsetzung eines Gläubigerausschusses (§ 67 InsO), soweit nicht bereits ein vorläufiger Gläubigerausschuss im Eröffnungsverfahren bestellt war

Prüfungstermin (§§ 29 Abs. 1 Ziff. 2, 176 InsO)

- Forderungsprüfung: feststellen oder bestreiten
- Feststellungsklage durch Gläubiger möglich (§§ 179 ff. InsO)

Berichtstermin (§ 156 InsO)

- Bericht des Insolvenzverwalters über die wirtschaftliche Lage des Insolvenzschuldners, ihre Ursachen und über die Aussichten der einzelnen Verwertungsarten, insbes. Darlegung der Sanierungsfähigkeit des schuldnerischen Unternehmens sowie der Möglichkeiten eines Insolvenzplanes
- Entscheidung der Gläubigerversammlung über den Fortgang des Insolvenzverfahrens, insbes. über die Art der Verwertung (§ 157 InsO)

Ggf. Einstellung des Insolvenzverfahrens

- Masselosigkeit (§ 207 InsO)
- Masseunzulänglichkeit (§ 211 InsO)
- Wegfall oder Fehlen des Eröffnungsgrundes (§ 212 InsO)
- Sonstige Gründe mit Zustimmung der Insolvenzgläubiger (§ 213 InsO)

Sanierung

- Finanzwirtschaftliche Sanierung
- Leistungswirtschaftliche Sanierung

Übertragende Sanierung

Übertragung des Unternehmens, Betriebes oder Betriebsteils auf einen anderen Rechtsträger (ggf. Verwertung restlicher Vermögensgegenstände)

Liquidation

Verwertung der Insolvenzmasse

Durchführung eines Insolvenzplanverfahrens (§§ 217 ff. InsO)

- Sanierungsplan unter Fortführung des bisherigen Rechtsträgers
- Sanierungsplan unter Fortführung durch Dritte
- Liquidationsplan

→ **Aufhebung des Insolvenzverfahrens (§ 258 InsO)**

→ **Befriedigung der Insolvenzgläubiger**

→ **Restschuldbefreiung (§ 227 InsO)**

Übertragung des Betriebes auf eine Auffanggesellschaft, bei der der Verwalter für die Masse Gesellschafter ist

→ Verkauf der Auffanggesellschaft als entschuldeter neuer Rechtsträger

Verteilung des Verwertungserlöses an Insolvenzgläubiger (§§ 187 ff. InsO)

- Ggf. Abschlagszahlungen (§ 200 InsO)
- Schlussverteilung (§ 196 InsO)

→ **Aufhebung des Insolvenzverfahrens (§ 200 InsO)**

→ **Ggf. Anschluss eines Restschuldbefreiungsverfahrens bei natürlichen Personen (§§ 286 ff. InsO)**

Das Eröffnungsverfahren

I. Voraussetzungen der Eröffnung des Insolvenzverfahrens

1. **Antrag** auf Eröffnung des Insolvenzverfahrens, **§ 13 Abs. 1 S. 1 InsO**
   Antragsberechtigt sind
   a) der **Schuldner**, § 13 Abs. 1 S. 2 InsO; bei jur. Personen und Gesellschaften ohne Rechtspersönlichkeit vgl. § 15 InsO; vgl. auch § 15 a InsO zur Antragspflicht;
   b) der **Insolvenzgläubiger**, § 13 Abs. 1 S. 2 InsO.
2. **Allgemeine Verfahrensvoraussetzungen**
   a) Zuständigkeit: Sachliche und örtliche Zuständigkeit sind ausschließlich, §§ 2 Abs. 1, 3 Abs. 1 InsO.
   b) Insolvenzfähigkeit: Insolvenzfähig sind alle natürl. und jur. Personen (§ 11 Abs. 1 S. 1 InsO), der nicht rechtsfähige Verein (§ 11 Abs. 1 S. 2 InsO) und Gesellschaften ohne Rechtspersönlichkeit (§ 11 Abs. 2 InsO).
   c) Rechtsschutzinteresse: Es besteht grundsätzlich aufgrund der Gläubigereigenschaft des Antragstellers (Ausnahme: Verfolgung insolvenzfremder Zwecke).
3. **Insolvenzgrund**
   a) **Zahlungsunfähigkeit** liegt vor, wenn der Schuldner nicht in der Lage ist, die fälligen Zahlungspflichten zu erfüllen, **§ 17 Abs. 2 S. 1 InsO** (nicht: bloße Zahlungsstockung).
   b) **Drohende Zahlungsunfähigkeit** ist gegeben, wenn der Schuldner voraussichtlich nicht in der Lage sein wird, die bestehenden Zahlungspflichten im Zeitpunkt der Fälligkeit zu erfüllen, **§ 18 Abs. 2 InsO**.
   c) **Überschuldung** liegt vor, wenn Passiva die Aktiva übersteigen, es sei denn, die Fortführung des Unternehmens ist nach den Umständen überwiegend wahrscheinlich, **§ 19 Abs. 2 S. 1 InsO**.
4. **Keine Insolvenzeröffnung**
   a) Abweisung mangels Masse, § 26 Abs. 1 S. 1 InsO
   b) Vollstreckungsschutz, § 4 InsO i.V.m. § 765 a ZPO (str.)

II. Sicherungsmaßnahmen

1. Allgemeines Verfügungsverbot, **§ 21 Abs. 2 S. 1 Nr. 2 InsO**
   a) Voraussetzungen: Das allgemeine Verfügungsverbot ist nach Eingang des Antrags des Schuldners oder bei Zulässigkeit des Antrags des Insolvenzgläubigers auf Eröffnung des Insolvenzverfahrens zulässig und gilt bis zur Entscheidung über den Antrag. Streitig, ob bereits mit seinem Erlass oder erst mit der Zustellung an den Schuldner wirksam.
   b) Wirkungen: Verfügungen des Schuldners sind gemäß **§ 24 Abs. 1 i.V.m. § 81 InsO** absolut unwirksam.
2. Untersagung/einstweilige Einstellung der Zwangsvollstreckung, **§ 21 Abs. 2 S. 1 Nr. 3 InsO**
3. Verbot der Herausgabe von Gegenständen, die mit Aus- oder Absonderungsrechten belastet sind, **§ 21 Abs. 2 S. 1 Nr. 5 InsO**
4. Sofortige Beschwerde gegen die Anordnung von Sicherungsmaßnahmen, **§ 21 Abs. 1 S. 2 InsO**

III. Rechtsstellung des vorläufigen Insolvenzverwalters, § 21 Abs. 2 S. 1 Nr. 1 InsO

1. Der vorläufige Insolvenzverwalter **mit** Verwaltungs- und Verfügungsbefugnis, **§ 22 Abs. 1 S. 2 Nr. 1–3 InsO**, sog. **„starker vorläufiger Verwalter"**
2. Der vorläufige Insolvenzverwalter **ohne** Verwaltungs- und Verfügungsbefugnis, **§ 22 Abs. 2 InsO**, sog. **„schwacher vorläufiger Verwalter"**

IV. Eröffnungsbeschluss

Der Eröffnungsbeschluss ist ein gegen den Schuldner gerichteter Herausgabetitel gemäß **§ 794 Abs. 1 Nr. 3 ZPO i.V.m. § 148 Abs. 2 S. 1 InsO** mit dem Inhalt, alle zur Insolvenzmasse gehörenden Gegenstände herauszugeben, sog. **Globaltitel**. Die Zwangsvollstreckung erfolgt gemäß **§§ 883, 885 ZPO**.

3. Abschnitt: Das materielle Insolvenzrecht

A. Der Insolvenzschuldner

Mit der Eröffnung des Insolvenzverfahrens – maßgebend ist der im Eröffnungsbeschluss angegebene Eröffnungszeitpunkt, § 27 Abs. 2 Nr. 3 InsO – verliert der **Insolvenzschuldner** die **Verwaltungs- und Verfügungsbefugnis** über sein zur Insolvenzmasse gehörendes Vermögen, **§ 80 Abs. 1 InsO**, dagegen nicht die Geschäfts- und Prozessfähigkeit.[166] 43

Nach der h.M.[167] kann der Insolvenzverwalter jedoch den Schuldner – im Wege der **gewillkürten Prozessstandschaft** – ermächtigen, ein zur Insolvenzmasse gehörendes Recht im eigenen Namen geltend zu machen.

Diese Vorschrift wird ergänzt durch die **§§ 81, 88, 89, 91 InsO**. Die §§ 85–87 InsO schließen Einwirkungen des Insolvenzschuldners auf die Masse im Wege der Prozessführung aus[168] und **§ 80 Abs. 2 S. 1 InsO** erklärt die gegenüber dem Insolvenzschuldner bestehenden Verfügungsverbote i.S.d. **§§ 135, 136 BGB** zur Sicherstellung der anteiligen gleichmäßigen Befriedigung aller Gläubiger für wirkungslos.

In der Insolvenz eines Ehegatten wird das Wahlrecht für eine Getrennt- oder Zusammenveranlagung zur Einkommensteuer durch den Insolvenzverwalter ausgeübt.[169]

Der Insolvenzschuldner ist nach **§§ 97, 98 InsO** zur uneingeschränkten Auskunft verpflichtet, weiterhin kann das Insolvenzgericht nach **§ 99 InsO** eine Postsperre anordnen.

I. Rechtshandlungen des Insolvenzschuldners

1. §§ 81, 91 InsO – unwirksamer Rechtserwerb

Gemäß **§ 81 Abs. 1 S. 1 InsO** sind Verfügungen des Schuldners nicht nur gegenüber den Insolvenzgläubigern, sondern gegenüber jedermann und damit absolut unwirksam.[170] 44

§ 81 Abs. 1 S. 2 InsO lässt gutgläubigen Erwerb nur im Liegenschaftsrecht nach §§ 892, 893 BGB zu, dagegen wird der gute Glaube an die Verfügungsbefugnis des Insolvenzschuldners bezüglich beweglicher Sachen – eine unmittelbare Anwendung der §§ 932 ff. BGB käme ohnehin nicht in Betracht, da der Schuldner Eigentümer geblieben ist – und Forderungen nicht geschützt.[171]

§ 91 Abs. 1 InsO erklärt über den Anwendungsbereich des § 81 Abs. 1 S. 1 InsO hinaus den Rechtserwerb nach Eröffnung des Insolvenzverfahrens für unwirksam, selbst wenn dieser nicht auf einer Verfügung des Schuldners beruht. Danach erfasst diese Vorschrift insbesondere die sog. „mehraktigen Erwerbstatbestände", d.h. Rechtsgeschäfte, die vor

166 BGH ZInsO 2013, 1133; Jauernig § 69 IV 1; Bork Rn. 125.
167 HK-Kayser § 80 Rn. 40 m.w.N.; zur KO BGH NJW 2002, 1038.
168 BFH ZIP 2003, 1212; zur KO BGH NJW 1979, 162.
169 BGH ZIP 2010, 2515, 2516; 2007, 1917.
170 BGH ZIP 2014, 1037; Gehrlein WM 2014, 485 ff.
171 BGH ZIP 2012, 1565, 1566; Hess/Pape Rn. 177.

der Eröffnung des Insolvenzverfahrens beginnen und nach der Verfahrenseröffnung zur Vollendung des Erwerbstatbestandes noch Ergänzungen bedürfen.[172]

§ 91 Abs. 1 InsO ist eine Ergänzung zu **§ 81 Abs. 1 S. 1 InsO** – keine wirksame Verfügung des Schuldners nach Verfahrenseröffnung –, indem er allgemein den Rechtserwerb an Massegegenständen nach Eröffnung des Insolvenzverfahrens ausschließt.[173]

Fall 5:

Nachdem am 01.09. über das Vermögen des Insolvenzschuldners S das Insolvenzverfahren eröffnet worden ist, einigen sich S und Gläubiger G am 02.09. über die Bestellung einer Buchgrundschuld zugunsten des G. Die Verfahrenseröffnung ist G nicht bekannt. Auf Antrag des G vom 03.09., unter Vorlage der formgerechten Bewilligung des S, erfolgt am 08.09. die Eintragung der Grundschuld durch das Grundbuchamt. Auf Antrag des Insolvenzverwalters vom 09.09. wird am 10.09. der Eröffnungsvermerk im Grundbuch eingetragen.

Der Insolvenzverwalter begehrt von G Zustimmung zur Berichtigung des Grundbuchs in Ansehung der Grundschuld.

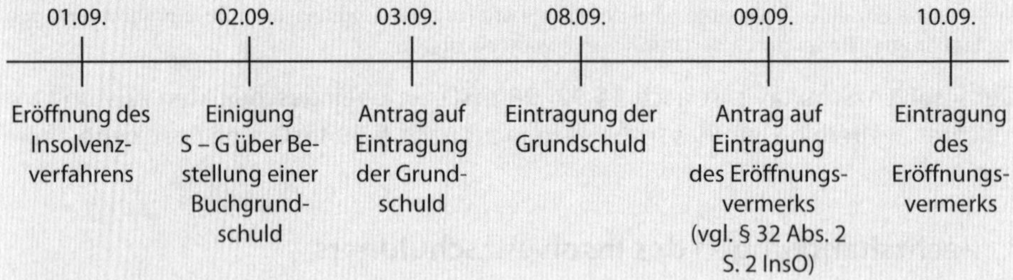

A. **Zulässigkeit der Klage**

45 Hinsichtlich der Zulässigkeit der Klage bestehen keine Bedenken, insbesondere ist der Insolvenzverwalter prozessführungsbefugt.

§ 80 InsO verleiht dem Insolvenzverwalter ein umfassendes – und dem Insolvenzschuldner entzogenes – Verwaltungs- und Verfügungsrecht. Er hat auch die Interessen des Vermögensträgers (Insolvenzschuldners) wahrzunehmen, wenngleich die Insolvenzverwaltung dem Zweck der Befriedigung aller Insolvenzgläubiger dient.

Diese Rechtsstellung des **Insolvenzverwalters** hat zu der Streitfrage geführt, ob er gesetzlicher Vertreter der Insolvenzgläubiger oder des Insolvenzschuldners, gegenständlich auf die Masse beschränkt, ist (sog. „Vertretertheorie") oder aber Vertreter der zu einem eigenen Rechtssubjekt verselbstständigten Insolvenzmasse (sog. „Organtheorie").

Die sog. „Amtstheorie" der Rspr. und h.M. in der Lit.[174] sieht den Insolvenzverwalter als ein im eigenen Namen handelndes Rechtspflegeorgan (Zwangsvollstreckungsorgan), das als **Partei kraft Amtes** in eigenem Namen mit Wirkung für und gegen den Insolvenzschuldner handelt.[175]

172 Gehrlein WM 2014, 485 ff.; Bork Rn. 146.

173 Kayser ZIP 2013, 1349, 1356; Bork Rn. 146.

174 Vgl. i.E. zum Meinungsstand Hess/Pape Rn. 583 ff.; Bork Rn. 63 ff.

175 Vgl. BGHZ 88, 331; MK-Ott/Vuia § 80 Rn. 20, 36.

B. Begründetheit der Klage 46

Die Klage ist begründet, wenn dem Insolvenzverwalter gemäß **§ 894 BGB, § 80 Abs. 1 InsO** ein Anspruch auf Zustimmung zur Grundbuchberichtigung gegen G zusteht.

I. Die Voraussetzungen für die Entstehung einer Buchgrundschuld gemäß **§§ 873, 1191, 1192 BGB** liegen vor, wenn S noch die Verfügungsbefugnis hatte. Diese muss grundsätzlich bis zum Zeitpunkt der Vollendung des Rechtserwerbs vorliegen.[176] Durch die Insolvenzeröffnung am 01.09. hatte S die Verfügungsbefugnis über sein zur Insolvenzmasse gehörendes Vermögen verloren, vgl. §§ 80, 35 InsO, mit der Folge, dass gemäß **§ 81 Abs. 1 S. 1 InsO** die Verfügungen, die S danach vorgenommen hat, unwirksam sind.
Durch die Einigung mit G über die Bestellung der Grundschuld gemäß §§ 873, 1191, 1192 BGB hat S eine solche Verfügung vorgenommen; der Erwerb der Grundschuld durch G ist somit wegen fehlender Verfügungsbefugnis des S unwirksam.

II. G könnte die Grundschuld jedoch gemäß **§ 892 BGB, § 81 Abs. 1 S. 2 InsO** gutgläubig erworben haben.

1. § 892 Abs. 1 S. 2 BGB betrifft nur relative Verfügungsbeschränkungen.[177]

2. Gemäß **§ 81 Abs. 1 S. 1 InsO** sind Verfügungen des Schuldners nicht nur gegenüber den Insolvenzgläubigern, sondern gegenüber jedermann und damit **absolut** unwirksam.[178]

   § 81 Abs. 1 S. 2 InsO erklärt jedoch die **§§ 892, 893 BGB** für anwendbar. Weiterhin ergibt sich aus der Eintragungsfähigkeit der Insolvenzeröffnung gemäß § 32 InsO die Möglichkeit eines gutgläubigen Erwerbs.[179]

3. Gemäß **§ 892 Abs. 1 S. 2 BGB** kann ein gutgläubiger Erwerb nur dann eintreten, wenn bis zur Vollendung des Rechtserwerbs, hier der Eintragung der Grundschuld am 08.09., die Verfügungsbeschränkung aus dem Grundbuch nicht ersichtlich war.[180]

   Die Eintragung des Eröffnungsvermerks erfolgte erst am 10.09. Da G von der Eröffnung des Insolvenzverfahrens auch keine Kenntnis hatte, hat er die Grundschuld gutgläubig erworben.

Der Insolvenzverwalter hat somit keinen Anspruch auf Zustimmung zur Berichtigung des Grundbuchs gemäß **§ 894 BGB, § 80 Abs. 1 InsO**.

---

176 Allg. Meinung: Palandt/Herrler § 873 Rn. 11 m.w.N.

177 Vgl. statt aller Palandt/Herrler § 892 Rn. 17 f.

178 BGH ZIP 2012, 1565, 1566; Kübler/Prütting S. 261; Hess/Pape Rn. 252; Haarmeyer/Wutzke/Förster S. 265 f., 452.

179 Hess/Pape Rn. 177.

180 Palandt/Herrler § 892 Rn. 17.

Fall 6: Abwandlung von Fall 5

S und G einigen sich am 20.08. über die Bestellung einer Buchgrundschuld zugunsten des G. Am 01.09. wird über das Vermögen des S das Insolvenzverfahren eröffnet. Auf Antrag des G vom 27.08. unter Vorlage der formgerechten Bewilligung des S erfolgt am 03.09. die Eintragung der Buchgrundschuld zugunsten des G.
Der Insolvenzverwalter begehrt von G die Zustimmung zur Berichtigung des Grundbuchs.

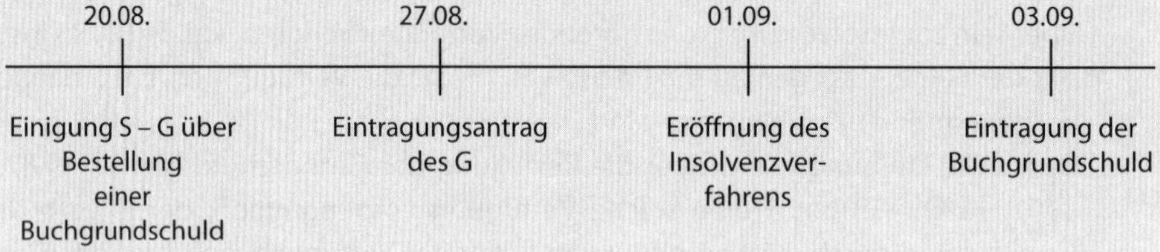

A. **Zulässigkeit der Klage**

Vgl. Ausgangsfall 5 Rn. 45

B. **Begründetheit der Klage**

Vgl. Ausgangsfall 5 Rn. 46

47 I. **§ 81 Abs. 1 S. 1 InsO** greift hier **nicht** ein, da **keine** Verfügung des Schuldners **nach** Eröffnung des Insolvenzverfahrens vorliegt.

II. **§ 91 Abs. 1 InsO** erklärt jedoch über den Anwendungsbereich des § 81 Abs. 1 S. 1 InsO hinaus den Rechtserwerb **nach** Eröffnung des Insolvenzverfahrens für unwirksam, selbst wenn dieser nicht auf einer Verfügung des Schuldners beruht. Danach erfasst diese Vorschrift insbesondere die sog. **„mehraktigen Erwerbstatbestände"**, d.h. Rechtsgeschäfte, die **vor** der Eröffnung des Insolvenzverfahrens beginnen und **nach** der Verfahrenseröffnung zur Vollendung des Erwerbstatbestandes noch Ergänzungen bedürfen.[181]

§ 91 Abs. 1 InsO ist eine Ergänzung zu **§ 81 Abs. 1 S. 1 InsO** – keine wirksame Verfügung des Schuldners **nach** Verfahrenseröffnung –, indem er **allgemein** den Rechtserwerb an Massegegenständen **nach** Eröffnung des Insolvenzverfahrens ausschließt.[182]

Im vorliegenden Fall erfolgte die zur Vollendung des Rechtserwerbs erforderliche Eintragung der Buchgrundschuld **nach** der Eröffnung des Insolvenzverfahrens, sodass dem Erwerb zugunsten G **§ 91 Abs. 1 InsO** entgegensteht.

III. G könnte die Grundschuld jedoch gemäß **§ 91 Abs. 2 InsO, § 878 BGB** erworben haben. Die Voraussetzungen des § 878 BGB – bindende Einigung gemäß § 873 Abs. 2 BGB und Antrag des G bei dem Grundbuchamt – lagen bereits vor, als S die

181 BGH ZIP 2008, 322; Bork Rn. 146; Jauernig § 40 IV 2.

182 BGH ZIP 2008, 322; Bork Rn. 146.

Verfügungsbefugnis durch die Eröffnung des Insolvenzverfahrens am 01.09. verlor.[183]

Gemäß **§ 878 BGB, § 91 Abs. 2 InsO** hat G die Buchgrundschuld mit deren Eintragung wirksam erworben, sodass der Grundbuchberichtigungsanspruch gemäß **§ 894 BGB, § 80 Abs. 1 InsO nicht** begründet ist.

Anhang:

(I) Grundbuchverfahrensrecht

Nach der in der Rspr. vertretenen Auffassung[184] hat das Grundbuchamt, wenn es Kenntnis von der Insolvenzverfahrenseröffnung erhält, den Antrag auf Eintragung zurückzuweisen, wenn dieser nach Eröffnung des Insolvenzverfahrens bei ihm eingeht, sog. **„Grundbuchsperre“:** Zur Begründung wird angeführt, dass das Grundbuchamt nicht befugt sei, dem Erwerber zu einem „materiell unberechtigten Erwerb“ aufgrund seines guten Glaubens zu verhelfen. **48**

Nach der in der Lit. h.M.[185] darf dagegen das Grundbuchamt die Eintragung nicht ablehnen und dem später eingegangenen Antrag auf Eintragung des Eröffnungsvermerks nicht unter Durchbrechung der **§§ 17, 45 GBO** früher stattgeben, wenn es bei der Prüfung feststellt, dass zu dem gemäß § 892 BGB rechtmäßigen gutgläubigen Erwerb nur noch die Grundbucheintragung fehlt.

Dieser Ansicht ist insoweit zuzustimmen, als nach der Rspr. die grundbuchrechtliche Bedeutung des § 892 Abs. 2 BGB erheblich eingeschränkt wird und der Erwerber eines dinglichen Rechts sich vor der Grundbucheintragung nicht darauf verlassen kann, dass er eingetragen wird und damit das dingliche Recht gutgläubig erwirbt. Nach einhelliger Auffassung[186] hat das Grundbuchamt bei Vorliegen der Voraussetzungen der §§ 91 Abs. 2 InsO, 878 BGB die Eintragung zu vollziehen, und zwar selbst dann, wenn zwischenzeitlich der Eröffnungsvermerk – in Abt. II – eingetragen sein sollte.

(II) Weitere Fälle zu § 91 Abs. 1 InsO

Verfügt der (nachmalige) Insolvenzschuldner unter einer aufschiebenden Bedingung und tritt diese Bedingung erst nach Verfahrenseröffnung ein, so hindert **§ 91 Abs. 1 InsO**, wie sich aus **§ 161 Abs. 1 S. 2 BGB** ergibt, den Rechtserwerb nicht. Für die Abgrenzung ist maßgebend, ob das Recht schon vorher aus dem Schuldnervermögen ausgeschieden ist und der Schuldner es nicht aufgrund eigener Entscheidung wieder zurückerlangen kann.[187] **49**

---

183 BGH ZInsO 2008, 322; vgl. Palandt/Herrler § 878 Rn. 12 ff.

184 BayObLGZ 1994, 66, 71; OLG Frankfurt Rpfl. 1991, 361, 362.

185 Bork Rn. 142; Uhlenbruck/Mock § 91 Rn. 97.

186 MK-Breuer § 91 Rn. 79; Demharter § 13 Rn. 9.

187 BGH ZI 2012, 638, 641; MK-Breuer § 91 Rn. 17 m.w.N.

Hat der Insolvenzschuldner ein ihm zustehendes Anwartschaftsrecht sicherungshalber vor Verfahrenseröffnung an einen Dritten übertragen, steht dem Eigentumserwerb – nach Zahlung der letzten Kaufpreisrate – § 91 Abs. 1 InsO nicht entgegen.[188]

Verlust der **Nichtvalutierungseinrede** bei Abtretung einer Sicherungsgrundschuld;[189] dingliches Nutzungsrecht;[190] Abtretung des Anspruchs auf den Rückkaufswert einer Lebensversicherung vor Insolvenzeröffnung;[191] Zweitabtretung einer Forderung bei endgültigem Wegfall des Sicherungszwecks der Erstabtretung;[192] Abtretung des schuldrechtlichen Rückübertragungsanspruchs bei einer Sicherungsgrundschuld, soweit Revalutierung ohne Zustimmung des Abtretungsempfängers nicht möglich.[193]

Hinsichtlich der **Vorausverfügungen** über Rechte ist zwischen bedingten und künftigen Rechten zu unterscheiden. Im Falle der Abtretung einer künftigen Forderung ist die Verfügung selbst bereits mit Abschluss des Abtretungsvertrags beendet. Der Rechtsübergang erfolgt dagegen erst mit dem Entstehen der Forderung.

Soweit **vorausabgetretene** Forderungen erst **nach** der Insolvenzeröffnung entstehen, fallen sie in die Insolvenzmasse. Der Gläubiger kann gemäß § 91 Abs. 1 InsO kein Forderungsrecht mehr zulasten der Masse erwerben.[194]

Vorausverfügungen des Schuldners über Ansprüche, die sich gegen eine ärztliche Abrechnungsstelle richten, sind für die Zeit nach Verfahrenseröffnung auch nach Einführung des **§ 35 Abs. 2 InsO** gemäß § 91 Abs. 1 InsO unwirksam, sofern der Verwalter die Arztpraxis fortführt.[195]

Das gesetzliche **Vermieterpfandrecht** an eingebrachten pfändbaren Sachen des Mieters **entsteht** dagegen schon mit der Einbringung, auch soweit es erst künftig entstehende Forderungen aus dem Mietverhältnis sichert.[196]

(III) Ausnahmen von § 91 Abs. 1 InsO

50 § 114 InsO ist mit dem am 01.07.2014 in Kraft getretenem Gesetz zur Verkürzung der Restschuldbefreiung und zur Stärkung der Gläubigerrechte aufgehoben.

§ 114 Abs. 1 InsO *stellte eine* ***Ausnahmevorschrift*** *zu § 91 Abs. 1 InsO dar, um demjenigen Personenkreis zu ermöglichen, sich einen Kredit zu beschaffen, der in der Regel nur die Abtretung von Bezügen aus abhängiger Tätigkeit – auch Lohnersatzleistungen als Sicherheit anbieten kann, unabhängig davon, ob das Dienstverhältnis vor oder nach Insolvenzeröffnung begründet worden ist.*

§ 110 InsO ist für den Fall einer Verfügung über Miet- und Pachtforderung eine **Ausnahme** von § 91 Abs. 1 InsO.[197]

2. §§ 82, 83 InsO – Sonderregelungen

51 Die **§§ 82, 83 InsO** schränken die in §§ 80, 81 InsO angeordneten Rechtsfolgen ein.

188 Uhlenbruck/Hirte § 91 Rn. 12.
189 BGH ZIP 2008, 703.
190 BGH ZIP 2008, 893, 894; 2006, 87, 89.
191 BGH ZIP 2012, 638, 640; Reul DNotZ 2012, 883 ff.; Obermüller ZIP 2013, 299 ff.
192 BGH ZIP 2012, 2214, 2216; MK-Breuer § 91 Rn. 19 ff.; Bork Rn. 147.
193 BGH ZIP 2011, 2364, 2365; 2003, 1208, 1209.
194 BGH ZIP 2013, 1181, 1182; 2010, 335, 336; 2006, 1254, 1255; 2003, 1733, 1736; Gehrlein WM 2014, 485 ff.
195 BGH ZIP 2010, 587, 588.
196 BGH ZIP 2006, 191, 193.
197 BGH ZIP 2010, 87, 88.

Die Einziehung der geschuldeten Leistung durch den Insolvenzschuldner ist eine Verfügung i.S.d. **§ 81 Abs. 1 S. 1 InsO**, unabhängig davon, ob man der sog. „Vertragstheorie" oder der sog. „Theorie der realen Leistungsbewirkung" folgt. 52

Auch eine vom Insolvenzschuldner nach Verfahrenseröffnung vorgenommene Leistungsbestimmung zugunsten eines Dritten ist unwirksam.[198]

Gemäß **§ 82 S. 1 InsO** wird der Schuldner dann befreit, wenn er die Verfahrenseröffnung zur Zeit der Leistung nicht kannte; dagegen **nicht** im Falle der **Abtretung** nach Eröffnung des Insolvenzverfahrens.[199]

Die Verteilung der Beweislast ist davon abhängig, wann der Schuldner geleistet hat.

Hat er **vor** der öffentlichen Bekanntmachung der Eröffnung geleistet, so wird zu seinen Gunsten vermutet, dass er die Eröffnung nicht kannte, § 82 S. 2 InsO.

Hat er **danach** geleistet, muss er seine Unkenntnis nachweisen.[200]

Haben Unternehmen mit umfangreichem Zahlungsverkehr zur Erfüllung einer Verbindlichkeit an einen Insolvenzschuldner geleistet, ohne dass sie die Eröffnung des Insolvenzverfahrens kannten, hindert sie die Möglichkeit, diese Information durch eine Einzelabfrage aus dem Internet zu gewinnen, nach Treu und Glauben nicht daran, sich auf ihre Unkenntnis zu berufen. Sie sind auch nicht gehalten, sich wegen der Möglichkeit der Internetabfrage beweismäßig für sämtliche Mitarbeiter zu entlasten.[201]

Eine Ausnahme ergibt sich dann, wenn die Leistung durch den öffentlichen Glauben des Grundbuchs gemäß **§§ 81 Abs. 1 S. 2 InsO, 892, 893 BGB** geschützt ist.[202]

Beispiel: Nach öffentlicher Bekanntmachung der Eröffnung des Insolvenzverfahrens zahlt der Schuldner (= Eigentümer des mit einer Hypothek zugunsten des Insolvenzschuldners belasteten Grundstücks) an den Insolvenzschuldner Zinsen. War die Verfahrenseröffnung weder aus dem Grundbuch noch aus dem Hypothekenbrief ersichtlich, muss der Insolvenzverwalter beweisen, dass dem Schuldner (= Eigentümer zum Zeitpunkt der Leistung an den Insolvenzschuldner) die Verfahrenseröffnung bekannt war.

Nach der Gesetzesbegründung zu **§ 82 InsO** wird der Schuldner auch dann befreit, wenn die Leistung in die Masse gelangt ist.[203]

Erbringt der Drittschuldner in Unkenntnis der Freigabeerklärung des Insolvenzverwalters an diesen eine Leistung zur Erfüllung einer gegenüber dem Schuldner bestehenden Verbindlichkeit, so kann in entsprechender Anwendung des **§ 82 InsO** Befreiung eintreten.

Gemäß **§ 83 Abs. 1 InsO** fallen Annahme oder Ausschlagung einer Erbschaft oder eines Vermächtnisses, vgl. §§ 1943 ff., 2180 BGB, **nicht** unter **§§ 80 Abs. 1, 81 Abs. 1 S. 1 InsO**, obwohl sie eine Verfügung i.S.d. Vorschriften darstellen. Der Grund dieser Regelung liegt darin, dass der Erwerb von Todes wegen nicht nur vermögensrechtlichen, sondern auch höchstpersönlichen Charakter hat.[204] Die Ausschlagung, bzw. vertragliche Aufhebung einer Erbeinsetzung sind daher auch der Insolvenzanfechtung entzogen.[205] 53

198 BGH ZIP 2014, 1037, 1038; Gehrlein BB 2014, 1539, 1545.
199 BGH ZIP 2012, 1565, 1566.
200 BGH ZIP 2014, 1539, 1545; 2009, 1704; 2006, 138, 140, 141; Fischer WM 2007, 813, 814.
201 BGH ZIP 2010, 935, 936; 890, 891; Wittmann/Kinzl ZIP 2011, 2232 ff.
202 MK-Ott § 82 Rn. 8.
203 Jauernig § 69 V 3; Bork Rn. 145.
204 Bork Rn. 118; MK-Schumann § 83 Rn. 5 ff.
205 BGH ZIP 2013, 272, 273.

§ 83 Abs. 1 InsO findet auf den Pflichtteilsanspruch, §§ 2303 ff. BGB, Anwendung. Der Pflichtteilsanspruch fällt in die Insolvenzmasse, § 35 InsO. Aufschiebend bedingt ist lediglich die zwangsweise Verwertbarkeit. Diese Wirkung tritt erst mit der vertraglichen Anerkennung oder Rechtshängigkeit ein, **§§ 35, 36 Abs. 1 InsO, § 852 Abs. 1 ZPO.**[206]

II. Einzelzwangsvollstreckung gegen den Insolvenzschuldner

54 Nach **§ 89 InsO** sind Einzelzwangsvollstreckungsmaßnahmen nach der Insolvenzverfahrenseröffnung für Insolvenzgläubiger weder in die Insolvenzmasse, § 35 InsO, noch in das sonstige Vermögen des Insolvenzschuldners zulässig.[207] Die vor der Insolvenzverfahrenseröffnung im Wege der Einzelzwangsvollstreckung erworbenen Rechte bleiben unberührt, **§ 80 Abs. 2 S. 2 InsO**.

Das Vollstreckungsverbot des **§ 89 InsO** betrifft nicht nur die Zwangsvollstreckung wegen Geldforderungen in das bewegliche Vermögen, sondern auch die Zwangsvollstreckung in das unbewegliche Vermögen nach **§§ 864 ff. ZPO i.V.m. ZVG**, auch die Zwangsvollstreckung nach **§ 887 ZPO** sowie die Abgabe der eidesstattlichen Versicherung.[208] Die Vorschrift erfasst dagegen **nicht** vertraglich oder gesetzlich eingeräumte dingliche Rechte des Gläubigers.

Die Vorschriften der InsO, vgl. **§§ 87, 89 InsO** stehen dagegen der Befriedigung einzelner Insolvenzgläubiger aus dem insolvenzfreien Vermögen des Schuldners während des Insolvenzverfahrens grundsätzlich nicht entgegen.[209]

Nach **§ 89 Abs. 3 S. 1 InsO** entscheidet das Insolvenzgericht über die Erinnerung nach § 766 ZPO.[210] Hat dagegen die angegriffene Maßnahme Entscheidungscharakter, ist nur die sofortige Beschwerde statthaft, § 793 ZPO. Dies gilt auch für die Einwendungen des **§ 89 Abs. 1, 2 InsO**,[211] sowie die Grundbuchbeschwerde gegen die Eintragung einer Zwangshypothek in der Insolvenz.[212]

Der Rechtsmittelzug richtet sich nach den allgemeinen vollstreckungsrechtlichen Vorschriften, wenn das Insolvenzgericht kraft besonderer Zuweisung funktional als Vollstreckungsgericht entscheidet.[213]

Ein titulierter Anspruch auf Erteilung eines Arbeitszeugnisses ist dagegen weiterhin gegen den Arbeitgeber vollstreckbar.[214]

55 Nach **§ 88 InsO**, sog. **Rückschlagsperre**,[215] ist das Sicherungsrecht jedoch allein infolge der Insolvenzeröffnung unwirksam, wenn der Insolvenzgläubiger es im letzten Monat vor dem Antrag auf Eröffnung des Insolvenzverfahrens oder nach diesem Antrag

206 BGH ZInsO 2011, 45, 46; MK-Schumann § 83 Rn. 13.
207 BGH ZIP 2013, 2090, 2091.
208 OLG Stuttgart ZIP 2012, 946.
209 BGH ZIP 2010, 180, 181; OLG Hamm ZIP 2011, 1068 – Vollstreckung von Neugläubigern in das insolvenzfreie Schuldnervermögen.
210 BGH ZIP 2007, 2330.
211 BGH ZIP 2006, 1999; 2004, 1379.
212 KG ZIP 2010, 2467.
213 BGH WM 2004, 834.
214 LAG Düsseldorf ZIP 2004, 631.
215 BGH ZIP 2017, 2016.

durch Zwangsvollstreckung an dem zur Insolvenzmasse gehörenden Vermögen des Schuldners erlangt hat.[216]

Die Rückschlagsperre wird auch durch einen zunächst aus verfahrensrechtlichen Gründen unzulässigen Eröffnungsantrag ausgelöst, sofern dieser zur Verfahrenseröffnung führt.[217]

Bei der **Sicherungshypothek** ist der Zeitpunkt der **Eintragung** maßgebend.[218]

Die Vollstreckungsorgane haben die Vollstreckungsmaßnahmen von Amts wegen aufzuheben.[219]

Streitig ist, ob das Insolvenzgericht nach § 89 Abs. 2 InsO die Eintragung eines Amtswiderspruchs nach § 53 GBO anordnen kann. Der Insolvenzverwalter hat einen Grundbuchberichtigungsanspruch nach § 894 BGB, unter den Voraussetzungen der §§ 22, 29 GBO kann er die Grundbuchberichtigung unmittelbar erwirken, wobei die Bescheinigung des Insolvenzgerichts über den Zeitpunkt des Eingangs des Insolvenzantrags kein solcher Nachweis ist.[220]

Eine **Zwangssicherungshypothek** ist **unwirksam**, sie wandelt sich nicht in eine Eigentümergrundschuld, vgl. § 868 ZPO, um.[221]

Vormerkungen, die in Vollziehung einer einstweiligen Verfügung eingetragen sind, verlieren in der Insolvenz ihre Wirksamkeit, §§ 88, 106 Abs. 1 InsO.[222]

Weiterhin können Einzelzwangsvollstreckungsmaßnahmen, soweit sie nicht schon von § 88 InsO erfasst werden, unter den Voraussetzungen der ***§§ 129, 131 Abs. 1, 141 InsO*** *von dem Insolvenzverwalter angefochten werden, da die durch die Einzelzwangsvollstreckung erlangte Befriedigung eine sog.* ***inkongruente Deckung*** *ist (vgl. dazu unter Rn. 138).* **56**

216 BFH ZIP 2014, 796; 2005, 1182.

217 BGH ZIP 2011, 1372.

218 OLG Köln ZIP 2015, 1551; Kohler ZIP 2015, 1471 ff.

219 Vallender ZIP 1997, 1993, 1994.

220 BGH ZIP 2012, 1767; OLG München ZIP 2012, 382, 383; 2010, 1861, 1862; Uhlenbruck/Mock § 89 Rn. 45 m.w.N.

221 BGH ZIP 2012, 1767; 2006, 479, 481; OLG Stuttgart ZIP 2011, 1876; BayObIG ZIP 2000, 1263 m. Anm. Keller 1324 ff.

222 BGH NJW 1999, 3122.

Der Anwendungsbereich der §§ 81, 91, 89 InsO

Unwirksam ist gemäß

§ 81 Abs. 1 S. 1 InsO	§ 91 Abs. 1 InsO	§ 89 Abs. 1 InsO
eine **Verfügung** über einen Gegenstand der Insolvenzmasse, **§ 35 InsO**	der **Rechtserwerb** an Massegegenständen, auch wenn dieser **nicht** auf einer Verfügung des Insolvenzschuldners beruht,	die **Einzelzwangsvollstreckung** (auch Arrest und einstweilige Verfügung) in Massegegenstände **und** insolvenzfreies Vermögen
des **Insolvenzschuldners**	durch **Dritte**	zugunsten einzelner **Insolvenzgläubiger**
nach Eröffnung des Insolvenzverfahrens.	**nach** Eröffnung des Insolvenzverfahrens, bei sog. **„mehraktigen Erwerbstatbeständen"** auch dann, wenn die Verfügung des Schuldners vor Verfahrenseröffnung, die Vollendung des Erwerbstatbestandes jedoch **nach** Verfahrenseröffnung liegt.	**nach** Eröffnung des Insolvenzverfahrens.
	Beachte: § 91 Abs. 1 InsO greift nicht ein, wenn der **Insolvenzschuldner** ■ unter einer aufschiebenden Bedingung verfügt hat und diese **nach** Verfahrenseröffnung eintritt, § 161 Abs. 1 S. 2 BGB, ■ ein ihm zustehendes Anwartschaftsrecht sicherungshalber übertragen hat und die Zahlung der letzten Kaufpreisrate **nach** Eröffnung des Insolvenzverfahrens erfolgt.	**Beachte:** Die **vor** Eröffnung des Insolvenzverfahrens im Wege der Einzelzwangsvollstreckung erworbenen Rechte bleiben unberührt, **§ 80 Abs. 2 S. 2 InsO**.
Ausnahme: **§ 81 Abs. 1 S. 2 InsO** i.V.m. §§ 892, 893 BGB	**Ausnahme:** **§ 91 Abs. 2 InsO** i.V.m. §§ 878, 892, 893 BGB	Sie sind aber **unwirksam** bei ■ sog. **Rückschlagsperre** nach **§ 88 InsO** ■ **Anfechtung** nach **§§ 129, 131, 141 InsO**.

III. Auswirkungen auf anhängige Prozesse des Insolvenzschuldners

1. Unterbrechung des anhängigen Prozesses nach §§ 240, 249 ZPO

57 Aufgrund des Verlustes der Prozessführungsbefugnis des Insolvenzschuldners nach **§ 80 InsO** durch die Insolvenzverfahrenseröffnung muss der Insolvenzverwalter die vor Verfahrenseröffnung anhängigen Prozesse übernehmen können. Nach **§§ 240, 249 ZPO** wird der Rechtsstreit, wenn er die Masse betrifft, kraft Gesetzes unterbrochen, um dem Insolvenzverwalter Gelegenheit zu geben, über die Fortsetzung des Prozesses zu entscheiden, dagegen nicht das Prozesskostenhilfeverfahren.[223]

*Dies gilt nicht für das **Prozesskostenhilfeprüfungsverfahren**, jedoch auch[224] für das Verfahren über eine **Vollstreckungsgegenklage** nach **§ 767 ZPO**.[225]*

*Die Unterbrechung des Verfahrens gilt weiterhin nicht für das **selbstständige Beweisverfahren**, soweit die Beweisaufnahme noch nicht beendet,[226] dagegen für das **Kostenfestsetzungsverfahren** bei rechtskräftiger Kostengrundentscheidung.[227]*

Der Rechtsstreit wird jedoch nicht durch Eröffnung des Insolvenzverfahrens vor Klagezustellung unterbrochen.[228]

Die Unterbrechung eines Verfahrens gegen einen einfachen Streitgenossen wegen Insolvenzeröffnung berührt nicht das Verfahren der übrigen Streitgenossen.[229]

Entscheidet das erstinstanzliche Gericht durch Zwischenurteil, dass eine Unterbrechung des Rechtstreits wegen Eröffnung des Insolvenzverfahrens nach § 17 AnfG oder § 240 ZPO eingetreten sei, kann der Kläger die Entscheidung wie ein Endurteil mit der Berufung anfechten, soweit er geltend macht, der erhobene Anspruch betreffe nicht die Insolvenzmasse und sei nicht auf Duldung der Zwangsvollstreckung nach dem Anfechtungsgesetz gerichtet.[230]

Das Verfahren auf Erteilung der Vollstreckungsklausel sowie das Zwangsvollstreckungsverfahren werden dagegen **nicht** nach § 240 ZPO unterbrochen, da die Folgen des Insolvenzverfahrens für die Zwangsvollstreckung durch **§§ 88 ff. InsO** speziell geregelt sind.[231]

§ 240 ZPO findet dagegen Anwendung auf das Vollstreckbarkeitsverfahren eines ausländischen Urteils, da es sich bei dem Rechtsstreit nach § 722 ZPO um einen ordentlichen Rechtsstreit handelt.[232]

Aufgrund der Eröffnung des Insolvenzverfahrens erlischt auch die Prozessvollmacht des Rechtsanwalts nach § 87 ZPO.

---

223 BGH ZIP 2015, 399; 2014, 1304; 1503; ZInsO 2012, 2303; OLG Celle ZInsO 2013, 295 ff.; Stiller ZInsO 2015, 15 ff.; Ries ZInsO 2013, 595 ff.

224 BGH ZIP 2015, 339; 2014, 1304; Stiller ZInsO 2015, 15 ff.

225 BGH ZIP 2008, 1941, 1942.

226 BGH ZIP 2011, 1025, 1026; 2004, 186.

227 BGH ZIP 2012, 1263.

228 BGH ZIP 2014, 1304; 2009, 240, 241.

229 BGH ZIP 2014, 1304; WM 2003, 1740.

230 BGH WM 2005, 43; 2004, 1656.

231 BGH ZIP 2008, 527, 528; 2007, 983, 984; OLG Stuttgart ZInsO 2011, 2292.

232 BGH ZIP 2008, 1943, 1944.

2. Aufnahme von Aktivprozessen

58 Handelt es sich bei dem unterbrochenen, massebezogenen Prozess um einen Aktivprozess des Insolvenzschuldners, so kann der Insolvenzverwalter den Rechtsstreit nach **§ 85 Abs. 1 InsO** aufnehmen, auch wenn bei dem Verfahren über eine Vollstreckungsgegenklage nach § 767 ZPO der Insolvenzschuldner Beklagter ist, da er die Vollstreckbarkeit des Titels für die Insolvenzmasse verteidigt.[233]

Die Frage, ob es sich bei einem durch die Eröffnung eines Insolvenzverfahrens über das Vermögen der Partei unterbrochenen Rechtsstreit um einen Aktiv- oder einen Passivprozess handelt, ist **nicht** nach der Parteirolle des Insolvenzschuldners im Prozess zu beantworten. Ein Aktivprozess i.S.d. § 85 InsO liegt vielmehr dann vor, wenn in dem Rechtsstreit über die Pflicht zu einer Leistung gestritten wird, die in die Masse zu gelangen hat.[234]

Ein Aktivprozess der Masse liegt dagegen nicht vor bei der Klage gegen den Insolvenzschuldner auf Ersatz von Vollstreckungsschäden.[235]

Die Aufnahme des Prozesses erfolgt durch einen gemäß **§ 250 ZPO** vom Gericht an den Gegner zuzustellenden Schriftsatz. Der Insolvenzverwalter tritt damit in die prozessuale Stellung des Insolvenzschuldners ein, der Rechtsstreit wird in der Lage fortgesetzt, in der er sich zum Zeitpunkt der Unterbrechung befand.[236]

Lehnt der Insolvenzverwalter die Aufnahme des Prozesses, durch formlose Erklärung gegenüber dem Insolvenzschuldner oder dem Prozessgegner, ab, gibt der Insolvenzverwalter zugleich den zur Masse gehörenden Gegenstand – für den Fall des Obsiegens – frei. Der Insolvenzverwalter ist auch im Insolvenzverfahren über das Vermögen einer Gesellschaft befugt, einen Massegegenstand freizugeben, arg. **§§ 32 Abs. 3, 85 Abs. 2 InsO**.[237]

Erklärt der Insolvenzverwalter die Freigabe eines vom Schuldner rechtshängig gemachten Anspruchs, wird dadurch der Insolvenzbeschlag aufgehoben mit der Folge, dass die Unterbrechung des Verfahrens endet.[238]

In diesem Fall können sowohl der Insolvenzschuldner als auch der Prozessgegner den unterbrochenen Prozess nach § 85 Abs. 2 InsO aufnehmen, die Prozessführungsbefugnis fällt an den Insolvenzschuldner zurück.[239]

3. Aufnahme von Passivprozessen

59 Handelt es sich bei dem unterbrochenen Rechtsstreit um einen Passivprozess des Insolvenzschuldners, so ist zu **differenzieren:**

233 BGH ZIP 2008, 1941, 1942.

234 BGH ZIP 2017, 2414, 2415; 2005, 52.

235 BGH ZIP 2005, 952.

236 BGH ZIP 2012, 2465 – Zulässigkeit eines Teilurteils bei teilweiser Aufnahme des Rechtsstreits, vgl. im Übrigen noch zur Aufteilung des Kostenerstattungsanspruchs nach Prozessübernahme durch den Insolvenzverwalter, Heiderhoff ZIP 2002, 1564 ff.

237 BGH ZIP 2005, 1034; ZIP 2007, 194 – Freigabe eines Kaufpreisanspruchs.

238 BGH a.a.O.

239 BGH ZIP 2013, 890, 891; 2004, 2024.

- Nimmt der Kläger den nachmaligen Insolvenzschuldner aus einem – nach Insolvenzverfahrenseröffnung – Recht auf **Aussonderung, Absonderung** oder auf Befriedigung aus der Insolvenzmasse als **Massegläubiger** in Anspruch, so kann der Prozess sowohl vom Insolvenzverwalter als auch von dem Kläger nach **§ 86 Abs. 1 InsO** aufgenommen werden. 60

Für die Aufnahme eines Passivprozesses, der einen gesetzlichen Unterlassungsanspruch wegen Verletzung eines **gewerblichen Schutzrechtes** zum Gegenstand hat, gilt **§ 86 Abs. 1 Nr. 3 InsO** analog. Der Unterlassungsanspruch betrifft zwar keine Masseverbindlichkeit i.S.d. § 86 Abs. 1 Nr. 3 InsO, weil die Unterlassungspflicht den Insolvenzverwalter persönlich trifft und er sie auch bei Masseunzulänglichkeit zu erfüllen hat. Im Interesse eines effektiven Rechtsschutzes ist die bestehende Regelungslücke durch eine entsprechende Anwendung des § 86 Abs. 1 Nr. 3 InsO zu schließen.[240]

Der Insolvenzverwalter kann sich der Fortsetzung des Prozesses nicht entziehen, allenfalls den mit der Klage geltend gemachten Anspruch sofort **i.S.d. § 93 ZPO** anerkennen. Gemäß **§ 86 Abs. 2 InsO** ist der Kostenerstattungsanspruch des Klägers nicht Masseschuld nach § 55 Abs. 1 Nr. 1 InsO, sondern nur eine, vom Kläger zur Tabelle anzumeldende, Insolvenzforderung, **§ 87 InsO**.

- Macht dagegen der Kläger in dem unterbrochenen Rechtsstreit gegen den Insolvenzschuldner eine – nach Insolvenzverfahrenseröffnung – **Insolvenzforderung** i.S.d. **§ 38 InsO** geltend, so kann er seine Forderungen nur noch nach den Vorschriften über das Insolvenzverfahren verfolgen, **§ 87 InsO**.[241] 61

Dagegen stehen die Vorschriften der InsO der Befriedigung einzelner Insolvenzgläubiger aus dem insolvenzfreien Vermögen des Schuldners während des Insolvenzverfahrens grundsätzlich nicht entgegen.[242]

Der Kläger muss somit seinen Anspruch im Feststellungsverfahren zur Tabelle anmelden, **§§ 174 ff. InsO**, im Fall des Widerspruchs gegen diese Anmeldung kann der Kläger den unterbrochenen Prozess wieder aufnehmen, **§ 180 Abs. 2 InsO**.[243] Der Bestreitende tritt damit in die Parteirolle des Insolvenzschuldners auf der Beklagtenseite. Der Kläger muss seinen Klageantrag auf Feststellung der Forderung umstellen (vgl. dazu im Einzelnen unter Rn. 261).

Hat der Insolvenzverwalter in einem Rechtsstreit auf Feststellung einer Forderung zur Insolvenztabelle den Anspruch nach Aufnahme des Verfahrens durch den Gläubiger anerkannt, vgl. **§ 86 Abs. 2 InsO**, so kann er durch das Anerkenntnis die Kostenfolge des **§ 93 ZPO** dann nicht mehr herbeiführen, wenn dem Schuldner schon im Zeitpunkt der insolvenzbedingten Unterbrechung des Verfahrens ein sofortiges Anerkenntnis versagt war. Etwas anderes gilt nur dann, wenn das Verhalten des Schuldners, das zur Versagung eines sofortigen Anerkenntnisses geführt hat, eine anfechtbare Rechtshandlung i.S.d. §§ 129 ff. InsO darstellt.[244] 62

Hat der Insolvenzverwalter die Kosten zu tragen, weil sein Anerkenntnis nicht als sofortiges zu qualifizieren ist, so ist der Kostenerstattungsanspruch der gegnerischen Partei einheitlich als Masseverbindlichkeit i.S.d. **§ 55 Abs. 1 S. 1 InsO** zu behandeln. Eine Aufteilung der Kosten danach, ob sie vor

240 BGH ZIP 2013, 1447, 1448; 2010, 948, 950; MK-Schuhmacher § 86 Rn. 15 m.w.N.
241 BFH ZIP 2012, 1099; Rier ZInsO 2013, 595 ff.
242 BGH ZIP 2010, 380, 381.
243 BGH WM 2003, 2429.
244 BGH ZIP 2007, 91, 92.

oder nach der insolvenzbedingten Unterbrechung des Rechtsstreits angefallen sind, kommt grundsätzlich nicht in Betracht.[245]

Bestreitet der Insolvenzverwalter oder ein anderer Insolvenzgläubiger eine Forderung, für die bereits ein vollstreckbarer Schuldtitel oder ein Endurteil vorliegt, so muss gemäß **§ 179 Abs. 2 InsO** der Bestreitende den Widerspruch verfolgen. Verfolgt er den Widerspruch durch Aufnahme des Rechtsstreits nicht, so ist er auf Antrag des Klägers zur Aufnahme und zugleich zur Hauptverhandlung durch das Gericht, analog **§§ 85 InsO, 239 Abs. 2–4 ZPO**, zu laden (vgl. dazu im Einzelnen unter Rn. 260).

B. Rechtsgeschäfte im Insolvenzverfahren

I. Die Abwicklung nicht vollständig erfüllter Verträge des Insolvenzschuldners

63 Sind zum Zeitpunkt der Insolvenzeröffnung die vertraglichen Verpflichtungen aus gegenseitigen Verträgen von den Vertragspartnern nicht oder nicht vollständig erfüllt, so folgt deren Abwicklung gemäß den **§§ 103 ff. InsO**.[246]

Soweit nicht die Sonderregelungen in **§§ 104 ff. InsO** für bestimmte Vertragstypen eingreifen, kommt **§ 103 InsO** zur Anwendung.[247]

Die vollständige Erfüllung auch nur vonseiten einer Vertragspartei schließt die Anwendung von **§ 103 Abs. 1 InsO** aus.[248]

II. Die Voraussetzungen des § 103 InsO

Fall 7:

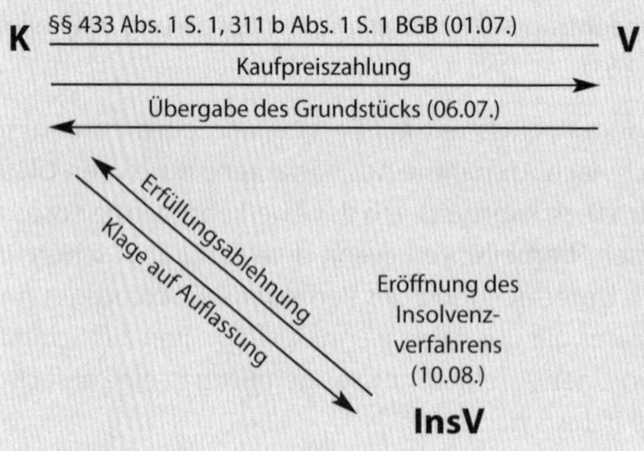

Verkäufer V verkauft am 01.07. formgerecht ein Grundstück an Käufer K, der den Kaufpreis sofort zahlt. Am 06.07. wird das Grundstück übergeben, die Auflassung soll erst nach dessen Vermessung erfolgen. Am 10.08. wird über das Vermögen des V das Insolvenzverfahren eröffnet. K klagt gegen den Insolvenzverwalter auf Auflassung des Grundstücks, nachdem dieser die Erfüllung des Kaufvertrags gemäß § 103 Abs. 2 S. 1 InsO abgelehnt hat.

245 BGH ZIP 2006, 2132, 2133; 576, 578.

246 BGH WM 2012, 46, 47; 2003, 2429, 2430.

247 Überblick bei Bork Rn. 167 ff.; Haarmeyer/Wutzke/Förster S. 406 ff.

248 Zur KO: BGH ZIP 1999, 199 m. Anm. von Weitersheim InVO 1999, 261; Bauvertrag der Insolvenz: Hayn-Habermann NJW Spezial 2012, 684 ff.; bedingte Beteiligungskäufe in der Verkäufer-Insolvenz: Strotmann ZInsO 2010, 1314 ff.

A. **Zulässigkeit der Klage** 64

Gegen die Zulässigkeit der Klage bestehen keine Bedenken.

B. **Begründetheit der Klage**

Die Klage ist begründet, wenn K gegen den Insolvenzverwalter, vgl. § 80 Abs. 1 InsO, ein Anspruch auf Auflassung gemäß **§§ 433 Abs. 1 S. 1, 311 b Abs. 1 S. 1 BGB** zusteht.
Der Anspruch auf Auflassung könnte jedoch durch die **Erfüllungsablehnung** des Insolvenzverwalters nach **§ 103 Abs. 2 S. 1 InsO** erloschen sein.

Die Erklärung des Insolvenzverwalters i.S.d. § 103 InsO ist eine einseitige empfangsbedürftige Willenserklärung i.S.d. §§ 130–132 BGB, die bedingungsfeindlich und unwiderruflich ist.[249]

Dazu müssen die Voraussetzungen des § 103 Abs. 1 InsO vorliegen. 65

I. Bei dem Grundstückskaufvertrag handelt es sich um einen gegenseitigen Vertrag i.S.d. **§§ 320 ff. BGB**.

Nicht erfasst werden einseitig verpflichtende Verträge, wie z.B. die Schenkung, und unvollkommen zweiseitig verpflichtende Verträge, wie z.B. der Auftrag, vgl. **§ 115 InsO**.[250]

Bei dem Grundstückskaufvertrag handelt es sich um einen gegenseitigen Vertrag i.S.d. §§ 320 ff. BGB.

II. Der Grundstückskaufvertrag darf von keiner der beiden Vertragsparteien zum Zeitpunkt der Eröffnung des Insolvenzverfahrens überhaupt nicht oder noch nicht vollständig erfüllt sein. Die vollständige Erfüllung auch nur vonseiten einer Vertragspartei schließt die Anwendung von § 103 Abs. 1 InsO aus.[251]

Die gesetzliche Neuregelung des Gewährleistungsrechts nach der Schuldrechtsreform, vgl. § 433 Abs. 1 S. 2 BGB, erweitert den Anwendungsbereich des § 103 Abs. 1 InsO.[252]

Fraglich ist, ob K seine Verpflichtungen aus dem Kaufvertrag gemäß § 433 Abs. 2 BGB zum Zeitpunkt der Eröffnung des Insolvenzverfahrens nicht bereits dadurch vollständig erfüllt hat, dass er den Kaufpreis gezahlt hatte und seiner Abnahmeverpflichtung nachgekommen war, als er sich das Grundstück übergeben ließ.

Nach ganz h.M.[253] hat K seine Abnahmeverpflichtung noch nicht vollständig erfüllt, vielmehr gehöre dazu noch seine **Mitwirkungspflicht** bei der **Auflassung**, die im vorliegenden Fall noch nicht erfolgt ist.

Unter Zugrundelegung der h.M. liegen die Voraussetzungen des **§ 103 Abs. 1 S. 1 InsO** vor, sodass der Erfüllungsanspruch gemäß §§ 433 Abs. 1 S. 1, 311 b Abs. 1 S. 1 BGB durch die Erfüllungsablehnung des Insolvenzverwalters nach **§ 103 Abs. 2 S. 1 InsO** erloschen ist.

Die Klage ist unbegründet.

---

249 Uhlenbruck/Wegener § 103 Rn. 111 f.

250 Haarmeyer/Wutzke/Förster S. 404; Jauernig § 78 II.

251 Bork Rn. 161; zur KO BGH ZIP 1999, 199 ff.; 2001, 2315 ff.

252 Uhlenbruck/Wegener § 103 Rn. 65 ff.; Ringstmeier/Homann ZIP 2002, 505 ff.

253 MK-Huber § 103 Rn. 123; zur KO: BGH NJW 1983, 1619; 1972, 875, 876.

1. Abwandlung von Fall 7

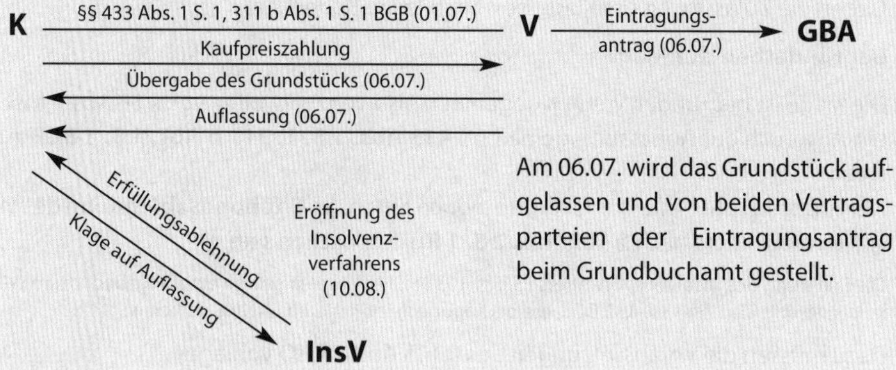

Am 06.07. wird das Grundstück aufgelassen und von beiden Vertragsparteien der Eintragungsantrag beim Grundbuchamt gestellt.

66 Streitig ist, ob **§ 103 Abs. 1 InsO** auch in dieser Fallgestaltung auf den Grundstückskaufvertrag Anwendung findet.

I. Nach der Rspr. und einem Teil der Lit.[254] steht auch hier der **Leistungserfolg**, Eigentumsverschaffung durch Eintragung des K im Grundbuch, noch aus. Der Umstand, dass die Auflassung erfolgt und der Eintragungsantrag durch den Verkäufer gestellt worden sei, schließe die Anwendbarkeit des **§ 103 Abs. 1 InsO** nicht aus.

II. Demgegenüber wird in der Lit. überwiegend[255] die Auffassung vertreten, dass die Anwendbarkeit des **§ 103 Abs. 1 InsO** im Widerspruch zu **§ 878 BGB, § 91 Abs. 2 InsO** stehe, es insbesondere dem Zufall überlassen sei, ob das Grundbuchamt die Eintragung vor oder nach Eröffnung des Insolvenzverfahrens vornehme, was dem Schutzzweck des § 878 BGB zuwiderlaufe. Auch die dem Auflassungsempfänger gemäß §§ 873 Abs. 2, 878 BGB zugebilligte Rechtsstellung dürfe ihm nicht entzogen werden. Darüber hinaus wird zur Begründung auf die vergleichbare Interessenlage beim Anwartschaftsrecht auf den Erwerb beweglicher Sachen, § 107 Abs. 1 InsO verwiesen.

Unter Zugrundelegung der Rspr. ist der Erfüllungsanspruch des K gemäß **§§ 433 Abs. 1 S. 1, 311 b Abs. 1 S. 1 BGB** auch bei dieser Fallgestaltung durch die Erfüllungsablehnung des Insolvenzverwalters nach **§ 103 Abs. 2 S. 1 InsO** erloschen.

Die Klage ist unbegründet.

---

254 Zur KO: BGHZ 155, 87, 90; Scholz, ZIP 1999, 1693 ff.; Kübler/Prütting/Tintelnot § 103 Rn. 38.

255 MK-Huber § 103 Rn. 132; Uhlenbruck/Wegener § 103 Rn. 62.

2. Abwandlung von Fall 7

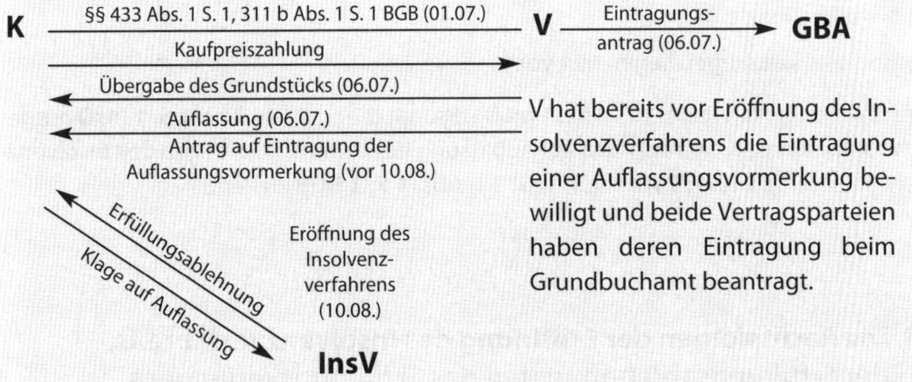

Das Wahlrecht des Insolvenzverwalters nach **§ 103 Abs. 1 InsO** ist **ausgeschlossen**, wenn die Voraussetzungen des **§ 106 Abs. 1 S. 1 InsO** vorliegen.[256] 67

§ 106 Abs. 1 S. 1 InsO stellt eine **Ausnahmevorschrift** gegenüber **§ 103 InsO** dar, indem sie dem **Vormerkungsberechtigten** einen Anspruch auf Erfüllung gewährt,[257] und zwar gemäß **§ 106 Abs. 1 S. 2 InsO** auch dann, wenn der künftige Insolvenzschuldner ihm gegenüber weitere Verpflichtungen übernommen und diese nicht oder nicht vollständig erfüllt hat. Die Wirkung des **§ 106 Abs. 1 S. 1 InsO** ist jedoch auf den **Anspruch** des Käufers **auf Übereignung** beschränkt. 68

Bei dem nach § 106 InsO mit einer Vormerkung gesicherten Recht handelt es sich um die Verstärkung eines schuldrechtlichen Anspruchs, somit inhaltlich um **Aussonderung**.[258]

Auch ein **künftiger** Auflassungsanspruch, der durch eine vor Eröffnung des Insolvenzverfahrens eingetragene Vormerkung gesichert wird, ist insolvenzfest,[259] des Weiteren ein durch Rücktritt bedingter Rückauflassungsanspruch,[260] auch der gesetzliche Lösungsanspruch eines nachrangigen Grundschuldgläubigers nach **§ 1179 a Abs. 1 S. 1, 3 BGB**.[261]

Streitig ist, inwieweit die Anwendbarkeit des **§ 103 InsO** im Zusammenhang mit sog. **Bauträgerverträgen** im Falle der Bauträgerinsolvenz ausgeschlossen ist.[262]

Der Wortlaut des **§ 106 Abs. 1 S. 1 InsO** setzt voraus, dass die Vormerkung bereits **vor** Eröffnung des Insolvenzverfahrens im Grundbuch **eingetragen** ist. 69
Im vorliegenden Fall lagen jedoch dem Grundbuchamt nur die **Anträge** auf Eintragung mit entsprechender Bewilligung des V vor.
Nach ganz h.M. finden **§ 878 BGB, § 91 Abs. 2 InsO** auch auf die bewilligte **Vormerkung** analoge Anwendung,[263] sodass **§ 106 Abs. 1 S. 1 InsO** schon dann eingreift, wenn vor Verfahrenseröffnung die Eintragungsbewilligung bindend geworden und der Eintragungsantrag beim Grundbuchamt gestellt worden ist.[264]

---

256 BGH ZIP 2008, 1028, 1029; ZIP 2008, 893; MK-Ott/Vuia § 106 Rn. 20 ff.
257 BGH ZIP 2008, 1028, 1029; Kübler/Prütting S. 297; Hess/Pape Rn. 331; MK-Ott/Vuia a.a.O.
258 BGH ZIP 2017, 2267, 2268; 2008, 1028, 1029; vgl. im Übrigen dazu Rn. 90
259 BGH DNotZ 2002, 275.
260 BGH ZIP 2008, 893 m. Anm. Mitlehner 896 ff.
261 BGH ZIP 2012, 1140, 1142
262 Vgl. zum Meinungsstand MK-Ott/Vuia § 106 Rn. 25–27; Uhlenbruck/Wegener § 106 Rn. 36 f.
263 BGH ZIP 2005, 627, 628; MK-Ott/Vuia § 106 Rn. 14.
264 MK-Ott/Vuia a.a.O.; Palandt/Herrler § 883 Rn. 3.

Dagegen ist die Vormerkung unwirksam, wenn der Eintragungsantrag erst nach Eröffnung des Insolvenzverfahrens beim Grundbuchamt eingegangen ist und zu diesem Zeitpunkt noch der Verkäufer Eigentümer des Grundstücks war.[265]

Diese Voraussetzungen liegen hier vor.

Die Anwendbarkeit des **§ 103 Abs. 1 InsO** ist somit durch **§ 106 Abs. 1 S. 1 InsO** ausgeschlossen, sodass K ein Anspruch auf Auflassung des Grundstücks gegen den Insolvenzverwalter gemäß **§§ 433 Abs. 1 S. 1, 311 b Abs. 1 S. 1 BGB** zusteht.

III. Die Rechtsfolgen der Eröffnung des Insolvenzverfahrens, der Erfüllungsablehnung und des Erfüllungsverlangens durch den Insolvenzverwalter

1. Die Rechtsfolgen der Eröffnung des Insolvenzverfahrens

70 Ist der Vertrag zum Zeitpunkt der Eröffnung des Insolvenzverfahrens über das Vermögen einer Partei von keiner der beiden Vertragsparteien vollständig erfüllt, so führt dies weder zum Erlöschen des Vertrags noch gewährt es dem anderen Vertragsteil ein Rücktrittsrecht; auch entsteht kein Rückgewährschuldverhältnis, da **§ 103 Abs. 1 u. 2 S. 1 InsO** das Recht zum **Rücktritt** vom Vertrag für beide Vertragsparteien **ausschließt**.[266]

Die rechtstechnische Funktionsweise des **§ 103 InsO** ist umstritten:

Nach der sog. **„modifizierten Erlöschenstheorie"** des **BGH**[267] **erlöschen** die Ansprüche der Vertragsparteien mit der Insolvenzeröffnung **nicht**, sie **verlieren** vielmehr lediglich vorläufig ihre **Durchsetzbarkeit** aufgrund der ihnen zustehenden Nichterfüllungseinrede, **§ 320 BGB**, und zwar auch dann, wenn der Vertragspartner nach dem Inhalt des Vertrags vorzuleisten hat.[268] Die Insolvenzeröffnung führt noch **nicht** zu einer **materiell-rechtlichen Umgestaltung** des Vertragsverhältnisses.

In einem solchen Fall steht dem Insolvenzverwalter das in § 103 InsO geregelte Wahlrecht zu. Er kann anstelle des Schuldners den Vertrag erfüllen und die Erfüllung vom anderen Teil verlangen, § 103 Abs. 1 InsO, oder er kann die Erfüllung des Vertrags ablehnen, § 103 Abs. 2 S. 1 InsO.

Wählt der Insolvenzverwalter die **Vertragserfüllung**, so hat die Erklärung rechtsgestaltende Wirkung dahin, dass die Rechte und Pflichten aus dem Vertrag insgesamt zu Masseforderungen und **Masseverbindlichkeiten** werden, **§ 55 Abs. 1 Nr. 2 InsO**, sog. **„Qualitätssprung"**, allerdings nur hinsichtlich der **nach** Verfahrenseröffnung zu erbringenden Teilleistungen, **§ 105 S. 1 InsO**.

---

265 BGH a.a.O.

266 BGH ZIP 2016, 85, 87; 2013, 526, 527; 2002, 1093, 1094 m. Anm. Graf/Wunsch ZIP 2002, 2117 ff.; Bork Rn. 156 ff.

267 BGH ZIP 2016, 85, 87; 2013, 526, 527; 2007, 778; 2006, 87; 2002, 1093, 1094; MK-Kreft § 103 Rn. 3 ff.; Graf/Wunsch ZIP 2002, 2117.

268 MK-Kreft § 103 Rn. 17 m.w.N.

Lehnt der Verwalter die Erfüllung **ab**, bleibt der Vertrag in der Lage bestehen, in welcher er sich bei der Eröffnung des Insolvenzverfahrens befand.[269] Der Vertragspartner des Schuldners kann einen Anspruch auf Schadensersatz wegen Nichterfüllung als Insolvenzforderung zur Tabelle anmelden, **§ 103 Abs. 2 S. 1 InsO**. Sieht er hiervon ab, bleibt ihm der – während der Dauer des Insolvenzverfahrens nicht durchsetzbare – Erfüllungsanspruch erhalten; er kann ihn nach Aufhebung des Insolvenzverfahrens als solchen gegen den Schuldner geltend machen.

Weder die Eröffnung des Insolvenzverfahrens noch die Erfüllungsablehnung des Verwalters lösen danach in aller Regel einen Anspruch auf Rückzahlung der vom Schuldner vor der Eröffnung erbrachten Teilleistungen aus.[270] Ein Rückzahlungsanspruch unter dem Gesichtspunkt der ungerechtfertigten Bereicherung kommt bereits deshalb nicht in Betracht, weil der Vertrag mit der Ablehnung der Erfüllung in der Lage vom Zeitpunkt der Verfahrenseröffnung bestehen bleibt.[271]

Nach **a.A.**[272] hat die Eröffnung des Insolvenzverfahrens auf die Erfüllungsansprüche keinen Einfluss.

2. Die Rechtsfolgen der Erfüllungsablehnung

Nach der **„modifizierten Erlöschenstheorie"** des **BGH** hat der Vertragspartner des Insolvenzschuldners einen einseitigen Anspruch auf Schadensersatz statt der Leistung, **§§ 280 ff. BGB**,[273] wobei **§ 103 Abs. 2 S. 1 InsO** lediglich festlegt, dass der Anspruch nur als einfache **Insolvenzforderung** geltend gemacht werden kann. Nach h.M.[274] ist **§ 103 Abs. 2 S. 1 InsO keine Anspruchsgrundlage** für den Schadensersatzanspruch. Diese bilde vielmehr der Vertrag, wobei die Eröffnung des Insolvenzverfahrens der schuldhaften Nichterfüllung des Vertrags gleichzustellen sei. 71

Nach **a.A.**[275] ist **§ 103 Abs. 2 S. 1 InsO** selbst Anspruchsgrundlage, wobei zugestanden wird, dass der Wortlaut der Vorschrift eher dafür spricht, dass sie nur die insolvenzrechtliche Einordnung eines anderweitig zu begründenden Anspruchs regelt.

Die Streitfrage kann letztlich offenbleiben, da sich nach beiden Auffassungen der Inhalt des Ersatzanspruchs nach den Grundsätzen bestimmt, die für den Schadensersatz statt der Leistung, **§§ 280 ff. BGB**, gelten.[276]

Für die Abwicklung des Schadensersatzanspruchs gilt somit auch im Falle des **§ 103 Abs. 2 S. 1 InsO** die Differenztheorie.[277]

---

269 BGH ZIP 2016, 85, 87.

270 BGHZ 155, 87, 96.

271 BGH NZI 2007, 404 Rn. 15.

272 Bork Rn. 156 f., 159; Kübler/Prütting/Tintelnot § 103 Rn. 11 ff.; HK-Marotzke § 103 Rn. 2 ff.; Wimmer/Wegener FK zur InsO, § 103 Rn. 36.

273 BGH ZIP 2002, 1093, 1094 f.; BGH ZIP 2003, 1208, 1211.

274 MK-Kreft § 103 Rn. 22; Graf/Wunsch ZIP 2002, 2117, 2121 f.

275 Bork Rn. 166; zu § 26 S. 2 KO Jaeger/Henckel § 17 Rn. 170.

276 Graf/Wunsch ZIP 2002, 2117, 2121; Bork Rn. 166, FN 87.

277 MK-Kreft § 103 Rn. 186 ff.; Uhlenbruck/Wegener § 103 Rn. 73.

Sicherheiten, die zur Absicherung des Erfüllungsanspruchs bestellt wurden, decken auch den Schadensersatzanspruch statt der Leistung.[278]

72 Nach der bisherigen Rspr. des BGH zur KO muss der Vertragspartner die von dem Insolvenzschuldner bereits erbrachten Teilleistungen aus ungerechtfertigter Bereicherung gemäß **§ 812 Abs. 1 S. 2 Alt. 1 BGB** an den Insolvenzverwalter zurückerstatten.[279]
Der Rechtsgrund für die von dem Insolvenzschuldner bereits erbrachten Leistungen falle jedoch nur insoweit weg, als deren Wert den sich nach §§ 280 ff. BGB ergebenden Schadensersatzanspruch übersteigt. Übersteige der Wert der vom Insolvenzschuldner erbrachten Leistungen nicht den Schaden, der dem Vertragspartner infolge des Erlöschens seines Erfüllungsanspruchs entstanden ist, könne der Insolvenzverwalter zur Masse nichts zurückverlangen; dies könne er vielmehr nur, wenn dem Vertragspartner kein Schaden entstanden oder wenn der Schaden niedriger als der Wert der vom Insolvenzschuldner erbrachten Leistungen ist.[280]

Entgegen einer in der Lit. vertretenen Auffassung, wonach die Verrechnung gegen **§ 95 Abs. 1 S. 3 InsO** verstieße, bedürfen nach der **Rspr.** des **BGH**[281] gegenseitige Ansprüche aus dem Vertragsverhältnis keiner Aufrechnung. Sie seien bloße Rechnungsposten bei der Ermittlung des Ersatzanspruchs, was aus der synallagmatischen Verbundenheit der Ansprüche, vgl. **§§ 320 ff. BGB**, folge, die auch nach der Erfüllungsablehnung fortgelte.[282]

73 Für die **dingliche Rechtslage** ist die Erfüllungsablehnung ohne Bedeutung. Hat sich der Vertragspartner das Eigentum an der Kaufsache vorbehalten oder sonst seine Verschaffungspflicht nicht erfüllt, so bleibt er Eigentümer und kann die Sache gemäß **§ 985 BGB, § 47 S. 2 InsO** aus der Insolvenzmasse aussondern.[283]
Der Vertragspartner hat keinen Anspruch auf Rückübereignung seiner bereits in das Eigentum des Insolvenzschuldners übergegangenen Leistung aus der Insolvenzmasse, arg. e **§ 105 S. 2 InsO** für Teilleistungen.[284]

3. Die Rechtsfolgen des Erfüllungsverlangens

74 Die Erklärung des Insolvenzverwalters i.S.d. **§ 103 InsO** ist eine einseitige empfangsbedürftige Willenserklärung i.S.d. §§ 130–132 BGB, die bedingungsfeindlich und unwiderruflich ist. Sie ist an keine Form gebunden und kann auch konkludent erklärt werden[285]

Ein Erfüllungsverlangen ist dann **nicht** gegeben, wenn der Insolvenzverwalter zum Ausdruck bringt, dass nach seiner Auffassung der Insolvenzschuldner den Vertrag bereits vollständig erfüllt habe, **§ 103 InsO** deshalb nicht anwendbar und er nicht bereit sei, den Vertrag noch zu erfüllen.[286]

Die Aufforderung zur Ausübung des Erfüllungswahlrechts nach **§ 103 Abs. 2 S. 2 InsO** kann nur an den Insolvenzverwalter erfolgen.[287]

Umstritten ist jedoch der Inhalt der rechtlichen Gestaltungswirkung des Erfüllungsverlangens.

---

278 MK-Kreft § 103 Rn. 24.
279 Zur KO: BGH ZIP 1997, 3434; 1989, 1282; Palandt/Sprau § 812 Rn. 95.
280 BGH a.a.O.; Graf/Wunsch ZIP 2002, 2117, 2122; Baur/Stürner II Rn. 9.10.
281 BGH ZIP 2013, 526, 528.
282 BGH, a.a.O.; MK-Huber § 103 Rn. 23, 35; Uhlenbruck/Wegener § 103 Rn. 170 m.w.N.
283 Bork Rn. 162; Hess/Pape Rn. 205.
284 Bork Rn. 155.
285 BGH ZIP 2014, 736, 767; Uhlenbruck/Wegener § 103 Rn. 112 ff.
286 Uhlenbruck/Wegener § 103 Rn. 123 m.w.N.
287 BGH ZIP 2007, 2322, 2323.

Nach der nunmehr vom BGH und einem Teil der Lit. vertretenen Auffassung lässt die Erklärung des Insolvenzverwalters, er wähle **Erfüllung**, die gegenseitigen Erfüllungsansprüche als **neue Ansprüche** entstehen, vgl. zum Streitstand Rn. 70.[288]

Dem dürfte im Interesse des Gläubigerschutzes zuzustimmen sein. Die Insolvenzmasse wird so vor unerwünschten Nebenfolgen der Vertragserfüllung geschützt, insbesondere kann der Insolvenzverwalter die Erfüllung des Vertrags wählen, ohne befürchten zu müssen, dass die Gegenleistung aufgrund einer Aufrechnung des Vertragspartners nicht der Masse zugute kommt, vgl. **§ 96 Abs. 1 Nr. 1 InsO**. Auch gebühren **Erlöse** aus den vom Insolvenzverwalter nach **§ 103 Abs. 1 InsO** erfüllten Verträge der **Insolvenzmasse** und nicht dem Zessionar, dem die Forderungen vor Eröffnung des Insolvenzverfahrens von dem Insolvenzschuldner abgetreten worden sind.

Der **Erfüllungsanspruch** des Vertragspartners, der infolge des Erfüllungsverlangens neu entsteht, ist nicht nur einfache Insolvenzforderung, sondern **Masseanspruch** nach **§ 55 Abs. 1 Nr. 2 InsO**.[289] Auch die vertraglichen **Nebenpflichten, Gewährleistungsverpflichtungen** sowie vor Insolvenzeröffnung entstandene **Verzugszinsen** werden **Masseverbindlichkeiten**.[290]

Demgegenüber wird in der Lit. die Meinung vertreten, das Erfüllungsverlangen gestalte das ursprüngliche Rechtsverhältnis lediglich um mit der Folge, dass der ursprüngliche Erfüllungsanspruch des Vertragspartners von einer bloßen Insolvenzforderung in eine Masseschuld i.S.d. § 55 Abs. 1 Nr. 2 InsO umgewandelt werde.[291]

Wählt der Insolvenzverwalter Erfüllung des Vertrags, so hat er **in gleicher Weise**, am **75**
gleichen Ort und zur selben Zeit wie der Insolvenzschuldner zu **erfüllen**. Er kann die ihm zustehenden Rechte aus dem neu begründeten Vertrag nur so ausüben, wie sie dem Insolvenzschuldner zustanden, wobei für den Inhalt des Schuldverhältnisses und den Umfang der beiderseitigen Pflichten der Zeitpunkt der Insolvenzeröffnung maßgebend ist.[292]

Bei Verträgen über **teilbare Leistungen**, insbesondere über die fortlaufende Lieferung von Waren und Energie (Sukzessivlieferungsverträge und sog. Wiederkehrschuldverhältnisse), gilt **§ 105 InsO**. Hiernach kann der Insolvenzverwalter für die Zukunft Erfüllung verlangen, ohne dadurch auch für die Vergangenheit zur vollen Erfüllung verpflichtet zu werden. Der **Vertragspartner** kann den Anspruch auf die Gegenleistung für seine zum Zeitpunkt der Eröffnung des Insolvenzverfahren bereits teilweise erbrachten Leistungen nur als **Insolvenzgläubiger** geltend machen, ihm steht auch **kein** Zurückbehaltungsrecht zu.[293]

Nach der Rspr. des BGH[294] ist für die Teilbarkeit von **Bauleistungen** grundsätzlich ausreichend, wenn sich die erbrachten Leistungen **feststellen** und **bewerten** lassen.

---

288 BGH ZIP 2013, 526, 527; 2002, 1093, 1094; Graf/Wunsch ZIP 2002, 2117, 2121; Haarmeyer/Wutzke/Förster S. 403; Hess/Pape Rn. 328.

289 BGH ZIP 2002, 1093, 1095; Bork Rn. 155.

290 Graf/Wunsch ZIP 2002, 2117, 2121 m.w.N.

291 Bork Rn. 160; Tintelnot ZIP 1995, 616, 619.

292 Haarmeyer/Wutzke/Förster S. 405; zur KO: BGH ZIP 1993, 600.

293 MK-Kreft § 103 Rn. 47 m.w.N.; Kessler ZIP 2005, 2046 ff.

294 BGH ZIP 2002, 1093, 1095; 2001, 1470; 2271; Heidland ZInsO 2011, 201 ff.

76 Auf der Grundlage der Rspr. des BGH zu den Rechtsfolgen des Erfüllungsverlangens ist ungeklärt, welches rechtliche Schicksal die mit einem ursprünglichen Erfüllungsanspruch **akzessorisch** verbundenen **Sicherungsrechte** (z.B. eine Bürgschaft oder eine Hypothek) bei Eröffnung des Insolvenzverfahrens nehmen. Es ist offen, wie die Akzessorietät zwischen dem Sicherungsrecht und dem infolge der Erfüllungswahl neu entstehenden Erfüllungsanspruch hergestellt werden soll.[295] Teilweise wird vertreten, die Sicherungsgeber hafteten dem Vertragspartner des Insolvenzschuldners nur für die infolge der Eröffnung des Insolvenzverfahrens entstandene Schadensersatzforderung. Nach der von einem Teil der Lit. vertretenen Gegenmeinung, wonach sich die ursprünglichen Erfüllungsansprüche lediglich umwandeln, besteht hingegen die Akzessorietät zwischen Sicherungsrecht und Erfüllungsanspruch unverändert fort.[296]

IV. Sonderregelungen, §§ 104 ff. InsO

1. Fix- und Finanztermingeschäfte, § 104 InsO

77 Bei Fix- und Finanztermingeschäften kann, entgegen § 103 InsO, Erfüllung nicht verlangt werden, **§ 104 InsO**. Die Neufassung des § 104 InsO durch das Gesetz vom 22.12.2016 erfolgte aufgrund des Urteils des BGH vom 09.06.2016 – IX ZR 314/14, ZIP 2016, 1226 ff. zur Unwirksamkeit von Abrechnungsvereinbarungen bei Aktienoptionsgeschäften wegen Verstoßes gegen § 104 InsO a.F.

2. Vormerkung, § 106 InsO

78 **§ 106 Abs. 1 S. 1 InsO** stellt eine **Ausnahmevorschrift** gegenüber § 103 InsO dar, indem er dem Vormerkungsberechtigten einen Anspruch auf Erfüllung gewährt,[297] und zwar gemäß **§ 106 Abs. 1 S. 2 InsO** auch dann, wenn der künftige Insolvenzschuldner ihm gegenüber weitere Verpflichtungen übernommen und diese nicht oder nicht vollständig erfüllt hat. Die Wirkung des **§ 106 Abs. 1 S. 2 InsO** ist jedoch nur auf den Anspruch des Käufers auf Auflassung des Grundstücks begrenzt (vgl. **Fall 7**, 2. Abwandlung).

Bei dem nach **§ 106 InsO** mit einer Vormerkung gesicherten Recht handelt es sich um die Verstärkung eines schuldrechtlichen Anspruchs, somit inhaltlich um **Aussonderung**.[298]

Auch ein **künftiger** Auflassungsanspruch, der durch eine vor Eröffnung des Insolvenzverfahrens eingetragene Vormerkung gesichert wird, ist insolvenzfest,[299] auch ein durch Rücktritt bedingter Rückauflassungsanspruch sowie der gesetzliche Löschungsanspruch eines nachrangigen Grundschuldgläubigers nach § 1179 a Abs. 1 S. 1 BGB.[300]

295 MK-Kreft § 103 Rn. 44/46; Bork Rn. 160.
296 Vgl. Nachweise im Einzelnen MK-Kreft § 103 Rn. 44/46.
297 BGH ZIP 2013, 526, 527; 2008, 1028, 1029.
298 BGH ZIP 2017, 2267, 2268; 2008, 1028, 1029.
299 BGH DNotZ 2002, 275 ff.
300 BGH ZIP 2012, 1140, 1142; 2008, 893 m. Anm. Mitlehner S. 96 ff.

Begehrt der Insolvenzverwalter die **Löschung** einer **Auflassungsvormerkung**, die vor Insolvenzeröffnung über das Vermögen des Grundstückeigentümers aufgrund eines formnichtigen Kaufvertrags zugunsten des Käufers eingetragen wurde, kann dieser wegen des von ihm vor Insolvenzeröffnung an den Grundstückseigentümer gezahlten Kaufpreises **kein Zurückbehaltungsrecht** geltend machen.[301]

Der Wortlaut des **§ 106 Abs. 1 InsO** setzt voraus, dass die Vormerkung bereits vor Eröffnung des Insolvenzverfahrens im Grundbuch **eingetragen** ist.
Nach ganz h.M. finden **§ 878 BGB, § 91 Abs. 2 InsO** jedoch auch auf die **bewilligte Vormerkung** analoge Anwendung,[302] sodass **§ 106 Abs. 1 InsO** schon dann eingreift, wenn vor Verfahrenseröffnung die Eintragungsbewilligung bindend geworden und der Eintragungsantrag beim Grundbuchamt gestellt worden ist[303] (vgl. **Fall 7**, 2. Abwandlung).

3. Eigentumsvorbehalt, § 107 InsO

Beim Kauf unter Eigentumsvorbehalt ist in der Insolvenz des **Verkäufers** das **Wahlrecht** 79
des Insolvenzverwalters nach **§§ 103 Abs. 1, 107 Abs. 1 InsO ausgeschlossen**. Der Insolvenzverwalter kann das Anwartschaftsrecht des Vorbehaltskäufers nicht durch eine Ablehnung der Erfüllung des Kaufvertrags beseitigen. Solange der Käufer vertragstreu bleibt, ist der Insolvenzverwalter nicht berechtigt, die Kaufsache zurückzuverlangen, das **Anwartschaftsrecht** ist somit **„insolvenzfest“**.[304]

Im Falle der Insolvenz des **Käufers** hat der **Insolvenzverwalter** das Wahlrecht nach 80
§ 103 Abs. 1 InsO, arg.e **§ 107 Abs. 2 S. 1 InsO**, da der Verkäufer zwar alle Leistungshandlungen vorgenommen hat, der Leistungserfolg – Eigentumserwerb des Käufers –, worauf es nach dem Leistungsbegriff des BGB ankommt,[305] jedoch nicht eingetreten ist.

4. Miet- und Pachtverhältnisse, §§ 108 ff. InsO

a) Bewegliche Sachen

Auf die bei Insolvenzeröffnung bestehenden Miet- oder Pachtverhältnisse über eine **be-** 81
wegliche Sache findet die Grundnorm des **§ 103 InsO** Anwendung, **arg. e § 108 Abs. 1 S. 1 InsO**. Um die Ausübung des danach dem Insolvenzverwalter zustehenden Wahlrechts sicherzustellen, verbietet **§ 112 InsO** in der Insolvenz des Mieters eine Kündigung durch den Vermieter nach dem Antrag auf Eröffnung des Insolvenzverfahrens. **Abweichende** Vereinbarungen sind nach **§ 119 InsO** unwirksam (vgl. oben Rn. 64).

Bei **Leasingverträgen**, die nach ganz h.M.[306] als Mietverhältnisse anzusehen sind, gilt nach **§ 108 Abs. 1 S. 2 InsO** nur für den Fall eine Ausnahme, dass der bewegliche Leasinggegenstand einem Dritten zur Sicherung übertragen wurde – im Regelfall einer Bank –, der seine Anschaffung oder Herstellung finanziert hat.[307]

---

301 BGH WM 2002, 971.
302 BGH ZIP 2005, 627, 628; MK-Ott/Vuia § 106 Rn. 14.
303 MK-Ott/Vuia a.a.O.; Palandt/Herrler § 883 Rn. 3.
304 OLG Düsseldorf ZIP 2013, 327, 328; MK-Ott/Vuia § 107 Rn. 11.
305 Vgl. statt aller Palandt/Grüneberg § 362 Rn. 1 ff. m.w.N.
306 Vgl. Nachweise bei Palandt/Weidenkaff, Einf v § 535 Rn. 37 ff.
307 MK-Eckert § 108 Rn. 45 ff.; Hölzle/Geßner ZIP 2009, 1641 ff. nun.

b) Unbewegliche Sachen und Räume

82 Die bei Insolvenzeröffnung bestehenden Miet- oder Pachtverhältnisse – auch Immobilienleasingverträge[308] – über **unbewegliche Gegenstände** oder **Räume** bestehen mit Wirkung für die Masse fort, **§ 108 Abs. 1 S. 1 InsO**. Das Wahlrecht des Verwalters nach **§ 103 InsO** ist – im Gegensatz zu Miet- und Pachtverhältnissen über bewegliche Sachen (vgl. oben Rn. 81) – **ausgeschlossen**.

In der Insolvenz des **Vermieters** besteht das Mietverhältnis nur dann mit Wirkung für die Insolvenzmasse fort, wenn die Mietsache zum Zeitpunkt der Eröffnung des Insolvenzverfahrens dem Mieter bereits überlassen worden ist.[309] In der Insolvenz des **Mieters** steht dem Insolvenzverwalter ein **Sonderkündigungsrecht** nach **§ 109 Abs. 1 S. 1 InsO** zu, bei **Wohnraummiete** die Enthaftungserklärung nach § 109 **Abs. 1 S. 2 InsO**.

Die Rechtsverhältnisse werden zu den vereinbarten Bedingungen fortgesetzt. Ansprüche aus der Zeit **vor** Verfahrenseröffnung sind bloße Insolvenzforderungen gemäß **§ 108 Abs. 3 InsO**, für die Zeit nach Verfahrenseröffnung **Masseverbindlichkeiten** nach **§ 55 Abs. 1 Nr. 2 Alt. 2 InsO** (**§ 55 Abs. 2 InsO** ist eine **spezielle** Regelung gegenüber **§ 108 Abs. 3 InsO**).[310]

§ 108 InsO findet auf **Erbbaurechtsverträge** keine Anwendung, sodass Ansprüche auf Erbbauzinsen für die Zeit nach Eröffnung des Insolvenzverfahrens **keine** Masseverbindlichkeiten nach **§ 55 Abs. 1 Nr. 2 InsO** begründen.[311]

Das hat zur Folge:

83 - Bei **Insolvenz des Mieters** ist zu differenzieren:
  - War dem Schuldner der unbewegliche Gegenstand/der Raum **bei** Insolvenzeröffnung schon **überlassen**, so besteht ein **Sonderkündigungsrecht** des Insolvenzverwalters nach **§ 109 Abs. 1 InsO**.[312] Der **Vermieter** muss dagegen den Fortbestand des Miet- oder Pachtverhältnisses hinnehmen, das Kündigungsrecht ist nach **§ 112 InsO** eingeschränkt.[313]

    Aufgrund von Zahlungsrückständen nach dem Insolvenzeröffnungsantrag kann der Vermieter jedoch nach **§ 543 Abs. 2 S. 1 Nr. 3 BGB** kündigen.[314]

    Kündigt der Insolvenzverwalter, so kann der Vermieter Rückgabe der Sache nach §§ 985, 546 Abs. 1 BGB verlangen, ihm steht insoweit ein **Aussonderungsrecht** nach **§ 47 InsO** zu.
  - War dem Schuldner der unbewegliche Gegenstand/Raum **bei** Insolvenzeröffnung noch **nicht** überlassen, so besteht nach **§ 109 Abs. 2 InsO** ein beiderseitiges Rücktrittsrecht. Bei Rücktritt des **Insolvenzverwalters** kann der andere Teil wegen der vorzeitigen Beendigung des Vertragsverhältnisses Schadensersatz nur als **Insol-**

---

308 Uhlenbruck/Wegener §§ 108 Rn. 12 ff., 109 Rn. 2, 14.

309 BGH WM 2007, 2067, 2068.

310 BGH ZIP 2013, 179, 180; WM 2002, 1888, 1889 f.; OLG Düsseldorf ZIP 2010, 2212, 2213.

311 BGH ZIP 2005, 2267.

312 BGH ZIP 2009, 875; OLG Bamberg ZIP 2011, 1143.

313 BGH WM 2011, 989, 990; Braunschweig ZIP 2009, 1336, 1337.

314 BGH WM 2005, 1085, 1087; 2002, 1888, 1893; LG Karlsruhe ZIP 2003, 677 ff. – Nebenkosten.

venzgläubiger verlangen, **§ 109 Abs. 2 S. 2 InsO**. Bei Rücktritt des **Vermieters** hat der Insolvenzverwalter zugunsten der Masse keine Ansprüche.

- Bei **Insolvenz des Vermieters** zieht der Insolvenzverwalter den Mietzins zugunsten der Masse ein, hinsichtlich etwaiger **Vorausverfügungen** gilt **§ 110 InsO**. Für Kündigungsrechte sind die vertraglichen Vereinbarungen bzw. die Vorschriften des BGB maßgebend. Bei Veräußerung des unbeweglichen Gegenstands/Raums greift **§ 111 InsO** ein. 84

5. Arbeitsrecht in der Insolvenz, §§ 113, 114, 120 ff. InsO

a) Arbeits- und Dienstverhältnisse

Die Arbeits- und Dienstverhältnisse **bestehen** nach **§ 108 Abs. 1 InsO fort**. **§ 113 S. 1 u. 2 InsO** gewährt jedoch für beide Teile ein besonderes Kündigungsrecht.[315] Bei der Beendigungskündigung durch den Insolvenzverwalter kann der Arbeitnehmer Schadensersatz als Insolvenzgläubiger fordern, **§ 113 S. 3 InsO**.[316] 85

Für die Lohn- und Gehaltsansprüche ist zu differenzieren:

- **Ansprüche** für die Zeit **vor** der Eröffnung des Insolvenzverfahrens können nur als **Insolvenzforderungen** geltend gemacht werden, **§ 108 Abs. 3 InsO**.

  Die Bundesanstalt für Arbeit übernimmt jedoch rückständige Lohn- und Gehaltsforderungen für die letzten drei Monate vor Insolvenzeröffnung (sog. **Insolvenzausfallgeld**, §§ 183 ff. SGB III), sodass die Ansprüche dann auf diese übergehen. Nach **§ 55 Abs. 3 InsO** kann die Bundesanstalt die auf sie übergegangenen Ansprüche nach **Abs. 2** nur als **Insolvenzgläubiger** geltend machen.

- Ansprüche für die Zeit **nach** der Eröffnung des Insolvenzverfahrens, bei Weiterbeschäftigung durch den Insolvenzverwalter, sind **Masseverbindlichkeiten** nach **§ 55 Abs. 1 Nr. 2 Alt. 2 InsO**.[317]

b) Betriebliche Änderungen

Sonderregelungen für **betriebliche Änderungen** enthalten die **§§ 120 ff. InsO**.[318] Veräußert der Insolvenzverwalter den Betrieb oder Betriebsteile, so gilt **§ 613 a BGB**, jedoch mit der Maßgabe, dass der Erwerber zwar in die Arbeitsverträge eintritt, jedoch nicht für Lohnrückstände aus der Zeit **vor** Betriebsübergang haftet.[319] 86

---

315 Uhlenbruck/Zobel § 113 Rn. 6, 21 f.

316 MK-Löwisch/Caspers § 113 Rn. 31.

317 BAG ZIP 2013, 532 ff.

318 Vgl. im Einzelnen MK-Löwisch/Caspers § 120 Rn. 4 ff.

319 BAG NZA 2004, 43; 651; ZIP 2006, 46; Palandt/Weidenkaff § 613 a Rn. 8 m.w.N.

6. Auftrag bzw. Geschäftsbesorgungsvertrag, Vollmacht, §§ 115 ff. InsO

87 Nach **§§ 115 Abs. 1, 116 S. 1 InsO** erlischt ein vom Schuldner erteilter **Auftrag** bzw. **Geschäftsbesorgungsvertrag**, der sich auf das zur Insolvenzmasse gehörige Vermögen bezieht.[320]
Bei Notgeschäftsführung oder mangelnder Insolvenzkenntnis wird der Beauftragte bzw. Geschäftsherr nach **§§ 115 Abs. 2 u. 3, 116 S. 1 InsO** geschützt.

Diese Grundsätze gelten entsprechend für Vollmachten, auch Prozessvollmachten, **§ 117 InsO**, die im **Eröffnungsverfahren** erteilte Vollmacht des Schuldners bleibt dagegen bestehen.[321]

*Der **Kautionssicherungsvertrag**[322] ist ein entgeltlicher Geschäftsbesorgungsvertrag, auf den **die §§ 115, 116 InsO** Anwendung finden.[323] Der Insolvenzverwalter kann Prämienzahlungen an einen Kautionssicherer für die Zurverfügungstellung eines konkreten Bürgschaftsrahmens für die Zeit ab Insolvenzeröffnung zurückverlangen.[324]*

7. Ausschluss des Wahlrechts durch vertragliche Lösungsklauseln

88 Nach **§ 119 InsO** sind Vereinbarungen, durch die im Voraus die Anwendung der §§ 103–108 InsO ausgeschlossen oder beschränkt wird, unwirksam.

Streitig ist, inwieweit das Wahlrecht des Insolvenzverwalters nach **§ 103 InsO** durch sog. **Lösungsklauseln** ausgeschlossen werden kann.

Nach h.M.[325] sind insolvenzbedingte Lösungsklauseln nach **§ 119 InsO** unwirksam, es sei denn, sie entsprechen – insolvenzunabhängig – gesetzlich vorgesehenen Lösungsmöglichkeiten.[326]

Beispiel:[327]

... Ferner bestimmt Nr. 7 Abs. 3 des Vertrags: „Der Vertrag endet auch ohne Kündigung automatisch, wenn der Kunde einen Insolvenzantrag stellt oder aufgrund eines Gläubigerantrags das vorläufige Insolvenzverfahren eingeleitet oder eröffnet wird."

Rn. 13: ... Eine insolvenzabhängige Lösungsklausel ist bei Verträgen über die fortlaufende Lieferung von Waren oder Energie nach **§ 119 InsO** unwirksam, wenn sie im Voraus die Anwendung des **§ 103 InsO** ausschließt. Dies gilt nur dann nicht, wenn die Vereinbarung einer gesetzlich vorgesehenen Lösungsmöglichkeit entspricht.[328] Der Zweck des Erfüllungswahlrechts ist es, die Masse zu schützen und im Interesse einer gleichmäßigen Gläubigerbefriedigung zu mehren. Dieser Zweck könnte vereitelt werden, wenn sich der Vertragspartner des Schuldners allein wegen der Insolvenz von einem für die Masse günstigen Vertrag lösen und damit das Wahlrecht des Insolvenzverwalters nach **§ 103 InsO** unterlaufen kann.

---

320 BGH ZIP 2010, 238, 239; OLG Düsseldorf ZIP 2010, 194, 195.

321 BGH ZIP 2011, 1014, 1015; BAG ZIP 2009, 1134, 1135; MK-Ott/Vuia § 117 Rn. 8.

322 Palandt/Sprau § 675 Rn. 10 zum Avalkredit.

323 BGH ZIP 2010, 1453, 1454; 2008, 885, 886; 2006,1781, 1782; KG WM 2010, 2411, 2413; Fischer WM 2007, 813, 815; Proske ZIP 2006, 1035 ff.

324 BGH ZIP 2011, 282, 283; 2010, 1453, 1454.

325 BGH ZIP 2013, 274, 275, 276; Huber ZIP 2013, 493 ff.; Wegener ZInsO 2013, 1105 ff. zu § 8 Nr. 2 Abs. 1 VOB/B; Braun/Kroth § 119 Rn. 11 f.; a.A. MK-Huber § 119 Rn. 18 ff. m.w.N.

326 BGH ZIP 2013, 274, 276; 2007, 383; Wilmowsky ZIP 2007, 553 ff.; Reul DNotZ 2007, 649 ff.

327 BGH ZIP 2013, 274, 276.

328 Vgl. BGH BGHZ 170, 206 = ZIP 2007, 383, Rn. 11, dazu ZIP 2007, 383, Rn. 11, dazu EWiR 2007, 343 [Bork].

Abwicklung über die nicht vollständig erfüllten Verträge des Insolvenzschuldners

I. Anwendungsbereich des § 103 Abs. 1 InsO

lediglich Auffangnorm, soweit nicht die **Sondervorschriften** der **§§ 104 ff. InsO** eingreifen

II. Voraussetzungen der Anwendbarkeit des § 103 Abs. 1 InsO

1. **Gegenseitiger** Vertrag i.S.d. §§ 320 ff. BGB
2. **Keine** vollständige Erfüllung des Vertrags von beiden Vertragsparteien zum **Zeitpunkt** der Eröffnung des Insolvenzverfahrens, wobei der Eintritt des **Leistungserfolgs** maßgeblich ist
3. **Kein** Ausschluss gemäß
   - **§ 104 Abs. 1 InsO** (Fix- und Finanztermingeschäfte)
   - **§ 106 Abs. 1 InsO** (Vormerkung)
   - **§ 107 Abs. 1 InsO** (Insolvenz des Vorbehaltsverkäufers)
   - **§ 108 Abs. 1 S. 1 InsO** (Miet- und Pachtverhältnisse bei unbeweglichen Sachen und Räumen)
   - **§§ 115, 116, 117 InsO** (Auftrag, Geschäftsbesorgungsvertrag, Vollmacht)

III. Rechtsfolgen

1. der **Eröffnung** des Insolvenzverfahrens:

   Nach der sog. **„modifizierten Erlöschenstheorie"** des BGH **erlöschen** die Ansprüche der Vertragsparteien mit der Insolvenzeröffnung **nicht**, sie verlieren lediglich vorläufig ihre **Durchsetzbarkeit** aufgrund der **Nichterfüllungseinrede, § 320 BGB**. Die **dingliche** Rechtslage bleibt **unberührt**, sodass der Vertragspartner, soweit er Eigentümer der Sache geblieben ist, diese gemäß **§ 985 BGB, § 47 S. 2 InsO** aussondern kann. Ein Anspruch des Vertragspartners auf Rückübereignung der in das Eigentum des Schuldners bereits übergegangenen Leistung ist ausgeschlossen (arg. e **§ 105 S. 2 InsO**).

   Die von dem Insolvenzschuldner erbrachten Leistungen muss der Vertragspartner gemäß **§§ 812 Abs. 1 S. 2 Alt. 1, 818 Abs. 2 BGB** an den Insolvenzverwalter zurückerstatten, soweit der Schaden, der dem Vertragspartner infolge des Erlöschens seines Erfüllungsanspruchs entstanden ist, **niedriger** als der Wert der Teilleistungen ist.

2. der **Erfüllungsablehnung** des Insolvenzverwalters:

   Lehnt der Verwalter die Erfüllung ab, bleibt der Vertrag in der Lage bestehen, in welcher er sich bei der Eröffnung des Insolvenzverfahrens befand. Der Vertragspartner des Schuldners kann einen Anspruch auf Schadensersatz wegen Nichterfüllung als Insolvenzforderung zur Tabelle anmelden, **§ 103 Abs. 2 S. 1 InsO**. Sieht er hiervon ab, bleibt ihm der – während der Dauer des Insolvenzverfahrens nicht durchsetzbare – Erfüllungsanspruch erhalten; er kann ihn nach Aufhebung des Insolvenzverfahrens als solchen gegen den Schuldner geltend machen.

3. des **Erfüllungsverlangens** des Insolvenzverwalters:

   Dem Erfüllungsverlangen des Insolvenzverwalters, dessen Wirksamkeit an keine Formvorschriften gebunden ist, kommt nach h.M. die **rechtsgestaltende** Wirkung zu, die **Erfüllungsansprüche** des Insolvenzverwalters und des ursprünglichen Vertragspartners **neu begründet (§ 96 Abs. 1 Nr. 1 InsO)**. Der Erfüllungsanspruch des Vertragspartners ist eine **Masseschuld** i.S.d. **§ 55 Abs. 1 Nr. 2 InsO**, vertragliche Nebenpflichten, Gewährleistungsrechte. Inhalt und Umfang der vertraglichen Pflichten richten sich nach dem ursprünglichen Vertragsverhältnis im **Zeitpunkt** der **Eröffnung** des Insolvenzverfahrens. Der Insolvenzverwalter kann die Leistung nur in der gleichen Weise, am gleichen Ort und zur gleichen Zeit beanspruchen, wie der Insolvenzschuldner es konnte. Der **Vertragspartner** hat hinsichtlich der **vor** Insolvenzeröffnung erbrachten **Teilleistungen** nur einen Anspruch auf die Gegenleistung als **Insolvenzforderung, § 105 S. 1 InsO**; er hat **kein Zurückbehaltungsrecht**.

C. Der Insolvenzverwalter

I. Die Rechtsstellung des Insolvenzverwalters

89 Mit der Eröffnung des Insolvenzverfahrens geht die Verwaltungs- und Verfügungsbefugnis über das zur Insolvenzmasse gehörige Vermögen des Schuldners auf den Insolvenzverwalter über, **§ 80 Abs. 1 InsO**.

§ 80 InsO verleiht dem Insolvenzverwalter ein umfassendes – und dem Insolvenzschuldner entzogenes – Verwaltungs- und Verfügungsrecht. Er hat auch die Interessen des Vermögensträgers, Insolvenzschuldners, wahrzunehmen, wenngleich die Verwaltung zum Zweck der Befriedigung der Insolvenzgläubiger erfolgt.

Hinsichtlich der Rechtsstellung des Insolvenzverwalters ist streitig, ob er gesetzlicher Vertreter der Insolvenzgläubiger oder des Insolvenzschuldners, gegenständlich auf die Masse beschränkt, ist (sog. „Vertretertheorie") oder aber Vertreter der zu einem eigenen Rechtssubjekt verselbstständigten Insolvenzmasse (sog. „Organtheorie").

Die von der Rspr. und h.M. in der Lit. vertretenen „sog. Amtstheorie" sieht den Insolvenzverwalter als ein im eigenen Namen handelndes Rechtspflegeorgan (Zwangsvollstreckungsorgan), das als Partei kraft Amtes in eigenem Namen mit Wirkung für und gegen den Insolvenzschuldner handelt.[329] Auf den Theorienstreit kommt es für die Falllösung nicht an.[330]

90 Das dem Insolvenzbeschlag unterliegende Vermögen des Schuldners ist gemäß **§ 35 InsO** Insolvenzmasse, wobei darunter die sog. **„Sollmasse"** zu verstehen ist, d.h. die Masse, wie sie sich in ihrem Bestand nach den gesetzlichen Bestimmungen zusammensetzen soll, im Gegensatz zur sog. **„Istmasse"** – wie sie der Insolvenzverwalter vorfindet –, die z.B. auch dem Insolvenzschuldner nicht gehörende Gegenstände umfasst.[331]

91 **§ 35 Abs. 2 InsO** gibt dem Insolvenzverwalter die Möglichkeit der **Freigabe** des der gewerblichen Tätigkeit des Schuldners zugeordneten Vermögens.[332] Der Insolvenzverwalter hat insoweit eine Erklärung abzugeben, ob das Vermögen aus der selbstständigen Tätigkeit zur Insolvenzmasse gehört oder nicht. Gibt der Insolvenzverwalter die selbstständige Tätigkeit des Schuldners nicht frei, so wird hierdurch klargestellt, dass die im Rahmen der selbstständigen Tätigkeit begründeten Verbindlichkeiten Masseverbindlichkeiten darstellen. Gibt der Insolvenzverwalter die selbstständige Tätigkeit dagegen frei, entgeht der Insolvenzmasse zwar der Neuerwerb, sie haftet jedoch nicht für die im Rahmen dieser Tätigkeit begründeten Neuverbindlichkeiten. Die Freigabe umfasst auch Dauerschuldverhältnisse, z.B. Mietverhältnisse soweit ohne diese eine selbstständige Erwerbstätigkeit nicht möglich ist. Weitere, insbesondere auf eine Vertragskündigung gerichtete, Erklärungen des Insolvenzverwalters sind nicht erforderlich. Der Schuldner ist nach Freigabe seiner selbstständigen Tätigkeit im eröffneten Insolvenzverfahren verpflichtet, aus einem tatsächlich erwirtschafteten Gewinn dem Insolvenzverwalter den pfändbaren Betrag nach dem fiktiven Maßstab des **§ 295 Abs. 2 InsO** abzuführen. Der Betrag ist vom Insolvenzverwalter auf dem Prozesswege geltend zu ma-

329 Vgl. zum Meinungsstand Hess/Pape Rn. 583 ff.; Bork Rn. 63 ff.
330 MK-Ott/Vuia § 80 Rn. 20, 36; Haameyer/Wutzke/Förster S. 336.
331 BGH ZIP 2015, 694; Berger ZInsO 2013, 569 ff.
332 BGH ZIP 2018, 543; 2014, 1181, 1183; Gehrlein ZInsO 2016, 815 ff.

chen. Er hat die Darlegungs- und Beweislast, welche Verdienstmöglichkeiten der Schuldner gehabt haben könnte.[333]

Vorausverfügungen des Schuldners über Ansprüche, die sich gegen eine ärztliche Abrechnungsstelle richten, sind für die Zeit nach Verfahrenseröffnung auch nach Einführung des § 35 Abs. 2 InsO unwirksam, sofern der Verwalter die Praxis fortführt.[334]

Hat der Insolvenzverwalter erklärt, das Vermögen aus der selbstständigen Tätigkeit des Schuldners gehöre nicht zur Insolvenzmasse, kann auf Antrag eines Neugläubigers ein auf dieses Vermögen beschränktes **zweites Insolvenzverfahren** eröffnet werden.[335]

Gegenstände, die nicht der Zwangsvollstreckung unterliegen, sind dem Insolvenzbeschlag entzogen, **§ 36 Abs. 1 S. 1, 2 InsO**, vgl. aber § 36 Abs. 2 InsO.[336] **92**

Der Insolvenzverwalter kann in analoger Anwendung des **§ 850 Abs. 2 S. 1 ZPO** fiktives Arbeitseinkommen zur Masse ziehen, der Insolvenzeröffnungsbeschluss wirkt wie ein Pfändungs- und Überweisungsbeschluss im Einzelzwangsvollstreckungsverfahren.[337]

Ein Streit zwischen Verwalter und Schuldner darüber, ob ein Vermögensgegenstand zur Masse gehört, ist, von **§ 36 Abs. 4, Abs. 1 S. 2 InsO**[338] abgesehen, vor dem Prozessgericht auszutragen.[339]

II. Die Bestellung des Insolvenzverwalters

Die Bestellung des Insolvenzverwalters erfolgt durch das Insolvenzgericht, **§ 56 InsO** **93**
und zwar vorläufig zugleich mit der Eröffnung des Insolvenzverfahrens, **§ 27 Abs. 1 S. 1 InsO**, endgültig nach der ersten Gläubigerversammlung, **§ 57 InsO**.[340] Gemäß § 56 Abs. 1 InsO hat das Insolvenzgericht hierfür eine für den jeweiligen Einzelfall geeignete, insbesondere geschäftskundige und von den Gläubigern und dem Schuldner unabhängige Person zu bestellen – Vorauswahlliste.[341]

Die Ernennung allein führt nicht zum Beginn des Amtes, notwendig ist vielmehr noch dessen Übernahme, die ausdrücklich durch Erklärung gegenüber dem Insolvenzgericht oder stillschweigend durch Aufnahme der Verwaltergeschäfte erfolgt. Die Aushändigung der Bestellungsurkunde, vgl. **§ 56 Abs. 2 S. 1 InsO**, ist kein Erfordernis für den Beginn des Amtes.[342] Das Amt endet, vom Tod oder Verlust der Geschäftsfähigkeit abge-

333 BGH ZInsO 2014, 824; 2013, 1612.

334 BGH ZIP 2013, 531, 532; 2010,187; zu § 35 Abs. 2 S. 2 i.V.m. § 295 Abs. 2 InsO; Wischemeyer/Schur ZInsO 2007, 1240 ff.; zur Gewerbeuntersagung nach § 35 Abs. 1 GewO VG Darmstadt ZIP 2011, 1680.

335 BGH WM 2011, 1344.

336 BVerfG ZInsO 2013, 1028 – kassenärztliche Zulassung; BGH ZIP 2014, 1598; nicht Schmerzensgeldansprüche; 2013, 586, 587; 2010,1656,1657; OLG München ZIP 2010, 2520, 2521 – zur Pfändbarkeit und Massezugehörigkeit einer Berufsunfähigkeitsrente des Insolvenzschuldners; BGH ZIP 2012, 1086 – Urlaubsgeld, § 850 a Nr. 2 ZPO; BGH ZIP 2010, 293, 295 – zur Massezugehörigkeit bedingt pfändbarer Bezüge des Insolvenzschuldners; BGH ZIP 2006, 2321 – Massezugehörigkeit der beschränkten persönlichen Dienstbarkeit nur bei Ausübungsgestattung; BGH ZIP 2011, 90, 91 – Massezugehörigkeit des Auseinandersetzungsguthabens aus der Kündigung eines Genossenschaftsanteils; Sinz/Hiebert ZInsO 2012, 63 ff. – Reichweite des § 811 Abs. 1 Nr. 5 ZPO; Casse ZInsO 2012, 1402 ff. – Giro- und P-Konto im Insolvenzverfahren.

337 BAG ZIP 2008, 979; Uhlenbruck/Hirte § 36 Rn. 20 ff.

338 BGH ZIP 2012, 95, 96 – Insolvenzgericht.

339 BGH ZIP 2010,1197,1198; 293; 2009, 2120.

340 BGH WM 2004, 2494; 2003, 1740; Pape NJW 2002, 1165,1172.

341 Zum Streitstand BVerfG WM 2009, 1701; BGH ZIP 2006,1954; 1956; 1487; 1355; 2004, 1649; KG ZIP 2010, 2461; Überprüfung der Insolvenzverwalterbestellung als Justizverwaltungsakt im Verfahren nach §§ 23 ff.; EGGVG BGH ZIP 2016, 1547; 876, 877.

342 Haarmeyer/Wutzke/Förster S. 338.

sehen, durch Aufhebung oder Einstellung des Insolvenzverfahrens. Eine Entlassung durch das Insolvenzgericht, unter dessen Aufsicht der Insolvenzverwalter steht, vgl. **§ 58 Abs. 1 S. 1 InsO**, ist gemäß **§ 59 Abs. 1 InsO** nur aus wichtigem Grund möglich.[343]

Die Befangenheit des Insolvenzverwalters kann nur nach Maßgabe der §§ 56–59 InsO geltend gemacht werden.[344]

Eine Haftanordnung des Insolvenzgerichts gegen den Insolvenzverwalter ist unzulässig,[345] die Festsetzung eines Zwangsgeldes, mit dem er zur Vornahme einer bestimmten Handlung angehalten werden soll, dagegen zulässig.[346]

Eine Entlassung des Insolvenzverwalters kommt schon bei dringendem Verdacht in anderen Verfahren in Betracht.[347]

Der Insolvenzverwalter hat Anspruch auf **Vergütung**, die von dem Insolvenzgericht festgesetzt wird, **§§ 63–65 InsO**,[348] und als Masseschuld vorweg zu berichtigen ist, **§§ 53, 54 Nr. 2 InsO**.[349]

*Maßgeblich für die **Höhe** der **Vergütung** des Insolvenzverwalters ist die nach **§ 65 InsO** vom Bundesministerium der Justiz erlassene **Vergütungsverordnung** vom 04.10.2004.[350] Der Regelsatz der Vergütung wird nach dem Wert der Insolvenzmasse zur Zeit der Beendigung des Insolvenzverfahrens berechnet.[351]*

Der Vergütungsanspruch des vorläufigen Insolvenzverwalters ist bis zum Abschluss des eröffneten Insolvenzverfahrens gehemmt.

III. Die Aufgaben des Insolvenzverwalters

1. Verwaltung und Verwertung der Masse

94 Neben den im jeweiligen Sachzusammenhang dargestellten Einzelbefugnissen des Insolvenzverwalters erstreckt sich seine Tätigkeit auf den gesamten Verlauf des Insolvenzverfahrens, er hat insbesondere die Aufgaben, das zur Insolvenzmasse gehörige Vermögen in Besitz zu nehmen – der Besitz an der Masse geht nicht kraft Gesetzes über, vgl. **§ 148 Abs. 1 InsO**[352] – und zu verwerten, vgl. **§ 159 InsO**, ein Verzeichnis der einzelnen Gegenstände der Insolvenzmasse, vgl. **§ 151 InsO**, ein Gläubigerverzeichnis, vgl. **§ 152 InsO**, und eine Vermögensübersicht, vgl. **§ 153 InsO**, aufzustellen und den Erlös unter

343 BVerfG ZIP 2016, 321 ff. – Die Beschränkung des Amtes des Insolvenzverwalters auf natürliche Personen ist verfassungsgemäß; BGH ZIP 2006, 247; 440; 2003, 1721; ZIP 2004, 1113 – Versagung der Bestellung eines Insolvenzverwalters wegen Interessenkollision; AGH München ZIP 2014, 830 – der als Insolvenzverwalter tätige Rechtsanwalt unterliegt grundsätzlich dem anwaltlichen Berufsrecht.

344 BGH ZIP 2012, 1187, 1189; WM 2007, 607, 608; BGH ZIP 2011,1169 Rechtsbeschwerde gegen Abweisung eines Ablehnungsgesuchs.

345 BGH ZIP 2010, 190.

346 BGH ZIP 2011, 1123.

347 BGH ZIP 2011, 671.

348 BGH ZIP 2015, 1595; 2013, 226.

349 BGH ZIP 2004, 1717 – zum Anspruch des Insolvenzverwalters auf Erstattung von Auslagen; Bork ZIP 2009,1747 ff.

350 Blersch ZIP 2004, 2311 f.

351 BGH ZIP 2016, 1299; 2013, 468, 469; 34; 30; 2012, 2515; 2407 – Zuschlag der Insolvenzverwaltervergütung; 2008, 514, 515 – Betriebsfortführung; BGH ZIP 2004, 417, 424 – zur angemessenen Vergütung in masselosen Verfahren; Anm. Keller ZIP 2004, 633 f.; Kirchhof WM 2005 S. 16; BGH ZIP 2006, 93, 94 – Vergütung im Falle vorzeitiger Beendigung des Amtes des Insolvenzverwalters; Ganter ZIP 2014, 2323 ff.

352 BGH ZIP 2013, 1189, 1190; 2008, 1736, 1737; MK-Ott/Vuia § 80 Rn. 43.

den Insolvenzgläubigern nach den Regeln der Insolvenzordnung, vgl. **§§ 187, 195, 196 InsO**, zu verteilen.[353]

Nach **§ 158 InsO** kann der Insolvenzverwalter bereits nach der Eröffnung des Insolvenzverfahrens das schuldnerische Unternehmen oder auch Teile davon mit Zustimmung des Gläubigerausschusses veräußern und muss nicht bis zu dem Berichtstermin, **§ 159 InsO**, abwarten, was einer wirtschaftlich günstigen Veräußerung des Unternehmens entgegensteht.

Der Insolvenzverwalter über das Inlandsvermögen des Schuldners ist verpflichtet, auch das Auslandsvermögen zu realisieren.[354]

§ 19 a ZPO begründet **keinen** Gerichtsstand für Klagen des Insolvenzverwalters am Sitz des zuständigen Insolvenzgerichts.

Nach **§ 155 Abs. 1 S. 2 InsO** hat der Insolvenzverwalter die handels- und steuerrechtlichen Pflichten des Schuldners zur Buchführung und zur Rechnungslegung, vgl. §§ 239 f. HGB zu erfüllen.[355] Mit der Eröffnung des Insolvenzverfahrens beginnt nach § 155 Abs. 2 InsO ein neues Geschäftsjahr, sodass der Insolvenzverwalter auf den Zeitpunkt der Verfahrenseröffnung bezogen eine Eröffnungsbilanz und einen Jahresabschluss auf den Tag vor der Eröffnung des Verfahrens aufzustellen hat, § 154 HGB i.V.m. § 270 Abs. 1 AktG, § 71 Abs. 1 GmbHG.[356]

Der Insolvenzschuldner ist zur Abgabe der eidesstattlichen Versicherung der Vollständigkeit des von dem Insolvenzverwalter gefertigten Vermögensverzeichnisses auch bei Berufung auf Unrichtigkeiten oder Unvollständigkeiten verpflichtet.[357]

Der Prüfungsauftrag des Abschlussprüfers endet, soweit nicht ein Fall des **§ 155 Abs. 3 S. 2 InsO** vorliegt, mit der Eröffnung des Insolvenzverfahrens über das Vermögen der prüfungspflichtigen Gesellschaft, wenn der Insolvenzverwalter nicht die Erfüllung des Prüfungsauftrags wählt.[358]

Im Hinblick auf die Entscheidung der Gläubigerversammlung im Berichtstermin, ob das Unternehmen des Schuldners stillgelegt oder vorläufig fortgeführt werden soll, hat der Insolvenzverwalter nach **§ 151 Abs. 2 S. 2 InsO** den Wert der Vermögensgegenstände sowohl für den Fall, dass das Unternehmen fortgeführt wird (going-concern-Wert) als auch den Fall, dass der Insolvenzverwalter das Unternehmen zerschlägt und dabei die Gegenstände einzeln verwertet (Zerschlagungswert) anzugeben.[359]

Nimmt der Insolvenzverwalter bei der Verwertung in kaufmännischer Weise am Geschäftsverkehr teil, findet das Handelsrecht Anwendung.

---

353 BGH ZIP 2013, 1189, 1190; 2008, 1736, 1737; MK-Ott/Vuia § 80 Rn. 43.

354 Haarmeyer/Wutzke/Förster S. 357; zur KO: BGH NJW 1983, 2147; 1977, 718.

355 BGH ZIP 2017, 732; 2015, 88 – Änderung des Geschäftsjahresrythmus durch den Insolvenzverwalter; MK-Ott/Vuia § 80 Rn. 99.

356 OLG Frankfurt ZIP 2012, 1617.

357 BGH ZIP 2010, 2306.

358 BGH ZInsO 2011,1673; OLG Dresden ZIP 2009, 2458, 2459.

359 Uhlenbruck/Mock § 80 Rn. 241.

Verfügungen des Insolvenzverwalters, die dem Insolvenzzweck offensichtlich zuwiderlaufen und die Masse benachteiligen, sind unwirksam.[360] Die Unwirksamkeit der Rechtshandlung eines Insolvenzverwalters wegen **Insolvenzzweckwidrigkeit** ist grundsätzlich in Anlehnung an die Regeln über den Missbrauch der Vertretungsmacht zu beurteilen.[361]

2. Führung der Insolvenztabelle und Prüfung der angemeldeten Forderungen, §§ 174 ff. InsO

95 Gemäß **§ 174 Abs. 1 InsO** haben die Gläubiger ihre Forderung schriftlich bei dem Insolvenzverwalter anzumelden und der Anmeldung die Urkunden beizufügen, aus denen sich der Rechtsgrund für die angemeldete Forderung ergibt, weiterhin sind bei der Anmeldung der Grund und der Betrag der Forderung anzugeben.

Der Insolvenzverwalter hat dann jede der angemeldeten Forderung, mit dem bei der Anmeldung genannten Grund und Betrag, **§ 174 Abs. 2 InsO** und soweit nachrangige Forderungen angemeldet worden sind, **§ 174 Abs. 3 InsO**, mit dem Hinweis auf den Nachrang in die Insolvenztabelle einzutragen, **§ 175 InsO**. Die Tabelle muss zusammen mit den Forderungsanmeldungen und den diesen beigefügten Urkunden innerhalb der nach den **§§ 175 S. 2, 28, 29 InsO** zu ermittelnden Fristen in der Geschäftsstelle des Insolvenzgerichts zur Einsicht durch die an dem Insolvenzverfahren Beteiligten niedergelegt werden.

Der Insolvenzverwalter hat sodann die angemeldeten Forderungen in einem Prüfungstermin ihrem Betrag und ihrem Rang nach zu prüfen, **§ 176 S. 1 InsO**.

Hinsichtlich des Verfahrens im Einzelnen wird auf die Ausführung unter Rn. 248 ff. verwiesen.

Für einen auf die Landesinformationsgesetze gestützten Auskunftsanspruch des Insolvenzverwalters gegen das Finanzamt auf Einsicht in die den Schuldner betreffenden Vollstreckungsakten ist der Rechtsweg zu den Verwaltungsgerichten eröffnet. Die Sonderzuweisung nach § 33 Abs. 1 Nr. 2, Abs. 2 FGO erfasst diesen Anspruch nicht.

3. Anhang: Prozesskostenhilfe, §§ 116 S. 1 Nr. 1, 114 ZPO

96 Der Insolvenzverwalter kann auch nach Anzeige der Masseunzulänglichkeit Prozesskostenhilfe beanspruchen, da bei Masseunzulänglichkeit grundsätzlich davon auszugehen ist, dass die Kosten i.S.d. **§ 116 ZPO** nicht von der Insolvenzmasse aufgebracht werden können.[362]

Streitig ist, wem „als am Gegenstand des Rechtsstreits wirtschaftlich Beteiligtem" die Aufbringung der Kosten zumutbar ist.[363]

Insolvenzgläubigern, die mit erheblichem Ausgleich ihrer Forderungen rechnen können, ist die Kostenaufbringung zuzumuten,[364] unzumutbar dagegen bei nur ganz ge-

360 BGH ZIP 2014, 970; 2013, 531, 532.

361 BVerwG und BFH ZIP 2013, 1252 – unter Aufgabe der bisherigen Rspr. – BGH WM 2002, 1199, 1201.

362 BGH ZIP 2008, 1035.

363 MK-Ott/Vuia § 80 Rn. 85, 90 f.; Zöller/Philippi § 116 Rn. 6 ff. m.w.N.

364 BGH ZInsO 2015, 1465; ZIP 2012, 2275; 2011, 98; 2006, 682, 683.

ringer Quote.[365] Es ist auf die Gesamtheit der Gläubiger abzustellen, denen der Prozesserfolg zugute käme, jeder einzelne Gläubiger hat die Kosten nur anteilig aufzubringen.[366] Es ist unerheblich, ob die Gläubiger bereit sind, die Kosten vorzuschießen.[367]

Die Darlegungslast für die Unzumutbarkeit der Prozessfinanzierung für die Unzumutbarkeit der Prozessfinanzierung durch die Gläubiger trägt der Insolvenzverwalter.

Auch der Umstand, dass der Insolvenzverwalter die Finanzierung der Prozessführung durch 26 Gläubiger erreichen muss, zwingt nicht zur Gewährung von Prozesskostenhilfe.[368]

Arbeitnehmer-Gläubigern ist eine Beteiligung an den Prozesskosten **nicht** zuzumuten, auch nicht dem Träger der Sozialverwaltung.[369]

Beteiligt können auch **absonderungsberechtigte** Gläubiger und **Massegläubiger** i.S.d. §§ 53 ff. InsO sein.[370]

Prozesskostenhilfe darf dem Insolvenzverwalter für Prozesse der Insolvenzmasse nicht mit der Begründung verweigert werden, er sei selbst wegen seines Kostenanspruchs am Prozess i.S.v. **§ 116 S. 1 Nr. 1 ZPO** beteiligt. Das gilt auch dann, wenn der aus dem Prozess zu erzielende Erlös vorweg zur Bestreitung der Massekosten, vgl. **§§ 53, 54 InsO**, und damit mittelbar der Verwaltervergütung dient,[371] auch bei Anzeige der Masseunzulänglichkeit, vgl. **§ 208 Abs. 3 InsO**,[372] dagegen nicht bei Massekostenarmut, § 207 InsO, wenn die Massekostenarmut nicht beseitigt werden kann.[373]

Dagegen steht dem Insolvenzverwalter keine Prozesskostenhilfe für die Geltendmachung von Forderungen zu, die aus der Fortführung des Unternehmens erfolgen.[374]

4. Geltendmachung eines Gesamtschadens und der persönlichen Haftung eines Gesellschafters, §§ 92, 93 InsO

Nach **§ 92 InsO** kann während der Dauer des Insolvenzverfahrens nur der Insolvenzverwalter den Gesamtschaden der Masse geltend machen. Zu einem „Gesamtschaden" durch Handlungen des Schuldners oder eines Dritten können z.B. anfechtbare Rechtshandlungen,[375] vgl. unter Rn. 103 ff. oder eine Verletzung der Insolvenzantragspflicht[376] führen, weiterhin die Geltendmachung eines deliktischen Schadensersatzanspruchs gegen Dritte.[377] **97**

365 OLG Celle ZInsO 2015, 636; OLG München ZInsO 2010, 1648; MK-Wax ZPO, § 116 Rn.19 m.w.N.

366 OLG Köln WM 2003, 1031; KG ZIP 2003, 270; a.A. OLG Hamburg ZInsO 2010, 1701 – auch nur einem oder mehreren wirtschaftlich Beteiligten zumutbar.

367 BGH ZInsO 2014, 79; OLG ZInsO 2013, 1091.

368 BGH ZIP 2011, 98, 99.

369 BAG ZIP 2003, 1947; OLG München ZInsO 2013, 1047.

370 BGH ZIP 2012, 2275, 2276; MK-Wax § 116 Rn.16 m.w.N.

371 BGH ZIP 2003, 2036; 2006, 2055; str. vgl. Zöller/Geimer § 116 Rn. 6 m.w.N.

372 BGH ZIP 2008, 944.

373 BGH ZInsO 2016, 270.

374 OLG Celle ZIP 2004, 2149; 2013, 1191.

375 BGH ZIP 2014, 2305; 2013, 781.

376 Vgl. zur Abgrenzung zwischen Gesamt- und Individualschäden bei der Haftung des GmbH-Geschäftsführers nach § 823 Abs. 2 BGB i.V.m. § 15 a InsO – sog. Quotenschaden des Altgläubigers/sog. Individualschaden des Neugläubigers; BGHZ 138, 211; 126, 181 ff.

377 BGH WM 2003, 1178.

Ist der Gesamtschaden der Masse durch pflichtwidriges Handeln des Insolvenzverwalters entstanden, ist dieser nur von einem neu bestellten Insolvenzverwalter geltend zu machen, **§ 92 S. 2 InsO**.[378]

Weiterhin kann nach **§ 93 InsO** nur der Insolvenzverwalter – als gesetzlicher Prozessstandschafter – während der Dauer des Insolvenzverfahrens über das Vermögen einer Gesellschaft ohne Rechtspersönlichkeit, **§ 11 Abs. 2 Nr. 1 InsO** oder einer Kommanditgesellschaft auf Aktien die persönliche Haftung eines Gesellschafters für die Verbindlichkeiten der Gesellschaft geltend machen.[379]

Die Ermächtigung des Insolvenzverwalters nach **§ 93 InsO** bezieht sich nur auf Ansprüche aus der gesetzlichen akzessorischen Gesellschafterhaftung nach **§§ 128 ff., 161 Abs. 2, 176 HGB**.[380]

Hat sich dagegen z.B. ein persönlich haftender Gesellschafter zusätzlich gegenüber einem Gesellschaftsgläubiger verbürgt, greift **§ 93 InsO nicht** ein, sodass der Insolvenzverwalter bei Geltendmachung der persönlichen Haftung des Gesellschafters mit dem Bürgschaftsgläubiger konkurriert.[381]

Diese Ausweitung der Befugnisse des Insolvenzverwalters über **§ 171 Abs. 2 HGB** hinaus auch auf den persönlich haftenden Gesellschafter bezweckt die Gleichbehandlung der Gesamtheit der Gesellschaftsgläubiger. Im Interesse der gleichmäßigen Befriedigung aller Gesellschaftsgläubiger soll sich der einzelne Gläubiger durch einen schnelleren Zugriff auf das Vermögen der persönlich haftenden Gesellschafter keinen Sondervorteil verschaffen. Darüber hinaus soll verhindert werden, dass der Antrag auf Eröffnung des Insolvenzverfahrens über das Gesellschaftsvermögen mangels Masse, vgl. § 207 InsO abgewiesen wird, obwohl ein persönlich haftender Gesellschafter über ausreichendes Vermögen zur Befriedigung der Gläubiger verfügt. Insoweit wird die Insolvenzmasse, § 35 InsO, erweitert.[382]

IV. Haftung des Insolvenzverwalters

1. Voraussetzungen der Haftung

98 Nach **§ 60 Abs. 1 S. 1 InsO** haftet der Insolvenzverwalter nur, wenn er insolvenzspezifische Pflichten verletzt hat, also Pflichten, die ihm in seiner Eigenschaft als Verwalter nach den Vorschriften der Insolvenzordnung obliegen.[383]

Verletzt der Insolvenzverwalter die ihm nach der InsO auferlegten Pflichten schuldhaft, so ist er gemäß **§ 60 Abs. 1 S. 1 InsO** allen Beteiligten zum Schadensersatz verpflichtet, wobei die Haftung auf gesetzlichem Schuldverhältnis beruht.[384]

Der Schadensersatzanspruch gegen den Insolvenzverwalter persönlich wegen Verletzung insolvenzspezifischer Pflichten ist gegenüber einem Schadensersatzanspruch gegen die Masse **nicht** subsidiär.[385]

378 BGH ZIP 2017, 779; 2014, 2043, 2044.
379 BGH ZIP 2007, 79, 80; Kranz ZInsO 2013, 1119 ff.
380 BGH ZIP 2016, 274; 2013, 781.
381 BGH a.a.O. 1772; Theißen, Gesellschafterbürgschaft in der Insolvenz der OHG nach neuem Recht, ZIP 1998, 1625 f.
382 Uhlenbruck/Hirte § 93 Rn. 2 ff.
383 BGH ZIP 2017, 779; 2014, 1448; 2013, 638; 2008, 2126.
384 BGH ZIP 2017, 779; 2014, 2043; MK-Brandes § 60 Rn. 48 ff.; gegenüber Insolvenzschuldner BGH ZIP 2008, 1685, 1686; jeden einzelnen Insolvenzgläubiger BGH ZIP 2016, 727; Aus- und Absonderungsberechtigte BGH ZIP 2010, 1089.
385 BGH WM 2006, 148, 149.

Verschuldensmaßstab ist die Sorgfalt eines ordentlichen und gewissenhaften Insolvenzverwalters, **§ 60 Abs. 1 S. 2 InsO**. Zu seinen Pflichten gehört es, dass zur Insolvenzmasse gehörende Vermögen zu bewahren und ordnungsgemäß zu verwalten. Diese Pflicht hat sich am gesetzlichen Leitbild des ordentlichen und gewissenhaften Insolvenzverwalters auszurichten, das an die handels- und gesellschaftsrechtlichen Sorgfaltsanforderungen angelehnt ist, vgl. § 347 Abs, 1 HGB, § 93 Abs. 1 S. 1 AktG, § 43 Abs. 1 GmbHG. Maßstab aller unternehmerischen Entscheidungen des Insolvenzverwalters im Rahmen einer Betriebsfortführung ist der Insolvenzzweck, nämlich die bestmögliche gemeinschaftliche Befriedigung aller Insolvenzgläubiger, vgl. § 1 InsO.

Zur Geltendmachung des Quotenverringerungsschadens ist vor Abschluss des Insolvenzverfahrens nur ein **Sonderverwalter** oder ein neu bestellter Insolvenzverwalter befugt.[386] Die Ernennung eines Sonderverwalters zur Geltendmachung von Schadensersatzansprüchen stellt keine Teilentlassung des Insolvenzverwalters dar.[387]

Gegenüber **Massegläubigern** haftet der Insolvenzverwalter nach Maßgabe des **§ 61 S. 1 InsO**, der Vorrang gegenüber § 60 InsO hat.[388] 99

Die durch **§ 61 S. 1 InsO** sanktionierte besondere Pflicht des Insolvenzverwalters, sich zu vergewissern, ob er bei normalen Geschäftsablauf zu einer rechtzeitigen und vollständigen Erfüllung der von ihm begründeten Forderungen in der Lage sein wird, bezieht sich nur auf die primären Erfüllungsansprüche und nicht auf Sekundäransprüche.[389]

Pflichtwidrigkeit und Verschulden des Insolvenzverwalters werden widerleglich vermutet, ihm obliegt der Beweis des Gegenteils, **§ 61 S. 2 InsO**.

Der Insolvenzverwalter wird den Beweis nach § 61 S. 2 InsO nur führen können, wenn er eine plausible Liquiditätsrechnung erstellt und diese bis zum Zeitpunkt der Begründung der Verbindlichkeit ständig überprüft und aktualisiert hat.[390]

Ein Schaden, der Massegläubigern durch eine pflichtwidrige Masseverkürzung des Insolvenzverwalters vor Anzeige der Masseunzulänglichkeit entsteht, ist grundsätzlich ein Individualschaden, der während des Insolvenzverfahrens nur von den geschädigten Massegläubigern geltend gemacht werden kann.[391]

Bei der Verletzung **allgemeiner Vertragspflichten** im Zusammenhang mit dem Abschluss von Verträgen mit Neugläubigern kommt eine persönliche Haftung des Insolvenzverwalters nach § 60 InsO **nicht** in Betracht.[392] 100

Der Insolvenzverwalter hat keine insolvenzspezifischen Pflichten zur Prüfung der Prozessaussichten im Kosteninteresse des Prozessgegners, auch haftet der Insolvenzverwalter nicht für die Vergütung und Auslagen eines Zwangsverwalters, weil er die Zwangsverwaltung beantragt hat.[393]

386 BGH WM 2006, 101, 102; ZIP 2004, 1218.

387 BVerfG ZIP 2010, 1301, 1302.

388 BGH ZIP 2010, 2356; 2005, 131; 2004, 1107; BAG ZIP 2012, 38, 39; eingeschränkt bei Fortführung des Unternehmens: Bork Rn. 59.

389 BAG ZIP 2013, 638; BGH ZIP 2008, 2126; 2004, 1107; kritisch Hees ZIP 2011, 502 ff.

390 BGH ZIP 2008, 2126; 2004, 1107.

391 BGH ZIP 2010, 2356, 2357; 2006, 1683.

392 MK-Brandes § 80 Rn. 72 ff.

393 BGH WM 2005, 180; 2001, 1376; m. Anm. Pape 1701; 2003, 967 zu § 826 BGB; BGH ZIP 2010, 242, 243.

Der Insolvenzverwalter ist nicht Beamter, auch nicht im haftungsrechtlichen Sinne. Der Staat haftet daher auch nicht für schuldhafte Pflichtverletzungen des Insolvenzverwalters; eine Amtshaftung kommt vielmehr nur bei Verletzung der insolvenzgerichtlichen Aufsichtspflicht oder bei Fehlernennung durch das Insolvenzgericht in Betracht.[394]

2. Verjährung

101 Die Verjährung der Schadensersatzansprüche gegen den Insolvenzverwalter unterliegt gemäß **§ 62 S. 1 InsO** den Regelungen über die regelmäßige Verjährung nach dem BGB. Der Anspruch verjährt spätestens in drei Jahren von der Aufhebung oder der Rechtskraft der Einstellung des Insolvenzverfahrens an, **§ 62 S. 2 InsO**.[395]

3. Anhang: Öffentlich-rechtliche Verantwortlichkeit

102 Zu der öffentlich-rechtlichen Verantwortlichkeit des Insolvenzverwalters, insbesondere zu der steuer- und abfallrechtlichen,[396] vgl. Nachweise unter Fn. 394.

394 BGH ZIP 2014, 229.

395 BGH ZIP 2014, 2015, 1645.

396 BFH ZInsO 2013, 83,84; BVerwG ZIP 2004, 1766; OVG Sachsen ZInsO 2015, 1445; Lwowski/Tetzlaff WM 2005, 921 ff. – Altlasten in der Insolvenz.

Der Insolvenzverwalter

I. Die Rechtsstellung des Insolvenzverwalters
Er hat die Verwaltungs- und Verfügungsbefugnis über das zur Insolvenzmasse gehörige Vermögen des Insolvenzschuldners, **§ 80 Abs. 1 InsO**. Nach h.M. handelt er als Partei kraft Amtes in eigenem Namen und mit Wirkung für und gegen den Insolvenzschuldner, sog. Amtstheorie.

II. Die Bestellung des Insolvenzverwalters erfolgt durch das Insolvenzgericht, vorläufig zugleich mit der Eröffnung des Insolvenzverfahrens, **§ 27 Abs. 1 S. 1 InsO**, endgültig nach der 1. Gläubigerversammlung, **§ 57 InsO**.

III. Die Aufgaben des Insolvenzverwalters

1. **Verwaltung** und **Verwertung** der Masse
   Der Insolvenzverwalter hat das zur Insolvenzmasse gehörige Vermögen in Besitz zu nehmen und zu verwalten, **§ 148 Abs. 1 InsO**. Herausgabetitel gegen den Insolvenzschuldner ist gemäß § 794 Abs. 1 Nr. 3 ZPO i.V.m. § 148 Abs. 2 S. 1 InsO der Eröffnungsbeschluss. Die Zwangsvollstreckung erfolgt im Wege der Herausgabevollstreckung, §§ 883, 885 ZPO.
   Der Insolvenzverwalter hat die Massegegenstände aufzuzeichnen, **§ 151 InsO**, ein Gläubigerverzeichnis, **§ 152 InsO**, und eine Vermögensübersicht, **§ 153 InsO**, aufzustellen und den Erlös unter den Insolvenzgläubigern zu verteilen, **§§ 187, 195, 196 InsO**.

2. Führung der **Insolvenztabelle** und **Prüfung** der angemeldeten Forderungen, **§§ 174 ff. InsO**

3. Geltendmachung des **Gesamtschadens** und der **persönlichen** Haftung eines **Gesellschafters, §§ 92, 93 InsO**

   Nach **§ 92 InsO** kann während der Dauer des Insolvenzverfahrens nur der Insolvenzverwalter den „Gesamtschaden" der Masse, z.B. durch **anfechtbare Rechtshandlungen** oder **Verletzung** der **Insolvenzantragspflicht**, geltend machen; des Weiteren gemäß **§ 93 InsO** im Falle der Eröffnung des Insolvenzverfahrens über das Vermögen einer Gesellschaft ohne Rechtspersönlichkeit **(§ 11 Abs. 2 Nr. 1 InsO)** oder einer Kommanditgesellschaft auf Aktien die persönliche Haftung des Gesellschafters für Ansprüche aus der **gesetzlichen** akzessorischen **Gesellschafterhaftung** nach **§§ 128 ff. HGB**.

IV. Die Haftung des Insolvenzverwalters
Der Insolvenzverwalter ist bei schuldhafter Pflichtverletzung allen Beteiligten – Schuldner, Insolvenzgläubiger, Aus- u. Absonderungsberechtigte, Massegläubiger – zum Schadensersatz verpflichtet, **§§ 60 Abs. 1 S. 1, 61 InsO**.
Er haftet nur für **amtsspezifische** Pflichten, **Verschuldensmaßstab** ist die Sorgfalt eines ordentlichen und gewissenhaften Insolvenzverwalters, **§ 60 Abs. 1 S. 2 InsO**. Die Schadensersatzansprüche verjähren gemäß **§ 62 InsO** nach den Regelungen über die regelmäßige Verjährung nach dem BGB, **§§ 195 ff. BGB**.

D. Die Insolvenzanfechtung, §§ 129–147 InsO

I. Einführung

103 Eine weitere dem Insolvenzverwalter zugewiesene Aufgabe ist die Ausübung des Anfechtungsrechts, **§§ 129 ff., 92 InsO**, das ihm mit seiner Ernennung als **„ein mit dem Amt verbundenes eigenständiges Recht"** zufällt und mit der Beendigung des Insolvenzverfahrens erlischt.

Dem **vorläufigen Insolvenzverwalter** steht dagegen im **Insolvenzeröffnungsverfahren kein** Anfechtungsrecht zu.

Der Insolvenzanfechtungsanspruch ist – in Abänderung der bisherigen Rspr. des BGH – abtretbar.[397]

Nach Eröffnung des Insolvenzverfahrens sollen die **§§ 80, 81, 89, 91 InsO** eine Verkürzung der Insolvenzmasse verhindern. Durch die **Insolvenzanfechtung** soll dagegen die gleichmäßige Befriedigung der Insolvenzgläubiger schon für einen früheren Zeitpunkt als den der formellen Eröffnung des Insolvenzverfahrens sichergestellt werden.[398] Zweck der Anfechtung ist es, im Interesse der **Insolvenzgläubiger** die Verminderung der zu deren Befriedigung dienenden Masse auszugleichen und die Benachteiligung der **Gesamtheit** der Insolvenzgläubiger zugunsten Einzelner rückgängig zu machen.

Die Anfechtung ist nur zulässig, wenn das Insolvenzverfahren wirksam eröffnet wurde. Liegt ein rechtskräftiger Eröffnungsbeschluss vor, hat das Prozessgericht ihn als gültig hinzunehmen.[399]

Die Insolvenzanfechtung bleibt auch nach Anzeige der Masseunzulänglichkeit zulässig, vgl. **§ 208 Abs. 1, 3 InsO**.

Die Anfechtung **außerhalb** des Insolvenzverfahrens nach den Vorschriften des **Anfechtungsgesetzes** bezweckt dagegen im Interesse des **Einzelgläubigers**, die Einzelzwangsvollstreckung auch auf solche Vermögensgegenstände des Schuldners zu erstrecken, die durch sachlich ungerechtfertigte Vermögensverschiebung aus dem Schuldnervermögen ausgeschieden sind, vgl. noch **§ 16 AnfG** (im Einzelnen wird auf den **2. Teil** verwiesen). Hat ein Gläubiger des späteren Insolvenzschuldners einen Dritten auf Rückgewähr von Vermögensgegenständen verklagt, die der – nicht am Rechtsstreit beteiligte – Schuldner an den Dritten verschoben haben soll, und wird dieser Rechtsstreit durch Eröffnung des Insolvenzverfahrens über das Vermögen des Schuldners unterbrochen, so kann der Insolvenzverwalter diesen nach Maßgabe der **§§ 16, 17 AnfG** aufnehmen. Der Anfechtungsprozess wird auch durch die Eröffnung des **Verbraucherinsolvenzverfahrens** unterbrochen.[400]

Die allgemeinen Vorschriften der §§ 134, 138 BGB kommen nur zur Anwendung, wenn das Rechtsgeschäft besondere, über die Gläubigerbenachteiligung hinausgehende, Umstände aufweist.[401]
Die insolvenzrechtliche Anfechtung lässt das zugrunde liegende Rechtsgeschäft unberührt. Sie führt nicht zur Nichtigkeit der angefochtenen Rechtshandlung, sondern steht

397 BGH ZIP 2013, 531, 532; 2011, 1114, 1115.
398 MK-Kirchhof § 129 Rn. 1, 2; Bork Rn. 205.
399 BGH WM 2004, 835, 837.
400 BGH ZIP 2010, 269, 270.
401 BGH WM 2002, 1186, 1187; Palandt/Ellenberger § 138 Rn. 15.

selbstständig neben den Nichtigkeits- und Anfechtungstatbeständen der §§ 119, 134, 138 BGB.[402]

Auch kann eine anfechtbare Rechtshandlung eine Schadensersatzpflicht nach § 826 BGB nur auslösen, wenn über den Anfechtungstatbestand hinaus Umstände vorliegen, die den Vorwurf der Sittenwidrigkeit rechtfertigen.[403]

II. Die Geltendmachung des Anfechtungsrechts

Der insolvenzrechtliche Anfechtungsanspruch gehört als **bürgerliche Rechtsstreitigkeit** vor die ordentlichen Gerichte. Bei der Insolvenzanfechtung von **Lohnzahlungen** ist jedoch der Rechtsweg zu den **Arbeitsgerichten** gegeben.[404] 104
Das Zivilgericht ist im Anfechtungsprozess an den Abrechnungsbescheid des **Finanzamts** über die Verrechnung einer Steuerforderung mit Vorsteuerguthaben gebunden.[405] Die Einwendungen des Insolvenzverwalters gegen die Zulässigkeit der Aufrechnung sind im Wege der Klage zu den Finanzgerichten zu erledigen.

Die Anfechtung erfolgt grundsätzlich durch **Erhebung** der **Klage**, die den Gegenstand der Anfechtung und die Tatsachen bezeichnen muss, aus denen die Anfechtungsberechtigung hergeleitet werden soll.[406] Einer besonderen „Erklärung" oder „Geltendmachung" bedarf es nicht.[407] Die einzelne Anfechtungsvorschrift, auf die sich die Anfechtungsklage stützt, braucht der Insolvenzverwalter in seinem Prozessvortrag nicht zu bezeichnen.[408]

Hat der Schuldner eine **Zwischenperson** eingeschaltet, die für ihn im Wege einer einheitlichen Handlung eine **Zuwendung** an einen **Dritten** bewirkt und damit zugleich unmittelbar das den Insolvenzgläubigern haftende Vermögen vermindert hat, so richtet sich die Anfechtung allein gegen den **Dritten** als Empfänger, wenn es sich für diesen erkennbar um eine Leistung des Schuldners handelte.[409] 105

Die sog. Deckungsanfechtung nach **§§ 129, 130 InsO** durch den Insolvenzverwalter des **Schuldners** schließt eine Schenkungsanfechtung nach § 134 InsO durch den Insolvenzverwalter des **Dritten aus.**[410] Zur Vorsatzanfechtung gegenüber dem uneigennützigen Treuhänder vgl. im Übrigen unter Rn. 186.[411]

Die Anfechtung kann auch gegen den **Gesamtrechtsnachfolger, § 145 Abs. 1 InsO**, oder **Einzelrechtsnachfolger, § 145 Abs. 2 InsO**, des Anfechtungsgegners geltend gemacht werden.[412]

---

402 MK-Kirchhof, Vor §§ 129–147 Rn. 40 ff.
403 BGH ZInsO 2014, 1679, 1680 – auch objektive Klagehäufung.
404 GMS-OGB 1/09 ZIP 2010, 2418, 2419 m. abl. Anm. Kreft ZIP 2013, 241 ff.
405 BGH ZIP 2006, 2234, 2235.
406 BGH ZIP 2004, 2313; 2003, 488, 489.
407 BGH ZIP 2008, 888, 889; 2004, 1370, 1371.
408 BGH ZIP 2008, 1291, 1293.
409 BGH ZIP 2013, 1127; 2009, 726; 2008, 125, 126; 2003, 2307, 2309.
410 BGH ZIP 2016, 478, 480; 2008, 125, 128; 2003, 2307, 2309; Huber ZInsO 2010, 977 ff.; Herrlich/Merkel WM 2010, 2343 ff.
411 BGH ZIP 2013, 1127, 1128; 2012, 1038, 1040; Ede ZInsO 2012, 1541 ff.
412 BGH ZIP 2008, 2183, 2184; 2003, 1554, 1555.

§ 145 Abs. 2 Nr. 3 InsO ist lex specialis gegenüber § 822 BGB.[413]

Die Einzelrechtsnachfolge unterscheidet sich von der mittelbaren Zuwendung (s.o.) dadurch, dass bei ihr die Leistung nicht im Wege einer einheitlichen Handlung unter Einschaltung einer Zwischenperson unmittelbar an den letzten Empfänger gelangt; vielmehr wird sie zunächst dem anfechtungsrechtlich selbstständig zu beurteilenden Rechtsvorgänger übertragen, von dem der Einzelrechtsnachfolger die Leistung durch eine weitere Rechtshandlung erlangt.

106 Gemäß **§ 146 Abs. 1 InsO** richtet sich die **Verjährung** des Anfechtungsanspruchs nach den Regelungen über die regelmäßige Verjährung nach **§§ 195, 199 BGB**. Die Verjährung des Anfechtungsanspruchs nach **§ 146 Abs. 1 InsO** wird gemäß §§ 204 Abs. 1 Nr. 1, 209 BGB i.V.m. § 167 ZPO mit Einreichung der Anfechtungsklage gehemmt, sofern diese „demnächst" zugestellt wird.[414]

107 Die Anfechtung kann auch im Wege der **Einrede** geltend gemacht werden, was dann in Betracht kommt, wenn der Insolvenzverwalter in Anspruch genommen wird, z.B. im Fall der Vollstreckungsunterwerfung nach **§§ 794 Abs. 1 Nr. 5, 795, 767 ZPO**.[415]
Diese Anfechtungseinrede kann der Verwalter auch dann erheben, wenn der Anfechtungsanspruch verjährt ist, **§ 146 Abs. 2 InsO**.[416]
Über den Wortlaut des **§ 146 Abs. 2 InsO** hinaus kann der Verwalter das Leistungsverweigerungsrecht auch noch nach Ablauf der Frist durch Klage geltend machen, wenn er einen in der Masse befindlichen Gegenstand erhalten will. Denn **§ 146 Abs. 2 InsO** hat den Zweck, zu verhindern, dass Gegenstände und Rechte, die noch in der Masse sind, aufgrund eines anfechtbaren Rechtserwerbs deshalb der Masse entzogen werden, weil die Verjährungsfrist des **§ 146 Abs. 1 InsO** versäumt worden ist.[417]

III. Der Inhalt des Anfechtungsanspruchs

1. Rückgewähr in Natur

108 Der Rückgewährverbindlichkeit nach **§ 143 Abs. 1 S. 1 InsO** liegt ein gesetzliches Rückgewährschuldverhältnis zugrunde, das rein obligatorischer Natur – ohne dingliche Wirkung – ist.[418]

Der Rückforderungsanspruch wird durch die Einwendung des beiderseitigen Gesetzesverstoßes, vgl. **§§ 814, 817 BGB, nicht** eingeschränkt.[419]

Der Inhalt des Anfechtungsanspruchs geht primär auf **Rückgewähr in Natur**,[420] d.h., eine in anfechtbarer Weise veräußerte bewegliche Sache muss an den Insolvenzverwalter zurückübereignet, eine Forderung zurückübertragen,[421] ein Pfandrecht aufgege-

413 BGH ZIP 2012, 1617.
414 BGH ZIP 2017, 139; 2015, 1303; 1234.
415 BGH ZIP 2008, 478, 480 zur Einrede der Insolvenzanfechtung im Schiedsverfahren – Verfahren auf Vollstreckbarerklärung.
416 BGH ZIP 2008, 1593, 1595; MK-Kirchhof § 146 Rn. 46 m.w.N.
417 Uhlenbruck/Hirte § 146 Rn. 14.
418 BGH ZIP 2011, 683; 2008, 478, 479 m.w.N.
419 BGH ZIP 2009, 2073; 186.
420 MK-Kirchhof § 143 Rn. 20.
421 BGH ZIP 2006, 2176; 2005, 1564.

ben, ein Grundstück rückaufgelassen werden.[422] Der Zweck des Insolvenzverfahrens erfordert es, dass die in anfechtbarer Weise veräußerten Gegenstände in die Verfügungsgewalt des Insolvenzverwalters zurückgelangen, damit dieser sie verwerten kann.[423]

Gegenüber der anfechtbaren Herstellung einer Aufrechnungslage, **§ 96 Abs. 1 Nr. 3 InsO**, hat die Anfechtung die Wirkung, dass die Forderung der Insolvenzmasse, gegen die in anfechtbarer Weise aufgerechnet wurde, unabhängig von der Gegenforderung geltend gemacht werden kann; eine frühere Aufrechnung des Anfechtungsgegners wird rückwirkend unwirksam.[424] Der Anfechtungsgegner kann seine Gegenforderung nicht zur Aufrechnung stellen, sondern muss sie ggf. zur Insolvenztabelle anmelden. Er kann die Aufrechnungslage auch nicht in der Weise ausnutzen, dass er sich auf ein Zurückbehaltungsrecht wegen seines noch nicht bezifferbaren Gegenanspruchs beruft.[425]

- Der Insolvenzanfechtungsanspruch ist durch einstweilige Verfügung oder Arrest sicherungsfähig.[426]
- Der Insolvenzanfechtungsanspruch gewährt in der Insolvenz des Anfechtungsgegners ein **Aussonderungsrecht** i.S.d. **§ 47 InsO**.[427]

2. Wertersatz in Geld

Ist für Rückgewähr in Natur nicht möglich, so ist **Wertersatz in Geld** nach den Regeln der verschärften Bereicherungshaftung zu leisten, **§ 143 Abs. 1 S. 2 InsO** i.V.m. §§ 819, 818 Abs. 4, 292 Abs. 1, 989, 990 BGB.[428] Hierbei ist der Wert zu erstatten, den der Anfechtungsgegenstand selbst für die Masse haben würde, wenn die anfechtbare Handlung unterblieben wäre. **109**

Der Rückgewähranspruch umfasst auch Zinsen, die ohne die angefochtene Zahlung tatsächlich gezogen worden wären.[429]

Bei anfechtbarem Erwerb von Geld hat der Anfechtungsgegner Prozesszinsen ab Eröffnung des Insolvenzverfahrens zu entrichten, § 291 S. 1 Hs. 2 BGB, gezogene oder schuldhaft nicht gezogene Zinsen sind als Nutzungen ab dem Zeitpunkt der Vornahme der anfechtbaren Rechtshandlung herauszugeben, § 826 BGB.[430]

Beide Ansprüche, **Rückgewähr-** und **Wertersatzanspruch**, stellen **verschiedene Streitgegenstände** dar, sodass bei einem nur hilfsweise erhobenen Anspruch auf Wertersatz eine eventuelle Klagehäufung vorliegt. Maßgeblicher Zeitpunkt für die Wertberechnung ist die letzte mündliche Tatsachenverhandlung des Anfechtungsprozesses.

3. Empfang einer unentgeltlichen Leistung, § 143 Abs. 2 InsO

§ 143 Abs. 2 InsO ist eine Verweisung auf die Rechtsfolgen einer ungerechtfertigten Bereicherung. Der Empfänger einer unentgeltlichen Leistung hat diese nur zurückzugewähren, soweit er durch sie bereichert ist.[431] **110**

422 BGH WM 2001, 1078, 1079 zu §§ 9, 115 Abs. 1 ZVG, §§ 802, 878 ZPO – Widerspruchsklage; KG ZIP 2012, 1722, 1723 – Fiktion der Auflassungserklärung nach Rechtskraft gemäß § 894 ZPO.

423 BGH ZIP 2016,30, 31; 2013, 588; Uhlenbruck/Hirte § 143 Rn. 20, 21.

424 BGH WM 2003, 2458, 2459; 2004, 1966, 1967; 1693, 1694.

425 BGH WM 2000, 2453, 2456.

426 OLG Karlsruhe ZIP 2017, 290; OLG Stuttgart ZIP 2010, 1089, 1090.

427 BGH ZIP 2008, 2224, 2226; 2003, 2307; Haas/Müller ZIP 2003, 49 ff.

428 BGH ZIP 2018, 792; Kayser ZIP 2015, 449, 450; MK-Kirchhof § 143 Rn. 73.

429 BGH ZIP 2016, 30, 31.

430 BGH ZIP 2016, 30, 31; 2010, 2368.

431 BGH ZIP 2013, 131, 132; 2006, 1639, 1641.

Die **Saldotheorie** ist im Insolvenzrecht wegen des Grundsatzes der Gläubigergleichbehandlung nur eingeschränkt anwendbar, ein nichtiger Vertrag soll in der Insolvenz des Vertragspartners keine stärkeren Wirkungen äußern als ein rechtsgültiger.[432]

Nach **§ 143 Abs. 2 S. 1 InsO** obliegt dem **Anfechtungsgegner** die Darlegungs- und Beweislast, dass die Rückgewähr in Natur unmöglich ist, weiterhin, dass und warum er nicht mehr bereichert ist.[433]

Setzt der Empfänger einer unentgeltlichen Zuwendung das erhaltene Geld zur Tilgung bestehender Verbindlichkeiten ein, kann er sich nur auf Entreicherung berufen, wenn er darlegt und beweist, dass und wofür er seine durch die Verwendung der unentgeltlichen Zuwendung zur Schuldentilgung freigewordenen Mittel anderweitig ausgegeben hat, er hierdurch keinen bleibenden Vorteil erlangt hat und diese anderweitige Verwendung der freigewordenen Mittel ohne die – nunmehr angefochtene – unentgeltliche Leistung des Schuldners unterblieben wäre. Begründet der Empfänger einer unentgeltlichen Zuwendung neue Verbindlichkeiten, die er mit dem erhaltenen Geld erfüllt hat, kann er sich nur auf Entreicherung berufen, wenn er darlegt und beweist, dass dies zu keinem die Herausgabe rechtfertigenden Vermögensvorteil bei ihm geführt hat, und nicht anzunehmen ist, dass die Ausgaben ansonsten mit anderen verfügbaren Mitteln bestritten worden wären.

Nach **S. 2** ist der Empfänger einer unentgeltlichen Leistung nicht zur Rückgewähr verpflichtet, solange er weder weiß noch den Umständen nach wissen muss, dass diese Leistung die Gläubiger benachteiligt. Die Bösgläubigkeit hat der Insolvenzverwalter zu beweisen.[434]

4. Erstattungsanspruch gegen den Gesellschafter, § 143 Abs. 3 InsO

111 Nach **§ 143 Abs. 3 S. 1 InsO** ist der Gesellschafter zur Erstattung der einem Dritten gewährten Leistung verpflichtet, da nicht der Drittgläubiger das von der Gesellschaft Erlangte zurückgewähren soll, sondern der durch die Leistung der Gesellschaft frei gewordene Gesellschafter, vgl. **§ 135 Abs. 2 InsO**, der als Bürge haftet oder eine Sicherung bestellt hat, vgl. im Übrigen zu § 135 InsO Rn. 176.

Beispiel: Die Bank B hat der GmbH X Betriebsmittelkontokorrentkredite gewährt, zu deren Besicherung der Gesellschafter A eine Bürgschaft übernommen hat.

Der Gesellschafter A ist zur Erstattung der von der GmbH binnen Jahresfrist geleisteten Darlehensrückzahlungen an die Bank zur Insolvenzmasse verpflichtet, da er in diesem Umfang von seiner Bürgschaftsverpflichtung frei geworden ist, vgl. **§ 143 Abs. 3 S. 2, S. 3 InsO**.

Wird die am Gesellschaftsvermögen und am Vermögen eines Gesellschafters gesicherte Forderung eines Darlehensgläubigers **nach** der Eröffnung des Insolvenzverfahrens über das Vermögen der Gesellschaft durch Verwertung der Gesellschaftssicherheit befriedigt, ist der Gesellschafter zur Erstattung des an den Gläubiger ausgekehrten Betrages an die Insolvenzmasse verpflichtet, **§§ 44 a, 135 Abs. 2, 143 Abs. 3 InsO analog**.[435]

---

432 BGH ZIP 2005, 126; 2002, 858; 309.

433 BGH ZIP 2013, 131, 132; 2010, 531, 533.

434 BGH ZIP 2016, 2326, 2328; 2013, 131, 132; MK-Kirchhof § 143 Rn. 112 m.w.N.

435 BGH ZIP 2011, 2417, 2419, 2420; OLG Stuttgart ZInsO 2012, 2051 ff.; Hill ZInsO 2012, 910 ff.; Ede ZInsO 2012, 853 ff.; Altmeppen ZIP 2011, 741 ff.

IV. Der Auskunftsanspruch

Der Insolvenzverwalter hat aufgrund des Rückgewährschuldverhältnisses i.V.m. **§ 242 BGB** gegen den Anfechtungsgegner einen einklagbaren **Anspruch** auf **Auskunftserteilung**, sobald der Rückgewähranspruch infolge der Anfechtung dem Grunde nach feststeht.[436] Ein solcher Auskunftsanspruch besteht jedoch nicht schon dann, wenn lediglich der begründete Verdacht besteht, eine Person könnte von dem (späteren) Insolvenzschuldner etwas in anfechtbarer Weise erworben haben.[437] 112

*Vergleiche im Übrigen die **Informationsfreiheitsgesetze der Länder**.*

*Ein Akteneinsichtsrecht des Insolvenzverwalters gegen die **Finanzverwaltung** besteht dann, wenn ein Anfechtungsrecht dem Grunde nach feststeht.*[438]

V. Die Ansprüche des Anfechtungsgegners

1. § 144 Abs. 1 InsO

Nach **§ 144 Abs. 1 InsO** leben die von dem Insolvenzschuldner – unanfechtbar – bestellten akzessorischen und nicht akzessorischen Sicherheiten mit der Hauptforderung wieder auf. Dies gilt nach h.M.[439] auch für die akzessorischen und nicht akzessorischen **(Dritt-)Sicherheiten**. 113

Die **Aufrechnung** mit Insolvenzforderungen gemäß **§ 144 Abs. 1 InsO** gegenüber dem Rückgewähranspruch nach **§ 143 Abs. 1 InsO** ist **ausgeschlossen**.

2. § 144 Abs. 2

Grundsätzlich bestimmt **§ 144 Abs. 2 S. 2 InsO**, dass der Anspruch des Anfechtungsgegners auf Erstattung der von ihm an den Insolvenzschuldner bewirkten Gegenleistung gemäß **§§ 812 ff. BGB** nur eine einfache **Insolvenzforderung** darstellt, obwohl sie erst mit Eröffnung des Insolvenzverfahrens entsteht und daher nach dem Gesetzestext des **§ 38 InsO** keine Insolvenzforderung ist. 114

Nur wenn sich die Gegenleistung noch als solche **unterscheidbar** in der Masse befindet oder die Masse noch um ihren Wert bereichert ist, stellt der Anspruch des Anfechtungsgegners gemäß **§ 144 Abs. 2 S. 1 InsO** eine **Masseverbindlichkeit** dar.

Der Anspruch auf Rückgewähr gemäß **§ 143 Abs. 1 S. 1 InsO** und der Masseanspruch gemäß **§ 144 Abs. 2 S. 1 InsO** sind gemäß **§ 273 BGB** Zug um Zug zu erfüllen, da der Erstattungsanspruch mit der Rückgewähr fällig wird und auf demselben rechtlichen Verhältnis wie der Rückgewähranspruch beruht.[440] Die Insolvenzforderung gemäß **§ 144 Abs. 2 S. 2 InsO** gewährt dem Anfechtungsgegner dagegen **kein** Zurückbehaltungsrecht.

---

436 BGH ZIP 2009, 1823; Haarmeyer/Wutzke/Förster S. 437, 438.

437 BGH ZIP 2008, 565; BAG ZIP 2009, 1823; Haarmeyer/Wutzke/Förster S. 438.

438 OVG NRW ZInsO 2016, 159 ff.; OLG Rostock ZInsO 2015, 847 – Anspruch des Insolvenzverwalters auf Akteneinsicht gegenüber der Finanzverwaltung; OVG Berlin-Brandenburg ZIP 2014, 2047 ff.; ZInsO 2014, 2174 ff.; OFD Frankfurt ZInsO 2014, 774 ff.; BVerwG, Beschl. v. 14.05.2012 – 7 B 53.11; BFH 2010, 1660, 1661.

439 BGH ZIP 2017, 337, 338; MK-Kirchhof § 144 Rn. 10.

440 Uhlenbruck/Hirte § 144 Rn. 8 ff.

VI. Die Voraussetzungen des Anfechtungsanspruchs

115 Voraussetzung für die Insolvenzanfechtung ist, dass die Voraussetzungen des **§ 129 InsO** und einer der Anfechtungstatbestände der **§§ 130–137 InsO** vorliegen.

1. Rechtshandlung des (späteren) Insolvenzschuldners vor Eröffnung des Insolvenzverfahrens, § 129 InsO

a) Rechtshandlung

116 Rechtshandlung ist **jedes** Handeln, das eine rechtliche Wirkung auslöst, wozu Verfügungen, Willenserklärungen, rechtsgeschäftliche Handlungen,[441] Begründung einer Verbindlichkeit,[442] auch das Werthaltigmachen zur Sicherheit abgetretener Forderungen,[443] Umwandlung von Rentenansprüchen nach §§ 167 ff. VVG[444] gehören, sowie auch Handlungen, die gegen den späteren Insolvenzschuldner gerichtet sind, wie insbesondere Vollstreckungsakte, **§ 141 InsO**,[445] auch Geldstrafen.[446]

Einer Insolvenzanfechtung der durch Zwangsvollstreckung im letzten Monat vor dem Antrag auf Eröffnung des Insolvenzverfahrens oder nach diesem Antrag erlangten Sicherung bedarf es nicht, da diese bereits aufgrund der sog. **Rückschlagsperre** nach **§ 88 InsO** unwirksam ist.

Die Zahlung der Arbeitnehmeranteile an den Gesamtsozialversicherungsbeiträgen ist als Rechtshandlung des Arbeitgebers im Insolvenzverfahren über dessen Vermögen als mittelbare Zuwendung an die Einzugsstelle anfechtbar.[447]

Auch Handlungen des Schuldners oder Dritten, die zum Entstehen einer Umsatzsteuerschuld führen, stellen eine anfechtbare Rechtshandlung dar, sofern eine Verbindlichkeit des Schuldners begründet wird.[448]

Eine Rechtshandlung stellt auch das rechtserhebliche **Unterlassen** dar, **§ 129 Abs. 2 InsO**, wenn es bewusst und gewollt erfolgt und nicht bloße Folge einer Nachlässigkeit oder Unachtsamkeit ist.[449]

Die Herstellung einer **Aufrechnungslage** kann eine selbstständig anfechtbare Rechtshandlung sein, vgl. **§ 96 Abs. 1 Nr. 3 InsO**.[450] Der Insolvenzgläubiger hat die Möglichkeit der Aufrechnung durch eine anfechtbare Rechtshandlung erlangt, wenn die Begründung der Aufrechnungslage alle nach den Regeln der **§§ 129 ff. InsO** erforderlichen Merkmale erfüllt.

Es ist nicht erforderlich, dass die anfechtbare Rechtshandlung zwischen dem Insolvenzschuldner und dem Begünstigten vorgenommen worden ist. Es genügt vielmehr auch eine mittelbare Zuwendung.

---

441 BGH ZIP 2010, 793; 2009, 1674, 1675.
442 BGH ZIP 2009, 2394, 2395.
443 BGH ZIP 2008, 1435, 1436; 372, 374; 183, 187.
444 BGH NZI 2011, 937; Wollmann ZInsO 2012, 2061 ff.
445 BGH ZIP 2017, 1379; 1281.
446 BGH ZIP 2010, 2358; 2008, 1291.
447 BGH ZIP 2011, 966; 2009, 2301.
448 BGH WM 2009, 2394, 2395.
449 BGH ZIP 2014, 275; 2011, 531, 532; 2006, 243, 245.
450 BGH ZIP 2012, 1254, 1255; 2010, 90, 91; 2009, 186; 2005, 1521, 1522; Gehrlein BB 2015, 2114 ff.

Mittelbare Zuwendungen sind Rechtshandlungen eines Schuldners, durch die dessen unmittelbare Leistung an den Empfänger durch Einschaltung eines Leistungsmittlers umgangen wird, insbesondere wenn die geschuldete Leistung auf Anweisung des späteren Insolvenzschuldners an einen Dritten erfolgte. Es muss für den Empfänger erkennbar sein, dass es sich um eine Leistung des die Zuwendung Veranlassenden gehandelt hat.[451]

Die Nichtigkeit des Rechtsgeschäfts schließt grundsätzlich die Anfechtung aus, da sie dessen Wirksamkeit voraussetzt und in Fällen der Unwirksamkeit im Allgemeinen keine Gläubigerbenachteiligung zu befürchten ist. Haben diese Rechtsgeschäfte dagegen schon eine tatsächliche gläubigerbenachteiligende Wirkung, z.B. bei „Kreditverträgen", wird die Anfechtung neben der Nichtigkeit, insbesondere gemäß § 138 Abs. 1 BGB, zugelassen.[452]

Auch Rechtshandlungen des „sog. schwachen vorläufigen Insolvenzverwalters" sind anfechtbar, soweit sie einen Anfechtungstatbestand erfüllen[453] und der Insolvenzverwalter nicht durch sein Handeln einen schutzwürdigen Vertrauenstatbestand bei dem Empfänger begründet hat, demzufolge dieser nach Treu und Glauben, § 242 BGB, damit rechnen durfte, ein nicht mehr entziehbares Recht erlangt zu haben.[454]

b) Die Rechtshandlung muss grundsätzlich vor Eröffnung des Insolvenzverfahrens er- **117**
folgt sein.

aa) § 140 Abs. 1 InsO bestimmt, dass eine Rechtshandlung erst in demjenigen Zeit- **118**
punkt vorgenommen ist, in dem ihre rechtlichen Wirkungen eintreten.[455]

Die Anweisung des späteren Insolvenzschuldners an einen Dritten wird im Hinblick auf § 790 BGB wirksam, wenn der Angewiesene die Leistung an den vorgesehenen Empfänger bewirkt.[456]

Eine die Gläubiger benachteiligende Treuhandvereinbarung gilt als in dem Zeitpunkt vorgenommen, in dem Treugut entsteht.[457]

Für die Herstellung eine Aufrechnungslage, **§ 96 Abs. 1 Nr. 3 InsO**, kommt es grundsätzlich auf den Zeitpunkt an, zu dem das **Gegenseitigkeitsverhältnis** begründet wurde.[458]

Hat der spätere Insolvenzschuldner für eine von ihm abgeschlossene Lebensversicherung einem Dritten ein **widerrufliches** Bezugsrecht eingeräumt, gilt die Rechtshandlung anfechtungsrechtlich erst dann als vorgenommen, wenn der Versicherungsfall eingetreten ist, d.h. der Versicherungsnehmer gestorben ist; bei Einräumung eines **unwiderruflichen** Bezugrechts dagegen bereits mit der **Bezeichnung des Bezugsberechtigten**.[459]

Bei der **Vorausabtretung**, **Vorauspfändung** und der **Pfändung künftiger Forderungen** ist anfechtungsrechtlich die Entstehung der Forderung maßgebend, weil erst zu diesem Zeitpunkt die Gläubigerbenachteiligung eintritt, **§ 140 Abs. 1 InsO**,[460] bei Pfändung einer Kreditlinie entsteht ein Pfandrecht erst mit Abruf der Kreditmittel als Rechts-

451 BGH ZIP 2011, 438, 439; 2009, 2301; 2008, 2183; Henkel ZInsO 2012, 774 ff.; Gehrlein ZInsO 2012, 197 ff. – keine mittelbare Zuwendung des Hauptschuldners bei Zahlung seines Sicherungsgebers an den Gläubiger

452 Uhlenbruck/Hirte vor §§ 129 ff., 145 ff. m.w.N.

453 BGH ZIP 2010, 2167, 2168; 2008, 372, 374; HK-Kreft § 129 Rn. 31.

454 BGH ZIP 2013, 528, 529; 2006, 431; 2005, 314; BAG ZIP 2006, 86; Bork ZIP 2006, 589 ff.

455 BGH ZIP 2009, 228, 229; 2004, 513, 514; 669, 670; Gehrlein ZInsO 2013, 1169 ff.

456 BGH WM 1998, 2345, 2346.

457 BGH ZIP 2007,1274.

458 BGH 2016, 30, 31; 2012, 537, 538; 2008, 1593.

459 BGH ZIP 2012, 2409, 2410; WM 2003, 2479, 2481.

460 BGH ZIP 2010, 335, 340; 87, 88; WM 2009, 1475, 1477; 2008, 204; 2007, 370.

handlung des Schuldners.[461] Für die Anfechtbarkeit einer Globalverpfändungsabtretung ist nicht auf die in das Kontokorrent eingestellte Einzelforderung, sondern auf die Erstellung des Abschlusssaldos abzustellen,[462] bei der Pfändung einer künftigen Mietforderung richtet sich der für die Anfechtung maßgebliche Zeitpunkt nach dem Beginn des Nutzungszeitraums, für den die Mietrate geschuldet wird,[463] bei den Ansprüchen des Gesellschafters auf die Abfindung oder das Auseinandersetzungsguthaben handelt es sich um einen künftigen Anspruch, der erst mit dem Ausscheiden des Gesellschafters oder der Auflösung der Gesellschaft entsteht.[464]

119 **bb)** Für Rechtsgeschäfte, die für ihre Wirksamkeit insbesondere eine Grundbucheintragung voraussetzen, verlegt **§ 140 Abs. 2 InsO** den maßgeblichen Zeitpunkt unter bestimmten Voraussetzungen schon auf den Eingang des Eintragungsantrags beim **Grundbuchamt** vor. Insbesondere sind für die Bestellung eines Grundpfandrechts die dingliche Einigung, § 873 Abs. 1 BGB, und deren notarielle Beurkundung oder Einreichung beim Grundbuchamt nach Maßgabe des § 873 Abs. 2 BGB erforderlich.[465]

§ 147 InsO ermöglicht die Anfechtung solcher Rechtshandlungen, die, obwohl erst nach Eröffnung des Insolvenzverfahrens vorgenommen, den Insolvenzgläubigern gegenüber nach den §§ 892, 893 BGB i.V.m. §§ 81 Abs. 1 S. 2, 91 Abs. 2 InsO wirksam sind.

120 **cc)** Nach **§ 140 Abs. 3 InsO** bleibt bei einer bedingten oder befristeten Rechtshandlung der Eintritt der Bedingung oder des Termins außer Betracht. Unter diese Bestimmung fallen nur rechtsgeschäftliche Bedingungen, weil sie das Anwartschaftsrecht schützen sollen.[466]

Das Entstehen der abgetretenen Forderung selbst ist bei einer Sicherungsabtretung[467] keine Bedingung in diesem Sinne, ebenso wenig die Fälligkeit der gesicherten Forderung für den Fall, dass hiervon die Wirksamkeit der Verpfändung abhängen soll.[468]

121 **c)** Berechnung der Fristen vor dem Eröffnungsantrag, **§ 139 InsO**

Für die Rückrechnung der **materiellen** Anfechtungsfristen kann nur ein Insolvenzantrag berücksichtigt werden, der zu einer Eröffnung des Insolvenzverfahrens führen kann.

Die Anfechtung einer „nach dem Eröffnungsantrag" vorgenommenen Rechtshandlung, **§§ 130 Abs. 1 Nr. 2, 132 Abs. 1 Nr. 2 InsO**, setzt einen Eröffnungsantrag voraus, der zu einer Verfahrenseröffnung führte.

Zurückgewiesene, bzw. zurückgenommene Eröffnungsanträge bleiben, von **§ 139 Abs. 2 InsO** abgesehen, außer Betracht.[469] Auch ein wirksam für erledigt erklärter Insolvenzantrag ist keine Grundlage für eine Anfechtung nach §§ 130–136 InsO.[470]

---

461 BGH ZIP 2016, 124; 2011, 1324.
462 BGH ZIP 2010, 1137.
463 BGH ZIP 2010, 38, 39, 40.
464 BGH ZIP 2010, 335, 338.
465 BGH ZIP 2010, 339, 340; 2006, 621.
466 BGH ZIP 2010, 793, 795.
467 BGH ZIP 2010, 38, 40; 2006, 191, 193 – bei gesetzlichem Pfandrecht.
468 BGH WM 2003, 896, 898; 1998, 2463; Olshausen ZIP 2010, 2073 ff.
469 BGH WM 2002, 137; 2004, 517, 518.
470 BGH WM 2004, 517, 518.

Anträge, die anfangs zulässig und begründet waren, aber bis zur Entscheidung über die Eröffnung des Insolvenzverfahrens unbegründet wurden, sind auch im Anwendungsbereich des **§ 139 Abs. 2 InsO** unbeachtlich; anders dann, wenn der Antrag erst nach der Eröffnung des Insolvenzverfahrens für erledigt erklärt worden ist.[471] Liegt eine einheitliche Insolvenz vor, ist die Vorschrift grundsätzlich zeitlich unbeschränkt anwendbar.[472]

Im Falle der **Doppelinsolvenz** von **Gesellschaft** und **Gesellschafter** errechnet sich der Insolvenzanfechtungszeitraum nach dem früher gestellten Antrag.[473]

Ein Insolvenzantrag bleibt auch dann für die Anfechtung maßgeblich, wenn der Schuldner während des Insolvenzeröffnungsverfahrens stirbt und stattdessen über sein Vermögen ein **Nachlassinsolvenzverfahren** eröffnet wird, da die Eröffnungsgründe in beiden Verfahren dieselben sind, vgl. **§ 320 S. 1 InsO**.[474]

2. Gläubigerbenachteiligung

§ 129 InsO setzt für die Anfechtbarkeit von Rechtshandlungen weiter voraus, dass die Gläubiger in ihrer Gesamtheit durch die Rechtshandlung objektiv benachteiligt worden sind. Eine Benachteiligung liegt vor, „wenn sich die Befriedigung der Gläubiger im Falle des Unterbleibens der angefochtenen Handlung günstiger gestaltet hätte" so z.B. bei Verminderung der Aktivmasse, bei Vermehrung der Passivmasse oder bei Erschwerung der Zugriffsmöglichkeit bzw. Verwertbarkeit.[475] 122

Dies gilt auch im Falle von Zahlungen der Sozialversicherungsbeiträge – trotz § 266 a Abs. 1 StGB,[476] weiterhin für die Abführung von Lohnsteuer an das Finanzamt in der Insolvenz des Arbeitgebers.[477] Auch **§ 28 e Abs. 1 S. 2 SGB IV** steht der Annahme einer Gläubigerbenachteiligung nicht entgegen.[478]

Die Befriedigung oder Besicherung nicht nachrangiger Insolvenzforderungen bildet keine Gläubigerbenachteiligung, wenn die Insolvenzmasse zur Befriedigung dieser Forderungen ausreicht und lediglich nachrangige Forderungen unberücksichtigt bleiben.[479]

Die Übertragung eines **belasteten Grundstücks** führt nur dann zu einer Gläubigerbenachteiligung, wenn durch eine Zwangsversteigerung eine Befriedigung der Gläubiger erzielt worden wäre.[480]

Auch die Bestellung einer wertlosen „Schornsteinhypothek" führt zu einer Gläubigerbenachteiligung, da sie die freihändige Verwertung des Grundstücks erschwert.[481]

---

471 BGH ZIP 2009, 921, 922.
472 BGH ZInsO 2014, 2166; ZIP 2008, 235, 236.
473 BGH ZIP 2008, 2224, 2227.
474 BGH WM 2004, 517, 518.
475 BGH 2016, 426; ZIP 2013, 637, 638; 2012, 1183, 1184; 2011, 2293; 2009, 129; 83, 84; 2008, 2183, 2185; 701, 703.
476 BGH WM 2006, 190; 2005, 240; 2003, 1776, 1777; 2001, 2398.
477 BGH ZInsO 2016, 341; ZIP 2004, 513, 517.
478 BGH ZIP 2010, 2209, 2009, 2301.
479 BGH ZIP 2013, 637, 638.
480 BGH ZIP 2009, 1285, 1286; 2006, 387, 388.
481 BGH ZIP 2009, 1285, 1286; 2006, 387, 388.

Die Herstellung einer **Aufrechnungslage** führt zu einer Gläubigerbenachteiligung.[482] Verkauft dagegen der spätere Insolvenzschuldner an einen Gläubiger Gegenstände, so werden die Insolvenzgläubiger durch die dadurch zugunsten des Käufers hergestellte Aufrechnungslage dann nicht benachteiligt, wenn der Käufer zuvor bereits insolvenzbeständiges Sicherungseigentum an den Kaufgegenständen hatte.[483]

Eine Gläubigerbenachteiligung liegt **nicht** vor, wenn der Schuldner bereits über den Gegenstand aufgrund **Sicherungsübereignung/Sicherungsabtretung**[484] oder wirksamen verlängerten Eigentumsvorbehalts verfügt hatte,[485] eine der Masse zustehende Forderung von vornherein wegen (Bereicherungs-)Einredebehaftung wertlos ist[486] oder der Gläubiger ein insolvenzanfechtungsfestes **Pfändungspfandrecht** erworben hat.[487]

Der Grundschuldgläubiger erwirbt mit dem Grundpfandrecht ein Absonderungsrecht auch an den mithaftenden **Miet-** und **Pachtzinsforderungen**. Dies führt jedoch aufgrund der nur „potentiellen Haftung" nicht zur Annahme eines masseneutralen Sicherheitentausches bis zum Zeitpunkt der Anordnung der Zwangsverwaltung, **§§ 146, 21 Abs. 2, 148 ZVG**.[488]

Die **Aufwertung** einer Mietforderung als Insolvenzforderung, § 38 InsO, durch Eintritt der Schuldnerin in den Mietvertrag/Vertragsübernahme zur Masseforderung, **§§ 55 Abs. 1 Nr. 2 Alt. 2, 108 Abs. 1 S. 1, 109 Abs. 1 S. 1 InsO** führt zu einer Gläubigerbenachteiligung.[489]

123 Bei einer Zahlung des Schuldners durch Einschaltung eines Dritten – sog. **„Anweisung auf Kredit"** – scheidet eine Gläubigerbenachteiligung aus, weil es durch die Zahlung lediglich zu einem Gläubigerwechsel in der Person des Angewiesenen kommt.[490] Bei einer sog. **„Anweisung auf Schuld"** führt dagegen die Zahlung durch den Angewiesenen zu einer Gläubigerbenachteiligung, weil der Schuldner mit der Zahlung an den Dritten seine Forderung gegen den Angewiesenen verliert.[491]

Sowohl bei der Zahlung aus einer eingeräumten Kreditlinie als auch – nach nunmehr geänderter Rspr. des BGH[492] – aus **geduldeter** Überziehung liegt eine Gläubigerbenachteiligung vor.[493]

Eine Gläubigerbenachteiligung liegt auch vor durch mittelbare Zuwendung eines zweckgebundenen Kreditbetrages bei Errichtung eines Fremdgeldkontos eines Treuhänders.[494]

---

482 BGH ZIP 2016, 30, 32; 2012, 1254; Gehrlein BB 2015, 2114 ff.
483 BGH WM 2012, 1200, 1203; 2004, 1966, 1968.
484 BGH ZIP 2009, 817.
485 BGH WM 2006, 1018; 915; 2002, 2369; 2000, 1072.
486 BGH WM 2003, 2021, 2022; 1995, 352.
487 BGH ZIP 2017, 533; 2012, 2513, 2514; 2008, 796, 797.
488 BGH ZIP 2010, 38, 39; 2007, 35, 36; 2006, 191; Mitlehner ZIP 2007, 804 ff.
489 BGH ZIP 2012, 1183, 1185; WM 2012, 1079, 1080.
490 BGH ZIP 2016, 426, 428; 2012, 1468, 1469.
491 BGH ZIP 2011, 371, 372; 2008, 2182, 2183; Henkel ZInsO 2012, 774; MK-Kirchhof § 129 Rn. 144 m.w.N.
492 BGH ZIP 2007, 435.
493 BGH ZIP 2012, 280, 283; 2009, 2009; Jacoby ZIP 2010, 301, 303 m.w.N.
494 BGH ZIP 2011, 824, 825.

Bei einem **Schenkungsvertrag**, in dem zugleich ein durch Vormerkung gesicherter Rückübertragungsanspruch für den Fall der Insolvenz des Begünstigten vereinbart wird, fehlt es dagegen an einer Gläubigerbenachteiligung.[495] 124

Der Verlust des Verwertungsrechts des Insolvenzverwalters und der Anspruch der Insolvenzmasse auf Kostenbeträge, §§ 170 ff. InsO, führt zu einer Gläubigerbenachteiligung, wenn der spätere Insolvenzschuldner Gegenstände, die er einem anderen Gläubiger zur Sicherheit übereignet hatte, mit dessen Einverständnis an einen Insolvenzgläubiger verkauft, der hierdurch gegen die Kaufpreisforderung der Insolvenzmasse aufrechnen kann.[496] Dagegen liegt in dem bloßen Entgehen der Verwertungskostenpauschale nach § 171 Abs. 2 InsO keine Gläubigerbenachteiligung im anfechtungsrechtlichen Sinne, soweit auch der Insolvenzmasse selbst keine Verwertungskosten konkret entstehen.[497] Auch das Entgehen der Feststellungskostenpauschale nach § 171 Abs. 1 InsO stellt keine anfechtungsrechtliche Gläubigerbenachteiligung dar, wenn der Absonderungsberechtigte sicherungsübereignete Sachen vor Insolvenzeröffnung in Besitz nimmt und verwertet.[498]

Die Feststellung der Benachteiligung muss vom Standpunkt der **Gesamtheit** der Insolvenzgläubiger aus erfolgen, die Benachteiligung einzelner Gläubiger genügt nicht.[499] 125

Maßgebender Zeitpunkt für die Beurteilung der Gläubigerbenachteiligung ist der Schluss der letzten **mündlichen Verhandlung** in der Tatsacheninstanz, nicht etwa der Zeitpunkt der angefochtenen Rechtshandlung.[500] Die Darlegungs- und Beweislast trägt der Insolvenzverwalter.[501]

Die Gläubigerbenachteiligung entfällt nicht wegen des Eintritts der Masseunzulänglichkeit, vielmehr bleibt die Insolvenzanfechtung auch nach deren Anzeige zulässig.

Die zunächst eingetretene Gläubigerbenachrichtigung kann nachträglich dadurch wieder behoben werden, dass der Anfechtungsgegner den anfechtbar erhaltenen Gegenstand oder dessen vollen Wert in das Vermögen des Schuldners zurückführt.[502]

3. Ursächlichkeit der Rechtshandlung für die Gläubigerbenachteiligung

Die Rechtshandlung muss für die Gläubigerbenachteiligung ursächlich gewesen sein.[503] 126

Entscheidend ist die **reale**, nicht eine lediglich gedachte **Kausalität**. Daher ist es unerheblich, ob ein Anfechtungsgegner, der eine Sicherheit bestellt erhielt, stattdessen in das Vermögen des Schuldners hätte vollstrecken können,[504] ob der Anfechtungsgegner statt Abtretung einer Forderung zur Tilgung einer Forderung durch den Schuldner sich stattdessen durch Aufrechnung gegenüber dieser Forderung des Schuldners hätte befriedigen können,[505] oder ob der eingetretene Rechtserfolg auch ohne Zwischen-

495 BGH ZIP 2017, 2267; 2008, 1028, 1029; Anm. Reul DNotZ 2008, 824 ff.

496 BGH WM 2003, 2458, 2459.

497 BGH WM 2004, 39, 40.

498 BGH WM 2005, 126, 127.

499 BGH ZIP 1989, 785, 786; 1981, 1230, 1231 zur KO.

500 BGH ZIP 1993, 271, 274 zur KO; OLG Köln WM 2005, 568; Haarmeyer/Wutzke/Förster S. 430.

501 BGH ZIP 2012, 1183, Uhlenbruck/Hirte § 129 Rn. 258 ff.

502 BGH ZIP 2018, 385; 2007, 2084.

503 BGH ZIP 2000, 338, 341; Uhlenbruck/Hirte § 129 Rn. 228 ff.

504 BGH ZIP 2007, 1120, 1122; 1997, 1633, 1634.

505 BGH WM 2007, 2071, 2072.

schaltung des Schuldners hätte erreicht werden können.[506] Soweit der Anfechtungsgegner noch über den ihm zugewandten Geldbetrag oder einen an dessen Stelle getretenen Wert verfügt, betrifft die Frage nach alternativen Verwendungsmöglichkeiten nur – unerhebliche – Reserveursachen.[507]

127 **Grundsätzlich** genügt eine **„mittelbare" Gläubigerbenachteiligung**, d.h., es ist ausreichend, dass die Benachteiligung erst dadurch herbeigeführt worden ist, dass zu der Rechtshandlung ein Umstand hinzugetreten ist, der diese im weiteren Verlauf der Dinge zu einer benachteiligenden gemacht hat.[508]

128 **Ausnahmsweise** ist gemäß **§§ 132 Abs. 1, 133 Abs. 2 InsO** eine **„unmittelbare" Gläubigerbenachteiligung** erforderlich. Durch den Abschluss eines Vertrages werden die Gläubiger unmittelbar benachteiligt, wenn der gesamte rechtsgeschäftliche Vorgang die Zugriffsmöglichkeiten der Gläubiger verschlechtert.[509]

Die Ursächlichkeit ist dagegen bei einer mit dem nachmaligen Insolvenzschuldner getroffenen Aufrechnungsvereinbarung zu verneinen, wenn der Vertragspartner auch ohne diese Vereinbarung nach den gesetzlichen Bestimmungen hätte aufrechnen können,[510] sowie im Falle der Zwangsversteigerung, wenn kein höherer, über die Grundstücksbelastungen hinausgehender, Versteigerungserlös erzielt worden wäre.[511]

Der Grundsatz der Vorteilsausgleichung – wie beim Schadensersatzrecht[512] – ist bei der Insolvenzanfechtung unanwendbar, da Vorteile, die keine vollwertige Gegenleistung für die bewirkte Vermögensminderung darstellen, eine Gläubigerbenachteiligung nicht ausschließen, arg. § 142 InsO.[513]

129 Die **Darlegungs- und Beweislast** für die Gläubigerbenachteiligung trägt im Anfechtungsprozess der **Insolvenzverwalter**, somit insbesondere, wenn streitig ist, ob der Anfechtungsgegner aufgrund eines früheren insolvenzfesten Erwerbs ohnehin Inhaber des Gegenstands geworden ist, den er aufgrund einer weiteren – angefochtenen – Rechtshandlung herausgegeben soll.[514]

VII. Anfechtungsgründe

130 Die **§§ 130–132 InsO** enthalten Anfechtungsgründe, die nur von dem Insolvenzverwalter in einem eröffneten Insolvenzverfahren geltend gemacht werden können und deshalb **„besondere" Anfechtungsgründe** genannt werden.

Die Anfechtungsgründe der **vorsätzlichen Gläubigerbenachteiligung, § 133 InsO**, und der **Unentgeltlichkeit, § 134 InsO**, finden sich hingegen auch im Gesetz über die Anfechtung von Rechtshandlungen außerhalb des Insolvenzverfahrens, **§ 3** und **§ 4 AnfG**. Nach **§ 135 InsO** sind die Rückgewähr von **Gesellschafterdarlehen** i.S.d. **§ 39 Abs. 1 Nr. 5 InsO** oder gleichgestellten Forderungen anfechtbar.

---

506 BGH WM 2000, 1459, 1460.

507 BGH ZIP 2011, 371, 372; 2005, 1712, 1722.

508 BGH ZIP 2012, 1183, 1184; ZInsO 2012, 241, 242 – Überweisung von einem Anderkonto auf eigenes Konto durch vorläufigen Insolvenzverwalter; Bork Rn. 212; Zeuner, Rn. 45.

509 BGH ZIP 2013, 374, 377; 2011, 438.

510 Zur KO: BGH MDR 1971, 387; BGHZ 58, 108.

511 BGH ZIP 2006, 387.

512 Palandt/Grüneberg, Vorbem. v § 249 Rn. 119 ff. m.w.N.

513 BGH ZIP 2016, 426, 428; 2013, 1180; 2010, 793, 794; 2009,1674, 1675; 2008, 125; 2007, 2084, 2085.

514 BGH ZIP 2004, 1509, 1510; Uhlenbruck/Hirte § 129 Rn. 258 ff. m.w.N.

Weitere Anfechtungsgründe sind die Rückgewähr der Einlage an einen **stillen Gesellschafter, § 136 InsO**, und **Wechsel- und Scheckzahlungen, § 137 InsO**.

Die Anfechtungsgründe stehen grundsätzlich **nebeneinander**. **§ 132 InsO** stellt jedoch einen **Auffangtatbestand** – unmittelbar nachteilige Rechtshandlungen – dar, der hinter **§§ 130, 131 InsO** zurücktritt.[515]

1. Sog. Deckungsanfechtung, §§ 130, 131 InsO

Die **§§ 130, 131 InsO** eröffnen die Anfechtung nur gegenüber **Insolvenzgläubigern**, **131**
nicht gegenüber Dritten. Die Befriedigung einer fremden Schuld ist deshalb dem Gläubiger gegenüber nicht nach diesen Vorschriften anfechtbar.[516]

Sie erfassen nur „Deckungen" also Rechtshandlungen, die eine zu dieser Zeit schon bestehende Forderung des Gläubigers erfüllen oder sichern. Die Einwilligung in eine bestimmte Art der Verwertung von Sicherheiten gehört nicht dazu.[517]

Auch Rechtshandlungen, die dem Insolvenzgläubiger lediglich eine Befriedigung bzw. Sicherung ermöglichen, sind nach **§§ 130, 131 InsO** anfechtbar, z.B. das Anerkenntnis im Zivilprozess.

Fall 8:

Am 20.08. hat G dem (künftigen) Insolvenzschuldner S ein Darlehen gewährt, der am 01.10. zahlungsunfähig wird. Am 04.10. einigen sich G und S über die Bestellung einer Buchgrundschuld. Auf Antrag des G vom 05.10. wird die Grundschuld am 25.11. im Grundbuch eingetragen.
Auf Antrag vom 08.11. ist das Insolvenzverfahren über das Vermögen des S am 20.11. eröffnet worden.

Der Insolvenzverwalter begehrt im Klagewege von G Zustimmung zur Berichtigung des Grundbuchs in Ansehung der Grundschuld, hilfsweise Verzicht auf die Grundschuld.

1. Alternative:
Am 05.10. beantragt S die Eintragung der Buchgrundschuld im Grundbuch.

2. Alternative:
Am 20.08. haben S und G einen Grundschuldbestellungsverpflichtungsvertrag über die Bestellung einer Grundschuld an dem Grundstück, eingetragen im Grundbuch (nähere Bezeichnung), geschlossen. G bestreitet, von der Zahlungsunfähigkeit des S Kenntnis gehabt zu haben.

3. Alternative:
Das Darlehen ist nicht am 20.08., sondern erst am 04.10. Zug um Zug gegen Bestellung einer Buchgrundschuld gewährt worden.

---

515 Bork Rn. 221.

516 BGH ZIP 2012, 1038, 1039; 2008, 190.

517 BGH WM 2005, 429, 431.

Abwandlung:
Gläubiger G betreibt die Zwangsversteigerung aus der Buchgrundschuld, das Grundstück ist dem Ersteher zu einem Betrag in Höhe von 250.000 € zugeschlagen worden. Auf die Buchgrundschuld entfällt ein Erlösanteil in Höhe von 100.000 €.
Der Insolvenzverwalter erhebt im Verteilungstermin gegen die Zuteilung dieses Betrags an G Widerspruch, der sich nicht erledigt.

132 A. **Zulässigkeit der Eventualklage**

Es handelt sich im vorliegenden Fall um ein echtes **Eventualverhältnis** von **Haupt-** und **Hilfsantrag**, da der Hilfsantrag nur für den Fall gestellt ist, dass dem Hauptantrag nicht stattgegeben wird.
Die Zulässigkeit derartiger Eventualklagen ist gegeben, wenn der Hilfsanspruch juristisch oder wirtschaftlich auf dasselbe oder ein gleichartiges Ziel gerichtet ist wie der Hauptanspruch.[518] Diese Voraussetzungen liegen hier vor.

133 B. **Hauptantrag**

I. Zulässigkeit des Hauptantrags
Gegen die Zulässigkeit des Hauptantrags bestehen keine Bedenken.

II. Begründetheit des Hauptantrags
Die Klage ist begründet, wenn dem Insolvenzverwalter gemäß **§ 894 BGB, § 80 InsO** ein Anspruch auf Zustimmung zur Grundbuchberichtigung gegen G zusteht. Die Grundbucheintragung der Grundschuld zugunsten des G müsste unrichtig sein.[519]

1. Die für die Entstehung der Buchgrundschuld gemäß **§§ 873, 1191, 1192 BGB** erforderlichen Voraussetzungen der Einigung sowie der Eintragung der Grundschuld in das Grundbuch liegen vor. Notwendig ist jedoch zudem, dass der Verfügende bis zum Zeitpunkt der Vollendung des Rechtserwerbs, hier der Eintragung der Grundschuld im Grundbuch, die Verfügungsbefugnis hat.[520] Infolge der Eröffnung des Insolvenzverfahrens hatte S jedoch am 20.11. – und somit vor Vollendung des Rechtserwerbs durch die Eintragung am 25.11. – gemäß **§§ 80 Abs. 1, 35 InsO** die Verfügungsbefugnis über sein zur Insolvenzmasse gehörendes Grundstück verloren.

   § 91 Abs. 1 InsO erklärt – über den Anwendungsbereich des **§ 81 Abs. 1 S. 1 InsO** hinaus – den Rechtserwerb nach Eröffnung des Insolvenzverfahrens für unwirksam, selbst wenn dieser nicht auf einer Verfügung des Insolvenzschuldners beruht (vgl. **Fall 6**).

2. Es sind jedoch die Voraussetzungen des **§ 91 Abs. 2 InsO, § 878 BGB** erfüllt; die bindende Einigung gemäß **§ 873 Abs. 2 BGB** und der Antrag auf Eintragung der Grundschuld in das Grundbuch lagen bereits vor, als S seine Verfü-

---

518 BGHZ 132, 390, 397; Zöller/Greger § 253 Rn. 1, § 260 Rn. 4; Schellhammer, Zivilprozess, Rn. 1247–1252.
519 Vgl. statt aller Palandt/Herrler § 894 Rn. 2 m.w.N.
520 Palandt/Herrler § 873 Rn. 11.

gungsbefugnis durch die Eröffnung des Insolvenzverfahrens über sein Vermögen am 20.11. verlor.

G hat somit die Grundschuld wirksam erworben, der Anspruch des Insolvenzverwalters gemäß **§ 894 BGB, § 80 InsO** auf Zustimmung zur Grundbuchberichtigung ist danach unbegründet.

C. **Hilfsantrag** **134**

Nach der Feststellung der Unbegründetheit des Hauptantrags ist nunmehr der **Hilfsantrag** zu prüfen.
Der Insolvenzverwalter begehrt den Verzicht auf die Grundschuld, um den Zustand wiederherzustellen, der vor deren Bestellung durch den (künftigen) Insolvenzschuldner bestand. Da ein Verzicht des G nach den materiellen Vorschriften der **§§ 1168, 1169, 1192 BGB** vorliegend ausscheidet, kommt nur die Geltendmachung des Anfechtungsrechts durch den Insolvenzverwalter in Betracht.

I. Zulässigkeit des Hilfsantrags **135**

1. Die **sachliche** Zuständigkeit bestimmt sich nach dem Wert des zurückzugewährenden Gegenstands, **§§ 23 Nr. 1, 71 Abs. 1 GVG**, die **örtliche** nach dem allgemeinen Gerichtsstand des Beklagten (= Anfechtungsgegner), **§§ 13–19 ZPO**.

2. Die **Prozessführungsbefugnis** des Insolvenzverwalters ist gegeben, da er das **Anfechtungsrecht** als „ein mit dem Amt verbundenes, eigenständiges Recht" ausübt, das ihm mit seiner Ernennung zufällt, **§§ 92, 129 Abs. 1 InsO**.[521]
   Gegen die Zulässigkeit des Hilfsantrags bestehen im Übrigen keine Bedenken.

II. Begründetheit des Hilfsantrags **136**

1. Dem Insolvenzverwalter könnte ein schuldrechtlicher Anspruch, der kraft Gesetzes mit der Eröffnung des Insolvenzverfahrens entsteht, **auf Rückgewähr der Grundschuld** zur Insolvenzmasse gemäß **§ 143 Abs. 1 S. 1 InsO** zustehen.[522]

   Die Rückgewähr kann dadurch erfolgen, dass

   - der Grundschuldgläubiger auf die Grundschuld gemäß **§ 1168 BGB** verzichtet – dann wird die Grundschuld zur Eigentümergrundschuld –,
   - die Löschung gemäß **§ 875 BGB** bewilligt wird oder
   - der Grundschuldgläubiger den im Zwangsversteigerungsverfahren auf ihn entfallenden Ersteigerungserlös der Insolvenzmasse überlässt.[523]

   Der Insolvenzverwalter begehrt hier den Verzicht auf die Grundschuld, was danach von dem Rückgewähranspruch i.S.d. **§ 143 Abs. 1 S. 1 InsO** gedeckt ist.

521 HK-Kreft § 129 Rn. 1, 64 f.

522 BGH ZIP 2008, 478, 479; Bork Rn. 228.

523 BGH WM 2001, 1078, 180; KG ZIP 2012, 1722, 1723 – Fiktion der Auflassungserklärung nach Rechtskraft gemäß § 844 ZPO.

137 2. Es muss einer der Anfechtungstatbestände der **§§ 130 ff. InsO** eingreifen. In Betracht kommt der Anfechtungsgrund der **„inkongruenten Deckung"** gemäß **§ 131 InsO**.

Die **§§ 130, 131 InsO** erfassen nur **„Deckungen"**, also Rechtshandlungen, die eine zu dieser Zeit schon **bestehende** Forderung des Gläubigers erfüllen oder sichern.[524]

a) Die Bestellung der Grundschuld ist eine **Rechtshandlung** des Schuldners.

b) Die darauf beruhende **Gläubigerbenachteiligung** – es genügt hier eine „mittelbare" Kausalität – ergibt sich daraus, dass das Darlehen als Gegenleistung zum Zeitpunkt der Eröffnung des Insolvenzverfahrens nicht mehr unverkürzt in der Masse vorhanden ist bzw. dass das bei der Verfahrenseröffnung noch vorhandene Vermögen nicht zur Befriedigung aller Gläubiger ausreicht.[525]

138 c) Zu prüfen ist, ob ein Fall der sog. **„inkongruenten Deckung"** gegeben ist. **Inkongruent** ist die Deckung, wenn der Gläubiger die bewirkte Leistung – Sicherung oder Befriedigung einer Forderung – durch den Schuldner im Zeitpunkt der Leistung **„nicht"** oder **„nicht in der Art"** oder **„nicht zu der Zeit" nach dem Inhalt des Schuldverhältnisses** zu beanspruchen hatte, vgl. **§ 131 Abs. 1 InsO**.[526]

Fraglich ist, ob G die Sicherung des Darlehensrückzahlungsanspruchs beanspruchen konnte. Dann müsste G aufgrund ausdrücklicher Vereinbarung mit dem Schuldner z.B. aus Anlass des Abschlusses des Darlehensvertrags ein besonderer, auf Sicherung gerichteter Anspruch **durch das konkrete Sicherungsobjekt** zugestanden haben.

Eine Vereinbarung über die Sicherung des Darlehensrückzahlungsanspruchs durch die Buchgrundschuld ist jedoch nicht getroffen worden.

Die Bestellung einer Sicherheit ist **kein** Weniger als die Erfüllung, sondern etwas anderes, mit der Folge, dass der Erfüllungsanspruch als solcher nicht genügt, um auch einen Anspruch auf Besicherung und damit deren Kongruenz zu begründen.[527] Die Kongruenz kann auch solche Ansprüche nicht begründen, die nicht hinreichend auf das konkrete Sicherungsobjekt individualisiert sind.

G hat somit die Sicherung i.S.d. **§ 131 Abs. 1 InsO „nicht"** zu beanspruchen.

---

524 BGH WM 2005, 429, 431.

525 Uhlenbruck/Hirte § 129 Rn. 169 ff.

526 BGH ZIP 2010, 588; 2007, 192; 2005, 2025; HK-Kreft § 131 Rn. 8 ff.

527 BGH ZIP 2010, 841, 843; 2004, 1819; HK-Kreft § 131 Rn. 12 m.w.N.

Eine **„nicht in der Art"** zu beanspruchende Sicherung zugunsten der **Bank/Sparkasse** ist weiterhin gegeben bei **139**

- **Ziff. 13 Abs. 2 AGB/Banken** – Die Bank/Sparkasse hat zwar einen jederzeitigen, aber unbestimmten Anspruch auf Bestellung oder Verstärkung einer bankmäßigen Sicherung, da dem Schuldner gerade die freie Wahl des Sicherungsmittels verbleibt, sodass die gewährte Sicherung keinesfalls die geschuldete ist;[528]
- **Ziff. 14 Abs. 2 AGB/Banken** – Pfandrecht; [529]
- **Ziff. 15 Abs. 2 AGB/Banken** – Sicherungsabtretung;[530]
- unberechtigter **Kontosperre**;[531]
- Änderung des Darlehensvertrages mit der Maßgabe der vorzeitigen Rückzahlung des Darlehens;[532]
- Erwerb sicherungshalber abgetretener künftiger Forderungen im Rahmen einer **Globalzession**, auch erweiterter verlängerter Eigentumsvorbehalt, dagegen **kongruent**.[533]
- Nachträgliche **Änderungen** einer **Sicherungsabrede** wirken grundsätzlich erst vom Zeitpunkt ihres Abschlusses an. Ist zunächst nur die Besicherung des bestehenden Anspruchs vereinbart und wird der Sicherungszweck später auch auf künftige Ansprüche ausgedehnt, kann dieser erweiternde Teil inkongruent sein.[534]
- Eine inkongruente Sicherung kann im Rahmen eines sog. **Pool-Vertrags** liegen, d.h. eines Vertrags, bei dem mehrere beteiligte Gläubiger – zumeist Geld-/Warenkreditgeber – das Sicherungsgut treuhänderisch für alle Pool-Gläubiger zur Sicherung aller dem Schuldner gewährten Darlehen halten und vereinbart wird, dass die Sicherheit der Sicherung sämtlicher bestehender und zukünftiger Forderungen dienen soll.[535]

Weitere Fälle der sog. **„inkongruenten Deckung"**: **140**

- Eine Befriedigung, die vom Gläubiger **„nicht"** oder **„nicht in der Art"** beansprucht werden konnte, liegt vor, wenn der spätere Insolvenzschuldner etwas an Erfüllungs statt oder erfüllungshalber hingegeben hat.[536]
- Die Herstellung einer **Aufrechnungslage** ist inkongruent, wenn der Anfechtungsgegner darauf vorher keinen Anspruch hatte, also insbesondere nicht darauf, dass der Schuldner mit ihm ein Gegengeschäft tätigt, welches erst die Aufrechnungsmöglichkeit gewährt.[537]
- Die Erlangung eines **Pfändungspfandrechts** ist inkongruent, da trotz des Vollstreckungstitels ein materieller Anspruch auf Sicherung „in der Art" nicht besteht, vgl. **§ 141 InsO**.[538]

---

528 BGH ZIP 2008, 183, 184; ZIP 2002, 951.

529 BGH ZIP 2008, 183, 184; 2005, 1651, 1652; 2002, 812, 813; 2004, 620, 622.

530 BGH ZIP 2009, 1235, 1236; WM 2007, 897.

531 BGH ZIP 2004, 324.

532 BGH ZIP 2013, 2323, 2324.

533 BGH ZIP 2011, 773, 774; 2008, 183, 185 f.; Jacoby ZIP 2008, 385 ff.; Griesbeck ZIP 2008, 1813 ff.

534 BGH WM 1998, 248, 249; Obermüller ZInsO 2016, 491 ff.

535 BGH ZInsO 2005, 032, 933.

536 BGH ZIP 2014, 231 – bei Abtretung einer Forderung statt Zahlung des geschuldeten Betrages; BGH ZIP 2009, 1235, 1235 – Gewährung von Kundenschecks statt Zahlung des geschuldeten Betrags; BGH ZIP 2011, 438, 439; 2006, 290, 291 – Leistung eines Dritten nicht an den Schuldner, sondern auf dessen Anweisung an einen seiner Gläubiger; Winkler BB 2012, 3096 ff.

537 BGH WM 2004, 1037, 1039; 2003, 2458, 2459; Gehrlein Beilage WM 2009, 12 ff.

538 BGH ZIP 2012, 2513; 2004, 324, 325; WM 2003, 896, 897; 1278, 1279; Jauernig § 81 IV 2 d.

Wird die Vorpfändung früher als drei Monate vor Eingang des Insolvenzantrags ausgebracht, fällt die Hauptpfändung dagegen in den von **§ 131 InsO** erfassten Zeitraum, richtet sich die Anfechtung insgesamt nach **§ 131 InsO**.[539]

Die Pfändung einer künftigen Forderung gilt anfechtungsrechtlich in dem Zeitpunkt als vorgenommen, in dem die Forderung entsteht, **§ 140 Abs. 1, 3 InsO**.[540]

Auch die Leistung, die der Schuldner dem Gläubiger auf eine fällige Forderung zur Vermeidung einer bevorstehenden Zwangsvollstreckung gewährt hat, stellt eine inkongruente Deckung dar, auch bei Aufforderung zur umgehenden Zahlung ohne letzte konkrete Frist.[541] Es liegt dagegen keine inkongruente Deckung vor, wenn der Schuldner nach Zustellung eines Vollstreckungsbescheids die titulierte Forderung innerhalb der gesetzlichen Dreimonatsfrist erfüllt, wenn der Gläubiger die Zwangsvollstreckung zuvor weder eingeleitet noch angedroht hat.[542]

Eine Anfechtung dieser Sicherung ist jedoch entbehrlich, wenn sie im letzten Monat vor dem Eröffnungsantrag oder nach Antragstellung durch Zwangsvollstreckung erlangt worden ist, sog. **Rückschlagsperre** gemäß **§ 88 InsO**; vgl. Rn. 55.

- Auch die aufgrund eines Insolvenzantrags erfolgte Deckung ist inkongruent, die Befriedigung des Gläubigers dient der Veranlassung des Gläubigers zur Zurücknahme des Insolvenzantrags.[543]
- **„Nicht zu der Zeit"** hat ein Gläubiger Befriedigung zu beanspruchen, wenn eine Forderung zum Zeitpunkt ihrer Befriedigung noch nicht fällig, betagt oder aufschiebend bedingt ist.[544]

Die vorzeitige Befriedigung eines sich aus § 426 BGB ergebenden Freistellungsanspruchs stellt eine inkongruente Rechtshandlung dar.[545] Dem steht auch das Recht des Schuldners, nach Maßgabe des § 271 Abs. 2 BGB eine Leistung vor Fälligkeit zu bewirken, nicht entgegen.[546]

Auch Rechtshandlungen, die dem Insolvenzgläubiger lediglich eine Befriedigung bzw. Sicherung **ermöglichen**, sind nach **§ 131 Abs. 1 InsO anfechtbar**.

141 d) Weiter muss einer der Fälle der **Nr. 1–3** des **§ 131 Abs. 1 InsO** eingreifen.

142 aa) Nach **§ 131 Abs. 1 Nr. 1 InsO** ist eine Rechtshandlung anfechtbar, wenn sie im letzten Monat vor dem Antrag auf Eröffnung des Insolvenzverfahrens bzw. nach dem Antrag vorgenommen worden ist.

Kenntnis und grob fahrlässige Unkenntnis von der Krise sowie die Krise selbst werden **unwiderleglich** vermutet.[547]

Der Zeitpunkt der Vornahme des Rechtsgeschäfts bestimmt sich nach **§ 140 InsO**.

Gemäß **§ 140 Abs. 1 InsO** ist für den Zeitpunkt der Vornahme der Rechtshandlung grundsätzlich der Zeitpunkt maßgebend, in dem die Rechtswirkungen der Handlung eintreten. Vorliegend handelt es sich

539 BGH WM 2006, 921, 922.
540 BGH WM 2003, 896.
541 BGH ZIP 2011, 385, 386; 2009, 129, 130; 2004, 319; 2003, 1304.
542 BGH ZIP 2007, 136.
543 BGH ZIP 2012, 2355; 2006, 290.
544 BGH ZIP 2005, 1243.
545 BGH ZIP 2006, 1591.
546 BGH WM 2002, 1690, 1691.
547 Uhlenbruck/Hirte § 131 Rn. 16 ff.

um ein **mehraktiges Rechtsgeschäft**, das erst mit Eintragung ins Grundbuch am 25.11. und damit **nach** Antrag auf Eröffnung des Insolvenzverfahrens vollendet worden ist.
Nach **§ 140 Abs. 2 InsO** gilt in diesem Fall das Rechtsgeschäft jedoch bereits dann als vorgenommen, wenn die entsprechenden Willenserklärungen des Schuldners für ihn bindend geworden sind, vgl. **§ 873 Abs. 2 BGB**, und der andere Teil den Eintragungsantrag gestellt hat, sodass der Schuldner diesen Antrag nicht mehr zurücknehmen kann, vgl. noch **§ 13 GBO**.

Die Voraussetzungen des **§ 140 Abs. 2 S. 1 InsO** sind mit der für S bindenden Willenserklärung und der Antragstellung durch G am 05.10. erfüllt.

Das Rechtsgeschäft gilt als zu diesem Zeitpunkt vorgenommen, der jedoch mehr als einen Monat vor dem Antrag auf Eröffnung des Insolvenzverfahrens am 08.11. liegt.

Damit sind die Voraussetzungen des **§ 131 Abs. 1 Nr. 1 InsO nicht** gegeben.

bb) In Betracht kommt jedoch **§ 131 Abs. 1 Nr. 2 InsO**. Danach ist eine Rechtshandlung dann anfechtbar, wenn sie im zweiten oder dritten Monat vor dem Antrag vorgenommen worden ist und der Insolvenzschuldner zu diesem Zeitpunkt bereits **zahlungsunfähig**, vgl. **§ 17 InsO**, war. **143**

Auch bei diesem Anfechtungsgrund werden die **subjektiven** Voraussetzungen wegen der besonderen Verdächtigkeit des inkongruenten Erwerbs **unwiderleglich vermutet**, die objektive Voraussetzung der **Zahlungsunfähigkeit** hat jedoch der **Insolvenzverwalter** zu beweisen.[548]

Hinsichtlich der Anfechtungsvoraussetzung der Zahlungsunfähigkeit nach **§§ 130, 131 InsO** gilt die gesetzliche Vermutung des **§ 17 Abs. 2 S. 2 InsO**, wonach diese in der Regel anzunehmen ist, wenn der Schuldner seine Zahlungen eingestellt hat.[549] Maßgeblicher Zeitpunkt ist derjenige der Vornahme der Rechtshandlung. Die Nichtzahlung gegenüber einem einzigen Gläubiger kann ausreichen, wenn dessen Forderung von insgesamt nicht unerheblicher Höhe ist.[550] Die Darlegung der Zahlungsunfähigkeit kann mittels Aufstellung einer Liquiditätsbilanz oder vereinfacht anderweitig erfolgen, wenn im fraglichen Zeitpunkt fällige Verbindlichkeiten bestanden, die bis zur Verfahrenseröffnung nicht mehr beglichen worden sind.[551]

548 HK-Kreft § 131 Rn. 22.

549 BGH ZIP 2015, 585; 2006, 2222, 2223; 2005, 1426; Hölzle ZIP 2006, 101, 104, 105.

550 BGH ZIP 2011, 1416.

551 BGH ZIP 2015, 585; 2013, 228, 229; 174, 175; 2011, 1416; 2006, 2222; Krüger/Wigand ZInsO 2011, 314 ff.

Die Zahlungsunfähigkeit des S war am 01.10. eingetreten, sodass sie zur Zeit der Rechtshandlung, der Antragstellung durch G am 05.10., bereits vorlag.

Da die Voraussetzungen des **§ 131 Abs. 1 Nr. 2 InsO** im Übrigen erfüllt sind, ist der Anspruch auf den Verzicht auf die Grundschuld gemäß **§ 143 Abs. 1 S. 1 InsO** begründet.

144 Nach **§ 131 Abs. 1 Nr. 3 InsO** ist die Rechtshandlung nur anfechtbar, wenn der Insolvenzgläubiger **Kenntnis** von der Benachteiligung der übrigen Gläubiger hat. Die Zahlungsunfähigkeit braucht zu diesem Zeitpunkt noch nicht eingetreten zu sein. Diese Kenntnis hat derjenige Gläubiger, der weiß, dass der Schuldner wegen seiner finanziellen Lage in absehbarer Zeit nicht mehr fähig ist, sämtliche Insolvenzgläubiger zu befriedigen.[552]

145 Nach **§ 131 Abs. 2 S. 1 InsO** genügt neben der positiven Kenntnis auch die Kenntnis von Umständen, die zwingend auf die Gläubigerbenachteiligung schließen lassen. Der Gläubiger muss also Tatsachen kennen, aus denen sich bei zutreffender rechtlicher Beurteilung zweifelsfrei ergibt, dass der Schuldner infolge seiner Liquiditäts- und Vermögenslage in absehbarer Zeit seine Zahlungspflichten nicht mehr in vollem Umfang erfüllen kann.[553]

146 Im Rahmen des **§ 131 Abs. 1 Nr. 3 InsO** kann zudem die **Inkongruenz** einer Deckungshandlung ein **Beweisanzeichen (§ 286 ZPO)** für eine Kenntnis des Anfechtungsgegners von einer Gläubigerbenachteiligung sein, wenn der Gläubiger – was von dem Insolvenzverwalter zu beweisen ist – bei Vornahme der Handlung wusste, dass sich der Schuldner in einer finanziell beengten Lage befand. Der Gläubiger, der über einen längeren Zeitraum hinweg nur unvollständige Zahlungen erhält und sich mehrfach veranlasst sieht, mit Nachdruck Insolvenzanträge anzudrohen, kennt im Allgemeinen Umstände, die zwingend auf die Gläubigerbenachteiligung schließen lassen.[554]

147 Der **Insolvenzverwalter** hat die Voraussetzungen des **§ 131 InsO**, auch die des Abs. 2 S. 1, **darzulegen** und zu **beweisen.**[555]

Eine **Umkehr** der **Beweislast** greift hinsichtlich der Kenntnis der Benachteiligung gemäß **§ 131 Abs. 2 S. 2 InsO** dann ein, wenn die gläubigerschädigende Handlung gegenüber einer **nahestehenden Person** i.S.d. **§ 138 InsO** (vgl. Rn. 171) vorgenommen worden ist.[556]

1. Alternative:

148 Stellt der **Schuldner** – und nicht der Gläubiger (wie im Ausgangsfall, vgl. Rn. 131) – den Eintragungsantrag vor Verfahrenseröffnung, so gilt **§ 140 Abs. 1 InsO**, da **§ 140 Abs. 2 InsO** dem Wortlaut nach nicht vorliegt. Damit ist der Rechtserwerb erst **nach** Verfahrenseröffnung – mit Eintragung – vollendet.

§ 147 InsO ermöglicht die Anfechtung solcher Rechtshandlungen, die den Insolvenzgläubigern gegenüber nach den **§§ 892, 893 BGB i.V.m. §§ 81 Abs. 1 S. 2, 91 Abs. 2 InsO** wirksam sind, obwohl sie erst **nach** Eröffnung des Insolvenzverfahrens vorgenommen worden sind.

552 BGH WM 2004, 299, 301.
553 BGH ZIP 2008, 2183; OLG Koblenz ZInsO 2012, 2342.
554 Uhlenbruck/Hirte § 131 Rn. 19.
555 BGH ZIP 2008, 2183; 2007, 1913.
556 MK-Kayser § 131 Rn. 64.

Da **§ 147 InsO** jedoch § 878 BGB **nicht** aufführt, ist diese Rechtshandlung nach dem Gesetzestext nicht anfechtbar. Das hätte zur Folge, dass der auf Schuldnerantrag beruhende Rechtserwerb besser behandelt wird als der auf Gläubigerantrag.

§ 878 BGB unterscheidet jedoch nicht danach, wer den Eintragungsantrag stellt.[557]
Zwar hat der Gesetzgeber bewusst darauf verzichtet, § 878 BGB in **§ 147 Abs. 1 InsO** zu erwähnen, in der Begründung wird jedoch irrtümlich ausgeführt, es sei ein Anwartschaftsrecht entstanden. Dies entsteht jedoch nur dann, wenn der **Erwerber** den Eintragungsantrag gestellt hat[558] – und dann gilt bereits **§ 140 Abs. 2 InsO**.

Die **Ungleichbehandlung** wird durch eine „berichtigende" Auslegung vermieden, wobei die Berichtigung des **§ 140 Abs. 2 InsO** der des § 147 Abs. 1 InsO vorzuziehen ist.[559] **§ 140 Abs. 2 InsO** ist danach in den Fällen des **§ 91 Abs. 2 InsO** i.V.m. **§ 878 BGB** mit der Maßgabe **anzuwenden**, dass es – wie bei § 878 BGB – nicht darauf ankommt, wer den Eintragungsantrag gestellt hat.[560]

Hierfür spricht im Übrigen auch, dass in der Praxis der Notar den Antrag auf Grundbucheintragung für beide Parteien stellt.

2. Alternative:

Es kommt der Anfechtungsgrund des **§ 130 Abs. 1 Nr. 1 InsO** in Betracht. **149**

I. Zu prüfen ist, ob ein Fall der sog. **„kongruenten Deckung"** gegeben ist.

Eine **„kongruente"** Deckung liegt vor, wenn die Rechtshandlung einem Insolvenzgläubiger eine Sicherung oder Befriedigung gewährt hat, die dieser in der gewährten **Form** und zu dem **Zeitpunkt** nach dem Inhalt des Schuldverhältnisses zu beanspruchen hatte.[561] Eine kongruente Deckung stellt jede Rechtshandlung dar, die zu einer dem Insolvenzgläubiger in der Art und zu der Zeit zustehenden Befriedigung durch Erfüllung oder ihr gleichstehender Surrogate führt, sofern nicht ein bloßes Verpflichtungsgeschäft vorliegt. Die Rechtshandlung kann auch durch den Schuldner oder einen sonstigen Dritten – auch gegen den Willen des Schuldners – vorgenommen werden.[562]

Aus Anlass der Gewährung des Darlehens hatten G und S einen Grundschuldbestellungsverpflichtungsvertrag zur Besicherung des Darlehens abgeschlossen, sodass G einen Anspruch auf die Bestellung der Grundschuld hat, die Deckung ist somit kongruent i.S.d. **§ 130 Abs. 1 InsO**.

Weitere **Fälle** der sog. **kongruenten Deckung** **150**

- Der Erwerb sicherungshalber abgetretener künftiger Forderungen im Rahmen einer **Globalzession**.[563]
- Der Erwerb des **Frachtführerpfandrechts** für Altforderungen.[564]

---

557 Palandt/Herrler § 878 Rn. 14; Scherer ZIP 2002, 341 ff.
558 BGHZ 49, 200.
559 Scherer ZIP 2002, 341, 345; Bork Rn. 211.
560 Scherer a.a.O.
561 BGH ZIP 2010, 588; 2007, 192; 2005, 992.
562 BGH ZIP 2007, 192; Uhlenbruck/Hirte § 130 Rn. 5, 6 m.w.N.
563 BGH ZIP 2011, 773m, 774 – erweiterter verlängerter Eigentumsvorbehalt; 2008, 183, 185 f.; Jacoby ZIP 2008, 385 ff.; Griesbeck ZIP 2008, 1813 ff.
564 BGH ZIP 2002, 1204.

- Die Ausnutzung einer befristet eingeräumten Möglichkeit zum **Skontoabzug** und die dadurch bewirkte Deckung.[565]
- Die Begleichung unternehmensbezogener Verbindlichkeiten im Wege des **Abbuchungsauftrags**.[566]
- Kreditkartenzahlung als Barzahlungsersatz
- Die Befriedigung durch **Aufrechnung**.[567]

Auch Rechtshandlungen, die dem Insolvenzgläubiger lediglich eine Befriedigung bzw. Sicherung **ermöglichen**, sind nach **§ 130 Abs. 1 InsO anfechtbar**.

II. Die kongruente Sicherung ist innerhalb der Frist des **§ 130 Abs. 1 Nr. 1 InsO** erfolgt (vgl. Ausgangsfall).

151 III. Schließlich darf G zum Zeitpunkt der Vornahme der Rechtshandlung, vgl. **§ 140 Abs. 1, 2 InsO**, die **Zahlungsunfähigkeit** des S **nicht bekannt** gewesen sein. G bestreitet, von der Zahlungsunfähigkeit des S zum Zeitpunkt der Stellung des Eintragungsantrags, vgl. **§ 140 Abs. 2 InsO**, Kenntnis gehabt zu haben.

Kenntnis bedeutet positives Wissen von der Zahlungsunfähigkeit.[568]

Ein Gläubiger, der nach einem eigenen Eröffnungsantrag von dem Schuldner Zahlungen erhält, darf grundsätzlich nicht davon ausgehen, dass auch die anderen, nicht antragstellenden Gläubiger Zahlungen erhalten.[569]

Die Wissenszurechnung erfolgt nach **§ 166 BGB**. Nach der Rspr. ist der Anwendungsbereich auf den sog. Wissensvertreter, d.h. jeder, der nach der Arbeitsorganisation des Geschäftsherrn dazu berufen ist, im Rechtsverkehr als dessen Repräsentant bestimmte Aufgaben in eigener Verantwortung zu erledigen und dabei die anfallenden Informationen zur Kenntnis zu nehmen und ggf. weiterzugeben hat, erweitert worden.[570]
Auch Wissen eines Prozessbevollmächtigten ist dem Vollmachtgeber insoweit zuzurechnen, als dieser die Kenntnis im Rahmen des ihm erteilten Auftrags erhält.[571]

152 Neben der Kenntnis von Zahlungsunfähigkeit oder Insolvenzeröffnungsantrag genügt nach **§ 130 Abs. 2 InsO** auch die Kenntnis von Umständen, die zwingend auf die Zahlungsunfähigkeit oder den Insolvenzeröffnungsantrag schließen lassen.

Nach der Rspr. des BGH wird die Kenntnis von der Zahlungseinstellung für denjenigen – unwiderleglich – vermutet (§ 286 ZPO), der diejenigen Tatsachen kennt, an die jedermann mit der entsprechenden Verkehrsauffassung verständiger Weise die Erwartung knüpft, dass der Schuldner wesentliche Zahlungen so gut wie sicher nicht wird erbringen können. Es ist unerheblich, ob der Insolvenzgläubiger aus der Kenntnis der Umstände, aus denen sich die Zahlungsunfähigkeit oder der Insolvenzeröffnungsantrag ergibt, die notwendigen Schlussfolgerungen gezogen hat.[572]

---

565 BGH ZIP 2010, 1188.
566 BGH ZIP 2014, 2351; 2013, 324, 325.
567 BGB a.a.O.; Gehrlein BB 2015, 2114 ff.
568 BGH ZIP 2008, 930.
569 BGH NJW 2002, 512, 515.
570 BGH ZIP 2014, 1497; 2011, 1523; 2010, 935; Bork Der Betrieb 2012, 33.
571 BGH ZIP 2013, 174, 177; 2011, 1523.
572 BGH ZIP 2009, 2253, 2254; 526; 2005, 1426; MK-Kayser § 130 Rn. 34 f.; Huber ZInsO 2012, 53, 55.

Dies deckt sich mit der Regelung des **§ 17 Abs. 2 S. 2 InsO**, wonach eine gesetzliche Vermutung hinsichtlich des Eintritts der Zahlungsunfähigkeit aufgestellt wird, wenn der Schuldner seine Zahlungen eingestellt hat.[573]

Schleppende Zahlungszusagen,[574] nicht eingehaltene Zahlungszusagen des Schuldners trotz ausgebrachter Pfändungen, können die für § 130 Abs. 2 InsO nötige Tatsachenkenntnis vermitteln, insbesondere wenn sie mit inkongruenten Leistungen erfüllungshalber verbunden sind.[575] Weiterhin spricht für die Zahlungsunfähigkeit, wenn die Zahlungsrückstände trotz erheblicher Vollstreckungsversuche mittelfristig ansteigen[576] oder der Schuldner mit der Zahlung seiner Sozialversicherungsbeiträge ein halbes Jahr in Rückstand geraten ist, vgl. § 266 a StGB.[577]

Die **Darlegungs- und Beweislast** trägt der **Insolvenzverwalter**.[578]

Den Wegfall der Kenntnis von der Zahlungsunfähigkeit des Schuldners hat der Anfechtungsgegner zu beweisen. Der Beweis ist erbracht, wenn feststeht, dass der Anfechtungsgegner infolge der neuen Tatsachen ernsthafte Zweifel am Fortbestand der Zahlungsunfähigkeit hatte.[579]

Eine Umkehr der Beweislast greift hinsichtlich der Kenntnis der Zahlungsunfähigkeit oder Antragsteilung gemäß **§ 130 Abs. 3 InsO** dann ein, wenn die gläubigerschädigende Handlung gegenüber einer nahestehenden Person i.S.d. **§ 138 InsO** (vgl. Rn. 181) vorgenommen worden ist.[580]

Im vorliegenden Fall sind keine Anhaltspunkte dafür ersichtlich, dass G Kenntnis von der Zahlungsunfähigkeit oder Umständen hatte, die zwingend auf die Zahlungsunfähigkeit des S schließen lassen, vgl. **§ 130 Abs. 2 InsO**.

Die Klage ist danach abzuweisen.

3. Alternative:

I. Es kommt der Anfechtungsgrund des **§ 130 Abs. 1 Nr. 1 InsO** in Betracht.

Das vorliegende Rechtsgeschäft könnte jedoch ein sog. **Bargeschäft** i.S.d. **§ 142** **153**
InsO sein, das **nur** unter den Voraussetzungen des **§ 133 Abs. 1–3 InsO** und wenn der andere Teil erkannt hat, dass der Schuldner unlauter handelte, anfechtbar ist.

Nach der Vorstellung des Gesetzgebers soll die Unlauterkeit mehr voraussetzen als das Bewusstsein, nicht mehr alle Gläubiger befriedigen zu können, somit doloses Handeln.

Der Insolvenzverwalter hat insoweit die Darlegungs- und Beweislast.

Bei den sog. **Bargeschäften**, d.h. Geschäften, bei denen gleichwertige Leistungen aufgrund Parteivereinbarung ausgetauscht werden, **fehlt** es an der **Gläubigerbenachteiligung**, da dem Vermögen des späteren Insolvenzschuldners sofort ein entsprechender Gegenwert durch sein Handeln zufließt und derartige Geschäfte **nicht** auf die Sicherung oder Befriedigung einer bereits entstandenen Forderung gehen. Eine Masseverkürzung wird so insgesamt verhindert.[581]

573 BGH ZIP 2017, 2368, 2369; 2011, 1111, 1112; Hölzle ZIP 2006, 101 ff.
574 BGH ZIP 2013, 2318; 2009, 2306.
575 BGH WM 2003, 400, 402.
576 BGH WM 2002, 137, 140.
577 BGH ZIP 2015, 1202; 2013, 2318, 2320.
578 BGH a.a.O.; Uhlenbruck/Hirte § 130 Rn. 105 ff. m.w.N.
579 BGH ZIP 2016, 173; 2013, 228, 231; 2012, 2355, 2356; 2011, 1111, 1112.
580 MK-Kayser § 130 Rn. 81.
581 BGH ZIP 2015, 585; 2014, 1595; 2008, 1184, 1188; 2006, 1261; 2005, 1243; Huber ZInsO 2013, 1049 ff.

Gleichwertigkeit von Leistung und Gegenleistung liegt auch dann vor, wenn der Schuldner eine Darlehensrückzahlung gegen Freigabe einer entsprechend werthaltigen Sicherheit aus seinem Vermögen vornimmt.[582]

Unterlägen auch die Bargeschäfte der Anfechtung, wäre der Schuldner, der sich in der Krise befindet, praktisch vom Geschäftsverkehr ausgeschlossen, und jegliche Sanierungsversuche wären unterbunden, weil der Kreditgeber bei deren Fehlschlagen mit der Möglichkeit der Anfechtung rechnen müsste.[583]

Wesentliche **Abweichungen** von den Parteivereinbarungen lassen eine Bardeckung entfallen.[584] Liegt eine sog. **„inkongruente Deckung"** vor, so schließt diese begrifflich ein Bargeschäft **aus.**[585]

Weiterhin müssen Leistung und Gegenleistung **unmittelbar**, d.h. in einem engen zeitlichen Zusammenhang ausgetauscht werden, es ist eine rechtsgeschäftliche Verknüpfung von Leistung und Gegenleistung erforderlich, ein lediglich wirtschaftlicher Zusammenhang genügt nicht. Die Gegenleistung muss Bestandteil des schuldnerischen Aktivvermögens geworden sein.[586]

Ein zeitlicher Abstand zwischen den einzelnen Akten des Leistungsaustausches steht der Annahme eines Bargeschäfts nicht entgegen, auch müssen Leistung und Gegenleistung nicht Zug um Zug erbracht werden,[587] maßgebend ist nur, dass diese von der zugrunde liegenden Parteivereinbarung gedeckt sind.

Die Leistung des anderen Teils muss tatsächlich in das Aktivvermögen des Schuldners gelangt sein, daher reicht die Aufrechnung oder Verrechnung mit einem schon bestehenden Anspruch gegen einen neuen Anspruch des Schuldners nicht aus.[588]

Die Einräumung eines neuen Kredits gegen gleichzeitige Stellung einer angemessenen Sicherheit stellt dagegen ein Bargeschäft dar.

154 Die Zahlung eines **Beraterhonorars** im Zusammenhang mit Sanierungsbemühungen 30 Tage nach Fälligkeit erfüllt nicht das Erfordernis eines „unmittelbaren Leistungsaustausches", sodass kein Bargeschäft i.S.d. **§ 142 InsO** vorliegt.[589] Bei Anforderung eines Vorschusses ist ein Bargeschäft nur dann anzunehmen, wenn in regelmäßigen Abständen Vorschüsse eingefordert werden, die dem Wert der inzwischen entfalteten oder in den nächsten 30 Tagen noch zu erbringenden Beratungsleistungen entsprechen.[590]

Die Abführung von Lohnsteuern in den letzten drei Monaten vor dem Antrag auf Eröffnung des Insolvenzverfahrens ist nach Auffassung des BFH[591] Bargeschäft, nach Ansicht des BGH[592] liegt dagegen kein Bargeschäft vor, da der Schuldner keine Parteivereinbarung mit dem Finanzamt getroffen hat.

---

582 BGH ZIP 2008, 1184, 1189; 1991, 1014.

583 BGH ZIP 2015, 585; Ganter ZIP 2012, 2037 ff.

584 MK-Kirchhof § 142 Rn. 7.

585 BGH ZIP 2010, 682, 685; 2009, 1124, 1125; 2002, 812, 813.

586 BGH ZIP 2015, 585; 2014, 1595; 2010, 683, 685; MK-Kirchhof § 142 Rn. 15, 16.

587 BGH ZIP 2010, 683, 685; 2006, 1261.

588 BGH ZIP 2009, 1122, 1123.

589 BGH ZIP 2012, 333, 336 – auch Vereinnahmung der Vergütung durch den vorläufigen Insolvenzverwalter in einem nicht eröffneten Insolvenzverfahren; 2008, 232, 233; 2006, 1261, 1265; 2002, 1808, 1809.

590 BGH ZIP 2012, 333, 337; Heil/Schmitt ZInsO 2018, 714 ff. zu § 133 InsO n.F.

591 ZIP 2005, 1797.

592 ZIP 2006, 201, 202; 2005, 1243, 1245; 2004, 513; Kayser ZIP 2007, 49 ff.

Der **Anfechtungsgegner** trägt die **Darlegungs- und Beweislast** hinsichtlich der Voraussetzungen eines Bargeschäfts.[593]

Vorliegend erfolgte ein Austausch gleichwertiger Leistungen aufgrund Parteivereinbarung, sodass ein Bargeschäft i.S.d. **§ 142 InsO** vorliegt.

II. Das Bargeschäft ist **nur** unter den Voraussetzungen des **§ 133 Abs. 1 InsO** – vorsätzliche Gläubigerbenachteiligung – anfechtbar (vgl. dazu im Einzelnen Rn. 157 ff.).

Anhaltspunkte dafür sind nicht ersichtlich, sodass die Grundschuldbestellung zugunsten des G nicht anfechtbar ist.

Die Klage ist danach abzuweisen.

Abwandlung:

A. **Zulässigkeit der Widerspruchsklage nach § 115 ZVG i.V.m. § 878 ZPO** 155

I. Statthaftigkeit
Die Widerspruchsklage ist eine prozessuale Gestaltungsklage mit dem Ziel der Änderung des Teilungsplans, **§ 115 ZVG**.[594]

II. Zuständigkeit
Die ausschließliche Zuständigkeit, vgl. § 802 ZPO, richtet sich nach § 879 ZPO.

III. Klageantrag
Der Klageantrag ist auf vorrangige Befriedigung i.H.v. 100.000 € vor der des Beklagten in dem Teilungsverfahren zu richten.[595]

B. **Begründetheit**

I. Insolvenzverwalter als Beteiligter i.S.d. **§ 9 ZVG**
Der **Insolvenzverwalter**, der mit der Anfechtung geltend macht, anstelle des Beklagten (Anfechtungsgegner) sei die Insolvenzmasse aus dem dinglichen Recht an dem Grundstück zu befriedigen, ist **Beteiligter** i.S.d. **§ 9 ZVG** und damit zur Widerspruchsklage nach **§ 115 ZVG i.V.m. § 878 ZPO** berechtigt.[596]

II. Anfechtungsvoraussetzungen
Hinsichtlich der Anfechtungsvoraussetzungen wird auf den Ausgangsfall (Hilfsantrag) verwiesen.

2. Unmittelbar nachteilige Rechtshandlungen, § 132 InsO

§ 132 InsO enthält als **Auffangtatbestand** zwei voneinander **unabhängige** Anfechtungstatbestände in **Abs. 1** und **Abs. 2**, die nur eingreifen, soweit sie **nicht** als Deckungsgeschäfte von **§§ 130, 131 InsO** erfasst werden.[597] 156

---

593 Uhlenbruck/Hirte § 142 Rn. 33 m.w.N.
594 BGH WM 2001, 1078, 1080; Zöller/Stöber § 878 Rn. 2.
595 Zur Fassung des Klageantrags vgl. BGH a.a.O.; Zöller/Stöber § 878 Rn. 2.
596 BGH WM 2001, 1078, 1080; Stöber § 115, 3.4.
597 BGH ZIP 2012, 1018, 1022; Uhlenbruck/Hirte § 132 Rn. 87.

Der Eintritt einer **unmittelbaren** Gläubigerbenachteiligung im Rahmen des **§ 132 Abs. 1 InsO** ist ausschließlich mit Bezug auf das Wertverhältnis zwischen den konkret ausgetauschten Leistungen zu beurteilen; zu berücksichtigen sind allein solche Folgen, die an die anzufechtende Rechtshandlung anknüpfen. Muss der Schuldner für die Leistung, die er erlangt, nicht nur eine vollwertige Gegenleistung erbringen, sondern zusätzlich noch Altschulden bezahlen, so entfällt die gläubigerbenachteiligende Wirkung dieses Missverhältnisses nicht dadurch, dass der Gläubiger andernfalls den Vertrag nicht abgeschlossen und der Insolvenzschuldner demzufolge andere wirtschaftliche Nachteile erlitten hätte.[598]

§ 132 Abs. 1 InsO bezieht sich nicht nur auf zweiseitige,[599] sondern auch auf einseitige Rechtsgeschäfte, z.B. Kündigung eines Vertrags oder Verzicht, die unmittelbar zur Gläubigerbenachteiligung führen.[600]

Nach **§ 132 Abs. 2 InsO** fallen unter sonstige Rechtshandlungen auch rechtsgeschäftsähnliche Handlungen und Unterlassungen im Bereich des materiellen Rechts und des Prozessrechts, z.B. Unterlassung der Einlegung von Rechtsbehelfen oder Rechtsmitteln.[601]

3. Vorsätzliche Benachteiligung, § 133 InsO

157 Die Vorsatzanfechtung nach **§ 133 InsO** stellt eine Art **Generalklausel** dar.[602]

Die §§ 134, 138 BGB sowie § 826 BGB sind nur anwendbar, wenn über den Anfechtungstatbestand hinaus das Rechtsgeschäft besondere, über die Benachteiligung der Gläubiger hinausgehende Umstände aufweist bzw. besondere Umstände die Sittenwidrigkeit begründen.[603]

a) § 133 Abs. 1 S. 1 InsO

aa) Rechtshandlung des Schuldners

158 Für die Insolvenzanfechtung nach **§ 133 Abs. 1 S. 1 InsO** kommen Rechtshandlungen aller Art in Betracht, vgl. Rn. 116. Es muss sich jedoch um eine willensgeleitete und verantwortungsgesteuerte Rechtshandlung des Schuldners handeln, es genügt dessen Mitwirkung bei der Rechtshandlung eines Gläubigers oder eines Dritten.

Grundsätzlich fehlt es an einer solchen Rechtshandlung des Schuldners, wenn der Gläubiger eine Befriedigung im Wege der **Zwangsvollstreckung** erhält. Eine durch Zwangsvollstreckungsmaßnahmen des Gläubigers erlangte Zahlung kann aber dann der Insolvenzanfechtung unterliegen, wenn eine Schuldnerhandlung oder eine der Handlung gleichstehende Unterlassung zum Erfolg der Vollstreckungsmaßnahme beigetragen hat.[604]

Beispiel: Die Schuldnerin hob Barmittel von Ihrem Bankkonto ab, legte sie in die Kasse ein und sorgte so für einen hohen Kassenbestand, um mit diesen Mitteln vollstreckende Gläubiger bedienen zu kön-

598 BGH ZIP 2016, 279; WM 2005, 240; 2003, 893, 895.

599 BGH WM 2003, 893, 895.

600 MK-Kayser § 132 Rn. 9 m.w.N.

601 MK-Kayser § 132 Rn. 20 m.w.N.

602 Kayser ZIP 2014, 1966 ff.

603 BGH ZIP 2002, 1186, 1187; Palandt/Ellenberger § 138 Rn. 15.

604 BGH ZIP 2017, 1962, 1967; 2011, 531, 532; Uhlenbruck/Foerste § 133 Rn. 8 f.; Schäfer ZInsO 2018, 917 ff.

nen. Selbst wenn mit Barzahlungen aus der Kasse der Schuldnerin neben dem Gläubiger noch andere Vollstreckungsgläubiger befriedigt wurden, hat die gezielte Bereitstellung der Geldbeträge in der Kasse die Möglichkeit einer erfolgreichen Kassenpfändung des Vollziehungsbeamten geschaffen. Eine Pfändung des Kasseninhalts durch den Vollziehungsbeamten wäre unter diesen Umständen als Rechtshandlung der Schuldnerin und nicht als reiner Vollstreckungsvorgang zu bewerten gewesen. Umso mehr gilt dies für die tatsächlich erfolgten Zahlungen der Schuldnerin. Sie stellen sich wegen der gezielten Bereitstellung der Mittel in der Kasse trotz des möglichen Vollstreckungszugriffs des anwesenden Vollziehungsbeamten als selbstbestimmte, willensgeleitete Rechtshandlungen der Schuldnerin dar.

Veranlasst der spätere Insolvenzschuldner mit Gläubigerbenachteiligungsvorsatz seinen Schuldner, unmittelbar an seinen Gläubiger zu zahlen, kommt die Vorsatzanfechtung nach **§ 133 InsO** auch gegen den **Angewiesenen** in Betracht.[605]

Die **Anfechtungsansprüche** gegen den Angewiesenen und den Zuwendungsempfänger stehen im Verhältnis der **Gesamtschuld** zueinander.[606]

Auch können in Fällen der Drittzahlung **§ 133 Abs. 1 InsO** und **§ 134 InsO** nebeneinander angewendet werden, da die Anspruchsvoraussetzungen jeweils eigenständig sind.[607]

§ 133 InsO ist neben **§ 135 Abs. 1 Nr. 2 InsO** anwendbar.

bb) Gläubigerbenachteiligungsvorsatz des Schuldners

Gläubigerbenachteiligungsvorsatz des Schuldners liegt vor, wenn die **Benachteiligung** der Gläubiger vom Schuldner als Erfolg seines Handelns gewollt war, sog. dolus directus. Es reicht aber auch aus, wenn der Schuldner es für möglich hält, dass seine Rechtshandlung sich zum Nachteil der Gläubiger auswirkt und er diese Folge in Kauf genommen hat, sog. dolus eventualis.[608] 159

Eine Anfechtung ist selbst dann nicht ausgeschlossen, wenn der Schuldner zum Zeitpunkt der angefochtenen Rechtshandlung noch gar keine Gläubiger hatte.[609]

Dagegen setzt der Gläubigerbenachteiligungsvorsatz kein unlauteres Zusammenwirken von Schuldner und Gläubiger voraus.[610]

Maßgeblicher Zeitpunkt, in dem der Benachteiligungsvorsatz vorgelegen haben muss, ist derjenige der Vornahme der Rechtshandlung i.S.v. § 140 Abs. 1 InsO.

Nach st.Rspr. des BGH[611] hat der Schuldner die angefochtene Rechtshandlung dann mit Benachteiligungsvorsatz vorgenommen, wenn er zur Zeit ihrer Wirksamkeit, vgl. § 140 Abs. 1 InsO, zahlungsunfähig war.

Die **Darlegungs- und Beweislast** für das Vorliegen des Benachteiligungsvorsatzes liegt bei dem **Insolvenzverwalter**.[612]

Handelt der Schuldner im Zeitpunkt der Eingehung einer Verpflichtung mit Benachteiligungsvorsatz, so stellt dies regelmäßig ein wesentliches Beweisanzeichen dafür dar, dass der Vorsatz auch im Zeitpunkt der Erfüllung noch besteht.[613]

605 BGH ZIP 2017, 2370, 2372; 2017, 1281, 1282; 2014, 275; 2013, 1127, 1128; 371; Ede ZInsO 2012, 1541 ff.

606 BGH ZIP 2014, 35; 2010, 191.

607 BGH ZIP 2013, 228, 233, 234; a.A. Bork ZIP 2008, 1041, 1045.

608 BGH ZIP 2013, 174, 175; 2009, 1966, 1967; 922, 923; Uhlenbruck/Hirte § 133 Rn. 34 ff.

609 BGH ZIP 2009, 1966, 1967.

610 Uhlenbruck/Hirte § 135 Rn.6 m.w.N.

611 ZIP 2013, 1127, 1129; 2013, 174, 175; 2012, 137, 139; 2008, 1291, 1293; 2007, 1511, 1513; 2006, 1261, 1263; 290.

612 BGH ZIP 2003, 1799, 1800; Huber ZInsO 2012, 53, 56 ff.

613 BGH ZIP 2008, 467, 469.

160 Auf der Grundlage der von der Rspr. des BGH entwickelten Grundsätze des **Beweises des ersten Anscheins**, vgl. **§ 286 ZPO**[614] kann ein Indiz für das Vorliegen des Benachteiligungsvorsatzes des Schuldners die

- Weggabe eines wertvollen Vermögensgegenstandes sein, sog. Vermögensverschleuderung.[615]
- Kenntnis von der Zahlungsunfähigkeit, auch der drohenden Zahlungsunfähigkeit, zum Zeitpunkt der Vornahme der Rechtshandlung sein.[616]
- Inkongruenz einer Deckungshandlung, sofern die Wirkungen der Handlung zu einer Zeit eintreten, in der ernsthafte Zweifel an der Liquidität des Schuldners bestehen,[617] auch außerhalb des Drei-Monats-Zeitraums, wenn die Zahlungen des Schuldners zur Abwendung von angedrohten Insolvenzanträgen in der Zwangsvollstreckung erfolgten;[618] auch bei Rücknahme des Insolvenzantrags aufgrund Befriedigung mehrere Monate nach Stellung des Insolvenzantrags.[619]

cc) Kenntnis des Anfechtungsgegners vom Gläubigerbenachteiligungsvorsatz

161 Der **Anfechtungsgegner**, der **nicht** Insolvenzgläubiger sein muss, braucht nur den Gläubigerbenachteiligungsvorsatz des Insolvenzschuldners zu **kennen**, er muss nicht selbst die anderen Gläubiger benachteiligen wollen. Auch für das Vorliegen dieser Kenntnis ist auf den Zeitpunkt der Vornahme der Rechtshandlung nach § 140 Abs. 1 InsO abzustellen, vgl. Rn. 118.[620]

Die Kenntnis des Anfechtungsgegners ist **spiegelbildlich** so zu beurteilen, wie der Benachteiligungsvorsatz des Schuldners selbst, da sich die Kenntnis auf das Wissen und Wollen der Gläubigerbenachteiligung bezieht.[621] Dem entsprechend gelten die Grundsätze des Beweises des ersten Anscheins für das Vorliegen des Vorsatzes des Schuldners auch hinsichtlich der Kenntnis des Anfechtungsgegners davon, vgl. Rn. 160.

162 Nach der Rspr. des BGH sind solche Tatsachen nur mehr oder weniger gewichtige Beweisanzeichen, die eine Gesamtwürdigung nicht entbehrlich machen und nicht schematisch im Sinne einer vom anderen Teil zu widerlegenden Vermutung angewandt werden dürfen.

163 Darüber hinaus enthält die Beweislastregel des **§ 133 Abs. 1 S. 2 InsO – über die vorgenannten Beweisanzeichen hinaus – eine Vermutungsregel** für die Kenntnis des Anfechtungsgegners.

614 BGH ZIP 2013, 2113; 2009, 1966; Uhlenbruck/Hirte § 133 Rn. 60 f.
615 BGH 2002, 141, 143.
616 BGH ZIP 2016, 481; 2015, 1549; 2013, 174, 175; 79, 81; 2009, 1966.
617 BGH ZIP 2015, 1447; 2013, 228, 233; 174, 176; 2012, 2355, 2356; 137, 138; 2010, 841, 843.
618 BGH ZIP 2009, 1434, 1435; BAG ZInsO 2014, 1386.
619 BGH ZIP 2012, 2355, 2356.
620 BGH WM 2004, 1141, 1143; 2003, 1923, 1925; BGH WM 1997, 436, 440.
621 BGH ZIP 2018, 1033.

Die Vermutungsregel des **§ 133 Abs. 1 S. 2 InsO** verdrängt **nicht** die Beweiserleichterungen bei der Beweiswürdigung nach § 286 ZPO, die auch gegen den Anfechtungsgegner gelten, vgl. Rn. 160.

Unter den Voraussetzungen des **§ 133 Abs. 1 S. 2 InsO** wird die Kenntnis des Anfechtungsgegners vom Benachteiligungsvorsatz des Schuldners vermutet, d.h. es tritt eine Umkehr der Beweislast ein. Voraussetzung ist, dass der Anfechtungsgegner wusste, dass die Zahlungsunfähigkeit des Schuldners drohte, vgl. § 18 InsO, und dass die Handlung die Gläubiger benachteiligte. Diese beiden Voraussetzungen sind von dem Insolvenzverwalter darzulegen und zu beweisen. Hat der Insolvenzverwalter den Beweis geführt, dass der Anfechtungsgegner die drohende Zahlungsunfähigkeit des Schuldners und die gläubigerbenachteiligende Wirkung der Rechtshandlung kannte, hat der Anfechtungsgegner, um diese Vermutung zu widerlegen, den Beweis des Gegenteils zu führen, vgl. § 292 ZPO.

Nach der Rspr. des BGH steht der Kenntnis von der drohenden Zahlungsunfähigkeit auch im Rahmen des **§ 133 Abs. 1 S. 2 InsO** die Kenntnis von Umständen gleich, die zwingend auf eine drohende Zahlungsunfähigkeit hinweisen, vgl. § 130 Abs. 2 InsO, vgl. Rn. 152:[622] **164**

- monatelanges Schweigen des Schuldners auf ernsthaftes Einfordern der Forderung über den Zeitraum der Forderungsprüfung hinaus;
- stetiges Anwachsen von Verbindlichkeiten über mehrere Monate ohne nennenswerte Tilgung;
- eigene Erklärung des Schuldners, fällige Verbindlichkeiten nicht begleichen zu können, auch verbunden mit dem Wunsch des Schuldners auf Abschluss einer Ratenzahlungsvereinbarung;
- Mahnungen des Gläubigers, das Betreiben von Zwangsvollstreckungsmaßnahmen gegen den Schuldner;
- Androhung von Liefersperren betriebsnotwendiger Gegenstände.

Die Kenntnis der drohenden Zahlungsunfähigkeit indiziert nach der Rspr. des BGH die **165** Kenntnis der objektiven Gläubigerbenachteiligung jedenfalls dann, wenn der Anfechtungsgegner nicht davon ausgehen durfte, alleiniger Gläubiger des Schuldners zu sein. Dies gilt insbesondere, wenn der Schuldner im **unternehmerischen Rechtsverkehr** tätig ist, weil der Gläubiger in diesem Fall mit weiteren Gläubigern des Schuldners mit ungedeckten Ansprüchen rechnen muss. Dieser Grundsatz gilt auch dann, wenn eine kongruente Leistung angefochten wird.[623]

Soweit sich der Anfechtungsgegner auf den **Wegfall** einer zuvor bestehenden Zah- **166** lungsunfähigkeit des Schuldners im Zeitpunkt der Rechtshandlung beruft, obliegt ihm die **Beweislast** dafür. Ein Gläubiger der von der einmal eingetretenen Zahlungsunfähigkeit des Schuldners wusste, hat darzulegen und zu beweisen, warum er später davon

---

622 BGH ZIP 2018, 1033; 240; 2017, 1379, 1380; 2016, 1388; 2013, 371.

623 BGH ZIP 2017, 1232; 2016, 627; 2015, 585.

ausging, der Schuldner habe seine Zahlungen möglicherweise allgemein wieder aufgenommen. Der Abschluss einer Ratenzahlungsvereinbarung und die nachfolgende ratenweise Tilgung der eigenen Forderung lassen die Kenntnis von der Zahlungsunfähigkeit nicht entfallen.[624]

167 Nach der Rspr. des BGH kann die Kenntnis von der drohenden Zahlungsunfähigkeit ihre Bedeutung als Beweisanzeichen für den Gläubigerbenachteiligungsvorsatz des Schuldners und die Kenntnis des Gläubigers davon verlieren, sog. **gegenläufige Indizien**,

- wenn in unmittelbaren Zusammenhang mit der anfechtbaren Rechtshandlung eine gleichwertige Gegenleistung in das Vermögen des Schuldners gelangt, somit ein Leistungsaustausch ähnlich einem **Bargeschäft** stattfindet. Dem liegt zugrunde, dass dem Gläubiger in diesem Falle wegen des gleichwertigen Leistungsaustauschs trotz Kenntnis von der Zahlungsunfähigkeit des Schuldners die Gläubiger benachteiligende Wirkung der an ihn bewirkten Leistung nicht bewusst geworden sein kann.

  Nach der **bisherigen Rspr. des BGH**[625] ist die Anfechtbarkeit von bargeschäftsähnlichen Handlungen jedoch eingeschränkt, „... wenn sich der Schuldner der eintretenden mittelbaren Gläubigerbenachteiligung jedoch gleichwohl bewusst ist, d.h. **wenn er weiß, dass er trotz Belieferung zu marktgerechten Preisen fortlaufend unrentabel arbeit und deshalb bei der Fortführung seines Geschäfts mittels der durch bargeschäftsähnliche Handlungen erworbenen Gegenstände weitere Verluste anhäuft, die die Befriedigungsaussichten der Gläubiger weiter mindern, ohne dass auf längere Sicht Aussicht auf Ausgleich besteht**." Entsprechendes gilt für die Kenntnis des Gläubigers von der Unrentabilität.

  Die **gesetzliche Neuregelung** stellt nur noch darauf ab, dass eine **gleichwertige Gegenleistung in das Vermögen des Schuldners** gelangt sein muss. Es ist danach, entgegen der Rspr. des BGH[626] nicht erforderlich, dass diese der Gesamtheit der Gläubiger nutzt, was insbesondere dann nicht der Fall ist, wenn die Betriebsfortführung weiterhin zu Verlusten führt. Nach der Gesetzesbegründung sei auch **keine Unlauterbarkeit** des Schuldners nach **§ 142 Abs. 1 S. 1 InsO n.F.** gegeben, wenn dieser erkenne, dass die Betriebsfortführung unrentabel sei.

  In der Lit.[627] wird demgegenüber angenommen, in der **Insolvenzverschleppung** – in Übereinstimmung mit der Wertung des **§ 15 a InsO** – ein **unlauteres Schuldnerhandeln** zu sehen. Anderenfalls wäre der Anfechtungsgegner, oder die Insolvenzverschleppung durch Weiterbelieferung fördert und von ihr profitiert, ungerechtfertigt privilegiert.

- wenn die angefochtene Rechtshandlung **Bestandteil** eines ernsthaften, letztlich aber fehlgeschlagenen **Sanierungsversuchs** ist. Denn in diesem Falle ist die Rechts-

624 BGH ZIP 2016, 1686; 874, 876.

625 BGH ZIP 2017, 1232, 1233; 2016, 2423; 2015, 585; Neuberger ZInsO 2018, 1242 ff.; zu § 142 Abs. 1 S. 1 InsO n.F. Pape ZInsO 2018, 296, 303, 304; Sämisch/Deichgräber ZInsO 2018, 773, 775.

626 BGH ZIP 2017, 1232, 1233; 2016, 2423; 2015, 585; Neuberger ZInsO 2018, 1242 ff.; zu § 142 Abs. 1 S. 1 InsO n.F. Pape ZInsO 2018, 296, 303, 304; Sämisch/Deichgräber ZInsO 2018, 773, 775.

627 Foerste ZInsO 2018, 296, 303, 304; Klinck Der Betrieb 2016, 634, 641; Ganter WM 2015, 2117, 2120; Brinkmann/Jacoby/Thole ZIP 2015, 2001, 2002 f.

handlung von einem anfechtungsrechtlich unbedenklichen Willen geleitet und das Bewusstsein der Benachteiligung anderer Gläubiger tritt in den Hintergrund.[628]

b) § 133 Abs. 2 InsO

Nach **§ 133 Abs. 2 InsO** wird die Anfechtungsfrist bezogen auf **Deckungshandlungen**, vgl. Rn. 131 ff., auf **vier Jahre** verkürzt. 168

Die Verkürzung gilt für alle Deckungshandlungen, sowohl **kongruente** als auch **inkongruente Deckungen**, d.h. alle außerhalb der drei Monatsfrist vorgenommenen Deckungshandlungen, die kongruent bzw. inkongruent sind. Der Wortlaut des **§ 133 Abs. 2 InsO** spricht – gegenüber dem der §§ 130,131 InsO – nicht davon, dass einem Insolvenzgläubiger eine Sicherung oder Befriedigung gewährt wird, sondern von dem „anderen Teil". Es handelt sich wohl nur um einen redaktionellen Fehler des Gesetzgebers, in Fortführung des Wortlauts in § 133 Abs. 1 S. 1 InsO. Aus dem systematischen Zusammenhang mit den §§ 130, 131 InsO ist zu schließen, dass die Begrenzung auf vier Jahre nur bei Deckungen i.S.d. §§ 130, 131 InsO gilt, somit nur dann, wenn ein **Insolvenzgläubiger** des Insolvenzschuldners befriedigt oder gesichert wird.

Dies entspricht der Reform des Insolvenzanfechtungsrechts, wonach die in der Vergangenheit vollzogene Ausdehnung der §§ 130, 131 InsO durch die Vorsatzanfechtung nach § 133 Abs. 1 InsO eingedämmt werden soll. Denn schutzwürdig in seinem Vertrauen auf das endgültige Behaltendürfen nach Ablauf der **vier Jahre** ist der Anfechtungsgegner nur, wenn er selbst Gläubiger des Schuldners ist.

Wird eine Sicherung oder Befriedigung als inkongruente Deckung angefochten, gilt § 133 Abs. 2 InsO auch dann, wenn zur Begründung der Inkongruenz als Vorfrage zunächst der konkurrenzbegründende Schuldgrund angefochten werden muss.[629] Soweit es dagegen nur um die benachteiligenden Wirkungen des Schuldgrundes als solchem geht, verbleibt es bei dem 10-Jahres-Zeitraum des § 133 Abs. 1 S. 1 InsO einschließlich der Vermutungsregel des § 133 Abs. 1 S. 2 InsO.

Die gesetzliche Neuregelung des § 133 Abs. 2 InsO wird daher bei entsprechend gelagerten Fällen dazu führen, zunächst den Schuldgrund nach § 133 Abs. 1 InsO anzufechten, wenn die Anfechtung der Deckung als solcher an der verkürzten Frist des § 133 Abs. 2 InsO scheitert.[630]

c) § 133 Abs. 3 InsO

aa) § 133 Abs. 3 S. 1 InsO

Hat der Anfechtungsgegner Sicherungen oder Befriedigungen, welche er in der Art und zu der Zeit beanspruchen konnte, d.h. **kongruente Deckungen**, erhalten, wird die Vermutung des § 133 Abs. 1 S. 2 InsO für die drohende Zahlungsunfähigkeit durch die **ein-** 169

628 BGH ZIP 2016, 1235; 2014, 1032; 2013, 894; Pape ZInsO 2018, 296, 301; Huber ZIP 2018, 519, 522.
629 BGH ZIP 2014, 1595.
630 Thole ZIP 2017, 401, 403.

getretene Zahlungsunfähigkeit ersetzt. Insoweit kommt es nur noch auf die tatsächlich schon eingetretene Zahlungsunfähigkeit – statt einer bloß drohenden Zahlungsunfähigkeit, vgl. § 18 InsO – an, vgl. § 17 InsO.

Die drohende Zahlungsunfähigkeit soll nicht mehr genügen, um die Vermutungsregel des **§ 133 Abs. 1 S. 2 InsO** bei **kongruenten Deckungen** zu rechtfertigen.

Der Nachweis der Kenntnis der eingetretenen Zahlungsunfähigkeit wird auch weiterhin mit der Kenntnis von Umständen zu begründen sein, die zwingend auf die Zahlungsunfähigkeit schließen lassen.[631]

Unklar ist jedoch, ob aus **§ 133 Abs. 3 S. 1 InsO** auch abgeleitet werden kann, dass der Gläubigerbenachteiligungsvorsatz des Schuldners bei kongruenten Deckungen nicht mehr bei Kenntnis der drohenden Zahlungsunfähigkeit vermutet werden soll.[632]

bb) § 133 Abs. 3 S.2 InsO

170 **§ 133 Abs. 3 S. 2 InsO knüpft an § 133 Abs. 3 S. 1 InsO** an, der somit auch nur für **kongruente Deckungen** gilt.

Die Vorschrift enthält eine widerlegliche gesetzliche Vermutung, nach der vermutet wird, dass der Anfechtungsgegner zur Zeit der Handlung, d.h. zur Zeit der dem Abschluss der Ratenzahlungsvereinbarung nachfolgenden Zahlung, die Zahlungsunfähigkeit nicht kannte.

Dass die Nichtkenntnis von der Zahlungsunfähigkeit vermutet wird, betrifft zunächst nur § 133 Abs. 3 S. 1 InsO i.V.m. § 133 Abs. 1 S. 2 InsO, somit die gesetzliche Vermutung für die Kenntnis des Gläubigerbenachteiligungsvorsatzes des Schuldners. Fraglich ist, ob man die Ratenzahlungsvereinbarung und die dahingehende Bitte des Schuldners als Indiz verwerten darf, wenn man ohne die Vermutung des § 133 Abs. 3 S. 1 InsO i.V.m. § 133 Abs. 1 S. 2 InsO die Kenntnis vom Gläubigerbenachteiligungsvorsatz des Schuldners feststellen will. Aus der Gesetzesbegründung ergibt sich, dass Umstände, die über die Ratenzahlungsvereinbarung hinausgehen, uneingeschränkt bei der Gesamtbeurteilung berücksichtigt werden können. Eine – darüber hinaus gehende – Vermutung, dass mit der Gewährung der Zahlungserleichterung auch die Zahlungsunfähigkeit beseitigt wird, lässt sich dem Gesetzeswortlaut nicht entnehmen.

Nach dem Gesetzestext des **§ 133 Abs. 1 S. 2 InsO** soll weiterhin aus dem Abschluss der Zahlungsvereinbarung abgeleitet werden, dass „zur Zeit der Handlung „d.h. zum Zeitpunkt der späteren Ratenzahlung, keine Kenntnis von der Zahlungsunfähigkeit bestand. Der Schutz des Gläubigers dürfte jedoch nur dann bestehen, wenn und solange die Ratenzahlungen vom Schuldner vereinbarungsgemäß erbracht werden. Die Nichteinhaltung der Ratenzahlungsvereinbarung begründet dagegen die Kenntnis von der Zahlungsunfähigkeit und des daraus abgeleiteten Gläubigerbenachteiligungsvorsatzes des Schuldners.[633]

---

631 BGH ZIP 2013, 371; 2012, 735; Uhlenbruck/Hirte § 133 Rn. 69 m.w.N.

632 Thole ZIP 2017, 4101, 404 f; Ganter WM 2015, 2117, 2119 f; Dahl/Taras ZInsO 2016, 20, 23 f.

633 Pape ZInsO 2018, 296, 300; Huber ZIP 2018, 519, 522.

Unter einer Zahlungsvereinbarung oder Zahlungserleichterung dürfte nur die Gewährung von Ratenzahlungsvereinbarungen im Rahmen der Gepflogenheiten des Geschäftsverkehrs oder Änderungen bereits bestehender Zahlungsmodalitäten gemeint sein. Zweifelhaft erscheint in diesem Zusammenhang, ob auch Vereinbarungen mit dem Gerichtsvollzieher, vgl. insbesondere § 802 b ZPO, darunter fallen.[634]

Weiterhin dürften nur Fälle in Betracht kommen, in denen der Anfechtungsgegner Zahlung oder Besicherung als **kongruente Deckung** verlangen konnte.

d) § 133 Abs. 4 InsO

Nach **§ 133 Abs. 4 S. 1 InsO** besteht eine **Umkehr** der **Beweislast** sowohl für den Gläu- **171**
bigerbenachteiligungsvorsatz des Schuldners, als auch für die Kenntnis des Anfechtungsgegners, wenn es sich um die Anfechtung eines entgeltlichen Vertrages mit einer nahe stehenden Person i.S.d. **§ 138 InsO** handelt, durch den die Insolvenzgläubiger unmittelbar benachteiligt werden und der in den letzten zwei Jahren vor dem Insolvenzantrag geschlossen wurde.[635]

Der **Insolvenzverwalter** hat nur den Abschluss eines entgeltlichen Vertrages durch den Schuldner mit einer nahe stehenden Personen und die hierdurch verursachte unmittelbare Gläubigerbenachteiligung zu beweisen.[636] Der **Anfechtungsgegner** kann den möglichen **Gegenbeweis** dahin führen, dass entweder der Vertrag früher als zwei Jahre vor dem Eröffnungsantrag geschlossen wurde oder dass er einen Gläubigerbenachteiligungsvorsatz des Schuldners nicht kannte, bzw. der Schuldner keinen Gläubigerbenachteiligungsvorsatz hatte,[637] **§ 133 Abs. 4 S. 2 InsO**.

Dies gilt auch für güterrechtliche Verträge.[638]

Kann der Anfechtungsgegner den Beweis führen, dass der Vertrag mehr als zwei Jahre vor dem Eröffnungsantrag geschlossen wurde, so kann die Anfechtung auch auf **§ 133 Abs. 4 InsO** gestützt werden, da **§ 133 Abs. 2 InsO** nur eine **Beweiserleichterung** enthält, dagegen keinen selbstständigen Anfechtungstatbestand. Dies gilt auch für den Fall einer lediglich mittelbaren Gläubigerbenachteiligung.[639]

4. Unentgeltliche Leistung, § 134 InsO

§ 134 InsO entspricht dem Grundsatz der geringeren Schutzwürdigkeit des unentgelt- **172**
lichen gegenüber dem entgeltlichen Erwerb, vgl. z.B. §§ 528, 816 Abs. 1 S. 2, 822, 988, 2287, 2325 BGB.[640]
Gebräuchliche Gelegenheitsgeschenke sind i.S.d. § 134 Abs. 2 InsO von geringem Wert, wenn sie zu einer einzelnen Gelegenheit den Wert von 200 € und im Kalenderjahr den Wert von 500 € nicht übersteigen.

Unter den Begriff der Leistungen i.S.d. **§ 134 InsO** fallen Verpflichtungs- und Verfügungsgeschäfte aller Art, dagegen nicht Maßnahmen der Zwangsvollstreckung.

---

634 Huber ZInsO 2017, 517, 521.

635 BGH ZIP 2012, 2340; 2010, 1702, 1703; 2006, 490; Uhlenbruck/Hirte § 133 Rn. 184.

636 BGH WM 2012, 2340, 2342; ZIP 2012, 2449; 2010, 1702, 1704; OLG Frankfurt ZIP 2011, 392, 393.

637 BGH ZIP 2013, 374; MK-Kayser § 133 Rn. 46, 47 m.w.N.

638 BGH ZIP 2010, 1702, 1704.

639 BGH ZIP 2016, 583; 2008, 467, 468; HK-Kreft § 133 Rn. 34 m.w.N.

640 Klinck ZIP 2017, 1589 ff.

173 Für die Frage der **Unentgeltlichkeit** der Leistung ist grundsätzlich auf die **objektive Wertrelation** zwischen Leistung des Schuldners und Gegenleistung des Empfängers abzustellen. Erst wenn feststeht, dass der Schuldner bei objektiver Betrachtungsweise überhaupt einen Gegenwert für seine eigene Leistung erhalten hat, kann geprüft werden, ob die Beteiligten die gewährte oder versprochene Gegenleistung tatsächlich als Entgelt angesehen haben.[641]

Eine Anfechtung wegen unentgeltlicher Leistung nach **§ 134 Abs. 1 InsO** scheidet aus, wenn beide Vertragsteile im Rahmen eines vertraglichen Austauschgeschäftes aufgrund eigenverantwortlicher Willensausübung ein ausgewogenes Verhältnis von Leistung und Gegenleistung zugrunde gelegt haben.

Beispiel:[642]

Der Schuldner erwarb aufgrund notariellen Vertrages von V einen GmbH-Geschäftsanteil zum Kaufpreis von 175.000,-- €. Nachdem im Insolvenzanfechtung eingeholten Sachverständigengutachten war der GmbH-Geschäftsanteil tatsächlich wertlos.

Für die Bewertung ist in erster Linie die objektive Wertrelation zwischen der Leistung des Schuldners und der Gegenleistung des Empfängers ausschlaggebend. Anderenfalls könnten die Beteiligten allein dadurch, dass sie einer für den Schuldner objektiv wertlosen Leistung in ihren rechtsgeschäftlichen Erklärungen einen subjektiven Wert beimessen und damit den Zweck des Gesetzes vereiteln.

In der bisherigen Rspr. des Senats ist die Frage offengeblieben, ob ein Irrtum beider Teile über die tatsächlichen Voraussetzungen der Werthaltigkeit einer Gegenleistung die Anwendung des § 134 Abs. 1 InsO ausschließt. Sie ist nunmehr dahin zu beantworten, dass § 134 Abs. 1 InsO jedenfalls nicht einschlägig ist, wenn beide Teile nach den objektiven Umständen der Vertragsanbahnung, der Vorüberlegungen der Parteien und des Vertragsschlusses selbst von einem Austauschgeschäft ausgehen und zudem in gutem Glauben von der Werthaltigkeit der dem Schuldner gewährten Gegenleistung überzeugt sind, die sich erst aufgrund einer nachträglichen Prüfung als wertlos erweist.

174 **Fälle zur unentgeltlichen Leistung:**

Hat der spätere Insolvenzschuldner mit dem Dritten eine angemessene Gegenleistung für die von ihm erbrachte Zuwendung vereinbart, kann diese schon nicht deshalb als unentgeltlich angefochten werden, weil die Gegenleistung ausgeblieben ist.[643]

Bei Zahlung auf eine nicht bestehende Schuld bei irrtümlicher Annahme liegt keine unentgeltliche Leistung des Schuldners vor.[644]

Veräußert der spätere Insolvenzschuldner Gegenstände aus seinem Vermögen unter Wert, um insbesondere Liquidität zu erlangen, sog. **Notverkauf**, liegt keine unentgeltliche Leistung vor, da die Parteien die Gegenleistung als angemessen ansehen.[645]

Die **Schuldübernahme**, die **Erfüllungsübernahme** sowie die Tilgung fremder Schulden sind unentgeltliche Leistungen, wenn der spätere Insolvenzschuldner weder die Forderung des Gläubigers, einen Anspruch auf Abtretung, noch sonst ein Entgelt erwirbt und wenn er zur Vornahme dieser Handlungen weder dem Schuldner, dem Gläubiger oder einem sonstigen Dritten gegenüber verpflichtet ist.[646] Dies gilt auch, wenn er auf einen vollwertigen Ausgleichsanspruch verzichtet, den er durch die Tilgung fremder Schuld gegen den Schuldner dieser Verbindlichkeit erwirbt.

641 BGH ZIP 2016, 2329; 2008, 1291, 1292; 2006, 2391; 957; 1 ff.; MK-Kayser § 134 Rn. 23.

642 BGH ZIP 2016, 2329.

643 BGH WM 1999, 394, 395.

644 BGH ZIP 2017, 1233, 1237.

645 Uhlenbruck/Hirte § 134 Rn. 29 m.w.N.

646 BGH ZIP 2010, 841, 842; 2001, 1248.

Die freiwillige **Sicherung fremder Schuld**, etwa durch Übernahme einer Bürgschaftsverpflichtung, Bestellung einer Grundschuld oder eines Pfandrechts, Sicherungsübereignung, Sicherungszession kann unentgeltliche Leistung i.S.d. § 134 InsO sein.[647] Hat dagegen der Sicherungsnehmer einem Dritten für die Leistung eine ausgleichende Gegenleistung, z.B. Darlehen, mit Einverständnis des späteren Insolvenzschuldners zum Zeitpunkt der Begründung der gesicherten Forderung gewährt, scheidet eine Anfechtung nach § 134 InsO aus, ohne dass hierzu eine vertragliche Verpflichtung des Sicherungsnehmers gegenüber dem Sicherungsgeber bestehen muss.[648]

Wendet der Schuldner dem Empfänger etwas durch Leistungen an einen **Dritten** zu, ist für die Frage der Unentgeltlichkeit allein darauf abzustellen, ob der **Empfänger** eine den Vermögenserwerb ausgleichende Leistung schuldet.[649]

Der Gläubiger, der für den Fall der **nachträglichen Besicherung** seine Darlehensrückzahlungsforderung stehen lässt, erbringt damit kein Vermögensopfer, wenn die Forderung im Zeitpunkt der Besicherung nicht mehr durchsetzbar war. Die Besicherung einer fremden Forderung ist nicht deswegen entgeltlich, weil der Sicherungsgeber mit der Gewährung der Sicherheit ein eigenes wirtschaftliches Interesse verfolgt.[650]

Hat sich der Schuldner verpflichtet, die für die Forderung eines Dritten mithaftende Person von ihrer Ausgleichspflicht im Innenverhältnis schenkungshalber **freizustellen**, so nimmt der Schuldner mit der Leistung an den Dritten eine unentgeltliche Verfügung vor, obwohl er dadurch zugleich auch von einer eigenen Verbindlichkeit frei wird.

Übertragung einer vertraglichen Rechtsstellung auf einen Dritten kann als unentgeltliche Leistung anfechtbar sein, wenn die von diesem übernommenen Pflichten keine die erlangten Rechte ausgleichende Gegenleistung darstellen.[651]

Ein **Vergleich** i.S.d. **§ 779 BGB**, der bei verständiger Würdigung des Sachverhalts oder der Rechtslage eine bestehende Ungewissheit durch gegenseitiges Nachgeben beseitigen soll, enthält im Regelfall keine unentgeltliche Leistung.[652]

Eine Leistung, die der spätere Insolvenzschuldner zur Tilgung einer **nicht werthaltigen Forderung** des Leistungsempfängers gegen einen Dritten erbringt, ist auch dann als unentgeltlich anfechtbar, wenn der Leistungsempfänger von der Wertlosigkeit seiner Forderung keine Kenntnis hat.[653]

Die Auszahlung von in „Schneeballsystemen" erzielten **Scheingewinnen** ist als unentgeltliche Leistung i.S.d. § 134 InsO anfechtbar, dagegen nicht Zahlungen, denen ein gewinnunabhängiges Zahlungsversprechen im Gesellschaftsvertrag zugrundeliegt.[654]

Erbringt der Schuldner aufgrund eines „letter of intent" der Gegenseite Werkleistungen, überlässt er den Auftrag jedoch einem Dritten, der den vollen Werklohn erhält, können die vom Schuldner erbrachten Werkleistungen im Verhältnis zum Dritten als unentgeltliche Leistung anfechtbar sein.[655]

Umstrukturierungsmaßnahmen, sog. „Asset-Übertragungen", können unentgeltliche Leistungen i.S.d. **§ 134 InsO** darstellen.

Das **Bezugsrecht** eines Dritten bei **Versicherungsleistungen** ist eine unentgeltliche Leistung,[656] die Zuwendung der Versicherungsleistung ist mit der Bezeichnung des Bezugsberechtigten vorgenommen, **§ 140 Abs. 1 InsO**.[657]

---

647 BGH ZIP 2012, 1254, 1255; Fischer ZInsO 2011, 1042 ff.

648 BGH ZIP 2013, 223, 225; 2012, 1254, 1256; 2010, 841; 36, 37 – werthaltiger Regressanspruch gegen den Schuldner; Berger ZIP 2010, 2078 ff.

649 BGH ZIP 2013, 223, 225; 2009, 1122; 2008, 1385; Kayser WM 2007, 1 ff.

650 BGH ZIP 2006, 1362; 2004, 1819.

651 BGH ZIP 2018, 792.

652 BGH ZIP 2012, 984; 2006, 2391.

653 BGH ZIP 2016, 581; 2013, 1131, 1132; 2009, 2303, 2304; 1122, 1123; 2008, 1385, 1386; 125, 126; 2006, 957; 2005, 767 zu sog. „Cash Pool-Systemen".

654 BGH ZIP 2017, 1284; 2012, 931, 932; 2011, 2264, 2265; 674, 675; 484, 485; 390, 391; 2010, 1455, 1457; 2009, 186, 187– Phoenix; Bitter/Heim ZIP 2010, 1569 ff.; Baumert ZIP 2010, 212 ff.

655 BGH ZIP 2007, 1118, 1120.

656 BGH ZIP 2012, 2409; Henkel EWiR 3/2013, 83; 636, 637; 2010, 1964.

657 BGH a.a.O.

175 Die Beweislast für die Unentgeltlichkeit der Leistung sowie die weiteren Tatbestandsmerkmale trägt der **Insolvenzverwalter**, der **Anfechtungsgegner** dafür, dass die Leistung nicht innerhalb des Anfechtungszeitraums von vier Jahren liegt, **§ 134 Abs. 1 Hs. 2 InsO**.[658]

5. Gesellschafterdarlehen, § 135 InsO (Überblick)

a) Einführung

176 Nach **§ 39 Abs. 1 Nr. 5 InsO** sind in der Insolvenz der Gesellschaft alle Forderungen auf Rückgewähr von Gesellschafterdarlehen sowie gleichgestellte Forderungen einheitlich **nachrangig** gegenüber sämtlichen sonstigen Verbindlichkeiten der Gesellschaft.

Das Gesetz verweist jedes **Gesellschafterdarlehen** bei Eintritt der Gesellschaftsinsolvenz in den Nachrang.[659] In der Insolvenz der Gesellschaft sind alle Forderung auf Rückgewähr von Gesellschafterdarlehen – **auch Überbrückungskredite** – sowie gleichgestellte Forderungen einheitlich nachrangig gegenüber sämtlichen sonstigen Verbindlichkeiten der Gesellschaft.[660]

§ 39 Abs. 4 S. 1 InsO normiert den sachlichen Anwendungsbereich der Nachrangigkeit rechtsformneutral in Bezug auf **alle Gesellschaftsformen**, bei denen kein persönlich haftender Gesellschafter eine natürliche Person ist und zu deren persönlich haftenden Gesellschaftern auch keine Gesellschaft mit einer natürlichen Person als persönlich haftendem Gesellschafter gehört. Gemeint ist damit die unbeschränkte persönliche Außenhaftung nach **§ 128 HGB**, sodass weder die Kommanditistenhaftung nach **§ 161 HGB** noch der Verlustausgleichsanspruch nach **§ 302 AktG** noch die Gründerhaftung in der Vorgesellschaft – als Innenhaftung – darunter fallen.

Der für ein Gesellschafterdarlehen gem. **§ 39 Abs. 1 Nr. 5 InsO** angeordneten Nachrang besteht für den Gesellschafter als Darlehensgeber auch bei Aufgabe seiner Beteiligung an der Gesellschaft oder Abtretung der Darlehensforderung an einen Nichtgesellschafter weiter. Auf der Grundlage des in **§ 135 Abs. 1 Nr. 2 InsO** zum Ausdruck kommenden Rechtsgedankens bleibt der Nachrang für ein Gesellschafterdarlehen jedoch nur erhalten, wenn der Gesellschafter innerhalb der Jahresfrist vor Antragstellung entweder seine Gesellschafterposition aufgibt oder die Forderung auf ein Nichtgesellschafter überträgt.[661]

177 Nach der gesetzlichen Regelung des **§ 39 Abs. 1 Nr. 5 InsO** werden auch Rechtshandlungen **Dritter** erfasst, die der Darlehensgewährung durch einen Gesellschafter **wirtschaftlich entsprechen**.[662]

- Der **atypisch stille Gesellschafter** einer GmbH & Co.KG entspricht mit seinen Ansprüchen wirtschaftlich dem Gläubiger eines Gesellschafterdarlehens, wenn in einer

---

658 Uhlenbruck/Hirte § 134 Rn. 163.

659 BGH ZIP 2017, 2481; 2015, 1130; 2013, 1629.

660 Haas ZIP 2017, 545 ff.

661 BGH ZIP 2013, 582, 584; 2012, 78; Uhlenbruck/Hirte § 39 Rn. 46.

662 BGHZ 188, 363.

Gesamtbetrachtung seine Stellung nach dem Beteiligungsvertrag der eines Kommanditisten im Innenverhältnis weitgehend angenähert ist.[663]

- Als Rechtshandlungen Dritter, die der Darlehensgewährung durch einen Gesellschafter wirtschaftlich entsprechen, gelten Darlehen **verbundener Unternehmen**. Dies gilt jedenfalls für den Gesellschafter-Gesellschafter, also denjenigen, der an der Gesellschafterin der Gesellschaft beteiligt ist und aufgrund einer qualifizierten Anteilsmehrheit einen beherrschenden Einfluss auf die Gesellschafterin ausüben kann.[664]
- Auch **mitarbeitende Gesellschafter**, die ihre Gehälter stehen gelassen haben, unterfallen dem **§ 39 Abs. 1 Nr. 5 InsO**. Ein Sonderrecht zugunsten eines Arbeitnehmerschutzes besteht nicht.[665]

b) § 135 Abs 1 InsO

§ 135 Abs. 1 Nr. 1 InsO unterstellt die Gewährung von Sicherheiten für Gesellschafterdarlehen durch die Gesellschaft als anfechtbare Rechtshandlung, wenn die Handlung in den letzten **zehn Jahren** vor dem Antrag auf Eröffnung des Insolvenzverfahrens vorgenommen worden ist. 178

§ 135 Abs. 1 Nr. 2 InsO erfasst die Darlehensrückgewähr als anfechtbare Rechtshandlung binnen einer Frist von einem Jahr vor dem Eröffnungsantrag.

Die Anfechtungstatbestände des **§ 135 Abs. 1 Nr. 1 InsO und 135 Abs. 1 Nr. 2 InsO** greifen unabhängig voneinander ein.[666]

Im Übrigen bestehen alle Anfechtungstatbestände selbstständig nebeneinander und schließen sich nicht wechselseitig aus, auch nicht im Verhältnis von **§ 135 Abs. 1 InsO zu § 133 InsO**.[667]

Der Gesellschafter muss den Betrag, der ihm wegen seiner Darlehensforderung Befriedigung gewährt hat, nach **§§ 143 Abs. 1 S.1, 135 Abs. 1 Nr. 2 InsO** zur Insolvenzmasse zurückgewähren.

Seine eigene Forderung lebt dadurch nach **§ 144 Abs. 1 InsO** wieder auf, jedoch nur mit dem vor Eröffnung des Insolvenzverfahrens bestehendem Nachrang nach **§ 39 Abs. 1 Nr. 5 InsO**.

Veranlasst der Gesellschafter durch die Abtretung der Darlehensforderung die Zahlung an den Zessionar als seine Geheißperson, haften Gesellschafter und Zahlungsempfänger nach **§§ 143 Abs. 1 S.1, 135 Abs. 1 Nr. 2 InsO** gesamtschuldnerisch.[668]

---

663 BGH ZIP 2013, 1869, 1872.
664 BGH ZIP 2013, 582, 584.
665 BAG ZIP 2014, 927, 930.
666 BGH ZIP 2013, 1579 m. Anm. Bitter ZIP 2013, 1583 ff.
667 Allg. Meinung MK -Kirchhof vor § 129 94.
668 BGH ZIP 2013, 582, 584.

c) § 135 Abs. 2 InsO

179 **§ 135 Abs. 2 InsO** unterstellt die Darlehensrückgewähr an einen Dritten, z.B. ein Kreditinstitut, binnen einer **Frist von einem Jahr** als anfechtbare Rechtshandlung, wenn der Gesellschafter als Bürge haftete oder eine Sicherheit gestellt hatte. Neben der in § 135 Abs. 2 InsO ausdrücklich erwähnten Bürgschaft werden vom Wortlaut der Vorschrift alle Sicherheiten im weitesten Sinne, z.B. auch eine Grundschuld als Sachsicherheit erfasst.

Die Erfüllung des Darlehens führt wegen der damit verbundenen Befreiung des Gesellschafters von seinen Sicherungen zu einer Gläubigerbenachteiligung. Vor Verfahrenseröffnung war der Gesellschafter verpflichtet, die Gesellschaft von einer Inanspruchnahme durch den Gläubiger als Darlehensgeber freizustellen. In diesem Falle hätte seine Rückgriffsforderung im Rang nach den Insolvenzforderungen, **§ 39 Abs. 1 Nr. 5 InsO**, gestanden. Tilgt entgegen diesen Grundsätzen der Gesellschafter Drittdarlehen, unterwirft **§ 135 Abs. 2 InsO** die damit verbundene Befreiung des Gesellschafters von seiner Sicherung der Anfechtung. Der Regelung des **§ 135 Abs. 2 InsO** liegt der Rechtsgedanke zugrunde, dass es wirtschaftlich einer Darlehenshingabe des Gesellschafters an seine Gesellschaft, **§ 135 Abs. 1 InsO**, entspricht, wenn er einem Dritten für einen der Gesellschaft überlassenen Kredit eine Sicherung gewährt. Aus dieser Erwägung wird eine Gesellschaftersicherung anfechtungsrechtlich wie Vermögen der Gesellschaft behandelt und die Befreiung des Gesellschafters von seiner Sicherung der Rückführung eines Gesellschafterdarlehens gleichgestellt.[669]

Der Anspruch aus **§§ 135 Abs. 2, 143 Abs. 3 S.1, 2 InsO** ist jedoch der Höhe nach auf das begrenzt, was der Gesellschafter aufgrund der Sicherheitenbestellung **insgesamt** geschuldet hätte. Bei teilweiser Rückführung des Drittdarlehens darf danach die **Summe** aus dem Anfechtungsanspruch nach **§§ 135 Abs. 2, 143 Abs. 3 S.1, 2 InsO** und die fortbestehende Verpflichtung des Gesellschafters gegenüber dem Gläubiger den **Höchstbetrag** der von dem Gesellschafter gewährten Sicherheiten nicht übersteigen[670] nicht übersteigen.

Das Gesetz regelt in **§ 135 Abs. 2 InsO nicht**, wie in der Insolvenz der Gesellschaft die Verwertung der von ihr gestellten Sicherheiten gegenüber einem Gesellschafter wirkt, der für das gesicherte Darlehen – wie in der Praxis üblich – darüber hinaus eigene Sicherheiten erbracht hat, sog. **„Doppelbesicherung"**. Nach der Rspr. des BGH wird die Regelungslücke durch eine entsprechende Anwendung des **§ 143 Abs. 3 InsO** gefüllt. Die Frage der Gläubigerbenachteiligung stellt sich in allen Fällen der doppelten Besicherung der Darlehensforderung, mag die Forderung vor oder nach der Eröffnung des Insolvenzverfahrens aus Mitteln der Gesellschaft befriedigt worden sein. Der gesetzlich geregelte Fall des **§§ 135 Abs. 2, 143 Abs. 3 S.1, 2 InsO** lässt ausreichen, dass Mittel der Gesellschaft aufgewandt wurden und die vom Gesellschafter gestellte Sicherheit hierdurch freigeworden ist. Dies gilt auch in dem Fall der Befriedigung des Gläubigers nach der Eröffnung des Insolvenzverfahrens.[671]

---

669 BGH ZIP 2017, 1632, 1633; 2011, 2417.

670 BGH a.a.O.: Geist ZIP 2014, 1662; Woedtke GmbHR 2014, 1018 ff.

671 BGH ZIP 2017, 1632, 1633; 2011, 2117; Uhlenbruck/Hirte § 135 Rn. 17 m.w.N.

Eine Insolvenzanfechtung aus **§§ 135 Abs. 2, 143 Abs. 3 S.1, 2 InsO** scheidet zwar aus, wenn der Gläubiger vor der Jahresfrist des § 135 Abs.2, Abs. 1 Nr. 1 InsO vor dem Antrag auf Eröffnung des Insolvenzverfahrens auf die Sicherheit verzichtet hat oder sie erlassen wurde. Aufgrund des dem **§ 44a InsO** zugrunde liegenden Rechtsgedankens, die Gesellschaftersicherheit zunächst zu verwerten, besteht jedoch ein Erstattungsanspruch gegen den Gesellschafter in **analoger Anwendung des § 143 Abs. 3 InsO**, wenn der Verzicht binnen Jahresfrist erfolgt.[672] Der in dem Verzicht liegende Erlassvertrag, vgl. § 397 Abs. 1 BGB, hat nur Wirkung im Verhältnis zwischen Gläubiger und Gesellschafter, lässt dagegen den Anspruch des Insolvenzverwalters gegen den Gesellschafter aus **§§ 135 Abs. 2, 143 Abs. 3 S.1, 2 InsO** unberührt.

d) § 135 Abs. 3 InsO

§ 135 Abs. 3 S. 1 InsO bestimmt für den Fall der Gebrauchsüberlassung eines Gegenstands an die Gesellschaft durch einen Gesellschafter, dass dieser während der Dauer des Insolvenzverfahrens über das Vermögen der GmbH, höchstens aber für eine Zeit von einem Jahr ab Antrag auf der Eröffnung des Insolvenzverfahrens , seinen Anspruch auf **Aussonderung** des Gegenstands, vgl. **§ 47 InsO**, nicht geltend machen kann, wenn der Gegenstand für die Fortführung des Unternehmens der Gesellschaft von erheblicher Bedeutung ist.[673] **180**

Die Einschränkung der Geltendmachung des Aussonderungsrechts ist für die Sanierungsbemühungen des Insolvenzverwalters unerlässlich, da anderenfalls die Gefahr bestünde, dass dem Unternehmen mit der Eröffnung des Insolvenzverfahrens die für eine Betriebsfortführung notwendigen Gegenstände – bewegliche und unbewegliche Sachen sowie Rechte – nicht mehr zur Verfügung stehen.

Diese Regelung entspricht der des **§ 21 Abs. 2 S. 1 Nr. 5 InsO** bei vergleichbarer Interessenlage im Insolvenzeröffnungsverfahren.

Der Regelungsbereich des **§ 135 Abs. 3 InsO** ist dagegen nicht berührt, soweit das vertragliche Nutzungsverhältnis zwischen dem Gesellschafter und der Gesellschaft nach Verfahrenseröffnung **fortbesteht**. Dauert das Mietverhältnis gemäß **§ 108 Abs. 1 S. 1 InsO** über die Verfahrenseröffnung hinaus fort, kann der Vermieter von dem Insolvenzverwalter die Begleichung der vereinbarten Miete als **Masseverbindlichkeit** nach **§§ 55 Abs. 1 Nr. 2 2. Fall, 108 Abs. 1 S.1 InsO** verlangen.

Im Gegensatz zu **§§ 39 Abs. 1 Nr. 5, 135 Abs. 1 InsO** erstreckt sich der Tatbestand des **§ 135 Abs. 3 InsO** seinem Wortlaut nach nicht ausdrücklich auf wirtschaftlich entsprechende Rechtshandlungen. Aus der Verweisung von **§ 135 Abs.4 InsO auf § 39 Abs. 4, 5 InsO** und der Korrespondenz dieser Vorschriften mit **§ 39 Abs. 1 Nr. 5 InsO** ergibt sich jedoch, dass **§ 39 Abs. 1 Nr. 5 InsO** auch im Rahmen des **§ 135 Abs. 3 InsO** gilt.[674]

---

672 OLG Düsseldorf ZIP 2016, 833, 834; OLG Stuttgart ZIP 2012, 834.

673 BGH ZIP 2015, 589, 596.

674 BGH ZIP 2015, 589, 591.

§ 39 Abs. 1 Nr. 5 InsO gewährt dem Insolvenzverwalter **keinen** Anspruch auf **unentgeltliche Gebrauchsüberlassung**.

Die Zahlung eines vertraglichen Nutzungsentgelts kann **nicht** als Befriedigung einer Forderung auf Rückgewähr eines Darlehens gemäß **§ 135 Abs. 1 Nr. 2 InsO**, sondern nur als Befriedigung einer einem Darlehen gleichgestellten Forderung angefochten werden. Werden dagegen von der Gesellschaft Nutzungsentgelte entrichtet, **kommt § 135 Abs. 1 Nr. 2 InsO** wegen der abweichenden Forderungsart **nicht** unter dem Gesichtspunkt der Rückgewähr eines Darlehens zur Anwendung.

Nur stehen gelassene – und damit einem Darlehen wirtschaftlich entsprechende – Forderungen sind der Anfechtung nach **§ 135 Abs. 1 Nr. 2 InsO** unterworfen. Denn einem Darlehen entsprechen alle aus Austauschgeschäften herrührende Forderungen, die der Gesellschaft rechtlich oder rein faktisch gestundet werden, weil jede Stundung bei wirtschaftlicher Betrachtung eine Darlehensgewährung bewirkt.[675]

6. Nahestehende Personen, § 138 InsO

181 Grundsätzlich hat der **Insolvenzverwalter** die objektiven und subjektiven Voraussetzungen der Insolvenzanfechtung zu beweisen.

Bei der Insolvenzanfechtung gegenüber **nahestehenden Personen** i.S.d. **§ 138 InsO** wird die Beweislast für die subjektiven Voraussetzungen nach **§§ 130 Abs. 3, 131 Abs. 2 S. 2, 132 Abs. 3 InsO, 133 Abs. 4 InsO** zum Nachteil des Anfechtungsgegners **umgekehrt**.

a) Schuldner als natürliche Person, § 138 Abs. 1 InsO

182 Ist der Schuldner eine natürliche Person, sind nahestehende Personen nach Maßgabe der **Nr. 1–4** näher bezeichnet, es wird insoweit auf den Gesetzestext verwiesen.

Der **nichteheliche Partner** des Schuldners ist **keine** nahestehende Person i.S.d. § 138 Abs. 1 InsO.[676]

b) Schuldner als juristische Person oder eine Gesellschaft ohne Rechtspersönlichkeit, § 138 Abs. 2 InsO

183 **Nr. 1:** Der Geschäftsführer und Mehrheitsgesellschafter einer GmbH steht dieser nahe.

In der Insolvenz einer GmbH, die Komplementärin einer GmbH & Co. KG ist, steht die GmbH dieser nahe.[677] Umgekehrt steht in der Insolvenz einer GmbH & Co. KG der alleinige Kommanditist und zugleich alleinige Gesellschafter der Komplementär-GmbH der insolventen Kommanditgesellschaft nahe.[678]

---

675 BGH ZIP 2015, 589, 593.

676 BGH ZIP 2011, 873.

677 BGH WM 2004, 1966, 1967.

678 BGH WM 2001, 1476, 1477.

Nr. 2: Nahestehende Personen sind dagegen grundsätzlich **nicht** Wirtschaftsberater, Rechtsanwälte und Steuerberater einer insolventen Gesellschaft, weil es an einer dienstvertraglichen Verbindung fehlt, die mit derjenigen von Mitgliedern des Vertretungs- oder Aufsichtsorgans vergleichbar wäre.[679]

Eine Person kann jedoch einer juristischen Person oder Gesellschaft ohne Rechtspersönlichkeit nahestehen, wenn ihr als freiberuflicher oder gewerblicher Dienstleister alle über die wirtschaftliche Lage des Auftraggebers erheblichen Daten üblicherweise im normalen Geschäftsgang zufließen, sodass sie über den gleichen Wissensvorsprung verfügt, der sonst ein mit der Aufgabe befasster leitender Angestellter des Schuldnerunternehmens hätte – ausgelagerte Buchhaltung.[680]

Nr. 3, 4: Nr. 3 nimmt uneingeschränkt auf die persönlichen Beziehungen nach Abs. 1 Bezug. Damit ist auch die Bestimmung des **Abs. 1 Nr. 4** einbezogen. Ist der Schuldner eine juristische Person, steht ihm deshalb eine andere juristische Person nahe, wenn der Geschäftsführer des Schuldners zugleich Geschäftsführer des Anfechtungsgegners ist oder wenn zwischen den Personen verschiedenen Geschäftsführern ein Näheverhältnis i.S.d. **§ 138 Abs. 1 Nr. 1–3 InsO** besteht. Das ist auch dann der Fall, wenn es sich bei den Geschäftsführern um Eheleute handelt. Entsprechendes hat zu gelten, wenn die persönliche Verbindung über die Geschäftsführerin der Komplementär-GmbH als der persönlich haftenden Gesellschafterin einer Kommanditgesellschaft hergestellt wird.[681]

679 BGH ZIP 2012, 2449, 2450; WM 1997, 545, 548; 1998, 304, 305.

680 BGH ZIP 2012, 2449, 2450.

681 BGH ZIP 2017, 582; 2011, 575.

Das Insolvenzanfechtungsrecht

I. Die Geltendmachung des Anfechtungsrechts

Die insolvenzrechtliche Anfechtung ist bürgerliche Rechtsstreitigkeit und erfolgt grundsätzlich durch Erhebung der Klage. Die Verjährung des Anfechtungsanspruchs richtet sich gemäß **§ 146 Abs. 1 InsO** nach den Regelungen über die regelmäßige Verjährung, §§ 195, 199 BGB. Der Insolvenzverwalter kann die Erfüllung einer Leistungspflicht verweigern, auch wenn der Anfechtungsanspruch verjährt ist, **§ 146 Abs. 2 InsO**.

II. Der Inhalt des Anfechtungsanspruchs

Der Anspruch geht auf Rückgewähr in Natur, d.h. Rückgabe an den Insolvenzverwalter, **§ 143 Abs. 1 S. 1 InsO**; falls nicht möglich, Wertersatz in Geld, **§ 143 Abs. 1 S. 2 InsO**. Maßgebend für die Wertberechnung ist der Zeitpunkt der letzten mündlichen Verhandlung des Anfechtungsprozesses.

III. Der Auskunftsanspruch

Der Insolvenzverwalter hat aufgrund von Rückgewährschuldverhältnissen i.V.m. § 242 BGB einen – einklagbaren – Anspruch auf Auskunftserteilung.

IV. Die Voraussetzungen des Anfechtungsrechts

Voraussetzungen der Insolvenzanfechtung sind

1. eine **vor** Eröffnung des Insolvenzverfahrens erfolgte **Rechtshandlung** des Insolvenzschuldners, **§ 129 InsO** (Ausnahme **§ 147 InsO**);
   Rechtshandlung ist jedes Handeln, das eine rechtliche Wirkung auslöst, sowie Handlungen, die **gegen** den künftigen Insolvenzschuldner gerichtet sind, wie Vollstreckungsakte, **§ 141 InsO**.

   Beachte: Gemäß **§ 140 Abs. 1 InsO** gilt eine Rechtshandlung erst mit Eintritt ihrer Wirkungen, bei **eintragungspflichtigen** Rechtshandlungen mit Einreichen des **Eintragungsantrags**, **§ 140 Abs. 2 InsO**, als vorgenommen.

2. die **Ursächlichkeit** der Rechtshandlung für die **Benachteiligung** der Insolvenzgläubiger;
   § 129 InsO setzt eine **objektive Benachteiligung** der Gläubiger in ihrer **Gesamtheit** voraus. Sie liegt vor, wenn sich die Befriedigung der Gläubiger im Falle des Unterbleibens der angefochtenen Handlung günstiger gestaltet hätte. In den Fällen der **§§ 132 Abs. 1, 133 Abs. 4 InsO** ist eine **unmittelbare** Gläubigerbenachteiligung erforderlich, sonst genügt eine **mittelbare**, d.h., es reicht aus, dass zu der Rechtshandlung ein Umstand hinzutritt, der zur Gläubigerbenachteiligung führt.

3. das Vorliegen eines **Anfechtungsgrundes** gemäß **§§ 130 ff. InsO**.

V. Ansprüche des Anfechtungsgegners

Nach **§ 144 Abs. 2 S. 2 InsO** ist der Anspruch des Anfechtungsgegners auf Erstattung der Gegenleistung nach §§ 812 ff. BGB einfache **Insolvenzforderung**. Nur wenn die Gegenleistung noch **unterscheidbar** in der Masse vorhanden oder die Masse noch um ihren Wert **bereichert** ist, ist der Anspruch **Masseverbindlichkeit, § 144 Abs. 2 S. 1 InsO**.

Überblick über die Insolvenzanfechtungsgründe				
Rückwirkung bis	**Anfechtungstatbestand**		**Wirtschaftliche Lage des Schuldners**	**Kenntnis des Gläubigers**
10 Jahre vor Antrag	§ 133 Abs. 1	vorsätzliche Gläubigerbenachteiligung	unerheblich	Kenntnis vom Benachteiligungsvorsatz
	§ 135 Abs. 1 Nr. 1	Besicherung von Gesellschafterdarlehen	unerheblich	unerheblich
4 Jahre vor Antrag	§ 133 Abs. 2	kongruente/inkongruente/ Deckung/Sicherung/Befriedigung	unerheblich	Kenntnis vom Gläubigerbenachteiligungsvorsatz
	§ 134 Abs. 1	unentgeltliche Leistung	unerheblich	unerheblich
2 Jahre vor Antrag	§ 133 Abs. 4	vorsätzliche Gläubigerbenachteiligung durch Verträge mit nahestehenden Personen	unerheblich	Kenntnis vom Benachteiligungsvorsatz (wird widerleglich vermutet)
1 Jahr vor Antrag	§ 135 Abs. 1 Nr. 2	Befriedigung von Gesellschafterdarlehen	unerheblich	unerheblich
3 Monate vor Antrag	§ 130 Abs. 1 S. 1 Nr. 1, Abs. 2	kongruente Deckung (Sicherung/Befriedigung)	zahlungsunfähig	Kenntnis der Zahlungsunfähigkeit oder zwingende Schlussfolgerung
	§ 131 Abs. 1 Nr. 2	inkongruente Deckung	zahlungsunfähig	unerheblich
	§ 131 Abs. 1 Nr. 3, Abs. 2 S. 1	inkongruente Deckung	unerheblich	Kenntnis der Benachteiligung oder zwingende Schlussfolgerung
	§ 131 Abs. 2 S. 2	inkongruente Deckung gegenüber nahestehenden Personen	unerheblich	Kenntnis der Benachteiligung; die Kenntnis wird vermutet
	§ 132 Abs. 1 Nr. 1	unmittelbare Benachteiligung	zahlungsunfähig	Kenntnis der Zahlungsunfähigkeit
1 Monat vor Antrag	§ 131 Abs. 1 Nr. 1	inkongruente Deckung	unerheblich	unerheblich
nach Antrag	§ 130 Abs. 1 S. 1 Nr. 2, Abs. 2	kongruente Deckung	bestehende oder drohende Zahlungsunfähigkeit/Überschuldung	Kenntnis der Zahlungsunfähigkeit/des Antrags oder zwingende Schlussfolgerung
	§ 132 Abs. 1 Nr. 2	unmittelbare Benachteiligung		Kenntnis der Zahlungsunfähigkeit/des Antrags

Die „besonderen" Insolvenzanfechtungsgründe der §§ 130–132 InsO			
	§ 130 InsO	**§ 131 InsO**	**§ 132 InsO**
Anfechtungstatbestand	Rechtshandlung, die einem Insolvenzgläubiger eine Sicherung oder Befriedigung gewährt oder ermöglicht **(kongruente Deckung)**	Rechtshandlung, die einem Insolvenzgläubiger eine Sicherung oder Befriedigung gewährt oder ermöglicht, die er nicht oder nicht in der Art oder nicht zu der Zeit zu beanspruchen hat **(inkongruente Deckung)**	Rechtsgeschäft, das die Insolvenzgläubiger **unmittelbar** benachteiligt
Zeitraum der Vornahme des Rechtsgeschäfts und weitere Voraussetzungen	**§ 130 Abs. 1 S. 1 Nr. 1 InsO**	**§ 131 Abs. 1 Nr. 1 InsO**	**§ 132 Abs. 1 Nr. 1 InsO**
	in den letzten drei Monaten vor dem Eröffnungsantrag + Zahlungsunfähigkeit des Schuldners + entspr. Kenntnis des Gläubigers	im letzten Monat vor dem Eröffnungsantrag oder nach diesem Antrag	in den letzten drei Monaten vor dem Eröffnungsantrag + Zahlungsunfähigkeit des Schuldners + entspr. Kenntnis des anderen Teils
	§ 130 Abs. 1 S. 1 Nr. 2 InsO	**§ 131 Abs. 1 Nr. 2 InsO**	**§ 132 Abs. 1 Nr. 2 InsO**
	nach Eröffnungsantrag: Kenntnis des Gläubigers von Zahlungsunfähigkeit oder Eröffnungsantrag	innerhalb des zweiten oder dritten Monats vor Eröffnungsantrag + Zahlungsunfähigkeit des Schuldners	nach Eröffnungsantrag; Kenntnis des anderen Teils bzgl. Zahlungsunfähigkeit oder Eröffnungsantrag
		§ 131 Abs. 1 Nr. 3 InsO	
		innerhalb des zweiten oder dritten Monats vor Eröffnungsantrag + Kenntnis des Gläubigers von der Benachteiligung der Insolvenzgläubiger	
Kenntnis von Umständen	**§ 130 Abs. 2 InsO**	**§ 131 Abs. 2 S. 1 InsO**	**§ 132 Abs. 3 InsO**
	Kenntnis von Umständen, die zwingend auf Zahlungsunfähigkeit oder Eröffnungsantrag schließen lassen, reicht aus	Kenntnis von Umständen, die zwingend auf die Benachteiligung schließen lassen, reicht aus	§ 130 Abs. 2 InsO gilt entsprechend
Rechtshandlung gegenüber nahestehenden Personen (§ 138 InsO)	**§ 130 Abs. 3 InsO**	**§ 131 Abs. 2 S. 2 InsO**	**§ 132 Abs. 3 InsO**
	Vermutung der Kenntnis der Zahlungsunfähigkeit oder des Eröffnungsantrags	Vermutung der Kenntnis der Benachteiligung des Insolvenzgläubigers	§ 130 Abs. 3 InsO gilt entsprechend

E. Der Aussonderungsberechtigte, §§ 47, 48 InsO

In die Insolvenzmasse kann nur das dem Insolvenzschuldner gehörige Vermögen fallen, **§ 35 InsO**, sog. **„Sollmasse"**, im Gegensatz zur sog. **„Istmasse"**, wie sie der Insolvenzverwalter vorfindet, die auch dem Insolvenzschuldner nicht gehörige Gegenstände umfasst.[682] 184

Grundlage des Aussonderungsrechts ist somit die Nichtzugehörigkeit der vom Insolvenzverwalter für die Masse in Anspruch genommenen Gegenstände, die der Berechtigte gegen den Insolvenzverwalter gemäß **§ 47 InsO** geltend machen kann.[683]

Insoweit entspricht das Aussonderungsrecht im Insolvenzverfahren dem Widerspruchsrecht gemäß § 771 ZPO in der Einzelzwangsvollstreckung.[684]

Aussonderungsberechtigt sind:

I. Der Eigentümer/Berechtigte

Dazu ergeben sich folgende besondere Problemkreise:

1. Die Treuhandverhältnisse

Inhalt aller Treuhandverhältnisse ist dem Grundsatz nach, dass der Treugeber dem Treuhänder ein Vermögensrecht überträgt oder ihm eine Rechtsmacht einräumt, ihn aber im Innenverhältnis nach Maßgabe des Treuhandverhältnisses in der Ausübung seiner ihm übertragenen Rechtsmacht gegenüber Dritten beschränkt.[685] Dabei ist zwischen einem sog. **uneigennützigen** und einem sog. **eigennützigen** Treuhandverhältnis zu unterscheiden. Diese Unterscheidung erfolgt jeweils vom Standpunkt des Treuhänders. 185

a) Die uneigennützige Treuhand

Eine uneigennützige Treuhand liegt vor, wenn das Treuhandverhältnis nicht den Interessen des Treuhänders, sondern denen des Treugebers dient.[686] Die in der Praxis bedeutsamsten Formen sind die Abtretung einer Forderung zur Einziehung, die Übertragung von Vermögensgegenständen zur Verwaltung sowie die Treuhand zur Abwicklung eines außergerichtlichen **(Sanierungs-)Vergleichs**, sog. **doppelseitige Treuhand**.[687] 186

---

682 HK-Lohmann § 47 Rn. 1, 2; Baur/Stürner II Rn. 12. 1.

683 BGH ZIP 2014, 1345; 2010, 2410 – Aussonderungsrecht des Zwangsverwalters in der Insolvenz des Mieters; BAG ZInsO 2013, 33; ZIP 2011, 347; 2010, 2260; 1915 Direktversicherung bei eingeschränkt unwiderruflichem Bezugsrecht; BGH ZIP 2006, 1309; 2005, 1836; 1134 – Direktversicherung zur betrieblichen Altersversorgung im Insolvenzfall; BGH WM 2002, 1852 – Bezugsrecht Dritter aus von dem Schuldner abgeschlossener Versicherungsverträge; BAG ZIP 2011, 347 – Rückdeckungsversicherung in der Insolvenz des Arbeitgebers; Krumm ZIP 2010, 1782 ff. – Die Versorgungsansprüche des Gesellschafters/Geschäftsführers; Güther/Kohly ZIP 2006, 1229 ff. – Typische Probleme bei der Feststellung und Verwertung von Lebensversicherungsverträgen in der Unternehmensinsolvenz; OLG Düsseldorf ZInsO 2013, 260, 262; Bultmann ZInsO 2012, 992 ff. – Aussonderung von Daten in der Insolvenz.

684 Jauernig § 73 I.

685 BGH ZIP 2011, 626; 628 – Aussonderung der Urkunde über eine Gewährleistungsbürgschaft; Palandt/Herrler § 903 Rn. 33.

686 Gehrlein ZInsO 2015, 483 ff.

687 Von Rom WM 2008, 813 ff.; Palandt/Sprau § 903 Rn. 33 ff. m.w.N.

aa) Insolvenz des Treuhänders (= Treunehmers)

Der Treuhänder ist zwar „formell" Eigentümer bzw. Berechtigter des Treugutes geworden, der Treugeber aber „materiell" Berechtigter geblieben, da dem Treuhänder mehr übertragen wurde als nach dem wirtschaftlichen Zweck erforderlich gewesen wäre.[688] Daraus folgt, dass dem Treugeber als materiell Berechtigtem in der Insolvenz des Treuhänders ein Aussonderungsrecht zusteht.[689]

Bei einer Kontoführung setzt das voraus, dass es sich ausschließlich um ein zur Aufnahme von treuhänderisch gebundenen Fremdgeldern bestimmtes Konto handelt.[690]

Verwendet der Treunehmer Mittel des Treugebers zweckwidrig, sind die Mittel aus dem Vermögen des Treugebers ausgeschieden.

bb) Insolvenz des Treugebers

In Konsequenz der Ausführungen unter aa) fällt das Treugut bei Insolvenz des Treugebers in die Insolvenzmasse und kann durch den Insolvenzverwalter des Treugebers vom Treuhänder herausverlangt werden. Der Treuhandvertrag erlischt gemäß **§§ 115, 116 InsO** mit Verfahrenseröffnung.[691]

b) Die eigennützige Treuhand

187 Die eigennützige Treuhand ist im Interesse des Treunehmers begründet. Die in der Praxis wichtigsten Anwendungsfälle sind die Sicherungsübereignung und die Sicherungszession.

aa) Insolvenz des Treuhänders (Treunehmers)

Nach allgemeiner Meinung[692] hat der **Treugeber** in der Insolvenz des Treuhänders ein **Aussonderungsrecht**. Voraussetzung ist jedoch, dass er die gesicherte Forderung – auch wenn er nur einen schuldrechtlichen Rückgewähranspruch hat – zurückgezahlt hat, da wegen der Erfüllung der gesicherten Forderung das Treugut im Außenverhältnis des Treuhänders zu seinen Gläubigern nicht aus dem Vermögen des Treugebers ausgeschieden ist und der Treuhänder sich nicht mehr aus dem Treugut befriedigen kann.

Überwiegend[693] wird angenommen, dass der Treugeber berechtigt sei, die gesicherte Forderung vor der vereinbarten Fälligkeit zu erfüllen.

bb) Insolvenz des Treugebers

§ 51 Nr. 1 InsO regelt ausdrücklich, dass dem Treuhänder in der Insolvenz des Treugebers kein Aussonderungsrecht, sondern nur ein **Absonderungsrecht** zusteht. Durch

688 Holzer ZIP 2009, 2324 ff.; Baur/Stürner II Rn. 14.21.

689 BGH ZIP 2012, 1517, 1518; 2011, 777; Haarmeyer/Wutzke/Förster S. 445.

690 BGH ZIP 2008, 469, 470; 2005, 1465, 1466; 2003, 1404, 1405; OLG Düsseldorf ZIP 2011, 485, 486.

691 BGH ZIP 2012,1517,151; MK-Ganter § 47 Rn. 371.

692 Uhlenbruck/Brinkmann § 47 Rn. 77 ff.

693 HK-Lohmann § 47 Rn. 22, 23; Baur/Stürner II Rn. 14. 24.

diese Regelung wird dem Umstand Rechnung getragen, dass die Sicherungsübertragung bei wirtschaftlicher Betrachtung dem Pfandrecht näher steht als dem Eigentum.[694]

Überträgt der **Vorbehaltsverkäufer** das Eigentum an der Kaufsache auf eine Bank, die für den Käufer den Erwerb finanziert, kann die Bank das vorbehaltene Eigentum in der Insolvenz des Käufers nicht aussondern; sie ist vielmehr wie ein Sicherungseigentümer lediglich zur abgesonderten Befriedigung berechtigt.[695]

2. Der Vorbehaltseigentümer

Der **Vorbehaltsverkäufer** ist in der Insolvenz des Käufers zur Aussonderung berechtigt, **188**
es sei denn, dass der Insolvenzverwalter gemäß **§ 103 Abs. 1 InsO** die Erfüllung gewählt hat.[696]

Während der **einfache Eigentumsvorbehalt** zur **Aussonderung** berechtigt, sind demgegenüber die Verlängerungs- und Erweiterungsformen des Eigentumsvorbehalts rechtlich als Sicherungsübertragung i.S.d. **§ 51 Nr. 1 InsO** zu werten und gewähren damit dem Verkäufer lediglich ein **Absonderungsrecht** nach Maßgabe der **§§ 51, 52 InsO**.[697]

II. Sonstige Aussonderungsberechtigte

1. „Beschränkt dingliche Berechtigte"

Der „beschränkt dingliche Berechtigte" ist zur **Aussonderung** aber nur berechtigt, so- **189**
weit das ihm zustehende dingliche Recht selbst den Gegenstand der Aussonderung bildet und nicht die Sache oder das Recht, auf dem das dingliche Recht lastet.[698] Wird dagegen die Befriedigung aus einem zur Masse gehörigen Gegenstand beansprucht, gehört das Recht nur zu den Absonderungsrechten gemäß **§§ 49 ff. InsO**.

2. Besitzer

Der Besitzer, soweit er einen Anspruch auf Wiedereinräumung des Besitzes gemäß § 861 BGB hat, da der Besitz unter die „sonstigen Rechte" i.S.d. § 823 Abs. 1 BGB fällt.[699]

3. Inhaber eines schuldrechtlichen Anspruchs auf Herausgabe

Der Inhaber eines schuldrechtlichen Anspruches auf Herausgabe eines dem Insolvenzschuldner nicht gehörenden Gegenstandes aus der Insolvenzmasse.[700] Dagegen begründen die Ansprüche, die auf **Verschaffung** eines zum Vermögen gehörenden Ge-

694 Kübler/Prütting, RWS-Dok. 18, Bd. I, S. 219.
695 BGH ZIP 2008, 842, 844; Smid WM 2008, 2089 ff.
696 Bork Rn. 238.
697 BGH ZIP 2008, 842, 844, 845 m.w.N.; Kübler/Prütting, RWS Dok. 18, Bd. I, S. 219; Haarmeyer/Wutzke/Förster S. 445.
698 Bork Rn. 241; Jauernig § 73 II 2.
699 BGHZ 32, 194, 204; Baur/Stürner II Rn. 14.15.
700 BGH ZIP 2008, 1736; 2001, 1469; Jauernig § 73 II 4; Bork Rn. 242.

genstandes gerichtet sind, **kein** Aussonderungsrecht,[701] auch nicht vertragliche Unterlassungsansprüche.[702]

Der Aussonderungsanspruch kann durch **einstweilige Verfügung** gemäß **§§ 935, 938 ZPO**, z.B. als Veräußerungs- oder Einziehungsverbot, gesichert werden.[703]

Im Falle der **Einzelzwangsvollstreckung** steht dem Aussonderungsberechtigten die Drittwiderspruchsklage gemäß **§ 771 ZPO** zu.[704]

Der Aussonderungsberechtigte ist dagegen nicht befugt, die Geschäftsräume des Insolvenzschuldners zu betreten, um das Aussonderungsgut auszusuchen, zu besichtigen und zu inventarisieren.[705] Er hat nur einen Anspruch auf Auskunftserteilung gegenüber dem Insolvenzverwalter zur Vorbereitung der Geltendmachung des Aussonderungsrechts.

III. Die Ersatzaussonderung gemäß § 48 InsO

190 Der Ersatzaussonderungsanspruch nach **§ 48 S. 1 InsO** setzt voraus, dass der (spätere) **Insolvenzschuldner** vor Eröffnung des Insolvenzverfahrens oder der **Insolvenzverwalter** nach Verfahrenseröffnung **unberechtigt** über einen zur Masse gehörenden Gegenstand verfügt hat, der anderenfalls dem Aussonderungsrecht des Berechtigten unterworfen gewesen wäre. Der Anspruch auf Ersatzaussonderung umfasst – im Unterschied – zur Ersatzabsonderung (vgl. Rn. 216) – auch einen bei der Veräußerung erzielten Übererlös.[706]

Veräußert der vorläufige Insolvenzverwalter, kommt eine analoge Anwendung des § 48 InsO in Betracht.[707]

Fall 9:

Die Klägerin G belieferte die Insolvenzschuldnerin S vor der Eröffnung des Insolvenzverfahrens mit Milchprodukten unter Eigentumsvorbehalt. S lieferte ihrerseits unter Eigentumsvorbehalt die von der Klägerin bezogene Ware an Einzelhandelsgeschäfte zum Verkauf an die Verbraucher weiter.
G begehrt von dem beklagten Insolvenzverwalter I unter Bezugnahme auf Ziff. 3 ihrer Lieferbedingungen

> *„Der Vorbehaltskäufer ist zum Weiterverkauf der gelieferten Ware im ordnungsgemäßen Geschäftsverkehr berechtigt."*

Abtretung der gegen die Abnehmer noch bestehenden Ansprüche sowie Zahlung der von diesen bereits eingezogenen Kaufpreisforderungen aus den Warenlieferun-

701 Jauernig § 73 II 4; Baur/Stürner II Rn. 14.18.
702 BGH ZIP 2003, 1550.
703 MK-Ganter § 47 Rn. 491.
704 Bork Rn. 236.
705 Uhlenbruck/Hirte § 47 Rn. 130 m.w.N.
706 BGH NJW-RR 1998, 120.
707 MK-Ganter § 48 Rn. 14.

gen. Zur Begründung führt sie u.a. aus, dass die Weiterveräußerung der Waren durch S ab Eintritt ihrer Überschuldung wegen der damit entfallenen Berechtigung nicht mehr im ordnungsgemäßen Geschäftsverkehr erfolgt sei.

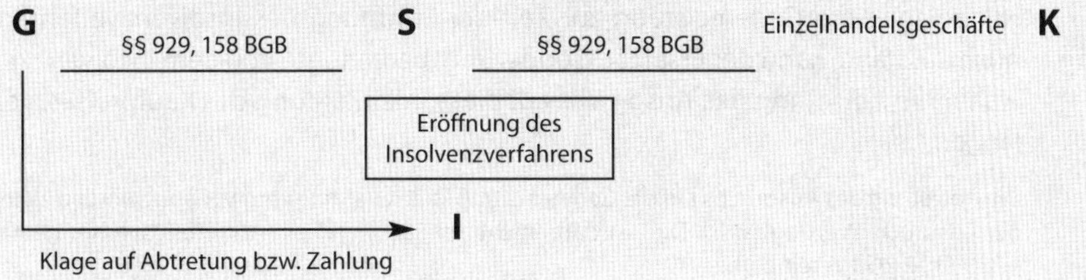

A. **Zulässigkeit der Klage** 191

I. Zuständigkeit

Die sachliche Zuständigkeit bestimmt sich nach dem Wert des Ersatzaussonderungsgegenstands, §§ 23 Nr. 1, 71 Abs. 1 GVG, die örtliche nach dem allgemeinen Gerichtsstand des Insolvenzverwalters, § 19 a ZPO.[708]

Der Gerichtsstand ist nicht ausschließlich, sodass auch der Gerichtsstand der dinglichen Klage, § 24 ZPO, oder der Vertragserfüllung, § 29 ZPO, begründet sein kann.

II. Klageantrag

Der Klageantrag richtet sich nach dem materiell-rechtlichen Inhalt des einzelnen (Ersatz-)Aussonderungsrechts, die Klage kann Leistungs- oder Feststellungsklage sein.

Im vorliegenden Fall liegt eine **Leistungsklage** vor, da die Klägerin Abtretung der Forderung bzw. Zahlung von dem beklagten Insolvenzverwalter begehrt.[709]

Die Klage ist ausschließlich gegen den **Insolvenzverwalter**, der über die Insolvenzmasse gemäß **§ 80 Abs. 1 InsO** verfügungsbefugt ist, zu richten, vgl. noch **§ 86 Abs. 1 Nr. 1 InsO**.

Die Klage ist somit zulässig.

B. **Begründetheit der Klage**

Es ist zu prüfen, ob der Klägerin gegen den Insolvenzverwalter I ein Anspruch auf Abtretung der aus den Warenlieferungen der S an ihre Abnehmer noch bestehenden Kaufpreisforderungen zusteht. 192

Als Anspruchsgrundlage kommt **§ 48 S. 1 InsO** in Betracht.

Der Ersatzaussonderungsanspruch nach **§ 48 S. 1 InsO** setzt voraus, dass der Insolvenzschuldner vor Eröffnung des Insolvenzverfahrens oder der Insolvenzverwalter nach Verfahrenseröffnung unberechtigt über einen zur Masse gehörenden Gegen-

708 BGH ZIP 2003, 1419; Zöller/Vollkommer § 19 a Rn. 1, 6.

709 Zöller/Vollkommer § 19 a Rn. 5; Bork Rn. 243.

stand verfügt hat, der andernfalls dem Aussonderungsrecht des Berechtigten unterworfen gewesen wäre.

193 I. **Ausstehen der Gegenleistung**

Nur solange die Gegenleistung zur Zeit der Eröffnung des Insolvenzverfahrens noch ausstand, kann der Ersatzaussonderungsberechtigte von dem Insolvenzverwalter die Abtretung des Anspruchs auf diese, hier Zahlung des Kaufpreises, verlangen.[710]

Die Abtretung des Anspruchs auf die Gegenleistung kann allerdings nur verlangt werden, wenn der Anspruch übertragbar ist. Dies ist dann nicht der Fall, wenn ein Abtretungsverbot gemäß § 399 Alt. 2 BGB vereinbart ist.[711]

194 II. **Aussonderungsgegenstand**

§ 48 S. 1 InsO greift nur hinsichtlich solcher individuell bestimmten Gegenstände oder Rechte ein, deren Aussonderung durch den Berechtigten gemäß **§ 47 InsO** hätte verlangt werden können.[712]

Vorliegend hatte G aufgrund des wirksamen einfachen Eigentumsvorbehalts an den gelieferten Milchprodukten ein Aussonderungsrecht.

Von der Darstellung im Einzelnen wird hier abgesehen.[713]

195 III. Rechtsgeschäftliche **entgeltliche** und **unberechtigte** Verfügung

1. **§ 48 S. 1 InsO** setzt eine **rechtsgeschäftliche Verfügung** über einen Aussonderungsgegenstand **gegen Entgelt** an einen Dritten voraus, die **unberechtigt** gewesen sein muss.

Nach h.M.[714] ist das Tatbestandsmerkmal **„rechtsgeschäftlich"** i.S.d. **§ 48 S. 1 InsO** auch dann erfüllt, wenn der Eigentumserwerb zwar gemäß § 946 BGB erfolgt, dies jedoch im Rahmen rechtsgeschäftlicher Beziehungen vollzogen wird. Das gilt jedoch **nicht** bei Eigentumserwerb gemäß **§ 950 BGB**,[715] da der Eigentumsübergang auf den Unternehmer nach **§ 950 BGB** gerade nicht die aus dem Werkvertrag eigentlich geschuldete Übereignung an den Besteller bewirkt.

Im vorliegenden Fall hatte S das Eigentum an der von ihr verkauften und gelieferten Ware aufschiebend bedingt auf ihre Abnehmer übertragen und damit vor Eröffnung des Insolvenzverfahrens i.S.d. **§ 48 S. 1 InsO** entgeltlich über die Ware verfügt,[716] an der G ein Aussonderungsrecht gemäß **§ 47 InsO** zustand.

Die **Wirksamkeit** der Übereignung ist dagegen **nicht** Voraussetzung des **§ 48 S. 1 InsO**,[717] da im Falle der Unwirksamkeit der Verfügung der Herausgabeanspruch des Berechtigten nicht vereitelt wird mit der Folge, dass der Aussonderungsberechtigte bei unwirksamer Übereignung von dem Insolvenzverwalter entweder die noch ausstehende oder nach Verfahrenseröffnung zur Masse gelangte Gegenleistung oder von dem Erwerber die Herausgabe der Sache selbst oder Wertersatz für sie verlangen kann. Die Befriedigung des einen An-

710 Uhlenbruck/Brinkmann § 48 Rn. 31 ff
711 BGHZ 56, 228, 233.
712 BGH NJW-RR 1989, 252.
713 Vgl. statt aller Palandt/Weidenkaff § 449 Rn. 10 ff. m.w.N.
714 HK-Lohmann § 48 Rn. 6; BGHZ 30, 176, 180; BGH NJW 1988, 1210, 1213 zur KO.
715 BGH ZIP 1989, 933, 934 m.w.N.
716 BGH NJW 1977, 901.
717 MK-Ganter § 48 Rn. 23; Bork Rn. 244; BGH NJW 1977, 901.

spruchs führt zum Erlöschen des anderen, da der Aussonderungsberechtigte nicht doppelte Befriedigung beanspruchen kann.[718]

2. Die Verfügung der S müsste **unberechtigt** erfolgt sein, **§ 48 S. 1 InsO**. **196**

Bei der Weiterveräußerung von unter Eigentumsvorbehalt veräußerten Waren entfällt diese Voraussetzung dann, wenn die Verfügung vom Vorbehaltsverkäufer gestattet war.[719] Eine solche Einwilligung umfasst bei der Lieferung von Waren unter Eigentumsvorbehalt jedoch nur solche Weiterveräußerungen, die im **„ordnungsgemäßen"** oder **„normalen" Geschäftsgang** erfolgen.[720]

Ein ordnungsgemäßer Geschäftsverkehr liegt auch dann vor, wenn im Massengeschäft ein Großhändler seine Lieferungen an seine Abnehmer über Kontokorrent mit der Folge abrechnet, dass Vorausabtretungen an Warenlieferanten, die unter verlängertem Eigentumsvorbehalt an ihn geliefert hatten, nicht wirksam werden, da das Kontokorrent eine kaufmännische Abrechnungsmethode ist, um die Wettbewerbsfähigkeit im Massengeschäft zu erhalten.[721]

Fraglich ist, ob ein „ordnungsgemäßer" oder „normaler" Geschäftsgang ab dem Zeitpunkt der Überschuldung der Insolvenzschuldnerin S nicht mehr vorlag und damit auch keine Einwilligung der Klägerin in die Weiterveräußerung der von ihr unter Eigentumsvorbehalt gelieferten Ware.

Nach der st.Rspr. des BGH[722] ist bei der Beurteilung der Frage, ob im Einzelfall im „normalen Geschäftsgang" veräußert wurde, auf das **objektive** kaufmännische Verhalten bei der Vornahme des Verkaufsgeschäfts abzustellen.

Danach ist der Eintritt der **Überschuldung** für die Feststellung eines „ordnungsgemäßen" oder „normalen" Geschäftsganges **unerheblich**, solange die Warenumsatzgeschäfte branchenüblich und ordnungsgemäß abgewickelt werden.

Anhaltspunkte dafür, dass dies ab dem Zeitpunkt der Überschuldung der Insolvenzschuldnerin S nicht mehr der Fall war, sind nicht ersichtlich.

Im vorliegenden Fall ist daher die Weiterveräußerung der von der Klägerin an die Insolvenzschuldnerin S gelieferten Ware vor der Eröffnung des Insolvenzverfahrens berechtigt vorgenommen worden. Der Ersatzaussonderungsanspruch gemäß **§ 48 S. 1 InsO** auf Abtretung der noch bestehenden Kaufpreisforderungen ist nicht gegeben.

Anmerkung: *Die neben* ***§ 48 InsO*** *in Betracht kommenden Ansprüche nach* ***§§ 816, 823 BGB*** *sind wirtschaftlich ohne Bedeutung, da sie nur einfache* ***Insolvenzforderungen*** *darstellen. Zu deren Geltendmachung vgl.* ***§ 87 i.V.m. §§ 174 ff. InsO****.*

Die Klage ist unbegründet.

---

718 HK-Lohmann § 48 Rn. 7; MK-Ganter § 48 Rn. 43 m.w.N.

719 BGH ZIP 2015, 585; Palandt/Ellenberger § 185 Rn. 7 ff.

720 BGH ZIP 2003, 1404; Palandt/Ellenberger § 185 Rn. 9.

721 BGH NJW 1979, 1206, 1207; 1978, 538.

722 BGH ZIP 2003, 1406, 1407; WM 2000, 1052 ff.; Palandt/Ellenberger § 185 Rn. 9 m.w.N.

Anhang:

197 **§ 48 S. 2 InsO** setzt voraus, dass die Gegenleistung nicht mehr aussteht, sondern zur Insolvenzmasse gelangt und in dieser noch **unterscheidbar** vorhanden ist.

Die **Unterscheidbarkeit** bei Geldleistungen ist dann gegeben, wenn der Insolvenzverwalter sie auf ein Sonderkonto genommen hat oder die Überweisung auf sein Bank- oder Postscheckkonto oder auf ein seiner Verfügung unterliegendes Konto des Insolvenzschuldners erfolgt ist, da die einzelnen Buchungen die Sonderungsfähigkeit ermöglichen. Gelangt der Erlös aus der Veräußerung massefremder Gegenstände auf ein im Kontokorrent geführtes allgemeines Bankkonto des Insolvenzverwalters, unterliegt er der Ersatzaussonderung bis zur Höhe des in der Zeit danach eingetretenen niedrigsten Tagesguthabens, und zuvor auch dann, wenn zwischenzeitlich Rechnungsabschlüsse mit Saldoanerkennung stattgefunden haben.[723]

198 Soweit der Ersatzaussonderungsanspruch gemäß **§ 48 S. 2 InsO mangels Unterscheidbarkeit** der Gegenleistung nicht durchgreift, wandelt sich der Ersatzaussonderungsanspruch um:

Hat der **Insolvenzschuldner** veräußert, entsteht eine einfache **Insolvenzforderung**; hat dagegen der **Insolvenzverwalter** veräußert, entsteht eine **Masseverbindlichkeit** aus ungerechtfertigter Bereicherung, **§ 55 Abs. 1 Nr. 3 InsO**.[724]

Hat der **Insolvenzverwalter** bei der Veräußerung **schuldhaft** gehandelt, haftet die Masse – neben einer persönlichen Haftung des Insolvenzverwalters nach **§ 60 Abs. 1 S. 1 InsO** – gemäß **§ 55 Abs. 1 Nr. 1 InsO**.

---

723 BGH ZIP 2008, 1127, 1128; 2006, 959, 961; MK-Ganter § 48 Rn. 63; Uhlenbruck/Brinkmann § 48 Rn. 35.

724 Haarmeyer/Wutzke/Förster S. 446; Bork Rn. 244.

Die Aussonderungsberechtigten

I. Der Eigentümer

Treuhandverhältnisse

- uneigennützige Treuhand
  - Insolvenz des Treuhänders → Treugeber hat **AussonderungsR**, da er „materiell" Berechtigter des Treugutes geblieben ist.
  - Insolvenz des Treugebers → Insolvenzverwalter kann vom Treuhänder Treugut herausverlangen.
- eigennützige Treuhand
  - Insolvenz des Treuhänders → Treugeber hat **AussonderungsR**, wenn gesicherte Forderung erfüllt ist. Nach h.M. ist Treugeber berechtigt, vor Fälligkeit zu erfüllen.
  - Insolvenz des Treugebers → Treuhänder hat kein AussonderungsR, sondern **AbsonderungsR** gemäß **§ 51 Nr. 1 InsO**.

Vorbehaltseigentümer

→ Dem Vorbehaltseigentümer steht ein **AussonderungsR** zu. Die Fälle des **verlängerten** und **erweiterten EV** sind rechtlich als Sicherungsübertragung i.S.d. **§ 51 Nr. 1 InsO** zu werten und gewähren nur ein **Absonderungsrecht**.

II. Der „beschränkt dinglich Berechtigte" hat ein Aussonderungsrecht, soweit das Recht selbst den Gegenstand der Aussonderung bildet (bezüglich der **Befriedigung** nur Absonderungsrecht, §§ 49 ff. InsO).

III. Der Besitzer ist aussonderungsberechtigt, soweit er einen Anspruch auf Wiedereinräumung des Besitzes gemäß § 861 BGB geltend macht.

IV. Dem Inhaber eines schuldrechtlichen Anspruchs auf Herausgabe eines dem Insolvenzschuldner nicht gehörenden Gegenstands steht ein Aussonderungsrecht zu.

V. Die Ersatzaussonderung gemäß **§ 48 InsO** setzt voraus:

1. eine rechtsgeschäftliche Verfügung über einen Aussonderungsgegenstand,

   Nach h.M. ist diese Voraussetzung auch erfüllt, wenn der Eigentumserwerb im Rahmen rechtsgeschäftlicher Beziehungen kraft Gesetzes erfolgt. Die Wirksamkeit der Verfügung ist nicht erforderlich.
2. die entgeltlich und
3. unberechtigt ist.

   Dieses Tatbestandsmerkmal entfällt, wenn die Verfügung mit Einwilligung des Eigentümers, § 185 BGB, vorgenommen wird.

   Rechtsfolge:

   - Anspruch auf Abtretung des Rechts, **§ 48 S. 1 InsO**

     Bei noch ausstehender Gegenleistung, wenn der Anspruch übertragbar ist, vgl. **§ 399, 2. Alt. BGB**.
   - Anspruch auf die Gegenleistung, **§ 48 S. 2 InsO**,
     soweit diese noch **unterscheidbar** in der Masse vorhanden ist

     Unterscheidbarkeit ist bei Geldleistungen gegeben, wenn diese aufgrund einzelner Buchungen **sonderungsfähig** sind (h.M.).

F. Der Absonderungsberechtigte, §§ 49–52 InsO

199 Im Gegensatz zum Aussonderungsberechtigten, der die Nichtzugehörigkeit des Gegenstandes zur Masse geltend macht, begehrt der Absonderungsberechtigte ein **Recht auf bevorzugte Befriedigung** aus einem Massegegenstand.[725]

Insoweit entspricht das Absonderungsrecht im Insolvenzverfahren der Klage auf vorzugsweise Befriedigung gemäß § 805 ZPO in der Einzelzwangsvollstreckung.

Absonderungsberechtigte sind zugleich auch Insolvenzgläubiger, soweit ihnen der Schuldner auch persönlich haftet, **§ 52 InsO**.[726] Bei der Verwertung von Absonderungsrechten gilt die Anrechnungsvorschrift des **§ 367 Abs. 1 BGB** auch für die ab der Eröffnung des Insolvenzverfahrens laufenden Zinsen.[727]

Das Gesetz unterscheidet zwischen den Absonderungsrechten am **unbeweglichen** und solchen am **beweglichen** Vermögen des Insolvenzschuldners.

I. Absonderungsrecht am unbeweglichen Gegenstand, § 49 InsO

1. Absonderungsberechtigter

200 Absonderungsberechtigt ist gemäß **§ 49 InsO** derjenige Gläubiger, dem an Gegenständen, die der Zwangsvollstreckung in das unbewegliche Vermögen unterliegen, ein Recht auf Befriedigung zusteht.[728]

Der Kreis der Berechtigten, denen ein Recht auf Befriedigung zusteht, ist in **§ 10 ZVG** bestimmt[729] wobei insbesondere die Grundpfandgläubiger nach **§ 10 Abs. 1 Nr. 4 ZVG**, in Betracht kommen, für deren Rang untereinander die §§ 879–881 BGB maßgebend sind.[730]

Gleiches gilt für den Insolvenzverwalter, der gemäß **§ 165 InsO** die Zwangsversteigerung eines zur Masse gehörenden unbeweglichen Gegenstandes verlangen kann, bei einem Miteigentumsanteil dagegen nur die Teilungsversteigerung nach **§§ 172 ff. ZVG**, vgl. **§ 84 Abs. 1 S. 1 InsO**.[731]

2. Umfang des Absonderungsrechts

201 Gegenstände, die der Zwangsvollstreckung in das unbewegliche Vermögen unterliegen, sind zum einen nach **§ 864 ZPO** die Grundstücke, grundstücksgleichen Rechte, Miteigentumsbruchteile an Grundstücken, eingetragene Schiffe und Schiffsbauwerke sowie gemäß § 865 Abs. 1 ZPO i.V.m. **§§ 1120 ff. BGB** auch solche beweglichen Sachen, auf die sich eine Hypothek erstreckt, sodass **Grundstückszubehör** in diesen Fällen ge-

725 HK-Lohmann § 49 Rn. 1; § 50 Rn. 1; Mitlehner ZIP 2015, 60 ff.

726 BGH ZIP 2015, 1131; Uhlenbruck/Bruinkmann § 49 Rn. 3.

727 BGH ZIP 2011, 579, 580.

728 Fischer ZInsO 2014, 2125 ff.; Knees ZIP 2001, 1568 ff.

729 BGH ZInsO 2011, 1649 m. Anm. Sinz/Hiebert ZInsO 2012, 205 ff. – Absonderungsrecht der Wohnungseigentümergemeinschaft ohne Beschlagnahme; BGH ZIP 2010, 994, 995 – zu § 10 Abs. 1 Nr. 3 ZVG.

730 Stöber ZVG § 10 Anm. 1 m.w.N.

731 BGH ZIP 2012, 1426, 1427; Stöber ZVG, § 180 Rn. 15.1, 3; HK-Kayser § 84 Rn. 1.

mäß **§§ 97, 1120 BGB** ebenfalls der Zwangsvollstreckung in das unbewegliche Vermögen unterliegt.

Das Recht auf abgesonderte Befriedigung erstreckt sich auch auf nach Insolvenzeröffnung bis zum Abschluss der Verwertung entstandene Zins- und Kostenansprüche des Gläubigers.[732]

Die Veräußerung und Entfernung des Zubehörs vom Grundstück durch den Insolvenzverwalter führt zwar zur Enthaftung, §§ 1121 Abs. 1, 1122 Abs. 2 BGB – dagegen nicht die Betriebsstilllegung[733] –, der Erlös steht aber dem Grundpfandgläubiger aufgrund seines Absonderungsrechts zu.[734]

Der absonderungsberechtigte Immobiliargläubiger kann Mietforderungen des Insolvenzschuldners im Insolvenzverfahren aufgrund eines dinglichen Titels **nicht** pfänden, §§ 1147, 1120, 1123 BGB.[735]

3. Verwertung

a) Immobilienzwangsvollstreckung

Die Verwertung des Gegenstandes erfolgt gemäß **§§ 49, 165 InsO außerhalb** des Insolvenzverfahrens durch Zwangsversteigerung und (oder) Zwangsverwaltung nach den Vorschriften des Zwangsversteigerungsgesetzes, damit das Pfandrecht des Berechtigten, seinem Sinn entsprechend, durch das Insolvenzverfahren nicht beeinträchtigt wird.[736] Der Insolvenzverwalter kann gemäß **§ 165 InsO** neben dem Absonderungsberechtigten, **§ 49 InsO** – dem persönlichen Gläubiger steht nach Eröffnung des Insolvenzverfahrens § 89 Abs. 1 InsO entgegen – die Zwangsversteigerung und Zwangsverwaltung betreiben, vgl. **§ 172 ZVG**. Der Absonderungsberechtigte hat in diesem Fall die Möglichkeit, dem Verfahren gemäß **§ 27 ZVG** aufgrund eines dinglichen Titels beizutreten; umgekehrt kann der Insolvenzverwalter dem von einem absonderungsberechtigten Gläubiger beantragten Verfahren auf formlosen Antrag gemäß **§§ 172, 27 ZVG** beitreten.[737] 202

Den Interessen des Insolvenzverwalters am Erhalt des Grundstücks in der Insolvenzmasse wird dadurch Rechnung getragen, dass er gemäß **§ 30 d Abs. 1 S. 1 ZVG** die **einstweilige Einstellung** der Zwangsversteigerung durch das Vollstreckungsgericht beantragen kann.[738] 203

Danach ordnet das **Zwangsversteigerungsgericht** auf Antrag des Insolvenzverwalters die **einstweilige Einstellung** an, wenn nach

- **§ 30 d Abs. 1 S. 1 Nr. 1 ZVG** im Insolvenzverfahren der Berichtstermin (§ 29 Abs. 1 Nr. 1 InsO) noch bevorsteht;

732 BGH ZIP 2011, 579, 581; 2008, 2276; 1539, 1541.
733 BGH WM 1996, 293; Palandt/Herrler § 1122 Rn. 2 m.w.N.
734 HK-Lohmann § 49 Rn. 10, 11; zur KO BGHZ 60, 267, 272, 273; BGH LM § 4 Nr. 1.
735 BGH ZIP 2006, 1554, 1556.
736 Bork ZIP 2013, 2129 ff.; Baur/Stürner II Rn. 15.8.
737 Stöber ZVG, § 172 Anm. 3 m.w.N.
738 Uhlenbruck/Brinkmann § 49 Rdnb. 73 ff.

- **§ 30 d Abs. 1 S. 1 Nr. 2 ZVG** das Grundstück nach dem Ergebnis des Berichtstermins (§ 29 Abs. 1 Nr. 1 InsO) im Insolvenzverfahren für eine Fortführung des Unternehmens oder für die Vorbereitung der Veräußerung eines Betriebs oder einer anderen Gesamtheit von Gegenständen benötigt wird;
- **§ 30 d Abs. 1 S. 1 Nr. 3 ZVG** durch die Versteigerung die Durchführung eines vorgelegten Insolvenzplans gefährdet wäre (§ 218 InsO);
- **§ 30 d Abs. 1 S. 1 Nr. 4 ZVG** in sonstiger Weise durch die Versteigerung die angemessene Verwertung der Insolvenzmasse wesentlich erschwert würde, was dann anzunehmen ist, wenn der Insolvenzverwalter einen höheren Erlös erzielen kann.

Der Antrag ist abzulehnen, wenn die Einstellung dem Gläubiger unter Berücksichtigung seiner wirtschaftlichen Verhältnisse nicht zuzumuten ist, was im gewerblichen Kreditgeschäft nur in dem eher seltenen Fall der drohenden Insolvenz des Kreditinstituts anzunehmen sein dürfte.[739]

Nach **§ 30 e Abs. 1 ZVG** erhält der Gläubiger als **Ausgleich** die laufenden Zinsen auf seine gesicherte Forderung – nicht auf die im Grundbuch eingetragenen, üblicherweise höheren dinglichen Zinsen. Bei Nutzung des Grundstücks für die Insolvenzmasse ist dessen **Wertverlust** durch laufende Zahlungen aus der Insolvenzmasse auszugleichen, **§ 30 e Abs. 2 ZVG**.

Als **Verfahrenskostenbeitrag** ist gemäß **§ 10 Abs. 1 Nr. 1 a ZVG** ein Betrag in Höhe von 4% des Grundstückszubehörs festgelegt.

b) Freihändige Veräußerung

204 Der Insolvenzverwalter kann, wie sich aus **§ 160 Abs. 2 Nr. 1 InsO** ergibt, das Grundstück auch freihändig veräußern,[740] was umsatzsteuerpflichtig ist.[741] Er ist nicht an eine vollstreckungsbeschränkende Vereinbarung zwischen Schuldner und Grundpfandgläubiger gebunden.[742]

II. Absonderungsrecht am beweglichen Gegenstand, §§ 50 ff. InsO

1. Durch Pfandrecht begründetes Absonderungsrecht, § 50 InsO

205 Absonderungsberechtigt ist gemäß **§ 50 Abs. 1 InsO** derjenige, dem an beweglichen Sachen ein Pfandrecht zusteht. Das Pfandrecht kann

- rechtsgeschäftlich gemäß §§ 1204 ff. BGB,[743]
- durch Pfändung gemäß § 804 ZPO oder gesetzlich begründet sein.

---

739 Uhlenbruck/Brinkmann § 49 Rdnb. 75 ff.

740 BGH ZIP 2011, 579, 580; 2010, 994, 995.

741 BFH ZIP 2011, 1923; 1924; Fölsing ZInsO 2011, 2261 ff.

742 BGH ZIP 2011, 387, 389.

743 BGH WM 2002, 2369, 2370 – Pfandrecht nach Nr. 14 AGB/Banken; Mietkaution Langer ZInsO 2012, 1093 ff.

Als gesetzliche Pfandrechte kommen insbesondere in Betracht:

- das Pfandrecht des Vermieters, §§ 599 ff. BGB, und des Verpächters, § 592 BGB, jeweils mit der zeitlichen Beschränkung des § 50 Abs. 2 InsO
- das Pfandrecht des Pächters, § 583 BGB, des Unternehmers, § 647 BGB, und des Gastwirts, § 704 BGB;
- das Pfandrecht des Kommissionärs, § 397 HGB, des Frachtführers, § 440 HGB, des Spediteurs, § 464 HGB und des Lagerhalters, § 475 HGB.

  Das Pfandrecht erfasst in insolvenzfester Weise auch offene, unbestrittene Altforderungen des Frachtführers aus früheren Transportgeschäften, wenn ihm unter Überlassung von Transportgut ein neuer Frachtauftrag erteilt wird.[744]

2. Durch Sicherungsübertragung begründetes Pfandrecht, § 51 Nr. 1 InsO

Ferner berechtigt **§ 51 Nr. 1 InsO** den eigennützigen Treuhänder in den Fällen der Sicherungsübereignung und Sicherungszession zur abgesonderten Befriedigung.[745] **206**

Von **§ 51 Nr. 1 InsO** werden auch die Verlängerungs- und Erweiterungsformen des Eigentumsvorbehalts erfasst, während der einfache Eigentumsvorbehalt zur Aussonderung berechtigt.

3. Durch ein Zurückbehaltungsrecht begründetes Absonderungsrecht, § 51 Nr. 2, 3 InsO

Absonderungsberechtigt ist gemäß **§ 51 Nr. 2 und 3 InsO** derjenige, dem an beweglichen Sachen ein Zurückbehaltungsrecht zusteht. Insbesondere: **207**

- wegen werterhöhender Aufwendungen, § 51 Nr. 2 InsO, §§ 994–996 BGB;[746]

  Verwendungen auf ein Grundstück berechtigen dagegen **nicht** zur abgesonderten Befriedigung,[747] da das Absonderungsrecht insoweit in **§ 49 InsO** abschließend **geregelt ist**
- vertragliche Zurückbehaltungsrechte[748]dagegen **nicht**, auch **nicht** das Zurückbehaltungsrecht nach **§ 273 BGB**, da es nur ein persönliches Recht ist,[749]
- handelsrechtliches Zurückbehaltungsrecht, **§ 51 Nr. 3 InsO** i.V.m. **§§ 369 ff. HGB**, dessen Voraussetzungen bei Eröffnung des Insolvenzverfahrens gegeben sein müssen.[750]

  Zum versicherungsrechtlichen Zurückbehaltungsrecht, vgl. **§§ 888, 889 HGB, 110 VVG.**[751]

744 BGH ZIP 2005, 992; Küpper ZInsO 2012,1515, 1518.
745 Smid ZInsO 2010, 1829 ff.
746 Bork Rn. 250; Jauernig § 74 II 3 b.
747 BGH ZIP 2003, 1406, 1408.
748 BGH KTS 1965, 155 zur KO.
749 BGH ZIP 2005, 126, 130; 2002, 858, 861; Bork Rn. 250.
750 BGH KTS 1957, 10; OLG Köln ZIP 1993, 1249; Marotzke JA 1988, 117 ff. zur KO.
751 Mitlehner ZIP 2012, 2003 ff.; vgl. im Einzelnen MK-Ganter § 51 Rn. 232 ff.

208 Der Dritte kann wegen des ihm gegen den Versicherungsnehmer zustehenden Anspruchs **abgesonderte Befriedigung** aus dessen **Freistellungsanspruch** gegen den Versicherer verlangen, wenn über das Vermögen des Versicherungsnehmers das Insolvenzverfahren eröffnet ist.[752]

4. Verwertung des beweglichen Gegenstandes, § 166 InsO

209 Die Verwertung der Absonderungsgegenstände findet im Insolvenzverfahren statt; die Absonderungsberechtigten sind in das Verfahren einbezogen.

§ 166 InsO ist Schutzgesetz i.S.d. **§ 823 Abs. 2 BGB** zugunsten der Gläubigergesamtheit für Schäden, die ihr durch eigenmächtiges Handeln des Absonderungsberechtigten entstehen.[753]

Der Insolvenzverwalter kann das Sicherungsgut auch freihändig veräußern,[754] die freihändige Veräußerung der sicherungsübereigneten Gegenstände ist umsatzsteuerbelastet.[755]

a) Verwertungsbefugnis des Insolvenzverwalters, § 166 Abs. 1 InsO

210 Die Verwertungsbefugnis hängt davon ab, ob sich die bewegliche Sache im **Besitz** des Insolvenzverwalters befindet oder nicht.

Hat der Insolvenzverwalter die Sache in unmittelbarem Besitz, vgl. **§ 148 Abs. 1 InsO** – was insbesondere bei der Sicherungsübereignung der Fall ist –, steht ihm gemäß **§ 166 Abs. 1 InsO** das alleinige Verwertungsrecht zu. Dem absonderungsberechtigten Gläubiger wird dadurch der Zugriff auf die wirtschaftliche Einheit des schuldnerischen Unternehmens verwehrt.[756]

Der Insolvenzverwalter ist auch zur Verwertung der Gegenstände berechtigt, die der Schuldner aus betrieblichen Gründen einem Dritten zum Zwecke der Weitervermietung an dessen Kunden überlassen hat.[757]

Der Insolvenzverwalter kann die Sache aber auch an den absonderungsberechtigten Gläubiger zum Zwecke der Verwertung gemäß **§ 170 Abs. 2 InsO** herausgeben. Bei dieser sog. **„unechten Freigabe"** bleibt die Sache jedoch Bestandteil der Masse, denn der Insolvenzverwalter hat nicht auf die Sache, sondern nur auf sein Verwertungsrecht verzichtet.

Nach **§ 167 InsO** ist der Insolvenzverwalter dem absonderungsberechtigten Gläubiger gegenüber auf dessen Verlangen zur Auskunftserteilung über den Zustand der Sache bzw. Forderung verpflichtet.

Weiterhin hat der Insolvenzverwalter dem Gläubiger seine Veräußerungsabsicht mitzuteilen und diesem Gelegenheit zu geben, binnen einer Woche auf eine andere, für diesen günstigere, Möglichkeit der Verwertung des Gegenstandes hinzuweisen, **§ 168 InsO**, zur Nachteilsausgleichspflicht in diesen Fällen.[758] Hat der Gläubiger daraufhin sei-

---

752 BGH ZIP 2016, 1031; 2013, 1742, 1744; Gehrlein BB 2014, 1539, 1541; MK-Ganter § 51 Rn. 232 ff
753 BGH WM 2004, 1966, 1968; 39, 41.
754 BGH ZIP 2011, 579, 580; 2010, 994, 995.
755 BFH ZIP 2011, 1923 ff.; Avoine ZIP 2012, 58 ff.; Fölsing ZInsO 2011, 2261 ff.
756 Uhlenbruck/Brinkmann § 166 Rn. 6 ff.
757 BGH ZIP 2006, 2390.
758 BGH ZIP 2013, 1927.

ne Bereitschaft erklärt, den Gegenstand selbst zu übernehmen, muss der Insolvenzverwalter ihn nicht erneut informieren, bevor er den Gegenstand auf ein verbessertes Angebot an den Dritten veräußert.[759]

Verwertet der Insolvenzverwalter einen Gegenstand in der Weise, dass ihn der absonderungsberechtigte Gläubiger übernimmt, vgl. **§ 168 Abs. 3 InsO,** wird ein durch die Weiterveräußerung erzielter Mehrerlös nicht auf die Insolvenzforderung angerechnet.[760]

Aus Gründen des Gläubigerschutzes vor einer Verzögerung der Verwertung durch den Insolvenzverwalter kann der Gläubiger, solange der Gegenstand nicht verwertet wird, vom Berichtstermin an, **§ 156 InsO**, nach **§ 169 InsO** laufend die geschuldeten Zinsen aus der Insolvenzmasse verlangen. **211**

Die Verzinsung des Erlöses gebührt dem absonderungsberechtigten Sicherungsnehmer gemäß **§ 169 S. 1 InsO** regelmäßig erst ab dem Tage nach dem Zahlungseingang bei der Insolvenzmasse, sofern sich der Insolvenzverwalter vom Berichtstermin an ordnungsgemäß um die Verwertung bemüht hat.[761]

Eine Verzinsungspflicht nach **§ 169 S. 2 InsO** setzt voraus, dass der Gläubiger gerade durch gerichtliche Anordnung an der Verwertung gehindert geworden ist. Die Zinszahlungspflicht der Insolvenzmasse endet nicht schon mit der Verwertungshandlung, sondern erst mit der Auskehr des Erlöses an den Absonderungsberechtigten.[762]

§ 172 InsO gestattet dem Insolvenzverwalter, eine bewegliche Sache für die Insolvenzmasse zu nutzen, wenn er den dadurch entstehenden Wertverlust von der Eröffnung des Insolvenzverfahrens an durch laufende Zahlungen an den Gläubiger ausgleicht. Weiterhin darf der Insolvenzverwalter eine Verbindung, Vermischung und Verarbeitung von den der Absonderung unterliegenden Gegenständen nach **§ 172 Abs. 2 S. 1 InsO** vornehmen, wenn dadurch die Sicherung des absonderungsberechtigten Gläubigers nicht beeinträchtigt wird. Soweit sich die Sicherungsrechte fortsetzen, ist der Gläubiger gemäß **§ 172 Abs. 2 S. 2 InsO** insoweit zur Freigabe der Sicherheiten verpflichtet, als die neue Sicherheit den Wert der bisherigen übersteigt.[763] **212**

Nach der Verwertung durch den Insolvenzverwalter sind nach **§ 170 Abs. 1 InsO** aus dem Verwertungserlös die **Kosten** der **Feststellung** und der **Verwertung vorweg** für die Insolvenzmasse zu entnehmen. Die absonderungsberechtigten Gläubiger müssen danach erhebliche Einbußen bei der Erlösverteilung hinnehmen, da ihnen nur noch ein Verwertungserlös zusteht, der um den Kostenbeitrag gemindert sein kann. **213**

Dieser Prozentanteil setzt sich zusammen aus den Kosten für die tatsächliche **Feststellung** des Gegenstandes und der Rechte an diesen nach **§ 171 Abs. 1 InsO** i.H.v. pauschal 4% und den Kosten der **Verwertung** nach **§ 171 Abs. 2 InsO** i.H.v. pauschal 5%. Zusätzlich zu diesen Kosten ist der Umsatzsteuerbetrag von Z.z. 19% anzusetzen, wenn die Verwertung zu einer Belastung der Insolvenzmasse mit der Umsatzsteuer geführt hat.

---

759 BGH ZIP 2010, 1089.

760 BGH ZIP 2005, 2214; Fischer WM 2007, 813, 817.

761 BGH ZIP 2006, 814, 815.

762 BGH WM 2003, 694, 697.

763 Uhlenbruck/Brinkmann § 172 Rn. 15, 18; BMF-Schreiben vom 30.04.2014 abgedr. ZIP 2014, 995 ff.; Uhlenbruck/Sinz § 171 Rn. 18 ff.

Die Pauschalen werden auf der Basis des tatsächlich erzielten Verwertungserlöses berechnet. Lagen die tatsächlich entstandenen Verwertungskosten erheblich niedriger oder erheblich höher, so sind diese Kosten anzusetzen, **§ 171 Abs. 2 S. 2 InsO**. Der Insolvenzverwalter darf nicht einen Teil der Verwertungskosten konkret berechnen und für einen anderen Teil die Pauschale von 5% ansetzen.[764]

Die Kosten des vom Insolvenzverwalter beauftragten Auktionators sind Teil der tatsächlich angefallenen Verwertungskosten.[765]

Nach Abzug der so ermittelten Kosten sind aus dem verbleibenden Betrag die absonderungsberechtigten Gläubiger zu befriedigen, **§ 170 Abs. 1 S. 2 InsO**. Bei mehreren absonderungsberechtigten Gläubigern ist die sich nach materiellem Recht ergebende Rangfolge – Grundsatz der Priorität – maßgebend.[766]

Der Insolvenzverwalter hat kein Tilgungsbestimmungsrecht bei Auskehr des Verwertungserlöses.[767]

§§ 170 Abs. 1 S. 2, 172 InsO sind auf den vorläufigen Insolvenzverwalter **nicht** anwendbar.[768]

b) Verwertungsbefugnis des Insolvenzverwalters, § 166 Abs. 2 InsO

214 Nach **§ 166 Abs. 2 InsO** darf der Insolvenzverwalter eine Forderung, die der Schuldner zur Sicherung eines Anspruchs abgetreten hat, einziehen oder in anderer Weise verwerten, auch einem Dritten eine Einziehungsermächtigung erteilen, arg. § 168 Abs. 1, 3 InsO.[769] Der **Zessionar** ist danach **nicht** mehr zur Einziehung der Forderung berechtigt, auch wenn er die Abtretung der Forderung dem Drittschuldner angezeigt hat.[770]

Die Vorschrift ist auf verpfändete Forderungen nicht anwendbar.[771]

Der Drittschuldner kann nicht mehr mit befreiender Wirkung an den Sicherungszessionar leisten, wenn ihm die Eröffnung des **Insolvenzverfahrens** das Vermögen seines ursprünglichen Gläubigers bekannt ist und er weiß, dass die Abtretung lediglich zu **Sicherungszwecken** erfolgt ist.[772]

Dagegen erstreckt sich das gesetzliche Einziehungsrecht des Insolvenzverwalters nicht auf den Bereicherungsanspruch des vorrangigen Sicherungsnehmers gegen den nachrangigen Sicherungsnehmer bei Zahlung des Drittschuldners mit befreiender Wirkung.[773]

764 BGH WM 2007, 839.

765 BGH WM 2005, 2239.

766 Bork Rn. 256.

767 BGH ZIP 2014, 2248, 2249.

768 BGH WM 2006, 1636.

769 BGH ZInsO 2012, 234; Ganter ZIP 2014, 2248, 2249.

770 BGH WM 2002, 1797, 1798; Mitlehner ZIP 2015, 60, 62 ff.

771 BGH ZIP 2013, 1539; 2012, 638.

772 BGH ZIP 2009, 1075, 1077; Gessner ZIP 2012, 455 ff. – Zahlungsvergleiche über globalzedierte Forderungen in der Insolvenz.

773 BGH ZIP 2002, 1630; 2003, 1256.

Auch hat der Insolvenzverwalter kein Verwertungsrecht für einen vor Insolvenzeröffnung vom Drittschuldner unter Verzicht auf die Rücknahme hinterlegten Forderungserlös.[774]

Jedoch kann der Insolvenzverwalter – unabhängig davon, ob ein Einziehungsrecht nach **§ 166 Abs. 2 BGB** vorliegt – ermächtigt werden, eine Forderung einzuziehen.[775]

Die **4% Feststellungskostenpauschale** gebührt der Insolvenzmasse auch für die sicherungshalber abgetretene Forderungen, die nach Insolvenzeröffnung durch Leistung an den absonderungsberechtigten Gläubiger erfüllt worden sind.[776]

Zieht der absonderungsberechtigte Gläubiger einer Forderung ein, ohne dazu vom Insolvenzverwalter ermächtigt worden zu sein, schuldet er der Insolvenzmasse nicht allein schon deshalb – zusätzlich zur Feststellungskostenpauschale – auch die Verwertungskostenpauschale nach **§ 171 Abs. 2 InsO**. Diese soll allein eine Mehrbelastung ausgleichen, die der Insolvenzmasse durch die Verwertung entsteht.[777]

c) Verwertungsbefugnis des Gläubigers, § 173 Abs. 1 InsO

Ist der Insolvenzverwalter nicht zur Verwertung der beweglichen Sache oder einer Forderung berechtigt, so kann der **Gläubiger** selbst gemäß **§ 173 Abs. 1 InsO** die Verwertung durchführen, wobei der Insolvenzverwalter nach **§ 173 Abs. 2 InsO**, um einer Verzögerung bei der Verwertung entgegenzuwirken, bei dem Insolvenzgericht einen Antrag auf Fristsetzung zur Verwertung stellen kann. Nach Ablauf der vom Insolvenzgericht festgesetzten Frist ist der Insolvenzverwalter zur Verwertung berechtigt, § 173 Abs. 2 S. 2 InsO.[778] 215

III. Die Ersatzabsonderung analog § 48 InsO

In Analogie zur Ersatzaussonderung gemäß **§ 48 InsO** hat der Gläubiger einen Anspruch auf **Ersatzabsonderung**, wenn sein Absonderungsrecht durch den Insolvenzverwalter vereitelt worden ist, vgl. jedoch §§ 170 Abs. 1 S. 2, 166 ff. InsO.[779] 216

774 BGH ZIP 2006, 91, 92.
775 BGH ZIP 2008, 929, 930.
776 BGH ZIP 2004, 42; WM 2003, 694, 696.
777 BGH WM 2004, 39, 40.
778 BGH ZIP 2016, 130; 2013, 987, 989.
779 BGH ZIP 2010, 739.

Die Absonderungsberechtigten

I. Derjenige, dem an Gegenständen, die der **Zwangsvollstreckung** in das **unbewegliche Vermögen** unterliegen (vgl. §§ 864, 865 Abs. 1 ZPO i.V.m. §§ 1120 ff. BGB), ein Recht auf Befriedigung zusteht, **§ 49 InsO**

Der Kreis der Berechtigten, denen ein Recht auf Befriedigung zusteht, ist in **§ 10 ZVG** bestimmt, wobei insbesondere die **Grundpfandgläubiger, § 10 Abs. 1 Nr. 4 ZVG**, in Betracht kommen, für deren Rang untereinander die §§ 879–881 BGB maßgebend sind.

II. Derjenige, dem an **beweglichen Gegenständen** ein **Pfandrecht** zusteht, **§ 50 InsO**

Das Pfandrecht kann

1. rechtsgeschäftlich gemäß §§ 1204 ff. BGB,
2. durch Pfändung gemäß § 804 ZPO oder
3. gesetzlich begründet sein.

   Als **gesetzliche Pfandrechte** kommen insbesondere in Betracht:

   - das Pfandrecht des Vermieters, §§ 562 ff. BGB, und des Verpächters, § 592 BGB (mit zeitlicher Beschränkung des § 50 Abs. 2 InsO);
   - das Pfandrecht des Pächters, § 583 BGB, des Unternehmers, § 647 BGB, und des Gastwirts, § 704 BGB;
   - das Pfandrecht des Kommissionärs, § 397 HGB, des Frachtführers, § 440 HGB, des Spediteurs, § 464 HGB, des Lagerhalters, § 475 b HGB.

III. Der eigennützige Treuhänder in den Fällen der **Sicherungsübereignung** und **Sicherungszession** sowie der Verkäufer in den Fällen des **verlängerten** und **erweiterten Eigentumsvorbehalts**, vgl. **§ 51 Nr. 1 InsO**

IV. Derjenige, dem an beweglichen Sachen ein **Zurückbehaltungsrecht** zusteht, **§ 51 Nr. 2 u. 3 InsO**

- nach **§ 51 Nr. 2 InsO** insbesondere wegen werterhöhender Aufwendungen, z.B. §§ 994–996 BGB;

  § 51 Nr. 2 InsO umfasst **nicht**

  - Aufwendungen an unbeweglichen Sachen, da das Absonderungsrecht insoweit in **§ 49 InsO** abschließend geregelt ist,
  - vertragliche Zurückbehaltungsrechte,
  - das persönliche Zurückbehaltungsrecht, **§ 273 BGB**.
- nach **§ 51 Nr. 3 InsO** i.V.m. **§§ 369 ff. HGB** das handelsrechtliche Zurückbehaltungsrecht, dessen Voraussetzungen bei Eröffnung des Insolvenzverfahrens vorliegen müssen

V. Die **Ersatzabsonderung** analog **§ 48 InsO**

In Analogie zur Ersatzaussonderung gemäß **§ 48 InsO** hat der Gläubiger einen Anspruch auf Ersatzabsonderung, wenn sein Absonderungsrecht durch den Insolvenzverwalter vereitelt worden ist.

G. Die Aufrechnung, §§ 94–96 InsO

§ 94 InsO ermöglicht dem Gläubiger, sich unabhängig vom Insolvenzverfahren durch Aufrechnung gegenüber einer gegen ihn gerichteten Forderung zu befriedigen. Der Gläubiger muss nicht seine volle Leistung an die Insolvenzmasse erbringen und braucht sich nicht für seine Forderung mit der Insolvenzquote zu begnügen. Die Aufrechnung bewirkt insoweit eine Art abgesonderte Befriedigung. Grund für die Sonderstellung des aufrechnungsbefugten Gläubigers ist sein Vertrauen in die einmal erworbene Befriedigungsmöglichkeit.[780] **217**

Ein bei Eröffnung des Insolvenzverfahrens bestehendes Aufrechnungsrecht bleibt auch dann erhalten, wenn die aufgerechnete Gegenforderung nach einem rechtskräftig bestätigten Insolvenzplan als erlassen gilt.[781]

Die **§§ 94–96 InsO** betreffen nur die Aufrechnungsbefugnis der **Insolvenzgläubiger**, während sich die Aufrechnungsbefugnis des **Insolvenzverwalters** ausschließlich nach den allgemeinen Vorschriften der **§§ 387 ff. BGB** richtet. Die **§§ 95, 96 InsO** verändern nur die Aufrechnungsvoraussetzungen im eröffneten **Insolvenzverfahren**, greifen dagegen nicht schon während des Eröffnungsverfahrens ein.[782]

I. Eintritt der Aufrechnungslage nach Verfahrenseröffnung

Sind die aufzurechnenden Forderungen oder eine von ihnen im Zeitpunkt der Verfahrenseröffnung schon begründet, jedoch noch bedingt, nicht fällig oder nicht gleichartig, kann die Aufrechnung erst erfolgen, wenn das Aufrechnungshindernis behoben ist, **§ 95 Abs. 1 S. 1 InsO**; §§ 41, 45 InsO sind in diesem Fall nicht anwendbar.[783] **218**

Die Aufrechnung durch den Insolvenzgläubiger bleibt jedoch dann ausgeschlossen, wenn seine Forderung später fällig oder später unbedingt wurde als die zur Insolvenzmasse gehörende Hauptforderung, **§ 95 Abs. 1 S. 3 InsO**.[784] Denn der Insolvenzverwalter hatte die Möglichkeit, die massezugehörige Hauptforderung gegen den Insolvenzgläubiger durchzusetzen, bevor dieser sich im Wege der Aufrechnung daraus befriedigen kann. Der Insolvenzgläubiger musste demgegenüber damit rechnen, dass wegen der bereits gegebenen Durchsetzbarkeit die massezugehörige Hauptforderung vor Eintritt der Aufrechnungsvoraussetzungen gegen ihn durchgesetzt wird, sodass sein Vertrauen auf das zukünftige Entstehen der Aufrechnungslage im Falle eines Insolvenzverfahrens nicht schutzwürdig ist.

Dagegen schließt **§ 95 Abs. 1 S. 3 InsO** die Aufrechnung des Insolvenzgläubigers mit einem während des Insolvenzverfahrens fällig gewordenen Schadensersatzanspruch auf Ersatz der **Mängelbeseitigungskosten** gegen den vorher fällig gewordenen Werklohnanspruch des Insolvenzschuldners **nicht** aus;[785] weiterhin ist **§ 95 Abs. 1 InsO** nicht durch § 110 Abs. 3 InsO eingeschränkt.[786]

---

780 Vgl. Statt aller Uhlenbruck/Sinz § 95 Rn. 1 m.w.N.

781 BGH ZIP 2011, 1271, 1272.

782 BGH ZIP 2012, 737, 740; Fischer WM 2008, 1 ff.; Kayser WM 2008, 1477 ff.; 1525 ff.; vgl. zu § 77 Abs. 2 VAG BGH ZIP 2011, 1826.

783 BGH ZIP 2013, 1180, 1181; 2009, 380.

784 BGH ZIP 2003, 2166, 2168; 2002, 2184; BFH ZIP 2004, 2060; Uhlenbruck/Sinz § 95 Rn. 19, 20.

785 BGH WM 2005, 2143.

786 BGH ZIP 2007, 239.

II. Einschränkung der Aufrechnungsbefugnis des Insolvenzgläubigers

219 **§ 96 InsO** schränkt das Aufrechnungsrecht des Gläubigers in der Weise ein, dass abweichend von **§ 387 BGB** die **Gegenseitigkeit** schon im Zeitpunkt der **Eröffnung** des Insolvenzverfahrens bestanden haben muss.

Die Vorschriften des **§ 96 Abs. 1 Nr. 1, 2 und 4 InsO** entsprechen dem Schutz des **§ 91 InsO** gegen die Verminderung der Insolvenzmasse durch Erwerb von Rechten an Massegegenständen **nach** Eröffnung des Insolvenzverfahrens.

Die Bestimmung des **§ 96 Abs. 1 Nr. 3 InsO** erweitert diesen Schutz auf die Aufrechnungslage vor Eröffnung des Insolvenzverfahrens, die in **anfechtbarer Weise** herbeigeführt worden ist.

1. Einschränkungen der Aufrechnungsbefugnis gemäß § 96 Abs. 1 Nr. 1 InsO

220 Die Aufrechnung ist gemäß § 96 Abs. 1 Nr. 1 InsO unzulässig, wenn ein Insolvenzgläubiger erst nach Eröffnung des Insolvenzverfahrens etwas zur Insolvenzmasse schuldig geworden ist.[787]

§ 95 Abs. 1 S. 1 InsO geht der Regelung des § 96 Abs. 1 Nr. 1 InsO **vor**.[788]

Der **Insolvenzgläubiger**, der gegen eine Forderung der Insolvenzmasse aufrechnet, hat darzulegen und zu beweisen, dass die Aufrechnungslage schon im Zeitpunkt der Insolvenzeröffnung bestand.[789]

Fall 10:

Bauherr B und der Insolvenzschuldner S schlossen am 01.04.2018 einen Bauvertrag über die Durchführung der Rohbauarbeiten eines Wohn- und Geschäftshauses in X. Es wurde ein Werklohn i.H.v. 650.000 € vereinbart.
Am 17.05.2018 stellte S die Arbeiten auf der Baustelle ein. Am 16.06.2018 wurde über sein Vermögen das Insolvenzverfahren eröffnet und I zum Insolvenzverwalter bestellt. Der Gesamtwert der von S bis zum Zeitpunkt der Einstellung der Arbeiten erbrachten Werkleistungen beträgt – nach den Feststellungen des Sachverständigen – 100.000 €.
Am 01.07.2018 einigen sich B und I darauf, dass die Rohbauarbeiten, wie im Bauvertrag vom 01.04.2018 vereinbart, fertiggestellt werden.

Als I nach Fertigstellung und Abnahme der Rohbauarbeiten am 01.10.2018 die Werklohnforderung i.H.v. 650.000 € geltend macht, erklärt B nach Zahlung eines Betrags i.H.v. 420.000 € die Aufrechnung mit ihm – unstreitig – gegenüber S zustehen.

787 BFH ZIP 2008, 886; 2007, 1166; 1225 zur Verrechnung von Steuererstattungsansprüche; Kahlert ZIP 2013, 500 ff.
788 BGH ZIP 2012, 1826, 1828; 2004, 1608.
789 BGH ZIP 2012, 1254.

den Kaufpreisforderungen i.H.v. insgesamt 230.000 € aus vor Eröffnung des Insolvenzverfahrens geschlossenen Kaufverträgen über zwei Baufahrzeuge, deren Zahlung B bis zum 01.06.2018 gestundet hatte.
Weiterhin macht er den vertraglich vereinbarten Sicherheitseinbehalt i.H.v. 5% der Werklohnforderung geltend.

I nimmt B auf Zahlung der Restwerklohnforderung i.H.v. 230.000 € in Anspruch.

Der (Rest-)Werklohnanspruch des I gemäß **§§ 631, 632, 641 Abs. 1 BGB** könnte durch die von B erklärte **Aufrechnung** mit der Kaufpreisforderung i.H.v. 230.000 € **erloschen** sein.

Das setzt eine wirksame Aufrechnung voraus:

I. **Aufrechnungslage §§ 94 ff. InsO** i.V.m. **§§ 387 ff. BGB** 221
Die Aufrechnung setzt nach § 387 BGB voraus, dass eine fällige, durchsetzbare Forderung des B einer gleichartigen, erfüllbaren Forderung des S gegenübersteht.
Hinsichtlich der **Gegenseitigkeit** der Forderung bestehen keine Bedenken, die Restwerklohnforderung gegen B ist auch nach Eröffnung des Insolvenzverfahrens im Vermögen des Schuldners S verblieben.
Die Kaufpreisforderung des B und die restliche Werklohnforderung des S stehen sich, da beide auf die Leistung von Geld gerichtet sind, als **gleichartige** Forderungen gegenüber.
Der Werklohnanspruch des S ist mit Abschluss des Werkvertrags nach **§ 631 Abs. 1 BGB** für B erfüllbar.
Die zur Aufrechnung gestellten Kaufpreisforderungen des B sind fällig – die Stundungsvereinbarung endete am 01.06.2018 – und durchsetzbar.

Die Aufrechnung durch den Gläubiger bleibt jedoch dann ausgeschlossen, wenn seine Forderung erst später fällig oder später unbedingt wurde als die zur Insolvenzmasse gehörende Hauptforderung, **§ 95 Abs. 1 S. 3 InsO.**[790] Diese Voraussetzungen sind vorliegend nicht gegeben, da die zur Insolvenzmasse gehörende Werklohnforderung erst mit Abnahme des Werkes durch den Besteller am 01.10.2018 nach § 640 Abs. 1 BGB aufschiebend bedingt, **§ 641 BGB,**[791] somit später als die Gegenforderung fällig wurde.

Danach bestand eine Aufrechnungslage, § 387 BGB i.V.m. **§ 95 Abs. 1 S. 1, S. 3 InsO.**

II. Die Aufrechnung des B ist jedoch nach **§ 96 Abs. 1 Nr. 1 InsO ausgeschlossen**, wenn er die restliche Werklohnforderung erst **nach** Eröffnung des Insolvenzverfahrens schuldig geworden ist. 222

1. Die Verpflichtung des Bestellers zur Zahlung der vereinbarten Werklohnvergütung nach **§ 631 Abs. 1 BGB** entsteht bereits mit Abschluss des Werkvertrags, ist jedoch durch die Abnahme des Werkes durch den Besteller nach **§ 640 Abs. 1 BGB** aufschiebend bedingt, **§ 641 BGB.**[792]

790 BGH ZIP 2003, 2166, 2168; 2002, 2184; BFH ZIP 2004, 2060; Fischer WM 2008, 1 ff.; Kayser WM 2008, 1477 ff.; 1525, 1527.
791 Vgl. BGHZ 89, 189; Palandt/Sprau § 632 Rn. 2 m.w.N.
792 BGHZ 89, 189; Palandt/Sprau § 632 Rn. 2 m.w.N.

Im Rahmen des **§ 96 Abs. 1 Nr. 1 InsO** ist allein maßgebend, wann die Forderung entstanden ist, andernfalls würde die in **§ 95 Abs. 1 S. 1 InsO** enthaltene Regelung, wonach ein Insolvenzgläubiger auch mit einer ursprünglich bedingten oder betagten Forderung aufrechnen kann, sobald ihre Voraussetzungen eingetreten sind, ins Gegenteil verkehrt.[793] Vorliegend ist somit auf den Zeitpunkt des Abschlusses des Werkvertrags am 01.04.2018 abzustellen, sodass der Werklohnanspruch des S nach **§ 96 Nr. 1 Nr. 1 InsO** bereits **vor** Eröffnung des Insolvenzverfahrens entstanden ist.

223 2. Die Verpflichtung des B zur Zahlung der Werklohnforderung hat jedoch nach der Rspr. des BGH[794] durch die Eröffnung des Insolvenzverfahrens gemäß **§ 103 Abs. 1 InsO** ihre Durchsetzbarkeit, **§ 320 BGB**, verloren. Erst durch das **Erfüllungsverlangen** des Insolvenzverwalters werden die Ansprüche **neu** begründet. Danach lässt die Erklärung des Insolvenzverwalters, er wähle Erfüllung, die gegenseitigen Erfüllungsansprüche als **neue Ansprüche** entstehen.[795]

Dann müssten die Voraussetzungen des **§ 103 Abs. 1 InsO** erfüllt sein, d.h., keine der beiden Vertragsparteien darf die ihr obliegende Verpflichtung vor Eröffnung des Insolvenzverfahrens vollständig erbracht haben.[796]
B schuldete bei Eröffnung des Insolvenzverfahrens am 16.06.2018 aus dem Bauvertrag noch die gesamte Werklohnvergütung i.H.v. 650.000 €, S hatte zu diesem Zeitpunkt erst einen Teil der aus dem Werkvertrag geschuldeten Werkleistungen erbracht. Danach hatten beide Vertragsparteien bei Eröffnung des Insolvenzverfahrens ihre Leistungspflichten noch nicht vollständig erfüllt, sodass die Voraussetzungen des **§ 103 Abs. 1 InsO** vorliegen.

Fraglich ist jedoch, ob sich die Rechtsfolgen des **§ 103 Abs. 1 InsO** auf die gesamten Erfüllungsansprüche der Vertragsparteien erstrecken.

224 Nach der Rspr. des BGH und einem Teil der Lit. erstreckt sich die Wirkung des **§ 103 Abs. 1 InsO nicht** auf den Teil der von dem Vertragspartner geschuldeten Gegenleistung, die der vom Insolvenzschuldner **vor** Verfahrenseröffnung erbrachten Leistungen entspricht.[797]
Grundgedanke des **§ 103 Abs. 1 InsO** sei es, dass der Masse im Interesse der gleichwertigen Befriedigung aller Insolvenzgläubiger für die von ihr erbrachten Leistungen auch die volle Gegenleistung zustehen solle; soweit der Insolvenzschuldner jedoch einen gegenseitigen Vertrag bereits **vor** Verfahrenseröffnung erfüllt habe, greife dieser Rechtsgedanke nicht ein, denn diese Leistungen müssten nicht mehr mit Mitteln der Masse erbracht werden, deshalb müsste auch die Gegenleistung nicht zum Erhalt der vollwertigen Masse eingezogen werden.

793 BGH NJW 1984, 1557, 1558 zur KO; Bork Rn. 267, 268; Kayser WM 2008, 1477, 1525, 1528.
794 BGH ZIP 2013, 526, 527; 2007, 778; 2006, 87; 2002, 1093, 1095 – „modifizierte Erlöschenstheorie"; vgl. dazu Rn. 71 ff.
795 BGH a.a.O.; MK-Kreft § 103 Rn. 3.
796 Bork Rn. 161.
797 BGH a.a.O.; Graf/Wunsch ZIP 2002, 2117, 2121 m.w.N.

Der Auffassung ist zu folgen. Die Gegenansicht, wonach sich die Anwendbarkeit des **§ 103 Abs. 1 InsO** auf den gesamten Erfüllungsanspruch, somit auch auf eine bereits erbrachte Teilleistung erstreckt, ist mit dem durch die **§§ 94 ff. InsO** bezweckten Schutz bestehender Aufrechnungslagen nicht vereinbar.[798] Die Masse bedarf eines derart ausgedehnten Schutzes nicht, da die bereits vor Eröffnung des Insolvenzverfahrens erbrachten Teilleistungen nicht zu ihren Lasten gehen. **225**

Für die **Teilbarkeit** von **Bauleistungen** ist grundsätzlich ausreichend, vgl. **§ 105 InsO**, wenn sich die erbrachten Leistungen, wie vorliegend, feststellen und bewerten lassen.[799] Es sind dieselben Grundsätze anzuwenden, als wenn der Bauvertrag im Zeitpunkt der Insolvenzeröffnung aus wichtigem Grund gekündigt worden wäre.

Der Vergütungsanspruch des S i.H.v. 100.000 €, der den bereits **vor** Verfahrenseröffnung erbrachten **Teilleistungen** entspricht, hat somit nach **§ 103 Abs. 1 InsO** mit der Insolvenzeröffnung nicht seine Durchsetzbarkeit verloren mit der Folge, dass B im Rahmen der allgemeinen Einschränkungen der **§§ 95, 96 InsO** mit seiner eigenen Insolvenzforderung aufrechnen kann. **§ 96 Abs. 1 Nr. 1 InsO** steht der Aufrechnung nicht entgegen.[800]

I.H.v. 100.000 € ist danach der Vergütungsanspruch des S durch Aufrechnung erloschen.

3. Zu prüfen bleibt, ob B auch in Höhe der verbleibenden 130.000 € gegen den Teil des Vergütungsanspruchs aufrechnen kann, der den **nach** Eröffnung des Insolvenzverfahrens erbrachten Leistungen des S entspricht. **226**
Zum Zeitpunkt der Insolvenzeröffnung am16.06.2018 war gemäß **§ 103 Abs. 1 InsO** der Anspruch des S auf Vergütung für die noch nach Eröffnung des Insolvenzverfahrens zu erbringenden Werkleistungen i.H.v. 550.000 € aufgrund der beiderseitigen Nichterfüllungseinrede, **§ 320 BGB**, vorläufig nicht durchsetzbar. Dieser Erfüllungsanspruch könnte jedoch durch die **Erfüllungswahl** des Insolvenzverwalters nach **§ 103 Abs. 1 InsO neu** entstanden sein.
Am 01.07.2018 haben sich der Insolvenzverwalter und B darauf geeinigt, dass die Rohbauarbeiten, wie ursprünglich vereinbart, fertiggestellt werden sollten. Der Insolvenzverwalter hat damit die **Erfüllung** des Bauvertrags i.S.d. **§ 103 Abs. 1 InsO** gewählt. Der Anspruch des S auf die restliche Vergütung i.H.v. 550.000 € ist somit am 01.07.2018 mit dem ursprünglichen Vertragsinhalt **neu** entstanden.

Zu prüfen ist danach, ob B gegen diesen Vergütungsanspruch mit seiner restlichen Kaufpreisforderung i.H.v. 130.000 € aufrechnen kann. **227**
Nach der Rspr. des BGH[801] kann der Insolvenzgläubiger gegen den Erfüllungsanspruch des Insolvenzverwalters nach **§ 103 Abs. 1 InsO** nicht mit einem **vor** Verfahrenseröffnung **begründeten Anspruch** aufrechnen, da der Insolvenzgläubiger die Erfüllung seiner Leistungsverpflichtung aufgrund des Erfüllungsverlangens durch den Insolvenzverwalter erst **nach** Eröffnung des Insolvenzverfahrens i.S.d. **§ 96 Abs. 1 Nr. 1 InsO** schuldig geworden ist.

798 Bork Rn. 160.
799 BGH a.a.O.
800 BGH a.a.O.; Graf/Wunsch ZIP 2002, 2117, 2121; Schmitz ZIP 2001, 765 ff.
801 BGH a.a.O.

Dieser Auffassung ist zu folgen, da nach der Gegenansicht der Zweck des **§ 103 Abs. 1 InsO** in sein Gegenteil verkehrt wäre, wenn die mit Mitteln der Masse erbrachte Vertragserfüllung ihr nicht auch zugleich die geschuldete Gegenleistung zuführte, sondern einem einzelnen Insolvenzgläubiger die privilegierte Befriedigung ermöglichte. **§ 96 Abs. 1 Nr. 1 InsO** schließt danach die Aufrechnung gegen den Erfüllungsanspruch gemäß **§ 103 Abs. 1 InsO** aus.

B ist somit die Werklohnvergütung i.H.v. 550.000 € durch das Erfüllungsverlangen des Insolvenzverwalters erst am 01.07.2018, mithin **nach** Eröffnung des Insolvenzverfahrens, schuldig geworden, sodass er nicht mit der ihm zustehenden restlichen Kaufpreisforderung i.H.v. 130.000 € gegen den Vergütungsanspruch des S aufrechnen kann, **§ 96 Abs. 1 Nr. 1 InsO**.

228 III. **Sicherheitseinbehalt**

Mit der Erfüllungswahl hat der Insolvenzverwalter grundsätzlich den Vertrag so zu erfüllen, wie ihn der Insolvenzschuldner vor Insolvenzeröffnung hätte erfüllen müssen. Alle vertraglichen Nebenpflichten des Schuldners, somit auch die Gewährleistungsverpflichtungen, werden Masseverbindlichkeiten, vgl. **§ 55 Abs. 1 Nr. 2 InsO**.[802]
B kann danach weiterhin den Sicherheitseinbehalt in Höhe von 5% (32.500 €) geltend machen.

Der Vergütungsanspruch des Insolvenzverwalters besteht somit – derzeit – nur in Höhe von 97.500 €.

---

2. Einschränkungen der Aufrechnungsbefugnis gemäß § 96 Abs. 1 Nr. 2 InsO

229 Die Aufrechnung ist gemäß **§ 96 Abs. 1 Nr. 2 InsO** unzulässig, wenn der Insolvenzgläubiger seine Forderung erst **nach** Eröffnung des Insolvenzverfahrens von einem anderen Gläubiger erworben hat. Dies gilt unabhängig davon, ob diese bei Verfahrenseröffnung bereits bestanden hat oder nicht, denn der Gläubiger konnte bei Verfahrenseröffnung nicht darauf vertrauen, dass er seine Forderung im Wege der Aufrechnung werde durchsetzen können.[803]

Beruht die Aufrechnung auf einer vor der Eröffnung des Insolvenzverfahrens vereinbarten Konzernverrechnungsklausel, entsteht die Aufrechnungslage erst mit der Aufrechnungserklärung, weil vorher nicht feststeht, welches Konzernunternehmen von der Aufrechnungsmöglichkeit Gebrauch macht. Eine nach Eröffnung des Insolvenzverfahrens erklärte Aufrechnung mit Gegenforderungen anderer Konzerngesellschaften aufgrund einer Konzernverrechnungsklausel ist deshalb entsprechend **§ 96 Abs. 1 Nr. 2 InsO** unzulässig.[804]

---

802 Graf/Wunsch a.a.O.; Schmitz a.a.O.

803 Uhlenbruck/Sinz § 96 Rn. 32, 33.

804 BGH ZIP 2010, 138, 139; 2006, 1782, 1784; 2004, 1764.

3. Einschränkung der Aufrechnungsbefugnis gemäß § 96 Abs. 1 Nr. 3 InsO

230 Die Aufrechnung ist ferner gemäß **§ 96 Abs. 1 Nr. 3 InsO** unzulässig, wenn die Aufrechnungslage Verrechnung vor Verfahrenseröffnung in einer Weise herbeigeführt worden ist, die den Insolvenzverwalter gegenüber dem Gläubiger zur Insolvenzanfechtung berechtigt. Es ist **unerheblich**, in welcher **zeitlichen** Reihenfolge die gegenseitigen Forderungen entstanden sind.[805]

Die Bestimmung erfasst auch die von einem künftigen Insolvenzgläubiger vor Eröffnung des Insolvenzverfahrens abgegebene **Aufrechnungserklärung**. Liegen die Anfechtungsvoraussetzungen vor, so wird die Aufrechnungserklärung mit der Eröffnung des Insolvenzverfahrens **insolvenzrechtlich unwirksam**.[806] Das hat zur Folge, dass der Insolvenzverwalter sich unmittelbar auf die insolvenzrechtliche Unwirksamkeit der Aufrechnung berufen und die Forderung, gegen die anfechtbar aufgerechnet worden ist, für die Insolvenzmasse einklagen und den Aufrechnungseinwand mit der Einrede der Anfechtbarkeit abwehren kann.[807]

231 Auch im Anwendungsbereich des **§ 96 Abs. 1 Nr. 3 InsO** ist der für die Anfechtbarkeit wesentliche Zeitpunkt der Vornahme der Rechtshandlung nach **§ 140 Abs. 1 InsO** zu bestimmen. Danach ist entscheidend, wann das Gegenseitigkeitsverhältnis **begründet** worden ist.[808] Bei **mehraktigen** Rechtshandlungen treten deren Wirkungen erst mit dem letzten zur Erfüllung des Tatbestandes erforderlichen Teilakt an. Von einer solchen mehraktigen Rechtshandlung ist auch bei der Herstellung der Aufrechnungslage auszugehen. Die **Aufrechnungslage** als Befriedigungsmöglichkeit des Gläubigers entsteht erst durch die **Inanspruchnahme** der Leistung des **Schuldners**. Es kommt somit darauf an, wann dessen Forderung **werthaltig** geworden ist, erst dann sind die rechtlichen Wirkungen eingetreten, die für die Beurteilung der Aufrechnungslage nach **§ 96 Abs. 1 Nr. 3 InsO** maßgebend sind. Das Werthaltigmachen der Forderung unterliegt als rechtserheblicher Realakt **selbstständig** der Anfechtung.[809]

Ist zumindest eine der gegenseitigen durch Rechtsgeschäft entstandenen Forderungen befristet oder von einer Bedingung abhängig, so kommt es für die Anfechtbarkeit des Erwerbs der Aufrechnungslage nicht darauf an, wann die Aufrechnung zulässig wurde, sondern auf den Zeitpunkt, zu dem die spätere Forderung entstand und damit das Gegenseitigkeitsverhältnis begründet wurde, **§ 140 Abs. 3 InsO**.[810]

§ 96 Abs. 1 Nr. 3 InsO erfasst auch die von einem Gläubiger vor Eröffnung des Insolvenzverfahrens erklärte Aufrechnung.

Ist eine Aufrechnung unzulässig, bestehen die ursprünglichen Ansprüche für die Dauer und die Zwecke des Insolvenzverfahrens fort.

805 BGH ZIP 2016, 30, 31; 2012, 1254, 1255; 2010, 2460, 2461; 90, 91; 2009, 186, 187; 2008, 1593; 1435; 650; 2006, 818.
806 BGH ZIP 2013, 588, 589; 2006, 2178; 2003, 2370, 2371.
807 BGH ZIP 2016, 30, 31; 2013, 1180; 2006, 2178; 2004, 1558.
808 BGH ZIP 2013, 588, 589; 2010, 682, 683; 2007, 1507, 1508.
809 BGH ZIP 2011, 1523.
810 BGH ZIP 2011, 1523; 2010, 682, 683; 2004, 1558; BSG ZIP 2010, 2309, 2311.

Die Unzulässigkeit der Aufrechnung nach **§ 96 Abs. 1 Nr. 3 InsO** kann vom Insolvenzverwalter nicht mehr durchgesetzt werden, wenn er die Frist des **§ 146 Abs. 1 InsO** zur gerichtlichen Geltendmachung versäumt hat und sich der Anfechtungsgegner hierauf beruft.[811]

Eine Hauptforderung, gegen die gemäß § **96 Abs. 1 Nr. 3 InsO** insolvenzrechtlich unwirksam aufgerechnet wurde, unterliegt der Verjährung analog **§ 146 Abs. 1 InsO**.[812]

Beispiel: Gläubiger G hat dem (nachmaligen) Insolvenzschuldner S ein Darlehen gewährt. D erwirbt in anfechtbarer Weise die Darlehensforderung von G und erklärt die Aufrechnung gegenüber einer vor Verfahrenseröffnung entstandenen Kaufpreisforderung des S gegen ihn.

Die Aufrechnung ist gemäß § 96 Abs. 1 Nr. 3 InsO unzulässig, da D in anfechtbarer Weise nach §§ 129 ff. InsO die Aufrechnungsmöglichkeit erlangt hat. Ist die Aufrechnung schon vor Eröffnung des Insolvenzverfahrens erklärt worden, so wird diese Erklärung mit der Eröffnung rückwirkend unwirksam.[813]

4. Einschränkung der Aufrechnungsbefugnis gemäß § 96 Abs. 1 Nr. 4 InsO

232 Die Aufrechnung ist schließlich gemäß **§ 96 Abs. 1 Nr. 4 InsO** unzulässig, wenn ein Gläubiger, dessen Forderung aus dem freien Vermögen des Schuldners zu erfüllen ist, etwas zur Insolvenzmasse schuldet. Diese Einschränkung resultiert aus der Trennung von Insolvenzmasse und freiem Vermögen des Schuldners.[814]

Anhang:

Der **vertragliche** Ausschluss der Aufrechnung gilt **nicht** in der Insolvenz des Aufrechnungsgegners, falls nach den Umständen des Einzelfalls anzunehmen ist, dass der Gläubiger für den Fall der Insolvenz nicht auf die Möglichkeit verzichten wollte, sich unabhängig vom Insolvenzverfahren aus der gegen ihn gerichteten Forderung zu befriedigen. Der Zweck – nämlich die schnelle und zügige Geschäftsabwicklung zu gewährleisten – entfällt, wenn die Geschäftstätigkeit des durch die Verbotsklausel Begünstigten aufgehört hat und nur noch eine gesetzlich geregelte Abwicklung aller Ansprüche und Gegenansprüche Platz greift.[815]

H. Die Massegläubiger, §§ 53–55 InsO

233 Die Massegläubiger sind aus der nach Vollzug der Aussonderung und Absonderung sowie zulässiger Aufrechnung verbleibenden Insolvenzmasse **vorweg**, d.h. vor den Insolvenzgläubigern zu befriedigen, **§ 53 InsO**. Massegläubiger sind diejenigen Gläubiger, deren vermögensrechtliche Ansprüche erst nach Verfahrenseröffnung begründet und durch das Verfahren selbst veranlasst worden sind.[816] Die **Geltendmachung** der Ansprüche und deren Befriedigung vollzieht sich **außerhalb** des Insolvenzverfahrens, die Massegläubiger können ihre Ansprüche während des Insolvenzverfahrens gegen den Insolvenzverwalter einklagen.[817]

Die Zwangsvollstreckung ist jedoch für Masseverbindlichkeiten, die nicht durch eine **Rechtshandlung** des Insolvenzverwalters begründet worden sind, sog. **„oktroyierte**

811 BGH ZIP 2007, 1467.

812 BGH ZIP 2007, 1467, 1468; 2006, 2178, 2180; Kübler/Prütting, RWS-Dok. 18, Bd. I, S. 278; Jauernig § 79 IV 2 b.

813 Vgl. statt aller Uhlenbruck/Sinz § 96 Rn. 47, 48.

814 Vgl. Kübler/Prütting J RWS-Dok. 18, Bd. I, S. 278.

815 HK-Kayser § 94 Rn. 49, 50.

816 Bork Rn. 275.

817 Jauernig § 75 IV.

Masseverbindlichkeiten", in den ersten sechs Monaten ab Eröffnung des Insolvenzverfahrens gemäß **§ 90 Abs. 1 InsO** unzulässig.

Das Gesetz unterscheidet hinsichtlich der Massegläubiger zwischen den Kosten des Insolvenzverfahrens, vgl. **§ 54 InsO**, und den sonstigen Masseverbindlichkeiten, vgl. **§ 55 InsO**.

I. Die Kosten des Insolvenzverfahrens, § 54 InsO

Zu den Kosten des Insolvenzverfahrens zählen die Gerichtskosten für das Insolvenzverfahren, **§ 54 Nr. 1 InsO** – nicht die vorausgegangener Eröffnungsverfahren[818] – sowie die Vergütungen und Auslagen[819] des vorläufigen Insolvenzverwalters, vgl. **§§ 21 Abs. 2 Nr. 1, 63 InsO**, des Insolvenzverwalters, vgl. **§ 63 InsO**, und der Mitglieder des Gläubigerausschusses, vgl. **§ 73 InsO**. **234**

Reicht die Insolvenzmasse nicht einmal zur Deckung dieser Kosten, so stellt das Insolvenzgericht das Verfahren gemäß **§ 207 Abs. 1 S. 1 InsO** ein, vgl. aber § 207 Abs. 1 S. 2 InsO.

II. Die sonstigen Masseverbindlichkeiten, § 55 InsO

1. Verbindlichkeiten infolge Handlungen des Insolvenzverwalters, § 55 Abs. 1 Nr. 1 InsO

Masseverbindlichkeiten i.S.d. **§ 55 Abs. 1 Nr. 1 InsO** sind insbesondere Verbindlichkeiten, die der Insolvenzverwalter innerhalb seines gesetzlichen Wirkungskreises durch Rechtsgeschäfte oder Rechtshandlungen zulasten der Masse begründet.[820] Dabei ist es unerheblich, ob es sich um Geschäfte zur Verwaltung, Verwertung oder Verteilung der Masse handelt. Erfasst werden daher auch Rechtsgeschäfte zur Fortführung eines Handelsgeschäfts bzw. Unternehmens.[821] **235**

Unter „Handlungen" i.S.d. **§ 55 Abs. 1 Nr. 1 InsO** fallen weiterhin **Prozesshandlungen** des Insolvenzverwalters. Die aufgrund eines von diesem geführten Rechtsstreites anfallenden Prozesskosten, unabhängig davon, ob sie vor oder nach Verfahrenseröffnung entstanden sind, sind somit Masseverbindlichkeiten.[822]

Die Vereinnahmung des Entgelts für eine vor Insolvenzeröffnung ausgeführte steuerpflichtige Leistung begründet eine Masseverbindlichkeit i.S.d. **§ 55 Abs. 1 Nr. 1 InsO**.[823]

Für **Pflichtverletzungen** des Insolvenzverwalters, die im Zusammenhang mit den sich aus dem gesetzlichen Wirkungskreis ergebenden Aufgaben stehen, haftet die Insolvenzmasse ebenfalls gemäß **§ 55 Abs. 1 Nr. 1 InsO**, z.B. bei schuldhafter Verletzung von

---

818 BGH ZInsO 2012, 241, 241.

819 BGH ZIP 2010, 2252, 2253 – keine Umsatzsteuer bei Veräußerung von Massegegenständen nach eingetretener Masseunzulänglichkeit; BGH ZIP 2004, 1717 – Aufwendungen für Steuerberatungskosten als Auslagen gemäß § 54 Nr. 2 InsO; OLG Stuttgart ZIP 2010, 491 Sachverständigenkosten für Überprüfung der Schlussrechnung des Insolvenzverwalters als Massekosten gemäß § 54 Nr.1 InsO.

820 Voigt ZIP 2004, 1531 ff.

821 BGH WM 2007, 840 – Nutzung einer Mietsache ohne Erfüllungswahl; BAG ZIP 2007, 2173 – Masseverbindlichkeit durch Verwertungsvereinbarung.

822 OLG Hamburg ZInsO 2013, 83; HK-Lohmann § 55 Rn. 5 m.w.N.

823 BFH ZInsO 2011, 823; BMF Schreiben vom 09.12.2012, abgedr. ZInsO 2012, 25 ff.; Dobler ZInsO 2012, 208 ff.

Aus- oder Absonderungsrechten oder bei Nicht- oder Schlechterfüllung der die Masse betreffende Schuldverhältnisse.[824]

Daneben haftet der Insolvenzverwalter gemäß **§ 60 Abs. 1 InsO** persönlich, wobei dessen Haftung auf gesetzlichem Schuldverhältnis beruht.[825]

Ist durch eine Rechtshandlung des Insolvenzverwalters eine Masseverbindlichkeit begründet worden, die wegen Masseunzulänglichkeit (s.o.) nicht mehr voll erfüllt werden kann, so haftet der Insolvenzverwalter dem Massegläubiger gegenüber auf Schadensersatz, **§ 61 S. 1 InsO**. Dies gilt nach **S. 2** jedoch dann nicht, wenn der Insolvenzverwalter bei Eingehen des Rechtsgeschäfts die Masseunzulänglichkeit nicht voraussehen konnte (vgl. Rn. 23).

Dagegen entsteht **keine** Masseverbindlichkeit gemäß **§ 55 Abs. 1 Nr. 1 InsO** aufgrund von Handlungen des Insolvenzverwalters **außerhalb** seines gesetzlichen Wirkungskreises, insbesondere nicht bei unerlaubten Handlungen, z.B. dann, wenn der Insolvenzverwalter wusste, dass der von ihm veräußerte Gegenstand nicht zur Insolvenzmasse gehört.[826]

2. Verbindlichkeiten aus gegenseitigen Verträgen, § 55 Abs. 1 Nr. 2 InsO

236 **a)** Unter **§ 55 Abs. 1 Nr. 2 Alt. 1 InsO** fallen Verbindlichkeiten aus gegenseitigen Verträgen des Insolvenzschuldners, in die der Insolvenzverwalter gemäß **§ 103 Abs. 1 InsO** eintritt.[827] Nach h.M.[828] sind auch die sich aus diesen Verträgen ergebenden **Gewährleistungsrechte** Masseverbindlichkeiten gemäß **§ 55 Abs. 1 Nr. 2 InsO**.

Bei Rücktritt des Käufers von einem Grundstückskaufvertrag kann der Insolvenzverwalter von dem Käufer Bewilligung der Löschung der Vormerkung verlangen, ohne an ihn den Kaufpreis aus der Masse erstatten zu müssen.[829]

b) Unter **§ 55 Abs. 1 Nr. 2 Alt. 2 InsO** fallen Verbindlichkeiten aus gegenseitigen Verträgen des Insolvenzschuldners, die **kraft Gesetzes** nach Eröffnung des Insolvenzverfahrens erfüllt werden müssen, ohne dass dem Insolvenzverwalter ein Wahlrecht zusteht.

Das sind die Verbindlichkeiten der Miet- und Pachtverhältnisse, vgl. **§§ 108–112 InsO**, da die vertraglichen Leistungen nach Eröffnung des Insolvenzverfahrens erbracht werden und die Gegenleistungen somit auch aus der Masse gezahlt werden müssen.[830]

Die Unterlassung der Mietzahlungen durch den vorläufigen Insolvenzverwalter mit Zustimmungsvorbehalt begründet ein fristloses Kündigungsrecht des Vermieters, jedoch keine Masseverbindlichkeit.[831]

Im Insolvenzverfahren über das Vermögen des **Vermieters** begründet der Anspruch des Mieters auf Herstellung eines zum **vertragsgemäßen Gebrauch** geeigneten Zustandes der Mietsache, unabhängig davon, ob der mangelhafte Zustand vor oder nach

824 BGH ZIP 2006, 583, 584 – Verpflichtung zur Räumung – Kübler/Prütting, RWS-Dok. 18, Bd. I, S. 223.
825 Jauernig § 72 IV 2.
826 HK-Lohmann § 55 Rn. 5 m.w.N; Hess/Pape Rn. 657.
827 BGH ZIP 2009, 428; vgl. unter C. I. 3.
828 Obermüller/Hess Rn. 524 ff.
829 BGH DNotZ 2009, 434, 438 f.
830 HK-Lohmann § 55 Rn. 18 ff. m.w.N.
831 BGH ZIP 2008, 608.

Insolvenzeröffnung entstanden ist, bei fortdauerndem Mietverhältnis eine **Masseschuld.**[832] Dieser Schutzzweck greift dagegen nach h.M. in der Rspr. und Lit.[833] bei vertraglichen Ansprüchen auf Erstattung der **Abbau- und Rücknahmekosten** einer gemieteten Sache nach Beendigung des Mietvertrages nicht ein, da dieser Anspruch keine Vermieterleistungen, die der Masse zu Gute kommen, ausgleiche, sondern als Folge der Beendigung des Mietvertrages entstehe. Diese Kosten können mithin lediglich als einfache Insolvenzforderung geltend gemacht werden.

Weiterhin zählen dazu die Verbindlichkeiten aus den bestehen bleibenden **Dienstverhältnissen**, vgl. **§ 113 Abs. 1 InsO**, insbesondere solche Ansprüche eines Arbeitnehmers, die vor der Eröffnung des Insolvenzverfahrens bis zur Beendigung des Arbeitsverhältnisses infolge einer Kündigung des Insolvenzverwalters gemäß **§ 113 Abs. 1 InsO** entstanden sind.[834]

3. Bereicherungsansprüche, § 55 Abs. 1 Nr. 3 InsO

Masseverbindlichkeiten i.S.d. **§ 55 Abs. 1 Nr. 3 InsO** sind Bereicherungsansprüche gemäß **§§ 812 ff. BGB**, wobei erforderlich ist, dass die Bereicherung unmittelbar der Masse selbst, d.h. nach Eröffnung des Insolvenzverfahrens, zugeflossen ist, sie liegt dagegen nicht vor, wenn die Bereicherung bereits vor der Insolvenzeröffnung zur Masse gelangt ist.[835] 237

Ein vom vorläufigen Insolvenzverwalter eingerichtetes Anderkonto bleibt auch nach Insolvenzeröffnung im Treuhandvermögen des Insolvenzverwalters.[836]

Spezialgesetzlich geregelte Anwendungsfälle des § 55 Abs. 1 Nr. 3 InsO sind die §**§ 81 Abs. 1 S. 3, 144 Abs. 2 S. 1 InsO, 16 Abs. 1 S. 2 AnfG**.

4. Verbindlichkeiten des sog. „starken vorläufigen Insolvenzverwalters", § 55 Abs. 2 InsO

Nach dieser Vorschrift sind Verbindlichkeiten, die von einem vorläufigen Insolvenzverwalter mit begleitendem allgemeinen Verfügungsverbot begründet worden sind, nach der Insolvenzeröffnung Masseverbindlichkeiten. Dies gilt **nicht**, wenn nur ein Zustimmungsvorbehalt, vgl. **§ 21 Abs. 2 Nr. 2 Alt. 2 InsO**, erlassen wurde.[837] Auch dann, wenn das Insolvenzgericht den vorläufigen Insolvenzverwalter umfassend ermächtigt, „für den Schuldner zu handeln", vermag dies keine Masseverbindlichkeiten zu begründen. Jedoch kann das Insolvenzgericht – jedenfalls in Verbindung mit dem Erlass eines besonderen Verfügungsverbots – auch diesen vorläufigen Insolvenzverwalter ermächtigen, einzelne, im Voraus genau festgelegte Verpflichtungen zulasten der späteren Insolvenzmasse einzugehen, sog. **Einzelermächtigung**. 238

832 BGH WM 2003, 984, 985.
833 BGH NJW 2001, 2966 ff. m.w.N. – unter Aufgabe der bisherigen Rspr. BGH NJW 1994, 3232.
834 BAG ZIP 2014, 37; 139 – sog. Halteprämie.
835 BGH ZIP 2009, 1477, 1478; BSG ZIP 2012, 877 Eingliederungszuschuss keine Masseverbindlichkeit.
836 BGH ZIP 2007, 2299, 2300.
837 BGH ZInsO 2015, 261; 2011, 388, 389.

Entsprechendes gilt für **§ 55 Abs. 2 S. 2 InsO**, der bestimmt, dass Verbindlichkeiten aus einem Dauerschuldverhältnis zu Masseverbindlichkeiten werden, soweit der vorläufige Insolvenzverwalter mit begleitendem Verfügungsverbot für das von ihm verwaltete Vermögen die Gegenleistung in Anspruch genommen hat. Dem steht **§ 108 Abs. 2 InsO** nicht entgegen. Wird jedoch kein allgemeines Verfügungsverbot erlassen, so begründet die Nutzung einer Mietsache durch den späteren Insolvenzschuldner während des Eröffnungsverfahrens nicht schon allein deshalb eine Masseverbindlichkeit, weil der sog. **„schwache vorläufige Insolvenzverwalter"** sie duldet.[838]

5. Ansprüche auf Arbeitsentgelt, § 55 Abs. 3 InsO

239 Nach **§ 55 Abs. 3 InsO** kann die Bundesagentur für Arbeit die nach **Abs. 2** begründeten Ansprüche, die nach **§ 187 SGB III** übergegangen sind, nur als Insolvenzgläubiger geltend machen.

6. Ansprüche aus Steuerschuldverhältnis, § 55 Abs. 4 InsO

240 Gemäß **§ 55 Abs. 4 InsO** stehen dem Fiskus Ansprüche aus einem Steuerschuldverhältnis des Insolvenzschuldners, die sowohl von dem sog. **„starken"** als auch dem sog. **„schwachen vorläufigen Insolvenzverwalter"** begründet worden sind, nach Eröffnung des Insolvenzverfahrens als Masseverbindlichkeiten zu.[839]

Stellt der Insolvenzverwalter nach Eröffnung des Insolvenzverfahrens fest, dass die Insolvenzmasse zur vollen Befriedigung aller Massegläubiger nicht ausreicht (sog. Insolvenz in der Insolvenz), so hat er dem Insolvenzgericht die Masseunzulänglichkeit sofort mitzuteilen, § 208 InsO.

Die Massegläubiger sind dann nach der in **§ 209 Abs. 1 InsO** festgelegten Rangordnung zu befriedigen.[840] Danach wird das Insolvenzverfahren eingestellt, **§ 211 InsO**, vgl. Darstellung Rn. 267 ff.

---

838 BGH WM 2002, 1888, 1889.

839 BMF-Schreiben vom 17.01.2012, abgedr. ZInsO 2012, 245 ff.; Schmittmann ZIP 2012, 249 ff.; Sinz/Oppermann Der Betrieb 2011, 2185 ff.; Onusseit ZInsO 2011, 641 ff.; Kahlert ZIP 2011, 401 ff.; Nawroth ZInsO 2011, 107 ff.

840 Haarmeyer/Wutzke/Förster S 665 f.; Hess/Pape Rn. 531 ff.

Die Aufrechnung, §§ 94–96 InsO und die Massegläubiger, §§ 53–55 InsO

I. Die Aufrechnung, §§ 94–96 InsO

§ 94 InsO ermöglicht dem Gläubiger, sich **außerhalb** des Insolvenzverfahrens durch Aufrechnung gegenüber einer gegen ihn gerichteten Forderung zu befriedigen. Die §§ 94–96 InsO betreffen nur die Aufrechnungsbefugnis der **Insolvenzgläubiger,** während sich die Aufrechnungsbefugnis des Insolvenzverwalters ausschließlich nach §§ 387 ff. BGB richtet.

1. Sind die aufzurechnenden Forderungen im Zeitpunkt der Verfahrenseröffnung schon begründet, aber noch **bedingt, nicht fällig** oder **nicht gleichartig,** so kann aufgerechnet werden, wenn das Aufrechnungshindernis behoben ist, **§ 95 InsO.**

2. **§ 96 InsO schränkt** die Aufrechnungsbefugnis in der Weise ein, dass abweichend von § 387 BGB die **Gegenseitigkeit** bereits im Zeitpunkt der Eröffnung des Insolvenzverfahrens bestanden haben muss.

II. Die Massegläubiger, §§ 53–55 InsO

Die Massegläubiger sind aus der Insolvenzmasse **vorweg,** d.h. vor den Insolvenzgläubigern, zu befriedigen. Reicht die Insolvenzmasse zur Deckung aller Masseverbindlichkeiten nicht aus, so gilt die in **§ 209 Abs. 1 InsO** festgelegte Rangordnung. Das Gesetz unterscheidet zwischen den Kosten des Insolvenzverfahrens, **§ 54 InsO,** und den sonstigen Masseverbindlichkeiten, **§ 55 InsO.**

1. Die **Kosten des Insolvenzverfahrens,** § 54 InsO

   Hierzu zählen die Gerichtskosten für das Insolvenzverfahren, § 54 Nr. 1 InsO, sowie die Vergütung und Auslagen des (vorläufigen) Insolvenzverwalters und der Mitglieder des Gläubigerausschusses, § 54 Nr. 2 InsO.

2. Die **sonstigen Masseverbindlichkeiten,** § 55 InsO, sind:

Abs. 1 Nr. 1:	Verbindlichkeiten, die der Insolvenzverwalter innerhalb seines Wirkungskreises zulasten der Masse begründet;
Nr. 2, 1. Alt.:	Ansprüche aus gegenseitigen Verträgen des Insolvenzschuldners, in die der Insolvenzverwalter gemäß **§ 103 Abs. 1 InsO** eintritt;
Nr. 2, 2. Alt.:	Ansprüche aus gegenseitigen Verträgen des Insolvenzschuldners, die kraft Gesetzes nach Eröffnung des Insolvenzverfahrens zu erfüllen sind;
Nr. 3:	Ansprüche aus ungerechtfertigter Bereicherung gemäß §§ 812 ff. BGB auf unmittelbar der Masse **selbst** zugeflossene Bereicherung;
Abs. 2:	Verbindlichkeiten des „sog. starken vorl. Insolvenzverwalters";
Abs. 3:	Ansprüche auf Arbeitsentgelt, § 187 SGB III;
Abs. 4:	Verbindlichkeiten aus Steuerschuldverhältnissen.

I. Die Insolvenzgläubiger, §§ 38–46 InsO

241 Nach der „Bereinigung" der Insolvenzmasse durch die Aus- und Absonderungsberechtigten (vgl. Rn. 184 ff.), durch Aufrechnung (vgl. Rn. 217 ff.) sowie durch die Vorwegbefriedigung der Massegläubiger (vgl. Rn. 233) dient die verbleibende Insolvenzmasse zur Befriedigung der Insolvenzgläubiger.

I. Der Begriff des Insolvenzgläubigers, §§ 38, 39 InsO

242 Insolvenzgläubiger ist der persönliche Gläubiger, der einen zur Zeit der Eröffnung des Insolvenzverfahrens begründeten Vermögensanspruch gegen den Schuldner hat, § 38 InsO. Der anspruchsbegründende Tatbestand muss schon vor Insolvenzeröffnung entstanden sein, dagegen ist unerheblich, ob der Anspruch schon entstanden oder fällig ist.[841]

Der Anspruch auf Zustimmung zur Zusammenveranlagung ist in der Insolvenz eines Ehepartners nach **§ 1353 Abs. 1 BGB** dagegen kein Vermögensanspruch i.S.d. § 38 InsO.[842]

Der Insolvenzgläubiger kann zugleich auch **Absonderungsberechtigter** sein, **§ 52 InsO**. Danach kann der absonderungsberechtigte Gläubiger die **persönliche** Forderung in voller Höhe zur Tabelle anmelden, Befriedigung aber nur für den Betrag erhalten, mit dem er auf die abgesonderte Befriedigung verzichtet hat oder bei der Verwertung des Gegenstands ausgefallen ist, sog. **Ausfallforderung**, vgl. **§ 190 InsO**.

243 **Gemäß § 39 InsO** werden die **nachrangigen Insolvenzgläubiger** nach den anderen, den sog. nichtrangigen Insolvenzgläubigern i.S.d. **§ 38 InsO**, nach der im Gesetz festgelegten Rangfolge befriedigt. Zur Anmeldung vgl. **§ 174 Abs. 3 InsO**.

Von Bedeutung ist **§ 39 InsO** jedoch nur in den seltenen Fällen, in denen das Insolvenzverfahren zur vollständigen Befriedigung aller übrigen Gläubiger führt und dann noch ein Überschuss verbleibt.[843] In diesen Fällen erschien es dem Gesetzgeber als sachgerechter, den verbleibenden Überschuss nicht an den Schuldner auszukehren, bevor nicht die im Verfahren aufgelaufenen Zins- und Kostenforderungen der Insolvenzgläubiger,[844] die Geldstrafen, die Forderungen auf unentgeltliche Leistungen, die Forderungen aus Gesellschafterdarlehen und die Forderungen mit vertraglichem Rangrücktritt getilgt sind.[845]

Zu **§ 39 Abs. 1 Nr. 5 InsO** vgl. Darstellung zu § 135 InsO (Rn. 176).

II. Umrechnung von Forderungen, § 45 InsO

244 Ist der vermögensrechtliche Anspruch nicht auf Geld gerichtet, wie z.B. der Verschaffungsanspruch,[846] oder ist der Geldbetrag nicht bestimmt, steht z.B. die Forderung zum

---

841 BGH ZIP 2016, 1174; ZInsO 2014, 496; Gehrlein BB 2014, 1539, 1542; BGH ZIP 2008, 183 – Rückgriffsanspruch; BFH ZIP 2008, 1780 – Steueranspruch; BAG ZIP 2008, 374 – vertraglicher Abfindungsanspruch des Arbeitnehmers.

842 BGH ZIP 2010, 2515, 516; 2007, 1917.

843 BGH ZIP 2011, 131, 132; Uhlenbruck/Sinz § 174 Rn. 51.

844 BSG ZIP 2004, 521 – Winterbauumlage.

845 Vgl. Kübler/Prütting, RWS-DOk. 18, Bd. I, S. 209; Obermüller/Hess, Rn. 367 ff.

846 HK-Eickmann § 45 Rn. 3.

Zeitpunkt der Eröffnung des Insolvenzverfahrens nur dem Grunde, nicht aber der Höhe nach fest, so ist er gemäß § 45 InsO seinem Wert nach zu schätzen und in Euro geltend zu machen. Dem liegt zugrunde, dass das Insolvenzverfahren nur zu einer anteilsmäßigen Befriedigung in Geld führt und somit auch nur auf einen bestimmten Geldbetrag gerichtete Forderungen anmeldungsfähig sind, vgl. **§§ 174 ff. InsO**. Der Gläubiger muss die Schätzung und Umrechnung selbst vornehmen, wobei der Zeitpunkt der Verfahrenseröffnung, vgl. **§§ 30, 27 Abs. 2 Nr. 3 InsO**, maßgebend ist.

Die Umwandlung in eine Geldforderung erfolgt jedoch nicht schon mit der Eröffnung des Insolvenzverfahrens oder mit der Anmeldung zur Insolvenztabelle, sondern erst, wenn die Forderung im Eröffnungsverfahren festgestellt und vom Insolvenzschuldner nicht bestritten ist, da die Feststellung mit einem rechtskräftigen Urteil gleichzusetzen ist, vgl. **§ 178 Abs. 3 InsO**, anderenfalls würde die Umwandlung auch dann fortbestehen, wenn das Insolvenzverfahren mangels Masse, vgl. **§ 207 InsO**, noch vor dem Prüfungstermin eingestellt würde.[847]

III. Begründetheit des Anspruchs bei Verfahrenseröffnung, §§ 41, 42 InsO

Der Anspruch muss weiterhin zum Zeitpunkt der Insolvenzeröffnung begründet sein, **245**
wobei jedoch nicht erforderlich ist, dass er bereits fällig ist, vgl. **§ 41 InsO**.

§ 41 InsO hilft nur dem Mangel an **Fälligkeit** einer sicheren Forderung ab, nicht aber dem Mangel an der Entstehung einer sicheren Forderung, eine Analogie für befristete und bedingte Forderungen ist nicht möglich.[848]

Dies trifft gemäß § 425 BGB jedoch nicht gegenüber mehreren Gesamtschuldnern zu, wenn nur einer von ihnen insolvent wird; hat der Kreditgeber das Darlehen gegenüber einem von mehreren Gesamtschuldnern wegen schuldhafter Vertragsverletzung gekündigt, so bleibt der Anspruch des Kreditgebers auf Fortzahlung der vertraglich vereinbarten Zinsen während des Verzugs dieses Gesamtschuldners vom Insolvenzverfahren über das Vermögen eines anderen Gesamtschuldners unberührt.[849]

Gemäß **§ 42 InsO** sind auch **auflösend bedingte** Forderungen Insolvenzforderungen, solange die Bedingung nicht eingetreten ist.[850]

Auch die **verjährte** Forderung ist Insolvenzforderung, da erst die Geltendmachung des Leistungsverweigerungsrechts deren Durchsetzung im Insolvenzverfahren ausschließt.[851]

IV. Grundsatz der Mehrfachberücksichtigung, § 43 InsO

§ 43 InsO gestattet dem Insolvenzgläubiger für den Fall, dass mehrere Personen „für **246**
dieselbe Leistung auf das Ganze haften", die Forderung i.d.H, wie sie zum Zeitpunkt der Eröffnung des Insolvenzverfahrens bestand – sog. „Berücksichtigungsbetrag" –, im Insolvenzverfahren jedes Schuldners bis zur vollen Befriedigung – sog. **„Grundsatz der Doppelberücksichtigung"** – anzumelden.

847 HK-Eickmann § 45 Rn. 8 ff.
848 BGH ZIP 2010, 1453, 1455; 2006, 1781.
849 BGH WM 2000, 718, 719.
850 Muthorst ZIP 2009, 1794 ff.
851 Obermüller/Hess, Rn. 358.

Teilleistungen, die von einem Schuldner nach Verfahrenseröffnung erbracht werden, vermindern den Berücksichtigungsbetrag nicht.

Beispiel: Gläubiger G hat den Schuldnern S 1 und S 2 als Gesamtschuldner ein Darlehen i.H.v. 10.000 € gewährt. Über das Vermögen von S 1 und S 2 wird das Insolvenzverfahren eröffnet.

Hat G in dem zuerst beendeten Insolvenzverfahren des S 1 eine Insolvenzquote von 30% erhalten, so beschränkt sich seine Forderung in dem Insolvenzverfahren des S 2 nicht auf 7.000 €, sondern er kann weiterhin die 10.000 € in voller Höhe geltend machen.

Durch diese Regelung soll sichergestellt sein, dass die Quoten zusammen zu einer vollen Befriedigung führen können und der Gläubiger nicht Gefahr läuft, bei Kürzung, z.B. in Höhe der ausgezahlten Quote in einem anderen Insolvenzverfahren, mit einem Teil der Forderung auszufallen.[852]

Im Insolvenzverfahren über das Vermögen eines Ersatzberechtigten nach **§ 257 BGB** wandelt sich der Anspruch der Insolvenzmasse auf Befreiung von der Verbindlichkeit in einen Zahlungsanspruch um, es sei denn der Schuldner des Befreiungsanspruchs ist neben dem Insolvenzschuldner auch gegenüber dem Drittgläubiger zur Leistung verpflichtet, da er anderenfalls zweimal leisten müsste.[853]

247 Die Haftung „mehrerer für dieselbe Leistung auf das Ganze" i.S.d. **§ 43 InsO** wird im Interesse des Gläubigerschutzes weit gefasst.

Sie ist gegeben:

- bei echter und unechter Gesamtschuld[854]
- im Verhältnis von Hauptschuldner und Bürgen in der Insolvenz des Hauptschuldners[855]/selbstschuldnerischen Bürgen,[856] bei der Haftung mehrerer Wechselschuldner gemäß § 47 WG,[857] bei der bloßen Sachmithaftung massefremder Gegenstände[858]

  Beispiel: Gläubiger G hat dem Schuldner S ein Darlehen i.H.v. 100.000 € gewährt, zu dessen Sicherheit der Grundstückseigentümer E eine Grundschuld in gleicher Höhe bestellt hat. Über das Vermögen des S wird das Insolvenzverfahren eröffnet.

  § 43 InsO greift unmittelbar nicht ein, da diese Vorschrift voraussetzt, dass über das Vermögen einer von mehreren Personen, die nebeneinander persönlich für das Ganze haften, das Insolvenzverfahren eröffnet wird. Nach ganz h.M.[859] findet **§ 43 InsO** bei bloßer **dinglicher Mithaftung** an massefremden Gegenständen jedoch entsprechende Anwendung, da gegenüber der persönlichen Mithaftung im Insolvenzverfahren keine Gründe für eine unterschiedliche Behandlung ersichtlich sind.

- bei der Haftung eines ausgeschiedenen Kommanditisten.[860]

---

852 MK-Bitter § 43 Rn.1, 2.

853 BGH NJW 1994, 49, 51; KG ZInsO 2012, 1616, 1617; Palandt/Grüneberg § 257 Rn. 1 m.w.N.

854 MK-Bitter § 43 Rn. 8.

855 Kübler/Prütting a.a.O.

856 BGH ZIP 2008, 2183, 2185; MK-Bitter § 43 Rn. 11 m.w.N.

857 Zur KO RGZ 51, 23; Kuhn/Uhlenbruck § 68 Rn. 2.

858 MK-Bitter § 43 Rn. 19.

859 BGH ZInsO 2011, 91; 2009, 142; MK-Bitter § 43 Rn. 19.

860 MK-Bitter § 43 Rn. 16.

V. Die Geltendmachung der Insolvenzforderung

1. Forderungen der Insolvenzgläubiger, § 87 InsO

Gemäß **§ 87 InsO** können die Insolvenzgläubiger ihre Forderungen nur nach den Vorschriften über das Insolvenzverfahren, vgl. **§§ 174 ff. InsO**, verfolgen; das gilt grundsätzlich auch dann, wenn im Zeitpunkt der Insolvenzeröffnung bereits ein Prozess über die Forderung anhängig war.[861] **248**

Eine Klage gegen den Insolvenzschuldner persönlich ist demnach ausgeschlossen. Hierdurch soll – wie durch die bereits oben dargestellten **§§ 89, 91 InsO** sowie die Insolvenzanfechtung – die gemeinschaftliche und gleichmäßige Befriedigung aller Insolvenzgläubiger sichergestellt werden.[862]

Ein Verzicht auf die Teilnahme am Insolvenzverfahren, um gegen den Schuldner persönlich Klage zu erheben, ist nach der InsO nicht möglich.

2. Das Feststellungsverfahren

In dem sog. Feststellungsverfahren, vgl. **§§ 174–186 InsO**, muss der Insolvenzgläubiger seine Forderung beim Insolvenzverwalter anmelden, um bei der Verteilung berücksichtigt zu werden. **249**

Dabei ist es unerheblich, ob die Forderung bereits tituliert, bestritten oder unbestritten ist, desgleichen, auf welchem Rechtsgrund sie beruht.

a) Die Anmeldung der Forderung

Die Anmeldung hat innerhalb der vom Insolvenzgericht im Eröffnungsbeschluss gemäß **§ 28 Abs. 1 InsO** festgesetzten Anmeldefrist schriftlich beim Insolvenzverwalter, vgl. **§174 Abs. 1 S. 1 InsO**, zu erfolgen. **250**

Die vorbehaltslose Anmeldung der Forderung zur Insolvenztabelle stellt keinen Verzicht auf Absonderungsrechte dar.[863]

Die Anmeldungsfrist ist **keine Ausschlussfrist**, sodass der Gläubiger seine Forderung auch nachträglich anmelden kann, **§ 177 Abs. 1 S. 1 InsO**.[864] Nach Abschluss des Schlusstermins ist eine Forderungsanmeldung zur Insolvenztabelle jedoch ausgeschlossen.[865]

Hinsichtlich der formellen Anforderungen im Übrigen wird auf den Gesetzeswortlaut des **§ 174 InsO** verwiesen. Die Anmeldung zur Insolvenztabelle ist Sachurteilsvoraussetzung für die Feststellungsklage, vgl. **§§ 181 ff. InsO**[866] (Rn. 258).

Gemäß **§ 175 S. 1 InsO** trägt der Insolvenzverwalter die angemeldeten Forderungen – ohne jede Prüfung – in die Insolvenztabelle ein.[867]

---

861 BGH WM 2004, 2443, 2444.
862 HK-Kayser § 87 Rn. 1.
863 BGH ZIP 2017, 686.
864 AG Hamburg ZIP 2005, 317.
865 AG Potsdam ZIP 2006, 2230.
866 BGH ZIP 2016, 30.
867 LG Waldshut ZIP 2005, 499.

251 Zur Hemmung der **Verjährung** durch die Anmeldung von Forderungen im Insolvenzverfahren vgl. **§ 204 Abs. 1 Ziff. 10 BGB**. Die durch die Anmeldung eines Anspruchs nach **§ 204 Abs. 2 S. 1 BGB** eingetretene Hemmung der Verjährung endet nicht bereits sechs Monate, nachdem der Insolvenzverwalter die angemeldete Forderung bestritten hat, sondern erst sechs Monate nach Beendigung des Insolvenzverfahrens insgesamt.[868]

252 Zu der Anmeldung einer Forderung aus **unerlaubter Handlung** vgl. **§§ 174 Abs. 2, 175 Abs. 2, 302 Nr. 1 InsO**;[869] eine Schadensersatzverpflichtung dem Grunde nach kann als solche nicht in die Insolvenztabelle eingetragen werden, sie muss nach §§ 174 Abs. 2, 45 S. 1 InsO mit einem bezifferten Geldbetrag geltend gemacht werden, der ggf. zu schätzen ist.[870] Auch Nebenforderungen wie Zinsen und Kosten fallen unter **§ 302 Nr. 1 InsO**, da sie insoweit das rechtliche Schicksal der Hauptforderung teilen.[871]

Zu der Anmeldung nachrangiger Insolvenzforderungen vgl. **§ 174 Abs. 3 InsO** (unter Rn. 243)

b) Die Prüfung der Forderung

253 Die Prüfung der Forderung erfolgt in einem allgemeinen **Prüfungstermin**, der gemäß **§ 29 Abs. 1 Nr. 2 InsO** vom Insolvenzgericht im Eröffnungsbeschluss festgesetzt wird. In dieser Gläubigerversammlung werden die angemeldeten Forderungen ihrem Betrag und ihrem Rang nach geprüft, **§ 176 S. 1 InsO**. Einzeln erörtert werden jedoch nur die bestrittenen Forderungen, **§ 176 S. 2 InsO**.[872]

Das Insolvenzgericht trägt das Prüfungsergebnis in die Insolvenztabelle ein, **§ 178 Abs. 2 S. 1 und 2 InsO**, wobei es nur **beurkundend** tätig wird.[873]

Als Ergebnisse der Prüfung kommen in Betracht:

aa) Das Nichtbestreiten der Forderung

254 Wird die Forderung bzw. der Rang weder von dem Insolvenzverwalter noch von einem Insolvenzgläubiger bestritten bzw. ein erhobener Widerspruch, z.B. durch Rücknahme oder durch Verlust der Insolvenzforderung des Bestreitenden,[874] beseitigt, so gilt sie als „festgestellt", vgl. **§ 178 Abs. 1 S. 1 InsO**. Die Beurkundung in der Tabelle lautet:

„festgestellt" oder, falls ein Rang in Betracht kommt, „Betrag und Rang festgestellt".

Der Insolvenzverwalter ist verpflichtet, auch für eine bereits zur Tabelle festgestellte Forderung nachträglich angemeldete Tatsachen, aus denen sich nach Einschätzung des

---

868 BGH ZIP 2010, 264, 268; Palandt/Ellenberger § 204 Rn. 25, 42.

869 BVerwG ZInsO 2013, 1043, 1044; BGH ZIP 2010, 150, 151 – zur Rechtskrafterstreckung einer Verurteilung des Geschäftsführers auf Schadensersatz nach § 823 Abs. 2 BGB, § 266 a StGB, § 302 Nr. 1 InsO; 2008, 1509; 652; Hain ZInsO 2011, 1193 ff.

870 BGH ZIP 2010, 948, 952.

871 BGH ZIP 2011, 131, 132.

872 Vgl. Kübler/Prütting, RWS-Dok. 18, Bd. I, S. 408.

873 MK-Schumacher § 178 Rn. 47, 48; Jauernig § 85 IV.

874 MK-Schumacher § 178 Rn. 18 ff.

Gläubigers eine **vorsätzlich unerlaubte Handlung** des Schuldners ergibt, in die Tabelle einzutragen, **§ 177 Abs. 1 S. 3 InsO**. Dieser Nachtragsanmeldung kann nur der **Schuldner** widersprechen.[875]

Die Eintragung der Feststellung wirkt **gemäß § 178 Abs. 3 InsO** gegenüber dem Insolvenzverwalter sowie gegenüber allen Insolvenzgläubigern wie ein rechtskräftiges Urteil.[876]

Nach Aufhebung des Insolvenzverfahrens findet aus dem Tabelleneintrag die Zwangsvollstreckung gegen den früheren Insolvenzschuldner statt, vgl. **§§ 201 Abs. 2, 202 InsO**, ein von dem Gläubiger vor Eröffnung des Insolvenzverfahrens erlangter Titel wird durch den vollstreckbaren Tabelleneintrag verdrängt.[877]

Sie kann daher nur mit Rechtsmitteln angegriffen werden, die gegen ein rechtskräftiges Urteil statthaft sind, insbesondere durch Wiederaufnahme des Verfahrens mit der Nichtigkeits- und Restitutionsklage, vgl. **§ 4 InsO** i.V.m. **§§ 578 ff. ZPO**.[878]

Einwendungen gegen die festgestellte Forderung sind durch die Vollstreckungsgegenklage gemäß **§ 4 InsO** i.V.m. **§ 767 ZPO** geltend zu machen, wobei diese nur den Anspruch selbst, nicht die Eintragung als solche betreffen dürfen und auf Gründen beruhen müssen, die **nach** der Forderungsfeststellung entstanden sind, **§ 767 Abs. 2 ZPO**.[879]

Unrichtige Tabelleneintragungen, z.B. ein versehentlich übergangener Widerspruch, können von Amts wegen berichtigt werden – auch noch nach Aufhebung des Insolvenzverfahrens –, da dieser unrichtigen Eintragung die Wirkung eines rechtskräftigen Urteils nicht zukommt.[880]

Als Rechtsbehelf gegen die eine Berichtigung anordnende oder ablehnende Entscheidung kommt die sofortige Beschwerde nach §§ 164 Abs. 1, 319 ZPO analog § 11 RpflG in Betracht.[881]

bb) Das Bestreiten der Forderung durch den Insolvenzverwalter oder (und) Insolvenzgläubiger

Wird die Forderung bzw. der Rang von dem Insolvenzverwalter oder (und) einem oder **255**
mehrerer Insolvenzgläubiger bestritten, so lautet die Beurkundung in der Tabelle:

„von dem Insolvenzverwalter bestritten" oder „von dem Insolvenzgläubiger X bestritten" oder „Betrag festgestellt, Rang vom Insolvenzverwalter bestritten".

Der Insolvenzverwalter hat auch dann ein Interesse daran, Forderungen im Prüfungstermin zu bestreiten, wenn die Realisierbarkeit der Forderungen im oder nach Beendigung des Insolvenzverfahrens aussichtslos erscheint.[882]

---

875 BGH ZInsO 2011, 244; ZIP 2008, 1648; 566, 568; Hain ZInsO 2011, 1193, 1195 ff.

876 BGH ZIP 2014, 1181, 1183; 2012, 537, 538; 2009, 243, 244; 2008, 1441.

877 Haarmeyer/Wutzke/Förster S. 650.

878 BGH ZIP 2006, 587, 588.

879 BGH ZIP 2014, 1181, 1183; 2009, 243, 244.

880 MK-Schumacher § 178 Rn. 51, 52.

881 BGH ZIP 2017, 386.

882 BFH ZIP 2005, 954, 955.

Auch ein nur sog. **„vorläufiges Bestreiten"**, wie es in der Praxis üblich ist, wenn der Insolvenzverwalter noch keine Möglichkeit hatte, die Forderung zu prüfen, andererseits aber den Prüfungstermin nicht hinauszögern will, ist ein Bestreiten.[883]

Die Zulässigkeit eines solchen vorläufigen Bestreitens ist in der gerichtlichen Praxis **umstritten**. In der Praxis der Insolvenzverwaltung hat sich daher durchgesetzt, seitens des Insolvenzverwalters Vertagung zu beantragen, wenn dieser sich außerstande sieht, eine Forderung zu prüfen.[884]

Der Insolvenzverwalter hat keine Kostentragungspflicht bei Anerkenntnis der angemeldeten Forderung vor mündlicher Verhandlung im Insolvenzfeststellungsverfahren nach nur vorläufigem Bestreiten im Prüfungstermin. Es ist dem Gläubiger zuzumuten, sich bei dem Insolvenzverwalter zu vergewissern, ob dieser seinen Widerspruch aufrechterhält, bevor er den Rechtsstreit nach **§ 180 Abs. 2 InsO** aufnimmt.[885]

cc) Das Bestreiten der Forderung durch den Insolvenzschuldner

256 Wird die Forderung nur von dem Insolvenzschuldner bestritten, so hat dies keinen Einfluss auf das Insolvenzverfahren, **§ 178 Abs. 1 S. 2 InsO**, die Forderung gilt als „festgestellt". Die Beurkundung in der Tabelle lautet:

„festgestellt", unter „Bemerkungen": „von dem Insolvenzschuldner bestritten".

Nach **Aufhebung** des Insolvenzverfahrens kann jedoch gegen den bisherigen Insolvenzschuldner aus dem Tabelleneintrag die Zwangsvollstreckung **nicht** betrieben werden, vgl. **§ 201 Abs. 2 S. 1 InsO.**[886] Zur Klage gegen den widersprechenden Insolvenzschuldner vgl. unter Rn. 261.

883 BGH ZIP 2006, 576, 577; Haarmeyer/Wutzke/Förster S. 574; Bork Rn. 283, FN 9.

884 MK-Schumacher § 178 Rn. 37, 38; Hess/Pape Rn. 414.

885 BGH ZIP 2006, 576, 577; OLG Celle ZInsO 2012, 978; OLG München ZIP 2005, 2227 – Veranlassung zur Fortsetzung des Rechtsstreits bei Überschreitung der Angemessenheit der Überlegungsfrist unter Berücksichtigung des Zeitraums von höchstens zwei Monaten nach § 29 Abs. 1 Nr. 2 InsO.

886 BGH ZIP 2014, 1185; 2013, 1640.

257

Amtsgericht Musterhausen Insolvenzgericht	Aktenzeichen	SCHULDNER(IN)	Insolvenzverwalterin	Angemeldeter Rang
Insolvenztabelle	**99 IN 88/17**	Muster GmbH	Frau Hannelore Muster Testgasse 1 12345 Berlin	Spalte 1 **§ 38**

Vertreter des Gläubigers, Hinweis auf die Vollmacht		GLÄUBIGER(IN)	Laufende Nummer
Spalte 4		Spalte 3	Spalte 2
Rechtsanwalt Hans Muster-Maier Testgasse 7406 12345 Berlin	liegt vor	Herrn Sepp Mustergläubiger Gasse 1 12345 Berlin	**1** Tag der Anmeldung Spalte 5 02.03.2017 Blattzahl

Angemeldeter Betrag in EUR	Grund der Forderung (urkundliche Beweisstücke)	Ergebnis der Prüfungsverhandlung	Berichtigungen	Bemerkungen
Spalte 6	Spalte 7	Spalte 8	Spalte 9	Spalte 10
2.000,00 10,00 20,00 2.030,00	Miete Zinsen Kosten	Festgestellt für den Ausfall in voller Höhe. Hannover, den 20.09.2017 Amtsgericht Musterhans (Rechtspfleger) Mustermüller (Urkundsbeamter)	Nunmehr festgestellt für den Ausfall in voller Höhe. Hannover, den 26.04.2017 Amtsgericht Rechtspfleger Urkundsbeamter	

Der allgemeine Prüfungstermin

Die Prüfung der Forderungen im Termin

§§ 176 ff. InsO
Die (angemeldete) Forderung wird

nicht bestritten	**vom Verwalter oder einem Insolvenzgläubiger bestritten**	**vom Insolvenzschuldner bestritten** Sonderfall: vorsätzliche unerlaubte Handlung
↓	↓	↓
sie gilt als festgestellt, **§ 178 Abs. 1 InsO**	sie wird nicht festgestellt	sie gilt als festgestellt, **§ 178 Abs. 1 S. 2 InsO**

Tabelleneintrag erfolgt durch das Gericht, **§ 178 Abs. 2 InsO**

↓	↓	↓
Tabelleneintrag: **„festgestellt“**	Tabelleneintrag: **„vom Verwalter bestritten“** oder **„vom Gläubiger X bestritten“** oder **„in Höhe von … € festgestellt“** oder **„in Höhe von … € bestritten“** o.Ä.	Tabelleneintrag: **„festgestellt“** in der Spalte Bemerkungen: **„vom Schuldner bestritten“**
Eintrag wirkt ggü. allen Insolvenzgläubigern und dem Verwalter **wie rechtskräftiges Urteil, § 178 Abs. 3 InsO** Auszug aus der Tabelle ist **Vollstreckungstitel** gegen den Schuldner nach Beendigung des Verfahrens **(§ 201 Abs. 2 InsO)**, außer bei Restschuldbefreiung	**Feststellungsprozess** außerhalb des Verfahrens **(§ 180 InsO)** evtl. durch Aufnahme des unterbrochenen Prozesses	**Keine Zwangsvollstreckung aus Tabelleneintrag** nach Aufhebung des Verfahrens **(arg. e § 201 Abs. 2 InsO)** **Feststellungsprozess** außerhalb des Verfahrens **(§ 184 InsO)** evtl. durch Aufnahme des unterbrochenen Prozesses

c) Der Feststellungsprozess

Ist die angemeldete Forderung bzw. der beanspruchte Rang bestritten, kann der Gläubiger den Widerspruch – **außerhalb des Insolvenzverfahrens** – nur durch eine Klage auf Feststellung der Insolvenzforderung oder (und) ihres Ranges beseitigen, vgl. **§ 179 InsO**.[887] 258

Auch Zahlungsansprüche auf erstes Anfordern können Gegenstand eines Insolvenzfeststellungsverfahrens sein.[888]

Die Klage auf Feststellung einer zur Insolvenztabelle angemeldeten Forderung ist unzulässig, wenn sie auf einen anderen als den in der Anmeldung angegebenen Anspruchsgrund gestützt wird. Das gilt auch dann, wenn der Insolvenzverwalter wusste, aus welchem Lebenssachverhalt die Forderung hergeleitet wurde. Vor einer Klage bedarf es dann einer neuen Anmeldung.[889]

Eine allgemeine Feststellungsklage gegen den Insolvenzverwalter auf Feststellung eines unbezifferten Insolvenzanspruchs ist unzulässig.[890]

Nach **§ 182 InsO** bestimmt sich der Streitwert einer Klage auf Feststellung einer bestrittenen Forderung nach dem Betrag, der bei der Verteilung der Insolvenzmasse für die Forderung zu erwarten ist. Die entsprechende Quote muss geschätzt werden.[891]

Die Durchführung des Feststellungsprozesses ist unterschiedlich gestaltet. War die bestrittene Forderung bereits bei Eröffnung des Insolvenzverfahrens tituliert, muss der **Bestreitende** die Klage erheben, vgl. **§ 179 Abs. 2 InsO**, anderenfalls muss der Gläubiger der bestrittenen Forderung klagen, vgl. **§ 179 Abs. 1 InsO**.[892]

aa) Der Feststellungsprozess bei nicht titulierten Forderungen

Nach **§ 180 Abs. 1 InsO** ist auf die Feststellung im ordentlichen Verfahren Klage zu erheben;[893] war zur Zeit der Eröffnung des Insolvenzverfahrens ein Rechtsstreit über die Forderung anhängig, so ist die Feststellung durch Aufnahme des Rechtsstreits zu betreiben, **§ 180 Abs. 2 InsO**.[894] Die uneingeschränkte Aufnahme eines Rechtsstreits ist, wenn der Forderung mehrere Personen i.S.d. § 178 Abs. 1 S. 1 InsO widersprochen haben, nur wirksam, wenn der Rechtsstreit gegenüber allen Widersprechenden aufgenommen wird.[895] Der an die Stelle des Schuldners in den aufgenommenen Rechtsstreit eintretende Widersprechende ist an die bisherigen Ergebnisse des Rechtsstreits gebunden.[896] 259

887 BGH ZIP 2011, 1687, 1688 ohne vorherige außergerichtliche Streitschlichtung; ZInsO 2011, 44, 45.

888 BGH ZIP 2008, 1441, 1443.

889 BGH ZIP 2003, 2429, 2431 – Übergang von dem angemeldeten Rückzahlungsanspruch aus Wandlung auf die Geltendmachung eines Nichterfüllungsschadens.

890 BGH WM 2003, 1429, 1431.

891 BGH ZIP 2016, 342; 2015, 1889.

892 Ehricke ZIP 2006, 1847 – Die Feststellung streitiger Insolvenzforderungen durch ein Schiedsgericht.

893 BGH ZIP 2011, 1687 – ohne obligatorische außergerichtliche Streitschlichtung.

894 BGH ZIP 2014, 1503; 2013, 1094; 2010, 948, 951 – § 180 Abs. 2 InsO analog bei Auskunftsanspruch; OLG Brandenburg ZIP 2010, 2318, 2320 – Klageänderung bei Nicht-Identität der Streitgegenstände.

895 BGH ZIP 2012, 2369, 2372.

896 BGH ZIP 2012, 2369, 2370.

Die Zuständigkeitsvorschrift des **Abs. 1** gilt nicht für **Abs. 2**. Es handelt sich dabei **nicht** um eine Klageänderung, **§ 264 Nr. 3 ZPO**.[897]

(1) Das klageabweisende Urteil wirkt über den Wortlaut der **§§ 178 Abs. 3, 183 Abs. 1 InsO:**

„gegenüber dem Insolvenzverwalter und allen Insolvenzgläubigern"

hinaus auch zugunsten des Insolvenzschuldners, selbst wenn er die geltend gemachte Forderung nicht bestritten hat.[898]

(2) Das obsiegende Urteil ermöglicht gemäß **§ 183 Abs. 2 InsO** die Berichtigung der Insolvenztabelle. Mit der Rechtskraft des Urteils setzt dieselbe Wirkung ein, als wäre im Prüfungstermin kein Widerspruch erhoben und die Forderung als unstreitig festgestellt worden, vgl. **§ 178 Abs. 1 S. 1 InsO**.[899]

Masseforderungen werden durch Anmeldung, Anerkennung und Feststellung nicht zu Insolvenzforderungen. Die Rechtskraftwirkung nach **§§ 178 Abs. 3, 183 Abs. 1 InsO** schließt die spätere Geltendmachung desselben Anspruchs als Masseforderungen nicht aus.[900]

bb) Der Feststellungsprozess bei titulierten Forderungen

260 **§ 179 Abs. 2 InsO** gewährt dem Bestreitenden mit dem „Widerspruch" **keinen** selbstständigen Rechtsbehelf gegen den vorliegenden Titel, es stehen ihm vielmehr nur die Rechtsbehelfe zur Verfügung, die der Insolvenzschuldner hätte einlegen können, wenn nicht das Insolvenzverfahren über sein Vermögen eröffnet worden wäre, z.B. Berufung, **§§ 511 ff. ZPO**,[901] Wiederaufnahme des Verfahrens durch Restitutions- oder Nichtigkeitsklage, §§ 578 ff. ZPO, Vollstreckungsgegenklage gemäß § 767 ZPO.[902]

Verfolgt der die Forderung Bestreitende seinen Widerspruch nicht, ist der Gläubiger der Forderung zur Aufnahme des Rechtsstreits auch dann befugt, wenn für die Forderung ein vollstreckbarer Schuldtitel oder ein Endurteil vorliegt.[903]

Die Zuständigkeit richtet sich, von der Aufnahme des Rechtsstreits gemäß § 240 ZPO abgesehen, nach **§ 180 Abs. 1 InsO** und nicht nach den Vorschriften der ZPO,[904] da die Widerspruchsklage – negative – Feststellungsklage ist.

Der Klageantrag geht dahin, den Widerspruch gegen die Forderung für begründet zu erklären.[905]

Ein im Zeitpunkt der Insolvenzverfahrenseröffnung bereits ergangener **Steuerbescheid** ist ein vollstreckbarer Schuldtitel i.S.d. **§ 179 Abs. 2 InsO**, die Feststellung erfolgt jedoch **nicht** nach **§ 180 Abs. 1 InsO**, sondern durch Feststellungsbescheid **nach § 185 InsO i.V.m. § 251 Abs. 3 AO**.[906]

---

897 MK-Schumacher § 180 Rn. 15, 23 m.w.N.

898 MK-Schumacher § 183 Rn. 6.

899 MK-Schumacher § 183 Rn. 7, 8; Bork Rn. 289.

900 BGH ZIP 2006, 1530, 1532.

901 BGH ZIP 2008, 1744, 1745 auch bei einer Haftungsquote von Null.

902 BGH ZIP 2009, 243.

903 BGH ZIP 2012, 2369, 2370.

904 Haarmeyer/Wutzke/Förster S. 589; Jauernig § 85 V 2.

905 HK-Depre § 179 Rn. 9.

906 BFH ZIP 2013, 1133, 1134; BGH ZIP 2013, 125, 128; BFH ZInsO 2012,185; ZIP 2010, 844, 845.

d) Die Klage gegen den widersprechenden Insolvenzschuldner

Wie unter Rn. 255 dargestellt, ist das Bestreiten der angemeldeten Forderung durch den **Insolvenzschuldner** auf das Insolvenzverfahren **ohne** Einfluss. Der – auch auf den Schuldgrund beschränkte – Widerspruch schließt jedoch die Zwangsvollstreckung aus der Insolvenztabelle nach Beendigung des Insolvenzverfahrens aus, **§ 201 Abs. 2 S. 1 InsO**.[907] Der Schuldner hat sich damit die rechtliche Möglichkeit geschaffen, im Falle der Vollstreckung aus einem Versäumnisurteil oder Vollstreckungsbescheid Vollstreckungsgegenklage zu erheben.[908] **261**

Dies gilt jedoch nur dann, wenn sich der Widerspruch gegen die angemeldete Forderung als solche richtet. Wendet sich der Schuldner nur gegen den Rechtsgrund einer vorsätzlich unerlaubten Handlung, ist der Gläubiger nach § 201 Abs. 2 S. 1 InsO berechtigt, aus der Eintragung in der Tabelle die Vollstreckung gegen den Schuldner zu betreiben.[909] Darüber hinaus ist eine negative Feststellungsklage des Schuldners zulässig.[910]

Um für die **nach** Beendigung des Insolvenzverfahrens wieder zulässige Zwangsvollstreckung einen Titel zu erhalten, muss der Gläubiger gemäß **§ 184 Abs. 1 S. 1 InsO** Klage auf Feststellung der Forderung gegen den Schuldner erheben[911] bzw. gemäß **§ 184 Abs. 1 S. 2 InsO** einen bereits zum Zeitpunkt der Verfahrenseröffnung anhängigen Rechtsstreit wieder aufnehmen. Die Feststellungsklage ist nicht an die Einhaltung einer Klagefrist gebunden.[912]

Der Klage eines Gläubigers, der über einen vollstreckbaren Schuldtitel verfügt, auf Feststellung des Rechtsgrundes der unerlaubten Handlung fehlt es nach dem auf den Rechtsgrund beschränkten Widerspruch des Schuldners nicht an einem rechtlich geschützten Interesse, § 256 ZPO.[913]

Nach § 184 Abs. 2 InsO wird, in entsprechender Anwendung des § 179 Abs. 2 InsO, dem Schuldner die Verpflichtung auferlegt, den Widerspruch binnen einer Monatsfrist zu verfolgen, wenn der Gläubiger bereits einen Titel erlangt hat, soweit auch der Rechtsgrund der unerlaubten Handlung festgestellt worden ist;[914] zur Wiedereinsetzung in den vorigen Stand, vgl. § 186 InsO.[915]

---

907 BGH ZInsO 2007, 256, 257.

908 BGH ZInsO 2012, 1614, 1615; 2011, 39.

909 BGH ZIP 2014, 1185, 1186.

910 BGH ZIP 2013, 2265, 2267.

911 BGH ZIP 2014, 1185; 2010, 150,151 – zu § 302 Nr. 1 InsO.

912 BGH WM 2009, 313, 315.

913 BGH ZInsO 2012, 1614, 1615; 2011, 39, 40.

914 BGH ZIP 2013, 2265, 2266; 2011, 39, 40.

915 BGH ZIP 2011, 1170.

VI. Die Verteilung

262 Über die unter Rn. 102 dargestellten Aufgaben des Insolvenzverwalters hinaus ist es nach **§ 187 Abs. 3 S. 1 InsO** verpflichtet, die Teilungsmasse an die Insolvenzgläubiger – nach vorheriger Zustimmung durch den Gläubigerausschuss, vgl. **§ 187 Abs. 3 S. 2 InsO** – auszukehren.[916]

Die materiell-rechtlichen Vorschriften der **§§ 366, 367 BGB** sind auf Zahlungen des Insolvenzverwalters im insolvenzrechtlichen Verteilungsverfahren nicht anwendbar.[917]

263 Eine Verteilung der Insolvenzmasse hat der Insolvenzverwalter – nach Abhaltung des allgemeinen Prüfungstermins gemäß **§ 176 S. 1 InsO** – schon immer dann vorzunehmen, „sooft hinreichende Barmittel in der Insolvenzmasse vorhanden sind", **§ 187 Abs. 2 S. 1 InsO**, sog. **Abschlagsverteilung**, wobei der zu zahlende Betrag gemäß **§ 195 Abs. 1 InsO** festgesetzt wird.

264 Nach Beendigung der Verwertung der Masse erfolgt die sog. **Schlussvertretung,** für die die Genehmigung des Insolvenzgerichts erforderlich ist, vgl. **§ 196 InsO**.

Dagegen wird nicht die Erledigung z.B. etwaiger Feststellungsprozesse abgewartet, sondern die ggf. zur Auszahlung gelangenden Beträge gemäß **§ 198 InsO** hinterlegt.[918]

Eine **nach** Veröffentlichung und Niederlegung des Schlussverzeichnisses angemeldete Forderung nimmt an der Schlussverteilung nicht mehr teil.[919]

265 Werden nach der Schlussverteilung noch Beträge für die Masse frei, z.B. zurückbehaltene Beträge durch Unterliegen eines Gläubigers im Feststellungsprozess infolge Insolvenzanfechtung gemäß **§§ 129 ff. InsO** oder nach Erzielung eines nicht erwarteten Übererlöses durch einen absonderungsberechtigten Gläubiger,[920] so findet auf Anordnung des Insolvenzgerichts eine sog. **Nachtragsverteilung** gemäß **§ 203 InsO** statt.

Zieht der Schuldner nach Aufhebung des Insolvenzverfahrens eine Forderung ein, die zur Masse gehörte, unterliegt der Erlös der Nachtragsverteilung, **§ 203 Abs. 1 Nr. 3 InsO**.[921] Von der Nachtragsverteilung wird nicht das gesamte Vermögen des Schuldners erfasst, sondern nur der Betrag oder Vermögensgegenstand, auf den sich die Nachtragsverteilung bezieht.[922]

916 Obermüller/Hess, Rn. 662 ff.

917 BGH NJW 1985, 3064, 3066 zur KO.

918 AG Düsseldorf ZIP 2006, 1107, 1108 m.w.N. – Änderung des Schlussverzeichnisses kommt nur bei Nachweis der Erhebung einer Feststellungsklage oder der Aufnahme des früheren Rechtsstreits in Betracht.

919 BGH ZIP 2007, 876.

920 BGH ZIP 2015, 634; 2006, 143, 144.

921 BGH ZIP 2017, 1169; 2012, 437, 438; Heinze ZInsO 2012, 1606 ff.

922 BGH ZIP 2011, 625; 135, 136; Bork ZIP2009, 2077; HK-Depre § 203 Rn. 6.

Grundlage jeder Verteilung ist das von dem Insolvenzverwalter aufzustellende **Verzeichnis** der bei der Verteilung zu berücksichtigenden Forderungen,[923] das durch das Insolvenzgericht bekanntzugeben ist, **§ 188 InsO:**

- die festgestellten Forderungen, vgl. **§ 178 InsO**,
- die bestrittenen titulierten Forderungen, vgl. **§ 189 InsO**,
- die bestrittenen, nicht titulierten Forderungen, soweit der Gläubiger der bestrittenen Forderungen innerhalb einer Ausschlussfrist von zwei Wochen seit der öffentlichen Bekanntmachung der Verteilung dem Insolvenzverwalter den Nachweis geführt hat, dass er Feststellungsklage erhoben oder einen anhängigen Prozess aufgenommen hat, **§ 189 InsO**,[924]
- die Ausfallforderungen von Absonderungsberechtigten, vgl. **§ 52 InsO**, in Höhe des endgültigen Ausfalls, vgl. **§ 190 Abs. 1 InsO**.[925]

Offensichtliche Irrtümer und Unrichtigkeiten im Verteilungsverzeichnis sind nach § 319 **266** ZPO analog zu berichtigen.[926]

923 BGH ZIP 2013, 636, 637; 2009, 243, 244.

924 BGH ZIP 2012, 2071, 2072 – auch der Nachweis des Eingangs der Klage bei dem Prozessgericht und zur Wahrung der Voraussetzungen des §167 ZPO der Nachweis der Einzahlung des Vorschusses innerhalb der Frist; ZIP 2009, 313, 314 – nicht bei (beschränktem) Widerspruch des Schuldners.

925 BGH ZIP 2009, 1580; ZIP 2011, 180, 181 – Zum Verzicht eines Insolvenzgläubigers auf abgesonderte Befriedigung aus einer Gesamtgrundschuld.

926 LG Bonn ZIP 2014, 1689.

Die Insolvenzgläubiger

I. Der Begriff des Insolvenzgläubigers

Nach der Legaldefinition des **§ 38 InsO** setzt die Insolvenzgläubigereigenschaft voraus:

1. Ein **vermögensrechtlicher Anspruch** muss bestehen.

   Ist er nicht auf einen bestimmten Geldbetrag gerichtet, so ist er gemäß **§ 45 InsO** umzuwandeln.

2. Der Anspruch muss im Zeitpunkt der Eröffnung **begründet** sein.

   Ausreichend ist, dass der Rechtsgrund seiner Entstehung nach vorhanden ist, er braucht nicht fällig zu sein, **§ 41 InsO**.

3. Die nachrangigen Insolvenzgläubiger gemäß **§ 39 InsO** werden **nach** den sog. nichtrangigen Insolvenzgläubigern i.S.d. **§ 38 InsO** befriedigt.

4. Haften mehrere Personen für denselben Anspruch in voller Höhe, ist der Anspruch Insolvenzforderung bis zur vollständigen Befriedigung jedes Schuldners im Insolvenzverfahren, sog. **„Grundsatz der Doppelberücksichtigung", § 43 InsO**.

   Die Haftung „mehrerer Personen für dieselbe Leistung auf das Ganze" ist gegeben

   - bei echter und unechter Gesamtschuld,
   - im Verhältnis von Hauptschuldner und Bürgen in der Insolvenz des Hauptschuldners,
   - bei der Haftung mehrerer Wechselschuldner gemäß § 47 WG,
   - bei der bloßen Sachmithaftung massefremder Gegenstände,
   - bei der Haftung eines ausgeschiedenen Kommanditisten.

5. Auch bei gleichzeitiger dinglicher Haftung des Insolvenzschuldners ist der Anspruch in voller Höhe Insolvenzforderung.

   Der Insolvenzgläubiger kann Befriedigung dieses Anspruchs aber nur in der Höhe verlangen, in der er auf abgesonderte Befriedigung verzichtet hat oder bei ihr ausgefallen ist, sog. „Ausfallhaftung", **§ 52 InsO**.

II. Die Geltendmachung der Insolvenzforderung

Gemäß **§ 87 InsO** können die Insolvenzgläubiger ihre Forderungen nur nach den Vorschriften über das **Insolvenzverfahren** verfolgen und müssen daher ihre Forderungen in dem sog. **„Feststellungsverfahren", §§ 174–186 InsO**, anmelden.

4. Abschnitt: Die Beendigung des Insolvenzverfahrens

A. Die Einstellung des Insolvenzverfahrens

Die Einstellung des Insolvenzverfahrens ist seine vorzeitige Beendigung und erfolgt, **267**

- wenn eine die **Verfahrenskosten** deckende Masse nicht vorhanden ist, **§ 207 InsO**; **268**

Bei eingetretener Masseunzulänglichkeit hat die Berichtigung der Kosten des Insolvenzverfahrens, vgl. **§ 54 InsO**, absoluten Vorrang, auch wenn der Insolvenzverwalter die Masseunzulänglichkeit nicht angezeigt hat.[927]

Der Insolvenzverwalter hat keine Befugnis, gegen die Fortsetzung des Insolvenzverfahrens Beschwerde zu erheben, wenn damit ein von ihm gestellter Antrag, das Verfahren mangels Kostendeckung einzustellen, abgelehnt worden ist.[928]

Zur Verwertung von Massegegenständen ist er nicht mehr verpflichtet, **§ 207 Abs. 3 S. 2 InsO**.

Auch Prozesskostenhilfe zur Durchsetzung eines Anfechtungsanspruchs, der nicht dazu geeignet ist, eine bereits eingetretene Massekostenarmut zu beheben, kann nicht gewährt werden,[929] anders, wenn sie im Fall der Beitreibung des Klagebetrages abgewendet würde.[930]

- wenn eine die **sonstigen Masseverbindlichkeiten** deckende Masse nicht vorhanden ist, **§ 208 InsO**; **269**

Reicht die Masse zwar für die Verfahrenskosten, **§ 54 InsO**, nicht aber für die sonstigen Masseverbindlichkeiten, **§ 55 InsO**, sog. **„Masseunzulänglichkeit"**, hat der Insolvenzverwalter nach den **§§ 208, 209 InsO** zu verfahren. Die Anzeige ist nach **§ 208 Abs. 1 S. 2 InsO** auch schon zulässig, wenn die Masseunzulänglichkeit nur droht. Der Insolvenzverwalter hat bei der Frage, zu welchem Zeitpunkt er Masseunzulänglichkeit anzeigt, einen Entscheidungsspielraum.[931]

Die Insolvenzanfechtung bleibt auch nach Anzeige der Masseunzulänglichkeit zulässig, **§ 208 Abs. 3**.[932]

Die vom Insolvenzverwalter formgerecht angezeigte Masseunzulänglichkeit ist für das Prozessgericht bindend.[933]

Der Insolvenzverwalter muss die Rangfolge des **§ 209 Abs. 1 InsO** bereits beachten, wenn die Masseunzulänglichkeit eintritt – und nicht erst, wenn er sie anzeigt.[934] **270**

---

927 BGH ZIP 2013, 634; 2010,145, 146.

928 BGH ZIP 2007, 134.

929 BGH ZIP 2009, 1591, 1592; OLG Celle ZIP 2012, 1881.

930 BGH ZIP 2012, 2526.

931 BGH ZIP 2013, 634, 635; 2010, 2356.

932 BGH ZIP 2008, 944; 2005, 1519; OLG Celle ZIP 2012, 1881.

933 BGH ZIP 2003, 914, 915; BAG ZIP 2002, 628, 631.

934 BGH ZIP 2010, 2356; 145; 2006, 1004.

Forderungen i.S.d. **§ 209 Abs. 1 Nr. 2 InsO** – sog. **Neumasseverbindlichkeiten** – können nach Anzeige der Masseunzulänglichkeit nach **§ 208 Abs. 1 InsO** nicht mehr mit der Leistungsklage verfolgt werden.[935]

Forderungen i.S.d. **§ 209 Abs. 1 Nr. 3 InsO** – sog. **„Altmasseverbindlichkeiten"** – können nach Anzeige der Masseunzulänglichkeit nach **§ 208 Abs. 1 InsO** nicht mehr mit der Leistungsklage verfolgt werden.[936]

Für die **Abgrenzung** von **Altmasseverbindlichkeiten** zu **Neumasseverbindlichkeiten** i.S.d. **§ 209 Abs. 1 Nr. 2 InsO** ist ausschließlich der **Zeitpunkt** maßgebend, in dem die Masseverbindlichkeit begründet worden ist, auf den Entstehungsgrund der Forderung kommt es nicht an.[937]

271 Die vollstreckungsrechtlichen Folgen der Anzeige sind in **§ 210 InsO** geregelt.

Das Vollstreckungsverbot nach **§ 210 InsO** ist auf das Rangverhältnis zwischen den im ersten Rang zu berichtigenden Kosten, **§ 209 Abs. 1 Nr. 1 InsO**, und den im zweiten Rang zu berichtigenden Neumasseverbindlichkeiten, **§ 209 Abs. 1 Nr. 2 InsO**, entsprechend anzuwenden.[938]

Ist die Masse sogar arm i.S.d. **§ 207 InsO** und reichen die Barmittel nicht aus, um die Kosten des Insolvenzverfahrens nach **§§ 209 Abs. 1 Nr. 1, 54 InsO** zu decken, befindet sich der Insolvenzverwalter in ähnlicher Lage. Da er seine Tätigkeit nicht sofort beenden kann, weil § 207 InsO die Einstellung des Insolvenzverfahrens mangels Masse nur in dem in der Vorschrift geregelten Verfahren erlaubt, müsste er ohne eine entsprechende Anwendung des § 210 InsO zusehen, wie andere Kostengläubiger im Wege der Zwangsvollstreckung bis zum vorläufigen Ausgleich ihrer Forderungen auf die vorhandenen Barmittel der Masse zugreifen. Dies liefe der in **§ 207 Abs. 3 S. 1 InsO** festgelegten Rangfolge zuwider, die eine anteilige Befriedigung vorsieht.

Nach Anzeige der Masseunzulänglichkeit ist ein Erlass eines **Kostenfestsetzungsbeschlusses** zugunsten eines sog. „Altmassegläubigers" unzulässig,[939] auch zugunsten eines sog. „Neumassegläubigers".[940]

Bei Masseunzulänglichkeit ist grundsätzlich davon auszugehen, dass die Kosten eines Rechtsstreits nicht aus der verwalteten Vermögensmasse aufgebracht werden können.[941]

272 Die Einstellung des Insolvenzverfahrens erfolgt gemäß **§ 211 InsO**.[942] Sie ist nicht mit der sofortigen Beschwerde anfechtbar.[943]

---

935 BGH ZIP 2008, 2284; 2006, 1004; 2005, 2239 – Fortführung zu sog. Altmasseverbindlichkeiten BGH ZIP 2005, 817; BAG ZIP 2010, 546.

936 BGH ZIP 2005, 817; 2003, 914, 915; BAG ZIP 2002, 628.

937 BGH ZIP 2006, 1004, 1006.

938 BGH ZIP 2006, 1999, 2000; 1004.

939 BGH ZIP 2005, 817.

940 BGH ZIP 2008, 2284; 2007, 2140, 2141; 2005, 1983.

941 BGH ZIP 2008, 1035; 2007, 2201, 2202.

942 OLG München ZInsO 2014, 1772; Gehrlein BB 2014, 1539, 1545.

943 BGH WM 2007, 555.

Bei einer Bürgschaft entfällt das Recht, Zahlung auf erstes Anfordern zu verlangen, dem Gläubiger stehen die Rechte aus einer gewöhnlichen Bürgschaft zu.[944]

- wegen Wegfalls des Eröffnungsgrundes auf Antrag des Schuldners, **§ 212 InsO**;
- bei Insolvenzverzicht aller Insolvenzgläubiger auf Antrag des Schuldners, **§ 213 InsO**.

Mit der Einstellung des Insolvenzverfahrens enden gemäß **§ 215 Abs. 2 InsO** die Wirkungen der Eröffnung des Insolvenzverfahrens.[945]

B. Die Aufhebung des Insolvenzverfahrens

Die Aufhebung des Insolvenzverfahrens – nach dessen Abschluss aufgrund Zweckerreichung – erfolgt durch Beschluss des Insolvenzgerichts, **273**

- sobald die Schlussverteilung vollzogen ist, vgl. **§ 200 Abs. 1 InsO**,
- nach rechtskräftiger Bestätigung des Insolvenzplans, **§ 258 Abs. 1 InsO**, und
- nach Rechtskraft des Beschlusses, der dem Insolvenzschuldner die Möglichkeit der Restschuldbefreiung einräumt, **§ 289 Abs. 2 S. 2 InsO**.

C. Die Rechtsfolgen der Beendigung des Insolvenzverfahrens

Mit der Beendigung des Insolvenzverfahrens erhält der Insolvenzschuldner die Verwaltungs- und Verfügungsbefugnis zurück, er kann über die Gegenstände aus der bisherigen Insolvenzmasse, die nicht verwertet worden sind, wieder frei verfügen, vgl. **§ 215 Abs. 2 S. 1 InsO**. **274**

Seine nach **§ 81 Abs. 1 S. 1 InsO** unwirksamen Verfügungen werden wirksam, **§ 185 Abs. 2 BGB**.

Er ist dagegen nicht berechtigt, einen bisher vom Insolvenzverwalter geführten Anfechtungsprozess weiterzuführen, weil er hinsichtlich des geltend gemachten Rückgewähranspruches **nicht** dessen Rechtsnachfolger i.S.d. **§ 239 ZPO** ist. Denn der Insolvenzschuldner ist weder außerhalb noch innerhalb des Insolvenzverfahrens berechtigt, eigene Rechtshandlungen oder gegen ihn gerichtete Rechtshandlungen seiner Gläubiger nach den **§§ 129 ff. InsO** anzufechten.[946]

Die Insolvenzorgane, d.h. die Gläubigerversammlung,[947] der Gläubigerausschuss und der Insolvenzverwalter, verlieren – von der Nachtragsverteilung (vgl. Rn. 265) abgesehen – ihre Befugnisse.[948]

Die Gläubiger sind hinsichtlich ihres Vorgehens gegen den Insolvenzschuldner nicht mehr beschränkt, sowohl das Prozessverbot gemäß **§ 87 InsO** als auch das Vollstreckungsverbot gemäß **§ 89 InsO entfallen**. Es gibt das sog. Recht auf **freie Nachforderung**, vgl. **§ 201 Abs. 1 InsO**; der Auszug aus der Insolvenztabelle ist unter den Voraussetzungen des § 201 Abs. 2 InsO Vollstreckungstitel.

---

944 BGH NJW 2002, 3170.

945 Haarmeyer/Wutzke/Förster S. 659; Jauernig § 87 I 1.

946 HK-Kreft § 129 Rn. 9 m.w.N.

947 BGH ZIP 2011, 1626, 1627; 2008, 1384 – keine Aufhebung eines nichtigen Beschlusses der Gläubigerversammlung durch das Insolvenzgericht.

948 BGH ZIP 2009, 2170, 2171.

5. Abschnitt: Der Insolvenzplan

A. Einführung

275 Der als **Kernstück** der Insolvenzrechtsreform bezeichnete Insolvenzplan[949] hat in der Praxis bisher nur geringe Relevanz.[950]

Mit dem am 01.03.2012 in Kraft getretenen **„Gesetz zur weiteren Erleichterung der Sanierung von Unternehmen** vom 07.12.2011 (**ESUG**) soll die Stigmatisierung des Begriffs der Insolvenz überwunden und zugleich ein Anreiz geschaffen werden, durch das Insolvenzplanverfahren frühzeitig eine unternehmensstrategische Option in der Krise zu suchen. Darüber hinaus soll aber auch das Blockadepotential der Anteilseigner gegen ein erfolgsversprechendes Sanierungskonzept[951] beseitigt werden.

Zweck des Insolvenzplans ist es, den Beteiligten selbst zu ermöglichen, **abweichend** von den **gesetzlichen Regelungen** der Verwertung oder Verteilung der Masse eine einvernehmliche Lösung zur Bewältigung der Insolvenz zu finden, §§ 217 ff. InsO.

Die Rechtsnatur des – bestätigten – Insolvenzplans ist streitig. Nach einer Meinung[952] wird der Insolvenzplan als Vergleich i.S.d. § 779 BGB oder als privatrechtlicher Vertrag eigener Art angesehen[953] oder es wird ihm eine Doppelnatur als gemischt materiellrechtlicher und verfahrensrechtlicher Vertrag beigemessen.[954]

Nach der Rspr. des BGH[955] ist dagegen der Insolvenzplan ein spezifisch insolvenzrechtliches Instrument, mit dem die Gläubigergesamtheit ihre Befriedigung aus dem Schuldnervermögen organisiert. Die Gläubigergemeinschaft hat nicht aus freiem Willen zusammen gefunden; sie ist vielmehr eine durch die Eröffnung des Insolvenzverfahrens über das Vermögen des Schuldners zusammengefügte Schicksalsgemeinschaft. Der Wille einzelner Gläubiger kann durch Mehrheitsentscheidungen überwunden werden, §§ 244 ff. InsO.

---

949 Vgl. Kübler/Prütting, RWS-Dok. 18, Bd I, S. 445; Haarmeyer/Wutzke/Förster S. 496.

950 Paul ZInsO 2017, 747 ff.; Frind ZInsO 2015, 2249 ff.; Priebe ZInsO 2011, 467 ff.

951 Paul ZInsO 2017, 747 ff.; Seibt/Bulgrin ZIP 2017, 353 ff.; Huber ZInsO 2013, 1 ff.; Flöther ZIP 2012, 1833 ff.; Bitter/Laspeyres ZIP 2010, 1157 ff.

952 Breutigam/Blersch/Goetsch, InsO § 254 Rn. 13.

953 Kübler/Prütting/Otte, InsO, § 217 Rn. 65; Uhlenbruck/Lüer, InsO, § 254 Rn. 1.

954 MK-Eidenmüller, InsO, § 217 Rn. 33.

955 BGH ZIP 2006, 44, 45.

B. Gestaltungsmöglichkeiten des Insolvenzplans

I. Übersicht

276

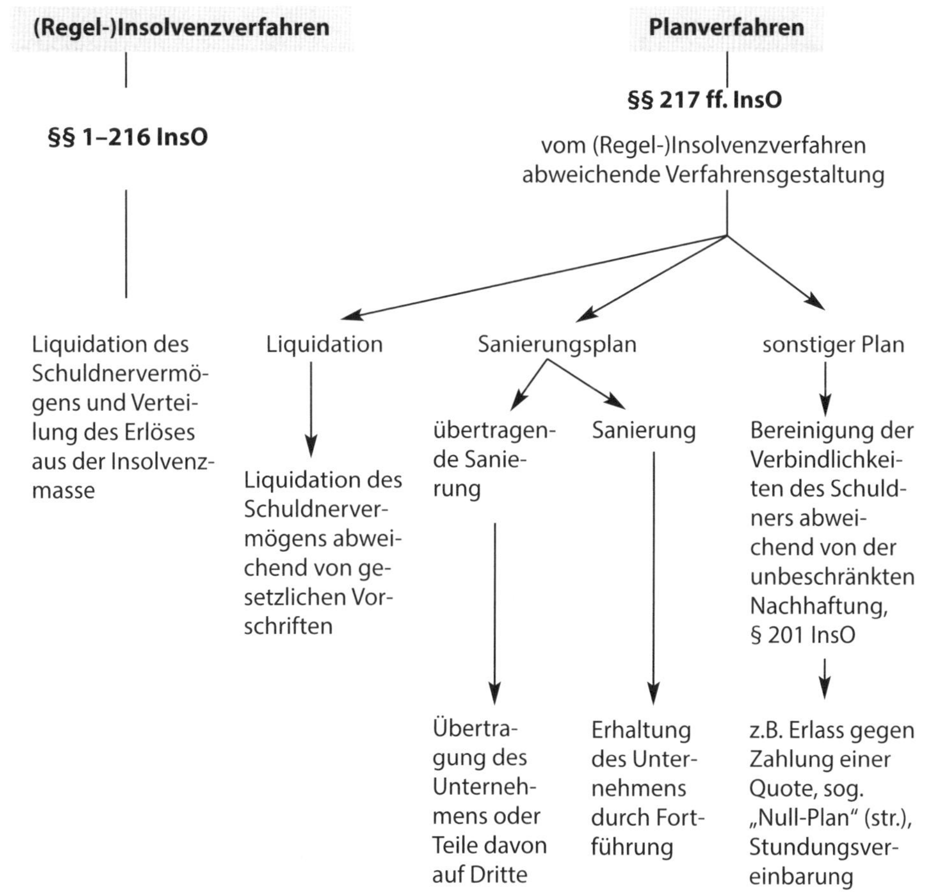

II. Liquidationsplan

Der Liquidationsplan soll abweichend von der nach **§§ 148 ff. InsO** vorgesehenen gesetzlichen Regelung der Verwaltung und Verwertung der Insolvenzmasse Regelungen zur Liquidation enthalten. Z.B. kann der Verwertungsumfang eingeschränkt werden; weiterhin kann die grundsätzlich vorgesehene Verwertungsbefugnis des Insolvenzverwalters abweichend geregelt werden; auch ist eine kürzere als die in §§ 286 ff. InsO vorgesehene Wohlverhaltensperiode möglich. 277

III. Sanierungsplan

1. Übertragende Sanierung

Im Rahmen der übertragenden Sanierung, sog. **„asset deal"**, wird der (Teil-) Betrieb des Schuldners zum Zwecke der Fortführung – mit oder ohne Übernahme der Verbindlich- 278 keiten – aus dem Unternehmen herausgenommen und auf ein anderes Unternehmen – z.B. eine neu gegründete Betriebsübernahmegesellschaft – im Wege der Einbringung durch Sacheinlage oder im Wege des Kaufs, der Übereignung, Abtretung oder auch durch den Zuschlag in der Zwangsversteigerung übertragen.[956]

Sie führt zur Übertragung des Vermögens auf einen Investor, ohne dass die Verbindlichkeiten übergehen, wodurch der bilanzielle Sanierungserfolg erreicht wird.[957] Es wird ein neuer Unternehmensträger gegründet, die Haftungsvorschriften der **§ 75 AO, §§ 25, 28 HGB** finden **keine** Anwendung, weiterhin kommt auch eine **Insolvenzanfechtung nicht** in Betracht, vgl. **§§ 129 ff. InsO**.[958]

Nach der Rspr. des BAG[959] haftet der Erwerber **nicht** für die **vor** Eröffnung des Insolvenzverfahrens entstanden Verbindlichkeiten, mit Ausnahme von Urlaubsansprüchen, für die **§ 613 a BGB** gilt.[960]

2. Sanierung

279 Der Insolvenzplan kann die Sanierung des Unternehmens selbst vorsehen, z.B. weiteres Haftungskapital durch Änderung der Rechtsform oder/und durch Aufnahme neuer Gesellschafter zuzuführen.[961]

3. Eigenverwaltung

280 Die Insolvenzordnung sieht als drittes Sanierungsinstrument die Eigenverwaltung vor, **§§ 270 ff. InsO** (vgl. dazu Darstellung unter Rn. 295).

IV. Sonstiger Plan

281 Schließlich sind im Rahmen der Privatautonomie Insolvenzpläne zulässig, insbesondere, abweichend von der unbeschränkten Nachhaftung gem. **§ 201 InsO**, eine Bereinigung der Verbindlichkeiten durch Erlass der Verbindlichkeiten gegen Zahlung einer Quote, Stundungsvereinbarung, ggf. Vorlage eines **„Null-"/„Fast-Null-Plans"** zur Erlangung der Restschuldbefreiung ohne Gegenleistung.

C. Ablauf des Insolvenzplanverfahrens

I. Insolvenzplan bei Masseunzulänglichkeit, § 210 a InsO

282 Die praktische Relevanz eines Planverfahrens bei Masseunzulänglichkeit dürfte eher gering sein,[962] jedenfalls kann nach **§ 210 a InsO** nunmehr auch bei Masseunzulänglich-

---

956 Müller/Feldhammer, Die übertragende Sanierung: ein ungelöstes Problem der Insolvenzrechtsreform, ZIP 2003, 2186, 2187; Vallender GmbHR 2004, 543 ff.; 642 ff.; Bitter/Laspeyres, Rechtsträgerspezifische Berechtigungen als Hindernis übertragender Sanierung, ZIP 2010, 1157 ff.

957 Uhlenbruck/Hirte § 11Rn. 16 ff.

958 BGH ZIP 2008, 2273, 2274; 2116, 2117; 2007, 386, 388; 2006, 434, 435 zu § 25 HGB; Priebe ZInsO 2012, 1589 ff.; Lettl WM 2006, 2336 ff.; Baumbach/Hopt, HGB, § 25 Rn. 4.

959 ZIP 2010, 897, 898; 2008, 239, 240; 2006, 46; NZA 2003, 318.

960 BAG NZA 2004, 43; 651; Mückl ZIP 2012, 2373 ff.; Palandt/Weidenkaff § 613 a Rn.8 m.w.N.

961 Rattunde, Sanierung durch Insolvenz, ZIP 2003, 2103, 2106.

962 Frind ZInsO 2010, 1524, 1525.

keit ein Insolvenzplanverfahren durchgeführt werden, was auch schon nach bisher h.M.[963] – entgegen § 258 Abs. 2 InsO, wonach der Insolvenzverwalter die unstreitigen Masseansprüche vollständig zu berichtigen und für die streitige Sicherheit zu leisten hat[964] – möglich war.[965]

Nach **§ 210 a InsO** gelten auch nach Anzeige der Masseunzulänglichkeit die Vorschriften über den Insolvenzplan mit der Maßgabe, dass

- an die Stelle der nicht nachrangigen Insolvenzgläubiger die Massegläubiger mit dem Rang des § 209 Abs. 1 Nr.1 InsO treten und
- für die nicht nachrangigen Insolvenzgläubiger § 246 Nr. 2 entsprechend gilt.

Gemäß **§ 258 Abs. 2 InsO** hat der Insolvenzverwalter vor Aufhebung des Insolvenzverfahrens die nicht fälligen Masseansprüche nicht mehr zwingend zu erfüllen, sondern kann stattdessen auch einen Finanzplan vorlegen, aus dem sich ergibt, dass ihre Erfüllung gewährleistet ist.[966]

II. Grundsatz, § 217 InsO

1. Verfahrensabwicklung, § 217 S. 1 InsO

Der Rechtsausschuss des Bundestages hat mit **§ 217 S. 1 InsO** nunmehr auch die „Verfahrensabwicklung" in den Regelungsbereich eines Insolvenzplans aufgenommen und zur Begründung ausgeführt, dass der BGH[967] ausdrücklich offen gelassen habe, ob auch „verfahrensleitende", bzw. „verfahrensbegleitende" (Teil-) Insolvenzpläne zulässig sind, die das Regelinsolvenzverfahren lediglich in Verfahrensfragen ergänzen, aber nicht ersetzen und die insbesondere nicht zu einer Aufhebung des Insolvenzverfahrens führen. Mit der Ergänzung von **§ 217 S. 1 InsO** werde klargestellt, dass Teilpläne als Ausfluss der privatautonomen Gestaltung des Verfahrens durch die Beteiligten im Interesse der bestmöglichen Gläubigerbefriedigung grundsätzlich zulässig sind. Das Insolvenzverfahren könne damit auch nur teilweise losgelöst von den Vorschriften über das Regelinsolvenzverfahren ausgestattet werden und sich dennoch gleichzeitig im Wesentlichen in dessen Rahmen bewegen. Eine Änderung im Hinblick auf von vornherein planfeste Vorschriften, von denen auch bei einer Verfahrensabwicklung mittels eines Insolvenzplans nicht abgewichen werden dürfe – beispielsweise das Forderungsprüfungs- und Feststellungsverfahren – sei mit der Klarstellung in **§ 217 S. 1 InsO** und der Folgeänderung in **§ 258 InsO** nicht verbunden.[968] **283**

963 MK-Eidenmüller InsO, vor §§ 217–269 Rn. 33 m.w.N.

964 Knof ZInsO 2010, 1999, 2008.

965 Kritisch Zimmer ZInsO 2012, 390 ff.

966 Kritisch dazu Frind ZInsO 2010, 1524, 1525 – Beschränkung auf Masseverbindlichkeiten nach § 54 InsO zur Sicherstellung einer schnellen Aufhebung des Verfahrens nach Planbestätigung.

967 Beschl. v. 05.02.2009 – ZB IX 230/07.

968 Martini/Hortskotte ZInsO 2017, 1913 ff.; BT-Drucks.17/7511 zu Ziff. 15.

2. Einbeziehung von Anteils- oder Mitgliedschaftsrechten, § 217 S. 2 InsO

284 Diese gesetzliche Neuregelung stellt die Grundlage für die Gleichstellung der Anteils- oder Mitgliedschaftsrechte mit den Gläubigerrechten dar und bezieht sie als solche auch in das Insolvenzplanverfahren ein. Dies steht in Übereinstimmung mit der Rspr. des BGH,[969] nach der die Gesellschafter als „nachnachrangige Insolvenzgläubiger" i.S.d. **§ 39 Abs. 1 Nr. 5 InsO** anzusehen sind. Das „strategische Blockadepotenzial" der Anteilsinhaber ist damit beseitigt.[970] Sachlich wird damit der „Going-concern- Wert" eines Unternehmens in den Insolvenzplan miteinbezogen und die Möglichkeit des Zugriffs der Gläubiger auf die Beteiligungsbasis des Rechtsträgers geschaffen.[971]

Dementsprechend wird im Gesetz durchgehend das Wort „Gläubiger" durch das Wort „Beteiligte" ersetzt, vgl. u.a. **§§ 220 Abs. 2, 222 Abs. 1 S. 1 InsO**, da nunmehr auch der Anteilsinhaber Adressat der jeweiligen Planvorschriften ist.

Die Einbeziehung der Anteils- oder Mitgliedschaftsrechte ist näher in **§ 225 a InsO** ausgestaltet (vgl. im Einzelnen dazu Darstellung unter Rn. 308 ff.).

III. Recht zur Planinitiative, § 218 InsO

285 Zur Vorlage eines Insolvenzplans an das Insolvenzgericht sind gemäß § 218 Abs. 1 S. 1 InsO nur der **Insolvenzverwalter** – nicht der vorläufige Verwalter, §§ 21 Abs. 2 Nr. 1, 22 InsO – und der **Insolvenzschuldner** berechtigt. Die **Gläubiger** haben die Möglichkeit, im Berichtstermin den Insolvenzverwalter mit der Ausarbeitung eines Insolvenzplans zu beauftragen, vgl. §§ 157 S. 2, 218 Abs. 2 InsO.

1. Insolvenzverwalter

286 Vor Einreichung des Insolvenzplans durch den Insolvenzverwalter sind nach § 218 Abs. 3 InsO neben dem **Schuldner** der **Betriebsrat** des schuldnerischen Unternehmens und der **Sprecherausschuss** der leitenden Angestellten zur Beratung heranzuziehen. Eine fehlende Beteiligung dieses Personenkreises führt nicht zu einem Mangel des Insolvenzplans, da sich aus § 218 Abs. 3 InsO nur eine Konsultationsbefugnis des Insolvenzverwalters ableitet.[972]

2. Insolvenzschuldner

287 Der **Insolvenzschuldner** hat bis zur Abhaltung des **Schlusstermins**, § 218 Abs. 1 S. 3 InsO, das Recht zur **Planinitiative**, unabhängig davon, wer den Insolvenzantrag gestellt hat. Bei einem Eigenantrag kann der Schuldner seinen Antrag auf Eröffnung des Insolvenzverfahrens mit der Vorlage eines Insolvenzplans verbinden, § 218 Abs. 1 S. 2 InsO.

Dies kann für den Schuldner insbesondere dann vorteilhaft sein, wenn er den Eigenantrag auf den Insolvenzgrund der drohenden Zahlungsunfähigkeit nach **§ 18 InsO** stützt.

969 BGH ZIP 2014, 1442, 1443.

970 Eidenmüller/Engert ZIP 2009, 541 ff.

971 RegE-ESUG, S. 27, 29; Hirte ZInsO 2010, 1986 ff.

972 Smid/Rattunde, Der Insolvenzplan, Rn. 121–123.

Die Planinitiative des Insolvenzschuldners ist **nicht** mehr von dessen Vergleichswürdigkeit i.S.d. §§ 17, 18 Vergleichsordnung abhängig. Der Schuldner oder Insolvenzverwalter, der einen Insolvenzplan vorlegt, ist nicht verpflichtet, in dem darstellenden Teil die möglichen Versagungsgründe für die Restschuldbefreiung darzulegen. Offen bleibt, ob die rechtskräftige Verurteilung wegen Insolvenzstraftaten darzulegen ist. Die Überprüfung erfolgt nur nach Maßgabe des §§ 231, 251 Abs. 2, 290 Abs. 2, 297 Abs. 2 InsO.[973]

3. Gläubiger

Einzelne **Gläubiger** bzw. **Gläubigergruppen** können eigene Planinitiativen nur bei 288
entsprechenden Mehrheiten in der Gläubigerversammlung in dem Berichtstermin mit der Maßgabe durchsetzen, dass der Insolvenzverwalter mit der Ausarbeitung eines Insolvenzplans beauftragt wird, §§ 157 S. 2, 218 Abs. 2 InsO.

D. Inhalt und Aufbau des Insolvenzplans

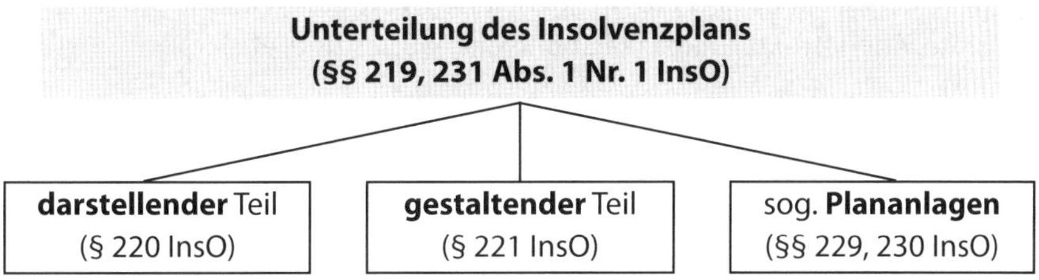

I. Darstellender Teil, § 220 InsO

Nach **§ 220 Abs. 1 InsO** hat der darstellende Teil des Insolvenzplans die **Maßnahmen** 289
zu beschreiben, die nach Eröffnung des Insolvenzverfahrens bereits getroffen worden sind oder noch zur **Gestaltung** der **Rechte** der Beteiligten getroffen werden sollen.

Darüber hinaus soll der Plan gemäß **§ 220 Abs. 2 InsO** alle Angaben zu den Grundlagen und Auswirkungen enthalten, die für die Entscheidung der Beteiligten über deren Zustimmung und die gerichtliche Bestätigung erheblich sind.[974] Der Plan muss u.a. im Wege einer Bestandsaufnahme über die Vermögens-, Finanz- und Ertragslage des insolventen Unternehmens Ausführungen enthalten.[975]

1. Analyse des Unternehmens

- Voraussetzung des Sanierungskonzepts und damit Grundlage des Insolvenzplans ist 290
eine **Unternehmensanalyse**, mit deren Hilfe die Ursachen der Krise festgestellt und Sanierungsmaßnahmen entwickelt werden.[976]

---

973 BGH ZIP 2012, 187, 188; 2009, 1384, 1386.

974 BGH ZIP 2012, 187, 188 – Versagung der Bestätigung eines Insolvenzplans wegen Nichtangabe von Insolvenzstraftaten nur bei geplanter Unternehmensführung – Anm. Roth ZInsO 2012, 727; ZIP 2009, 1384, 1386 – Keine Darlegung möglicher Versagungsgründe für die Restschuldbefreiung.

975 Haarmeyer/Wutzke/Förster S. 499.

976 Smid/Rattunde, Der Insolvenzplan, Rn. 275, 282.

- Zur Erstellung der Unternehmensanalyse sind u.a. die bisherige Unternehmensentwicklung, die rechtlichen und finanzwirtschaftlichen Verhältnisse, die betrieblichen Organisationsabläufe zu überprüfen.

Als **quantitative** und **qualitative** Kennzahlen werden genannt:

- **Absatzwirtschaftliche Unternehmensdaten** (Auftragseingänge und Auftragsbestände nach Produkten und Kundengruppen, Kundenfluktuationsquote, Reklamationsvolumen, etc.)
- **Branchen- und Marktdaten** (über die Entwicklung des inländischen und Weltmarktvolumens, Branchenumsätze nach Wert und Menge, Branchenrendite, Umsatzpotentiale, Kostenentwicklung, etc.)
- **Produktspezifische Daten** (Lebenszyklus der Produkte, ABC-Verteilung nach Umsätzen und Deckungsbeiträgen)
- **Leistungs- und Kostendaten und -kennziffern** (Pro-Kopf-Umsätze nach Menge und Wert, Personalaufwand pro Mengeneinheit, Fertigungsstunde pro Kopf, Fluktuationsrate, Altersstruktur, Kapazitätshöhe und -auslastung, etc.)
- **Finanzwirtschaftliche Kennzahlen** (Brutto-, Netto- und Discounted-Cash-Flow, Verschuldensfaktor, Investitionsquote beim Anlagevermögen)
- **Ergebnisdaten und -kennziffern** (Jahresüberschuss bzw. -fehlbetrag, Bilanzgewinn/ -verlust, Return-on-investment)
- **Vermögens- und Kapitalstruktur** (Bilanz zu Weiterführungs- und Zerschlagungswerten, Eigenkapitalquote, nicht bilanzierte Risiken wie Sonderabschreibungen, Rückstellung auf Garantieleistungen, Sozialansprüche, etc.)
- **Unternehmenswerte** (Ertragswert, Substanzwert und Liquidationswert)
- **Brancheninformationen** (Wettbewerbsbeschränkungen, Makro-Unzufriedenheit wegen gesundheitlicher Risiken, Umweltaspekte, Ursprungsländer, Modetrends, etc.)
- **Absatzmarkt** (Sortimentsstruktur, Produktgestaltung, (Un)zufriedenheitsgründe, Testergebnisse, Preisakzeptanz, etc.)
- **Beschaffungsmarkt** (Stärken-/Schwächenprofil der Lieferanten, Preiselastizitäten, Preisbildungsfaktoren, etc.)
- **Kapitalmarkt** (Dauer der Bankverbindungen, Vertrauensverhältnis, Zinstrend, etc.)
- **Arbeitsmarkt** (Lohnniveau, Qualifikationsstruktur, etc.)
- **Leistungserstellungsbereiche** (Qualifikation der Mitarbeiter, Bereitschaft zu Mehr-/ Kurzarbeit, Forschungs- und Entwicklungsaktivitäten)
- **Organisation und Führung** (Qualifikation und Leistungsvermögen des Managements, EDV-Organisation, etc.)

- **Struktur und Erscheinungsbild** (Eignung der Rechtsform, des Standortes, Ruf des Unternehmens, Corporate Identity, Analyse der Kapitaleigner und des Aufsichtsrates, Betriebsrates, etc.).[977]

2. Sanierungsmaßnahmen

Ergibt die Unternehmensanalyse, dass das Unternehmen **sanierungsfähig** ist, sind Maßnahmen zu ergreifen, die die Ursachen der Unternehmenskrise beseitigen. 291

Sanierungsfähig ist ein Unternehmen, wenn es nach der Durchführung von Sanierungsmaßnahmen in der Lage ist, nachhaltig einen Überschuss der Einnahmen über die Ausgaben zu erzielen.

In diesem Fall sind in dem darstellenden Teil des Insolvenzplans die konkreten Sanierungsmaßnahmen zusammenzustellen.[978]

3. Finanzwirtschaftliche Maßnahmen

- Die Gesellschafter führen Eigenkapital zu oder gewähren Darlehen. 292
- Die Lieferanten gewähren einen Zahlungsaufschub, erlassen Verbindlichkeiten und/oder Zinsen, gestalten kurzfristige Kredite in langfristige um oder wandeln Kredite in Beteiligungen um.
- Die Bankengläubiger verzichten auf die Kündigung bestehender Verträge und/oder gewähren neue Kredite, verzichten auf Zinsen, bringen sich über Beteiligungsgesellschaften ein und gewähren Patronatserklärungen.
- Die Finanzämter stunden, erlassen Steuern oder gewähren einen Vollstreckungsaufschub.
- Die Sozialversicherungsträger stunden Beiträge oder gewähren Vollstreckungsaufschub.
- Die öffentliche Hand gewährt Subventionen.

4. Leistungswirtschaftliche Maßnahmen

- Betriebsänderungen, insbesondere Personalabbau und sonstige personelle Maßnahmen wie Kurzarbeit, Änderungskündigungen, Abbau freiwilliger sozialer Leistungen, 293
- Auflösung stiller Reserven,
- Neuorganisation der Lagerpolitik durch den Abbau kostenintensiver Vorratshaltung,
- Liquidationserhöhung durch Beschleunigung und Effektivierung des Forderungseinzugs,

977 Smid/Rattunde, a.a.O., Rn. 275 ff.; Hess/Obermüller, a.a.O., Rn. 385 ff.; Braun/Uhlenbruck, Unternehmensinsolvenz, S. 522 ff.

978 Smid/Rattunde, a.a.O., Rn. 278 m.w.N.

- Senkung der Produktionsaufwendungen und Produktivitätssteigerung,
- Erlöserhöhende Maßnahmen, z.B. strategische Preiserhöhungen,
- Stärkung des Vertriebs und des Managements.

5. Vergleichsrechnung

294 Aus **§§ 245 Abs. 1 S. 1, 247 Abs. 1 S. 1, 251 Abs. 1 S. 2 InsO** ist zu entnehmen, dass im **darstellenden** Teil des Insolvenzplans anhand einer **Vergleichsrechnung** gegenüber zu stellen ist, in welchem Umfang die Beteiligten auf der Basis des Insolvenzplans bzw. ohne den Insolvenzplan bei gesetzlicher Verwertung befriedigt würden.[979] Im Rahmen der Vergleichsrechnung ist eine **Differenzierung** nach den einzelnen **Beteiligtengruppen** ausreichend, dagegen ist eine Gegenüberstellung aller Einzelgläubiger nicht erforderlich.

Die Vergleichsrechnung erfolgt auf der Grundlage des Verzeichnisses der Massegegenstände, § 151 InsO, aus dem der geschätzte mutmaßliche Liquidationserlös im Fall der gesetzlichen Verwertung abgeleitet werden kann, weiterhin der Plan-, Gewinn- und Verlustrechnung.

6. Sanierung des Schuldners

295 In dem darstellenden Teil des Insolvenzplans sind weiterhin Angaben zu

- der Rechtsform,
- der gesellschaftlichen Struktur,
- den Beteiligungsverhältnissen,

des Unternehmens zu machen, ggf., welche Änderungen durch den Insolvenzplan vorgesehen sind.

Grds. bestehen **zwei** Möglichkeiten:

- Die Fortführung des Unternehmens oder eines Teils des Unternehmens durch den Insolvenzverwalter oder den Schuldner – Eigensanierung – oder
- die Betriebs- bzw. Teilbetriebsveräußerung.

296 **a)** Die Eigensanierung kommt insbesondere dann in Betracht, wenn dem Unternehmen vorrangig neues Haftungskapital zugeführt werden soll, was üblicherweise mit einer Änderung der Rechtsform und der Aufnahme neuer Gesellschafter verbunden ist.

Die Eigensanierung hat zumeist die Zahlung eines Teilbetrages an die Gläubiger gegen Verzicht auf die übrigen Forderungen zur Folge, sodass diese Sanierungsvariante teurer ist als die übertragende Sanierung, bei der die Gläubiger aus dem Veräußerungserlös befriedigt werden.[980]

---

979 Bork, Einführung in das neue Insolvenzrecht, Rn. 317 m.w.N.

980 Hess/Obermüller, a.a.O., Rn. 618; Braun/Uhlenbruck, a.a.O., S. 563 ff.

b) Die **Veräußerung** des Unternehmens kann an Betriebsübernahme- oder Auffanggesellschaften erfolgen, abhängig von den jeweiligen Gegebenheiten.[981] 297

II. Gestaltender Teil, § 221 InsO

Der gestaltende Teil legt fest, inwieweit die Rechtsstellung der Beteiligten durch den Insolvenzplan geändert werden soll, **§ 221 S. 1 InsO**. 298

Nach der Begründung des Rechtsausschusses des Bundestages ist es erforderlich, die Vorschriften über den Insolvenzplan um ein Nachbesserungsrecht nach S. 2 für den Insolvenzverwalter zu ergänzen, um in Abstimmung mit dem Gericht etwaige Unzulänglichkeiten im Plan korrigieren zu können, ohne zuvor eine Gläubigerversammlung einberufen zu müssen. Die gesetzliche Neuregelung soll eine – praktikable – Umsetzung des von den Gläubigern beschlossenen Planinhalts dadurch ermöglichen, dass der Insolvenzverwalter im gestaltenden Teil des Plans ermächtigt wird, unter Umständen Formfehler zu korrigieren, die einer Eintragung von im Insolvenzplan vorgesehenen, eintragungspflichtigen Umständen in das jeweilige Register entgegenstehen.[982]

Eine solche Korrektur durch den Insolvenzverwalter bedürfe jedoch einer Bestätigung des Insolvenzgerichts, um sicherzustellen, dass die Grenzen der Befugnis des Insolvenzverwalters eingehalten werden, **§ 248 a InsO.**

1. Gruppenbildung der Beteiligten, § 222 InsO

a) Grundsatz

Sinn und Zweck der **Gruppenbildung** soll nach der Vorstellung des Gesetzgebers die Berücksichtigung der unterschiedlichen wirtschaftlichen Interessen verschiedener Gläubigergruppen sein. Mit der Einteilung der Beteiligten können jedoch Abstimmungsergebnisse und -mehrheiten beeinflusst werden, sodass schon die Kriterien, nach denen die in § 222 InsO geforderte Bildung von Abstimmungsgruppen im gestaltenden Teil zu erfolgen hat, streitig sind.[983] 299

Der Insolvenzplan muss zumindest zwischen den in **§ 222 Abs. 1 InsO** genannten Gläubigergruppen differenzieren: 300

- **Absonderungsberechtigte Gläubiger**, §§ 222 Abs. 1 S. 2 Nr. 1, 223 InsO
- **Nicht nachrangige Insolvenzgläubiger**, §§ 222 Abs. 1 S. 2 Nr. 2, 224 InsO
- **Nachrangige Insolvenzgläubiger**, §§ 222 Abs. 1 S. 2 Nr. 3, 39, 225 InsO
- **Anteils- oder Mitgliedschaftsrechte,** §§ 222 Abs. 1 S. 2 Nr. 4, Abs. 3 S. 2 InsO
- **Arbeitnehmer**, § 222 Abs. 3 S. 1 InsO

---

981 Müller/Feldhammer, Die übertragende Sanierung – ein ungelöstes Problem der Insolvenzrechtsreform, ZIP 2003, 2186, 2187; Smid/Rattunde, Der Insolvenzplan Rn. 42 ff.; Menke, Der Erwerb eines Unternehmens aus der Insolvenz – das Beispiel der übertragenden Sanierung, BB 2003, 1133, 1140.

982 BT-Drucks.17/7511 zu Nr.17.

983 BGH ZIP 2015, 1346, 1347 ff. m. Anm. Spliedt EWiR 2015, 483; Braun/Uhlenbruck, a.a.O., S. 516; Smid/Rattunde, a.a.O., Rn. 432 ff. m.w.N.

301 **Innerhalb** der Gläubigergruppen mit gleicher Rechtsstellung können Gläubigergruppen gebildet werden, in denen Gläubiger mit gleichartigen wirtschaftlichen Interessen zusammengefasst werden, § 222 Abs. 2 S. 1 InsO. Diese Gruppen müssen sachgerecht voneinander abgegrenzt werden, wobei die Abgrenzungskriterien im Insolvenzplan anzugeben sind, § 222 Abs. 2 S. 2, S. 3 InsO.

Die Bildung von Mischgruppen, die Gläubiger mit unterschiedlicher Rechtsstellung – insbesondere solche, denen eine abgesonderte Befriedigung gestattet ist – und einfacher Insolvenzgläubiger in sich vereinen, ist **unzulässig**.[984]

Grundsätzlich sind innerhalb einer jeden Gruppe allen Beteiligten gleiche Rechte anzubieten, § 226 Abs. 1 InsO. Demgemäß ist auch der Verwertungserlös gleichmäßig an die Gruppenmitglieder zu verteilen. Falls ein Bedürfnis nach unterschiedlichen Regelungen besteht, kann dem bei der Gruppenbildung Rechnung getragen werden. Die Vorschrift des § 222 Absatz 2 InsO ermöglicht es, auch innerhalb der nach Abs. 1 zu bildenden, sich an der Rechtsstellung der Beteiligten ausrichtenden Gruppen weiter zu differenzieren, d.h. diese Gruppen entsprechend der unterschiedlichen wirtschaftlichen Interessen aufzuspalten. Als Abgrenzungskriterium zur Gruppenbildung kommen neben der rechtlichen Stellung der Gläubiger und den gleichartigen wirtschaftlichen Interessen die Werthaltigkeit der Forderungen in Betracht.

b) Die absonderungsberechtigten Gläubiger

302 Die **Absonderungsberechtigten** sind in dem Insolvenzplan nur zu berücksichtigen, wenn in ihre Rechtsstellung eingegriffen wird, vgl. **§§ 222 Abs. 1 Nr. 1, 223 InsO**, anderenfalls ist der Hinweis ausreichend, dass deren Rechtsstellung nicht betroffen ist. Eingriffe in die Absonderungsrechte durch den Insolvenzplan sind grundsätzlich zulässig. Der absonderungsberechtigte Gläubiger muss damit rechnen, in ein Insolvenzplanverfahren miteinbezogen und der Mehrheitsbildung innerhalb der Gruppe oder der Mehrheitsbildung gegenüber seiner Gruppe unterworfen zu werden.[985]

Bei der Bewertung der Sicherheiten ist auf den Fortführungswert der Sicherheit abzustellen, weil der Insolvenzplan auf Fortführung gerichtet ist.[986]

Im gestaltenden Teil des Insolvenzplanes ist für die absonderungsberechtigten Gläubiger anzugeben, um welchen Bruchteil die Rechte gekürzt, für welchen Zeitraum sie gestundet oder welchen sonstigen Regelungen sie unterworfen werden sollen, **§ 223 Abs. 2 InsO**. Die Eingriffe in die Absonderungsrechte können darin bestehen, dass

- sie ganz oder teilweise aufgegeben,
- ihre Verwertung für einen bestimmten Zeitraum ausgesetzt,
- sie gegen andere Sicherheiten ausgetauscht werden oder

die Absonderungsberechtigten auf

---

984 BGH ZIP 2015, 1346, 1348; 2005, 1648, 1649; MK-Eidenmüller, InsO, § 222 Rn. 44 m. w. N

985 Braun/Uhlenbruck, a.a.O., S. 580.

986 BGH ZIP 2005, 1648, 1649; Uhlenbruck/Lüer § 222 Rn. 20.

- die seit dem Berichtstermin aus der Masse geschuldeten Zinsen, § 169 InsO,
- den Ausgleichsanspruch wegen eines Wertverlustes des Sicherungsgutes, § 172 InsO

verzichten.[987]

Für Absonderungsberechtigte, die zugleich persönliche Gläubiger des Schuldners sind, **§ 52 InsO**, kann der Insolvenzplan den Verzicht auf 303

- die **Forderung** vorsehen.

In diesem Fall ist das Absonderungsrecht nur betroffen, wenn der verbleibende Rest der Forderung kleiner ist als der Wert des Absonderungsrechts.[988]

- das **Absonderungsrecht** vorsehen.

Dies bietet sich insbesondere dann an, wenn zur Finanzierung des Insolvenzverfahrens Kredite durch den Insolvenzverwalter oder sog. Plafondkredite, § 264 InsO, aufgenommen und diese Sicherheiten nunmehr der Besicherung der neuen Kredite zur Verfügung stehen sollen.

Der Umfang der Eingriffe kann weiterhin nach der **Art** der Absonderungsrechte differenziert werden. Insofern ist unerheblich, ob sich die Absonderungsrechte im Besitz des Insolvenzverwalters oder des Gläubigers befinden. Im letzteren Fall kann der Insolvenzplan eine Rückgabeverpflichtung des Gläubigers beinhalten.

c) Die aussonderungsberechtigen Gläubiger

Die **Aussonderungsberechtigten, § 47 InsO**, sind nach § 217 InsO **nicht** am Insolvenzplanverfahren beteiligt. Sofern Aussonderungsberechtigte dennoch in einen Insolvenzplan einbezogen werden sollen, bedarf es der Zustimmung jedes einzelnen Betroffenen, eine Gruppenabstimmung mit Mehrheitsergebnis scheidet aus. 304

d) Die nicht nachrangigen Gläubiger

Für die nicht nachrangigen Gläubiger, vgl. § 38 InsO, ist nach **§ 224 InsO** im gestaltenden Teil des Insolvenzplans anzugeben, um welchen Bruchteil die Forderungen gekürzt, für welchen Zeitraum sie gestundet, wie sie gesichert oder welchen sonstigen Regelungen sie unterworfen werden sollen. 305

e) Die nachrangigen Insolvenzgläubiger

Die Forderungen nachrangiger Insolvenzgläubiger, vgl. § 39 InsO, gelten nach **§ 225 Abs. 1 InsO**, wenn im Insolvenzplan nichts anderes bestimmt ist, als erlassen.[989] 306

---

987 Hess/Obermüller, Insolvenzplan, Rn. 86, 647.

988 Braun/Uhlenbruck, a.a.O., S. 585.

989 BGH ZIP 2010, 1039, 1041; MK-Eidenmüller, InsO, § 222 Rn. 63.

f) Die Anteils- oder Mitgliedschaftsrechte

307 Mit der Einbeziehung der Anteils- oder Mitgliedschaftsrechte, **§ 217 S. 2 InsO**, in den Insolvenzplan werden deren Inhaber konsequenterweise bei der Bildung von Abstimmungsgruppen, vgl. §§ 243, 244 InsO, nach dem neu eingefügten **S. 2 Nr. 4** als eigene Abstimmungsgruppe (oder mehrere eigene Abstimmungsgruppen) konstituiert.

Zur Entlastung des Insolvenzplanverfahrens wird die Sonderregelung für Kleingläubiger nach **222 Abs. 3 S. 2 InsO** um die „Kleinbeteiligten" erweitert, sodass künftig auch für die geringfügig beteiligten Anteilsinhaber mit einer Beteiligung am Haftkapital von weniger als einem Prozent oder weniger als 1000 € besondere Gruppen gebildet werden können. Die ziffernmäßige Grenze soll entsprechend § 246a Abs. 2 Nr. 2 AktG auf das Nennkapital bezogen sein und kann deshalb durchaus erhebliche Größenordnungen erreichen. Nach der Gesetzesbegründung wird sich die Bildung einer Gruppe von geringfügig beteiligten Anteilsinhabern insbesondere dann anbieten, wenn einer Gruppe von Hauptanteilsinhabern ein Kreis von Anteilsinhabern mit Streubesitz gegenübersteht, wie es bei börsennotierten Aktiengesellschaften anzutreffen ist.[990]

Verfassungsrechtlich erscheint die Erweiterung des **222 Abs. 3 S. 2 InsO** unbedenklich, weil die insolvenzbezogenen wirtschaftlichen Interessen von Kleinbeteiligten übereinstimmen und sich von denjenigen anderer beteiligter Anteilsinhaber unterscheiden.[991] Die Vorschrift gilt nur für Anteilsrechte, nicht jedoch für Mitgliedschaftsrechte, wie z.B. die eingetragene Genossenschaft oder der Verein.

Für die Zulässigkeit einer besonderen Gruppenbildung dürfte im Übrigen die Unterschreitung eines der genannten Grenzwerte ausreichen.[992]

aa) Rechte der Anteilsinhaber, § 225 a InsO

bb) Einbeziehung von Anteils- oder Mitgliedschaftsrechten in den Insolvenzplan, § 225 a Abs. 1 InsO

308 § 225 a Abs. 1 InsO greift die Grundlage der Einbeziehung von Anteils – oder Mitgliedschaftsrechten in den Insolvenzplan nach § 217 S. 2 InsO wieder auf. Anteils- oder Mitgliedschaftsrechte werden damit – wie schon bisher alle sonstigen Gläubigerrechte – zum Gegenstand von Verhandlungen. Eingriffe in diese sind keiner gerichtlichen Entscheidung vorbehalten, es gelten nur die allgemeinen Vorschriften über die gerichtliche Kontrolle sowie das Erfordernis der gerichtlichen Bestätigung des Insolvenzplans durch das Insolvenzgericht nach § 248 Abs. 1 InsO.[993]

Die Reihenfolge der gesetzlichen Regelung, insbesondere der des Dept-Equity-Swap in § 225 a Abs. 2 InsO vor der generellen Zulassung gesellschaftsrechtlicher Maßnahmen im Insolvenzplan in § 225 a Abs. 3 InsO dient nur der Klarstellung. Die ausdrückliche Re-

---

990 RegE-ESUG S. 47.

991 Münch-Komm-Eidenmüller InsO, 222 Rn. 125.

992 Hirte/Knof/Mock Der Betrieb 2011, 637, 640 m.w.N.

993 Böcker ZInsO 2015, 773 ff.; Thole ZIP 2013, 1937 ff.; Decher/Voland ZIP 2013, 103 ff.

gelung des Dept-Equity-Swap in Abs. 2 hat in Bezug auf die in S. 3 – „insbesondere" – hervorgehobenen gesellschaftsrechtlichen Maßnahmen keine abschließende Wirkung in dem Sinne, dass diese ausschließlich im Rahmen des Dept-Equity-Swap i.S.d. S. 1 zulässig wären. Vielmehr ist im Insolvenzplan z.B. auch eine Regelung generell zulässig, nach der die Stammeinlagen auf den Kapitalerhöhungsbetrag durch Leistung von Sacheinlagen übernommen werden sollen. Gegenstand der Sacheinlagen können über die Forderungen gegen die Gesellschaft wie beim Dept-Equity-Swap i.S.d. S. 1 hinaus auch alle sonst sacheinlagefähigen Gegenstände sein. Die Kapitalerhöhung gegen Sacheinlagen im Rahmen eines Insolvenzplans kann wegen der besonderen Vorschriften über die Form und die Willensbildung sowie insbesondere der Differenzhaftung auch außerhalb einer Dept-Equity-Swap Gestaltung in Betracht kommen.[994]

cc) Dept-Equity-Swap, § 225 a Abs. 2 InsO

Die Umwandlung von Forderungen gegen die insolvente Gesellschaft in Anteilsrechte 309
stellt, neben dem Rangrücktritt zur Vermeidung der Überschuldung, vgl. §§ 19 Abs. 2, 39 Abs. 1 Nr. 5, 39 Abs. 2 InsO,[995] die wichtigste gesellschaftsrechtliche Maßnahme zur Stärkung des Eigenkapitals dar. Neben dem „bilanzsanierenden Effekt", auch in Bezug auf den Überschuldungsstatus nach § 19 Abs. 2 InsO, wirkt sie sich auf die Liquiditätslage des Unternehmens insoweit aus, als mit der Umwandlung Zins- und Tilgungslasten entfallen sowie die einschlägigen Kennzahlen des Kreditratings positiv beeinflusst werden.[996] Eine Umwandlung gegen den Willen der betroffenen Gläubiger ist ausgeschlossen, **S. 2**.

Für eine Umwandlung von Fremd- in Eigenkapital kommt grundsätzlich jede Fremdkapitalposition in Betracht, insbesondere auch langfristige Verbindlichkeiten gegenüber Kreditinstituten und Verbindlichkeiten aus Lieferungen und Leistungen.[997] Der Insolvenzplan kann nach **S. 3** – beispielhaft – eine Kapitalherabsetzung oder -erhöhung, die Leistung von Sacheinlagen, den Ausschluss von Bezugsrechten oder die Zahlung von Abfindungen an ausscheidende Anteilsinhaber vorsehen. Diese Maßnahmen kommen schon nach geltendem Recht auch außerhalb der Insolvenz zur Umwandlung von Forderungen in Anteilsrechte in Betracht. **Einem sog. „Kapitalschnitt" also der nominellen oder vereinfachten Kapitalherabsetzung um den Betrag, um den das Grund- oder Stammkapital durch Wertminderungen oder Verluste aufgezehrt ist, folgt die Einlage der Forderung gegen die schuldnerische Gesellschaft, die als Sacheinlage zu behandeln ist, und zwar unter Ausschluss eines etwaigen Bezugsrechts der bisherigen Gesellschafter.**[998]

994 Madaus ZIP 2012, 2133 ff.; Bay/Seeburg/Böhmer ZInsO 2011, 1927, 1931; Hirte/Knof/Mock Der Betrieb 2011, 637, 638 m.w.N.

995 BGH ZIP 2015, 638 ff.; Baumbach/Hueck/Fastrich § 30 Anh. Rn. 25 ff. m.w.N.

996 Buth/Hermanns-Brunke/Waldow § 18 Rn. 15 ff. m.w.N.

997 Obermüller ZInsO 2011, 1809, 1819 ff.

998 Müller Der Betrieb 2014, 41, 42; Schmidt ZIP 2012, 2085, 2086; Bay/Seeburg/Böhmer ZInsO 2011, 1927, 1933 ff.; Scheunemann/Hoffmann Der Betrieb 2009, 983 ff. m.w.N.

dd) Allgemeine Zulässigkeit gesellschaftsrechtlicher Maßnahmen, § 225 a Abs. 3 InsO

310 Der Dept-Equity-Swap i.S.d. **§ 225 a Abs. 2 S. 1 InsO** stellt nicht die ausschließlich im Insolvenzplanverfahren zulässige gesellschaftsrechtliche Maßnahme dar. Vielmehr sind nach **Abs. 3 InsO** alle gesellschaftsrechtlich möglichen und zulässigen Maßnahmen – „insbesondere" – im Insolvenzplanverfahren zulässig.[999] Im Gesetzestext werden explizit die Fortsetzung einer aufgelösten Gesellschaft, vgl. **§ 60 Abs. 1 Nr. 4 GmbHG**, und die Übertragung von Anteils- oder Mitgliedschaftsrechten des Schuldners an Drittgesellschaften genannt.

ee) Ausschluss von Rücktritt und Kündigung von Verträgen, § 225 a Abs. 4 InsO

311 Der Rechtsausschuss des Bundestages hat auf die Bedenken, dass aufgrund der in der Praxis weit verbreiteten sog. **„change-of-control-Klauseln"**[1000] die gesetzgeberische Intention der Verbesserung der Sanierungsaussichten des schuldnerischen Unternehmens unterlaufen wird, den **Abs. 4** eingefügt.[1001]

Nach der Gesetzesbegründung soll **Abs. 4** der Gefahr vorbeugen, dass die Durchführung von Maßnahmen nach den **Abs. 2 oder 3** von den Vertragspartnern des Schuldners zum Anlass genommen wird, bestehende Vertragsverhältnisse zu beenden, was die Sanierungsaussichten gefährden könne. **Abs. 4 S. 3** ordnet die Unwirksamkeit von den sog. „change-of-control-Klauseln" im Falle der Durchführung eines Dept-Equity-Swap nach **§ 225 a Abs. 2 InsO** oder anderer Kapitalmaßnahmen nach **§ 225 a Abs. 3 InsO** an.[1002] Zweifelhaft bleibt insoweit, wenn ein durch ein Dept- Equity-Swap herbeigeführter „change-of-control" zur Folge hat, dass ein Gläubiger, z.B. aufgrund Abtretung von Forderungen, einen Wettbewerber zum Vertragspartner hat und diesem geschäftsinterne Informationen zu übermitteln hat.[1003]

Nach **Abs. 4 S. 4** bleiben von den **S. 1** und S. **2** Vereinbarungen unberührt, welche an eine Pflichtverletzung des Schuldners anknüpfen, sofern sich diese nicht darin erschöpfen, dass eine Maßnahme nach **Abs. 2 oder 3** in Aussicht genommen oder durchgeführt wird.

ff) Austrittsrecht und Abfindungsanspruch, § 225 a Abs. 5 InsO

312 In der Lit.[1004] sind erhebliche Einwendungen gegen die auf **§ 225 a Abs. 2, 3 InsO** beschränkten gesellschaftsrechtlich zulässigen Maßnahmen erhoben worden. Während

999 Brünkmanns ZInsO 2015, 1585 ff.; Böcker ZInsO 2015, 773 ff.; Nawroth/Wohlleber ZInsO 2013, 1022 ff.; Decher/Volland ZIP 2013, 103 ff.; Bayer/Seeburg/Böhmer ZInsO 2011, 1927, 1931.

1000 Vgl. dazu im Einzelnen Mielke/Nguyen-Viet Der Betrieb 2004, 2515 ff.; Cramer WM 2011, 825 ff.

1001 Ganter ZIP 2013, 597 ff.

1002 BT-Drucks.17/7511 zu Nr. 19.

1003 Willemsen/Rechel BB 2012, 203, 205.

1004 Brinkmann WM 2011, 97,100; Willemsen/Rechel BB 2011, 834, 839; Meyer/Degener BB 2011, 846, 848; Bay/Seeburg/Böhmer ZInsO 2011, 1927, 1936 ff.

die Gläubiger nicht zwangsweise in die Rechtsstellung der Anteilsinhaber gedrängt werden können, werde die Zustimmung der Altgesellschafter unter den Voraussetzungen des § 245 InsO erforderlichenfalls fingiert. Der erzwungene Eintritt neuer Gesellschafter könne die Altgesellschafter in ihrer negativen Vereinigungsfreiheit gemäß Art. 9 GG verletzen. Es fehle eine diesen Eingriff ausgleichende Regelung, die es den Altgesellschaftern erlaube, sich an der Kapitalerhöhung zu beteiligen, um die frühere Beteiligungsquote zu erhalten. Aufgrund dessen können unbegrenzt Insolvenzforderungen erworben und in Eigenkapital umgewandelt werden, was zu einer sog. „feindlichen Übernahme" des schuldnerischen Unternehmens führen könne. Gerade bei Familiengesellschaften fänden sich die Altgesellschafter nach Durchführung eines Dept-Equity-Swap im Zwangsverband mit fremden Gesellschaftern wieder, ihnen sollte daher die Möglichkeit einer Kündigung des Gesellschaftsverhältnisses eingeräumt werden.

Der Eingriff in die Rechte der Altgesellschafter stelle einen Eingriff in die Eigentumsrechte i.S.d. Art. 14 GG dar. Der Insolvenzplan könne zwar einen Ausgleich vorsehen, sofern die Anteile noch werthaltig seien, im Insolvenzverfahren sei jedoch regelmäßig von der Wertlosigkeit der Anteile auszugehen, sodass ein finanzieller Ausgleich nicht erfolgen werde. Art. 14 GG stelle allerdings nicht auf die Werthaltigkeit des Eigentums ab.

Diese Einwendungen hat der Rechtsausschuss des Bundestages mit der Ergänzung des **313**
§ 225 a Abs. 5 InsO berücksichtigt. Nach der Gesetzesbegründung trage **Abs. 5 S. 1** dem Umstand Rechnung, dass die Durchführung von Maßnahmen nach **Abs. 2 oder 3** zu einem Wechsel im Kreis der Anteilsinhaber oder Mitglieder führen könne. Dies habe, insbesondere bei personalistisch strukturierten Gesellschaften, zur Folge, dass aus Sicht der bisherigen Anteilsinhaber oder Mitglieder ein wichtiger Grund zum Austritt besteht. Für die Bestimmung der Höhe eines etwaigen Abfindungsanspruches ist die Vermögenslage maßgeblich, die sich bei einer Abwicklung des Schuldners eingestellt hätte. Es müsse sichergestellt werden, dass etwaig begründete Abfindungsansprüche nicht zu einer die Sanierungsaussichten gefährdenden Belastung des Schuldners führen. Bei der Bestimmung der Höhe des Abfindungsanspruchs sei in Rechnung zu stellen, dass die Durchführung des Plans zur Folge hätte, dass das Unternehmen zu liquidieren wäre.[1005]

Damit wird die **Höhe des Abfindungsanspruchs** mit dem in **§ 251 Abs. 1 Nr. 2 InsO** **314**
statuierten Minderheitenschutz verbunden. In beiden Fällen werden Liquidationswerte zu Grunde gelegt. Nach der Gesetzesbegründung wird der Minderheitenschutz, der bislang nur für die Gläubiger gilt, auf die Anteilsinhaber erstreckt. Hierdurch wird sichergestellt, dass die Anteilsinhaber den Liquidationswert ihrer Rechtsstellung nicht verlieren und durch den Plan nicht schlechter gestellt werden, als bei einer Abwicklung des Rechtsträgers.[1006] Zugleich ist damit klargestellt, dass die aufgrund einer erfolgreichen Sanierung erwarteten Wertsteigerungen bei der Berechnung der Abfindung nicht zu berücksichtigen sind, d.h. keine Fortführungswerte, sondern Liquidationswerte zu Grunde gelegt werden. Dabei wird durchaus berücksichtigt, dass auch ohne einen Insolvenzplan das schuldnerische Unternehmen „going concern", also zu Fortführungswerten veräußert werden kann. Jedoch liegt in diesem Fall keine Sanierung im engeren Sin-

1005 BT- Drucks. 17/7511 zu Nr. 19.

1006 RegE-ESUG S. 53.

ne, also der Erhalt des schuldnerischen Unternehmens und seines Rechtsträgers vor, sondern eine Liquidation des Rechtsträgers selbst.[1007]

Auf Grundlage der Liquidationswerte wird ein Abfindungsanspruch als Ausgleich für die Einbeziehung von Anteils- oder Mitgliedschaftsrechten selten in Betracht kommen. In den wenigen Fällen eines positiven Liquidationswerts der Anteils- oder Mitgliedschaftsrechte kann ein entsprechender Abfindungsanspruch in den Insolvenzplan aufgenommen werden. Schließlich kann zur Vermeidung einer unangemessenen Belastung der Finanzlage des Schuldners nach **Abs. 5 S. 2, S. 3** die Auszahlung des Abfindungsanspruchs über einen Zeitraum von bis zu drei Jahren gestundet werden, nicht ausgezahlte Abfindungsguthaben sind zu verzinsen.[1008]

g) Gleichbehandlung innerhalb der Gruppe, § 226 InsO

315 Nach § 226 Abs. 1 InsO sind **innerhalb** jeder Gruppe allen Gläubigern gleiche Rechte anzubieten,[1009] eine unterschiedliche Behandlung der Gläubiger einer Gruppe ist nur mit Zustimmung aller betroffenen Gläubiger zulässig, in diesem Fall ist dem Insolvenzplan die zustimmende Erklärung eines jeden betroffenen Gläubigers beizufügen, § 226 Abs. 2 S. 1, S. 2 InsO. Diese Regelung betrifft jedoch nicht den Fall, dass gesicherte und ungesicherte Gläubiger in einer Gruppe zusammengefasst und – insbesondere was die Befriedigung angeht – gleichbehandelt werden.[1010]

Der Grundsatz der **wirtschaftlichen Gleichbehandlung** ist auch dann noch gewahrt, wenn für Forderungen unterschiedlicher Höhe verschiedene Planquoten vorgesehen sind.[1011]

316 Dagegen ist jedes **Sonderabkommen** des Insolvenzverwalters, des Schuldners oder anderer Gläubiger mit einzelnen Beteiligten, durch das diesen für ihr Verhalten bei Abstimmung oder sonst im Zusammenhang mit dem Insolvenzverfahren ein nicht im Insolvenzplan vorgesehener Vorteil gewährt wird, **nichtig**, § 226 Abs. 3 InsO. Unter den Begriff des Sonderabkommens fallen schuldrechtliche Verträge, Gestaltungsakte, Ermächtigungen, Verfügungsgeschäfte. Nichtigkeit des Sonderabkommens ist jedoch nur gegeben, wenn der Insolvenzplan rechtswirksam zustande gekommen ist.[1012]

2. Rechtsstellung des Schuldners, § 227 InsO

317 Gemäß § 227 InsO wird der Schuldner, soweit im Insolvenzplan nichts anderes bestimmt ist, mit der im gestaltenden Teil vorgesehenen Befriedigung der Insolvenzgläubiger von seinen restlichen Verbindlichkeiten gegenüber diesen Gläubigern befreit.

Aus **§ 247 Abs. 2 Ziff. 1 InsO** ergibt sich, dass der Schuldner durch den Insolvenzplan nicht schlechter gestellt werden darf, als er ohne einen Plan stünde. Dadurch wird si-

---

1007 Bay/Seeburg/Böhmer ZInsO 2011, 1927, 1932, 1933 ff.; Hirte/Knof/Mock Der Betrieb 2011, 637, 641 m.w.N.

1008 Schäfer ZIP 2016, 1911 ff.

1009 BGH ZIP 2015, 1346, 1348; 2005, 1648, 1649.

1010 BGH a.a.O.

1011 Hess/Obermüller, a.a.O., S. 39.

1012 BGH ZIP 2015, 1346, 1348; 2005, 719, 721; Hess/Obermüller, a.a.O., S. 39, 41.

chergestellt, dass der Schuldner gegen seinen Willen nicht schlechter gestellt wird als durch eine Restschuldbefreiung, die er ohne den Insolvenzplan nach §§ 286 ff. InsO erlangen könnte.[1013]

Der Schuldner ist jedoch im Insolvenzplanverfahren **nicht** den Restschuldbefreiungsversagungsgründen, vgl. **§ 290 InsO**, und den Obliegenheitspflichten nach **§§ 295, 296 InsO** unterworfen, da die Annahme des Insolvenzplans der Gläubigerautonomie unterliegt. Die Gläubiger können jedoch die Restschuldbefreiung nach dem Insolvenzplan von den §§ 290, 295 InsO entsprechenden Regeln abhängig machen. Der Schuldner oder Insolvenzverwalter, der einen Insolvenzplan vorliegt, ist nicht verpflichtet, in dem darstellenden Teil die möglichen Versagungsgründe für die Restschuldbefreiung darzulegen. Offen bleibt, ob die rechtskräftige Verurteilung wegen Insolvenzstraftaten darzulegen ist.[1014]

Der Schuldner wird jedoch von den Verbindlichkeiten erst dann befreit, wenn die in dem Insolvenzplan vorgesehene Befriedigung der Gläubiger erfolgt ist. Werden nur einzelne Gläubiger befriedigt, so tritt diesen gegenüber schon die Wirkung der Restschuldbefreiung ein, dagegen nicht den übrigen Gläubigern gegenüber.

3. Anderweitige Regelungen im gestaltenden Teil des Insolvenzplans

a) Änderung sachenrechtlicher Verhältnisse, § 228 InsO

Sollen Rechte an Gegenständen begründet, geändert, übertragen oder aufgehoben werden, so können die erforderlichen Willenserklärungen der Beteiligten in den gestaltenden Teil des Insolvenzplans aufgenommen werden. Einer **notariellen** Beurkundung bedarf es **nicht**, da im Falle der **Bestätigung** des Insolvenzplans diese Willenserklärungen als in der vorgeschriebenen Form abgegeben gelten, § 254 Abs. 1 S. 2 InsO. Für eintragungsbedürftige Rechtsvorgänge schreiben § 228 S. 2, S. 3 InsO die genaue Bezeichnung des Gegenstandes im Sinne der Verfahrensvorschriften, vgl. § 28 GBO, vor. **318**

b) Stundung oder Teilerlass von Insolvenzforderungen, Wiederauflebensklauseln, § 255 InsO

In dem gestaltenden Teil des Insolvenzplans können Forderungen von Insolvenzgläubigern gestundet oder teilweise erlassen werden. Nach § 255 Abs. 1 S. 1 InsO wird die Stundung oder der Erlass für den Gläubiger hinfällig, gegenüber dem der Schuldner mit der Erfüllung des Plans erheblich in Rückstand gerät, § 255 Abs. 1 S. 1 InsO. Die Stundungen oder Teilerlasse müssen sich auf Forderungen von Insolvenzgläubigern, § 38 InsO, beziehen. § 255 InsO ist nicht anwendbar auf Regelungen, die unmittelbar in Absonderungsrechte eingreifen.[1015] **319**

1013 HK-Flessner § 227 Rn. 5.

1014 BGH ZIP 2012, 187, 188; 2009, 1384, 1386.

1015 HK-Flessner § 255 Rn. 5.

c) Insolvenzanfechtung nach Aufhebung des Insolvenzplans, § 259 Abs. 3 InsO

320 In dem gestaltenden Teil des Insolvenzplans kann weiterhin vorgesehen sein, dass der Insolvenzverwalter einen anhängigen Rechtsstreit, der die Insolvenzanfechtung zum Gegenstand hat, auch nach der Aufhebung des Insolvenzverfahrens fortführen kann, **§ 259 Abs. 3 InsO.**

Auf der Grundlage eines Insolvenzplans kann der Insolvenzverwalter jedoch nur einen bereits rechtshängigen Anfechtungsrechtsstreit fortsetzen, dagegen nicht einen neuen einleiten.[1016]

Nach der bisherigen Rspr. des BGH findet durch die Eröffnung des Insolvenzverfahrens über das Vermögen einer Partei eine Unterbrechung des Rechtsstreits nach § 240 ZPO nur statt, wenn ein durch Klagezustellung bewirktes rechtshängiges Verfahren vorliegt.[1017] In Übereinstimmung damit scheidet ein „anhängiger Rechtsstreit" i.S.d. § 259 Abs. 3 InsO aus, wenn zum Zeitpunkt der Verfahrensaufhebung lediglich eine Anfechtungsklage eingereicht, aber noch nicht zugestellt ist. Dieses Verständnis liegt auch den §§ 85, 86 InsO zugrunde, wo auch unter „anhängig" „rechtshängig" zu verstehen ist.

Durch die **Eröffnung eines zweiten Insolvenzverfahrens** wird der Anfechtungsrechtsstreit analog § 240 ZPO unterbrochen, da er die Insolvenzmasse dieses – neuen – Insolvenzverfahrens betrifft. Die im Insolvenzplan nach § 259 Abs. 3 InsO begründete gewillkürte Prozessstandschaft des Insolvenzverwalters im ersten Insolvenzverfahren erlischt nicht gemäß §§ 115, 116 InsO, da der Auftrag nicht vom Schuldner erteilt ist. Sind im Insolvenzplan keine Rückstellungen für die Kosten verlorener Anfechtungsprozesse, die aus den Erlösen gewonnener Prozess nicht gedeckt sind, gebildet, so sind diese nach § 259 Abs. 3 S. 2 InsO von dem Schuldner zu tragen. Diese gesetzliche Zahlungspflicht des Schuldners trifft, wenn über sein Vermögen zwischenzeitlich ein neues Insolvenzverfahren eröffnet wird, die Insolvenzmasse, aus der der Anspruch zu befriedigen ist. Daher muss der Rechtsstreit analog § 240 ZPO unterbrochen werden, da anderenfalls der Insolvenzverwalter des ersten Insolvenzverfahrens zulasten und auf Risiko der Insolvenzmasse des neuen Insolvenzverfahrens weiter prozessieren könnte. Im Falle des Obsiegens fällt somit der Erlös aus dem Prozess in die Insolvenzmasse des neuen Insolvenzverfahrens und steht nicht den Gläubigern des ersten Insolvenzverfahrens zur Verteilung gemäß den Bestimmungen des Insolvenzplans zur Verfügung. Regelungen abweichend von § 217 InsO können nur für das Insolvenzverfahren, in dem der Insolvenzplan angenommen und bestätigt wird, getroffen werden, dagegen nicht für spätere Insolvenzverfahren desselben Schuldners.[1018]

1016 BGH ZIP 2015, 1346, 1350; 2014, 330, 331; 2013, 998, 999; 2010, 102, 103; Hess ZInsO 2011, 953 ff.

1017 BGH ZIP 2009, 240.

1018 BGH ZIP 2014, 330, 331, 332; MK-Schumacher §§ 85–87 Rn. 15 m.w.N.

d) Zustimmungsbedürftige Geschäfte, § 263 InsO

Nach § 263 InsO dürfen nur **bestimmte** Rechtsgeschäfte für zustimmungsbedürftig erklärt werden. Eine Regelung, die eine Zustimmungsbedürftigkeit für alle Rechtsgeschäfte des Schuldners oder der Übernahmegesellschaft begründen sollte, wäre unzulässig. 321

Die zustimmungsbedürftigen Rechtsgeschäfte müssen im gestaltenden Teil des Insolvenzplans so eindeutig bezeichnet sein, dass sie für Dritte durch Einsichtnahme in den Insolvenzplan unzweifelhaft bestimmbar sind. Die Regelungen können sich auf Rechtsgeschäfte aller Art, auch auf Verpflichtungsgeschäfte, beziehen.

e) Festlegung eines Kreditrahmens, § 264 InsO

Im gestaltenden Teil des Insolvenzplans kann weiterhin vorgesehen werden, dass die Insolvenzgläubiger nachrangig sind gegenüber Gläubigern mit Forderungen aus Darlehen und sonstigen Krediten, die der Schuldner oder die Übernahmegesellschaft während der Zeit der Überwachung aufnimmt oder die ein Massegläubiger in die Zeit der Überwachung hinein stehen lässt. In diesem Fall ist zugleich ein **Gesamtbetrag** für derartige Kredite festzulegen (Kreditrahmen), der den Wert der Vermögensgegenstände nicht übersteigen darf, die in der Vermögensübersicht des Insolvenzplans, vgl. § 229 S. 1 InsO, aufgeführt sind, § 264 Abs. 1 S. 2, S. 3 InsO. 322

Die §§ 264 ff. InsO sollen die **Finanzierung** von **Sanierungsplänen** dadurch erleichtern, dass sie die Aufnahme von Krediten in der Überwachungszeit erlauben, denen für den Fall der **erneuten** Insolvenz des Schuldners innerhalb des Sanierungszeitraums die **vorrangige** Befriedigung zugesichert wird. Der Insolvenzplan muss vorsehen, dass die im Plan ausgewiesenen Gläubiger in einem späteren Insolvenzverfahren **nachrangig** sein sollen gegenüber Gläubigern mit Kreditforderungen, die während der Überwachungszeit begründet worden sind.

Jede Art von vereinbarter Kreditgewährung während der Überwachungszeit ist vorrangfähig, auch der Lieferanten- und sonstige Vorleistungskredit. Die Beteiligten können den Vorrang im Insolvenzplan auch auf bestimmte Kreditgeschäfte beschränken.

f) Vergütungsvereinbarungen

Vereinbarungen über die Vergütung des Insolvenzverwalters können nicht Inhalt eines Insolvenzplans sein.[1019] 323

g) Präklusionsregelungen

Der Insolvenzplan darf keine Regelungen vorsehen, durch welche die Insolvenzgläubiger, die sich im Insolvenzverfahren nicht beteiligt haben, mit ihren Forderungen in Höhe der vorgesehenen Quote ausgeschlossen sind.[1020] Dies gilt auch dann, wenn der Schuldner Restschuldbefreiung beantragt hat.[1021] 324

1019 BGH ZIP 2017, 482, 483 m. Anm. Haarmeyer 543 ff.; Blankenburg ZInsO 2017, 531 ff.

1020 BGH ZIP 2015, 1346; BAG ZIP 2016, 178; Takjas/Kunkel ZInsO 2017, 1196; Brünkmanns ZInsO 2016, 245; Weber ZInsO 2017, 255 ff. – zur Gesamtabgeltungsklausel.

1021 BGH ZIP 2015, 85.

4. Plananlagen aus dem Rechnungswesen, §§ 229, 230 InsO

a) Vermögensübersicht, Ergebnis- und Finanzplan, § 229 InsO

325 Soll die Erfüllung der Planverbindlichkeiten aus den Erträgen eines vom Schuldner oder einem Dritten fortgeführten Unternehmens erfolgen, sind dem Insolvenzplan nach § 229 InsO eine Planbilanz, eine Planerfolgsrechnung als prognostizierte Gewinn- und Verlustrechnung sowie eine Planliquiditätsrechnung für den Zeitraum der Plandurchführung beizufügen.

In der Vermögensübersicht sind, in entsprechender Anwendung der §§ 153 Abs. 1, 151 Abs. 2, 152 Abs. 2 InsO, **Fortführungswerte** zugrunde zu legen sowie **Liquidationswerte**, sofern diese von dem Fortführungswert abweichen.[1022] Auf der Passivseite der Vermögensübersicht sind die Absonderungsberechtigten und die nachrangigen Gläubiger von den übrigen Gläubigern gesondert aufzuführen, § 152 Abs. 2 InsO.[1023] Die in der Vermögensübersicht anzusetzenden Werte knüpfen weder an die handels- noch an die steuerrechtliche Bilanzierung in der Vergangenheit an, es handelt sich vielmehr um eine **isolierte Stichtagsrechnung**, in der die Zerschlagungswerte und ggf. hiervon abweichende Fortführungswerte wiedergegeben werden.[1024]

Die zur erstellende Plan-, Gewinn- und Verlustrechnung soll den Gläubigern auf der Basis einer handelsrechtlichen Ermittlung der prognostizierten Eingaben und Ausgaben den Überblick über die **zukünftige** Ertragssituation des fortzuführenden Unternehmens ermöglichen.[1025] Auf der Grundlage der Gewinn- und Verlustrechnung ist als weitere Anlage eine Planliquiditätsrechnung zu erstellen, die die zukünftige Liquidität des Unternehmens unter Zugrundelegung der im Insolvenzplan vorgesehenen Zahlungstermine ausweist.[1026]

326 Welche Anforderungen an die im Rahmen des Insolvenzplanverfahrens vorzulegenden Übersichten und Prognoseberechnung zu stellen sind, sind allgemein nicht festzustellen. Bindende, in allen in Betracht kommenden Planverfahren einzuhaltende Vorgaben bestehen schon wegen der Vielfalt der in Betracht kommenden Pläne sowie der unterschiedlichen Schuldner nicht.[1027]

S. 3 soll nach der Gesetzesbegründung neben den Regelungen in den **§§ 259 a, 259 b InsO** (vgl. Darstellung unter Rn. 297 ff.) das Risiko mindern, dass ein Insolvenzplan nach rechtskräftiger Bestätigung durch nachträglich angemeldete Forderung zu Fall gebracht wird. Die Vorschrift legt dem Planersteller die Verpflichtung auf, alle ihm bekannten Forderungen in die Plangestaltung aufzunehmen und Vorsorge für den Fall zu treffen, dass bisher nicht angemeldete Forderungen nachträglich geltend gemacht werden. Sowohl in der Vermögensübersicht, **S. 1**, als auch im Ergebnis- und Finanzplan, **S. 2**, sind alle dem Planersteller bekannten Forderungen zu berücksichtigen.

1022 Braun/Uhlenbruck, a.a.O., S. 528 ff.
1023 Braun/Uhlenbruck, a.a.O., S. 528 ff.
1024 Braun/Uhlenbruck, a.a.O., S. 536.
1025 Braun/Uhlenbruck, a.a.O. S. 541 ff.
1026 Braun/Uhlenbruck, a.a.O. S. 541 ff., 543.
1027 BGH ZIP 2010, 341.

b) Weitere Plananlagen, § 230 InsO

aa) Fortführungs- und Haftungserklärung, § 230 Abs. 1 InsO

Ist nach dem Plan die Fortführung des Unternehmens durch den Schuldner vorgesehen **327**
und handelt es sich hierbei um eine natürliche Person bzw. eine Gesellschaftsform, an der eine unbeschränkt haftende natürliche Person beteiligt ist, so kann die Haftung aus der Fortführung von Geschäften über den Insolvenzeröffnungszeitpunkt hinaus nicht allein aufgrund der Entscheidung der Gläubiger bestimmt werden, vielmehr bedarf es hierzu der Zustimmungserklärung des Schuldners nach § 230 Abs. 1 InsO, die dem Insolvenzplan als Anlage beizufügen ist.

Abs. 1 S. 2 ist neu gefasst, um auch die Fälle zu erfassen, bei denen z.B, im Rahmen der Durchführung eines Dept-Equity-Swap i.S.d. **§ 225 a Abs. 2 S. 1 InsO** oder nach **§ 225 a Abs. 3 InsO** ein Wechsel bei den Anteilsinhabern des Schuldners eintritt und eine persönliche Haftung übernommen wird. Dies betrifft sowohl persönlich haftende Gesellschafter, die bereits diese Stellung innehaben, als auch solche, die bisher noch kein Gesellschafter oder kein persönlich haftender Gesellschafter waren.

bb) Übernahmeerklärung von Anteils- oder Mitgliedschaftsrechten, § 230 Abs. 2 InsO

Ist eine Befriedigung von Gläubigern in Anteils- und Mitgliedschaftsrechten an dem in- **328**
solvenzbefangenen Schuldnerunternehmen bzw. einer Fortführungsgesellschaft vorgesehen, kann dies nur mit Zustimmungserklärung eines jeden dieser Gläubiger erfolgen, die dem Insolvenzplan beizufügen ist.

cc) Drittverpflichtungserklärung, § 230 Abs. 3 InsO

Hat ein **Dritter** für den Fall der Bestätigung des Insolvenzplans Verpflichtungen gegen- **329**
über den Gläubigern übernommen, so ist dem Insolvenzplan auch dessen Verpflichtungserklärung beizufügen.

E. Vorprüfungs-, Anhörungs- und Auslegungsverfahren, §§ 231 ff. InsO

I. Vorprüfungsverfahren, § 231 InsO

Das Insolvenzgericht hat **von Amts wegen** nach **§ 231 Abs. 1 Ziff. 1 InsO** zu prüfen, ob **330**
das Recht der Planinitiative, § 218 InsO, und der Planinhalt, §§ 217, 219, 230 InsO, beachtet worden sind.[1028] Die Vorprüfung soll verhindern, dass Pläne zugelassen werden, die für die Erörterung und Beschlussfassung durch die Beteiligten nach § 235 InsO ungeeignet sind.[1029]

1028 BGH ZIP 2018, 1141.

1029 BGH ZIP 2017, 1576; 2015, 1346, 1347; Smid ZInsO 2016, 61 ff.; 128 ff.; Stapper/Jacobi ZInsO 2014, 1821 ff.; Horstkotte ZInsO 2014, 1297 ff.

331 Nach der Gesetzesbegründung soll aufgrund des – bisherigen – Streits über den Umfang der gerichtlichen Vorprüfung nach § 231 Abs. 1 Nr. 1 InsO[1030] durch die Ergänzung von **Abs. 1 Nr. 1 InsO** klargestellt werden, dass bei der Prüfung besonders darauf zu achten ist, ob die Gruppenbildung sachgerecht erfolgt ist, da von dieser die Mehrheitsverhältnisse bei den Abstimmungen maßgeblich abhängen.[1031] Die wirtschaftliche Angemessenheit der im Plan vorgesehenen Regelungen wird vom Gericht nicht geprüft, von den Ausnahmen nach **Nr. 2, 3** abgesehen.

Nach **S. 2** soll die Entscheidung des Gerichts über die Zulassung bzw. Zurückweisung des Plans im Interesse der Verfahrensbeschleunigung innerhalb von zwei Wochen nach dessen Vorlage erfolgen.[1032]

Nach **§ 231 Abs. 1 Nr. 2 InsO** muss das Insolvenzgericht den vom **Schuldner** vorgelegten Insolvenzplan auf dessen Erfolgsaussichten überprüfen.

Bei dem von dem **Insolvenzverwalter** vorgelegten Insolvenzplan besteht dagegen keine Überprüfungspflicht, da davon auszugehen ist, dass dieser die Erfolgsaussichten vorher ausreichend geklärt hat.

Das Insolvenzgericht darf den von dem **Schuldner** vorgelegten Insolvenzplan nur zurückweisen, wenn die **Erfolgsaussichten** offensichtlich fehlen, insbesondere keine Aussicht besteht, von den Gläubigern gebilligt zu werden.[1033]

Nach **§ 231 Abs. 1 Nr. 3 InsO** hat das Insolvenzgericht im Rahmen der Vorprüfung des vom Schuldner vorgelegten Insolvenzplans weiterhin die **Erfüllbarkeit** der Ansprüche, die den Gläubigern nach dem Insolvenzplan zustehen, zu prüfen. Der Insolvenzplan darf nur zurückgewiesen werden, wenn die **Ansprüche** offensichtlich nicht erfüllt werden können, d.h., wenn sich dies bei einem Vergleich der Planregelungen mit den Angaben über die wirtschaftliche Lage des Schuldners im darstellenden Teil und in den Anlagen, §§ 220, 229 InsO, aufdrängt. Soll die durch einen Insolvenzplan verursachte Schlechterstellung eines Beteiligten mittels einer Kompensationszahlung ausgeglichen werden, muss die Finanzierung der zum Ausgleich vorgesehenen Mittel gesichert sein.[1034]

Ein weiterer Zurückweisungsgrund nach **§ 231 Abs. 2 InsO** ist dann gegeben, wenn der Schuldner einen Insolvenzplan vorlegt, nachdem ein von ihm früher vorgelegter Insolvenzplan im Planverfahren **gescheitert** oder von ihm zurückgezogen worden ist und der Insolvenzverwalter dies – ggf. mit Zustimmung des Gläubigerausschusses – beantragt.

Gegen den den Insolvenzplan zurückweisenden Beschluss kann der Vorlegende **sofortige Beschwerde** einlegen, **§§ 231 Abs. 3, 6 InsO**.

1030 MK-Breuer, InsO § 231 Rn. 16 m.w.N.

1031 BGH ZIP 2017, 1576, 1577; 2015, 1346 ff.

1032 Kritisch dazu Frind ZInsO 2010, 1524, 1525 – Überprüfung in dem Zeitraum nicht möglich.

1033 BGH ZIP 2011, 340, 341; Paul ZInsO 2012, 259 ff.; MK-Breuer InsO § 231 Rn. 18.

1034 BGH ZIP 2017, 1576, 1577; AG Hannover ZIP 2016,2081 m. Anm. Körner/Rendels EWiR 2017, 23; HK-Flessner § 231 Rn. 8.

II. Anhörungsverfahren, § 232 InsO

Wird die Planinitiative nicht nach § 231 InsO zurückgewiesen, leitet das Insolvenzgericht den Insolvenzplanentwurf an den in § 232 InsO genannten Personenkreis zur Stellungnahme weiter. Die angemessene Fristsetzung nach § 232 Abs. 3 InsO richtet sich nach dem Umfang des Verfahrens, sollte jedoch die Frist von einer Woche nicht unterschreiten. Die Frist soll zwei Wochen nicht überschreiten. **332**

III. Aussetzung der Verwertung und Verteilung, § 233 InsO

Nach § 233 InsO kann das Insolvenzgericht auf Antrag des Schuldners oder des Insolvenzverwalters die **Aussetzung** der Verwertung und Verteilung anordnen, wenn die Durchführung eines vorgelegten Insolvenzplans durch die Fortsetzung der Verwertung und Verteilung der Insolvenzmasse gefährdet würde. Damit wird zugleich die dem Insolvenzverwalter obliegende Verwertungspflicht nach § 158 InsO ausgesetzt.[1035] Nach § 233 S. 2 InsO hat das Insolvenzgericht von der Aussetzung abzusehen oder sie aufzuheben, wenn mit ihr die Gefahr erheblicher Nachteile für die Masse verbunden ist. **333**

Im Rahmen des Verhältnisses von S. 1 zu S. 2 ist zu berücksichtigen, dass § 233 InsO eine einstweilige Regelung beinhaltet, bei der die Nachteile der Verzögerung der Verwertung gegen die Vorteile, die der Insolvenzplan im Falle der Annahme und Bestätigung für die Beteiligten haben würde, abzuwägen sind. Der Schuldner wird im Rahmen der Anhörung dartun müssen, dass eine **Gefährdung** der Gläubigerbefriedigung durch die Aussetzung der Verwertung und Verteilung nicht vorliegt, z.B. durch Nachweis der Sicherstellung der Gläubigergleichbehandlung durch Bürgschaften in entsprechender Höhe.[1036]

IV. Niederlegung des Insolvenzplans, § 234 InsO

Nach § 234 InsO hat das Insolvenzgericht den Insolvenzplan nebst Anlagen und eingegangenen Stellungnahmen in der Geschäftsstelle zur Einsicht der Beteiligten niederzulegen. **334**

F. Annahme und Bestätigung des Insolvenzplans, §§ 235 ff. InsO

I. Erörterungs- und Abstimmungstermin

1. Allgemeine Grundsätze

Zur Erörterung und Abstimmung über den Insolvenzplan hat das Insolvenzgericht einen Termin zu bestimmen, der nicht über einen Monat hinaus angesetzt werden soll und nicht vor dem Prüfungstermin stattfinden darf. **335**

Der Termin des Erörterungs- und Abstimmungstermins ist öffentlich bekannt zu machen.

1035 Smid/Rattunde, Insolvenzplan, Rn. 169.

1036 Smid/Rattunde, Insolvenzplan, Rn. 184, 185.

Darüber hinaus hat das Insolvenzgericht nach § 235 Abs. 3 InsO unter Beifügung einer Kopie des Insolvenzplans besonders zu laden:

- Gläubiger, die Forderungen angemeldet haben,
- absonderungsberechtigte Gläubiger,
- Insolvenzverwalter,
- Schuldner,
- Betriebsrat und Sprecherausschuss der leitenden Angestellten.

336 In **§ 235 Abs. 1 S. 1, 2 InsO** ist die Formulierung der Vorschrift im Hinblick auf die mögliche Einbeziehung der am Schuldner beteiligten Personen in das Verfahren zur Abstimmung über den Insolvenzplan geändert. Damit entfällt die nach §§ 183 Abs. 1 S.2, 186 Abs. 4 S. 1 AktG im Regelfall vor einer Kapitalerhöhung mit Sacheinlage oder einem Bezugsrechtsausschluss vorausgesetzte Bekanntmachung und wird durch die entsprechenden Vorschriften des Insolvenzrechts ersetzt.

337 Nach dem neu eingefügten **§ 235 Abs. 3 S. 3, 4 InsO** sind in den Fällen, in denen die Anteils- oder Mitgliedschaftsrechte der am Schuldner beteiligten Personen in den Plan einbezogen werden, auch diese wie die Beteiligten nach **S. 1** und **S. 2** zu laden.

Die Ausnahme von dem Erfordernis der besonderen Ladung für Aktionäre oder Kommanditaktionäre ist darauf zurückzuführen, dass AG oder KGaA oftmals Publikumsgesellschaften sind, deren Anteile sich im Streubesitz befinden.[1037] Für börsennotierte Gesellschaften i.S.d. § 3 Abs. 2 AktG wird auf die Regelung über die Ladung zur Hauptversammlung nach § 121 Abs. 4a AktG Bezug genommen.

2. Stimmrecht der Insolvenzgläubiger, § 237 InsO

338 Stimmberechtigt sind grundsätzlich nur **Gläubiger**, deren Forderungen durch den Insolvenzplan beeinträchtigt werden, § 237 Abs. 2 InsO.

339 Für das **Stimmrecht** der Insolvenzgläubiger bei der Abstimmung über den Insolvenzplan gilt im Übrigen **§ 77 InsO** entsprechend.

Die Feststellung des Stimmrechts eines Gläubigers, dessen Forderung bestritten ist, hat nach **§§ 237 Abs. 1, 77 Abs. 2 InsO** zu erfolgen. Der Gläubiger ist stimmberechtigt, soweit sich in der Gläubigerversammlung der Insolvenzverwalter und die erschienenen stimmberechtigten Insolvenzgläubiger über das Stimmrecht geeinigt haben. Kommt es nicht zu einer Einigung, so entscheidet das Insolvenzgericht abschließend. In einem anschließenden Verfahren über die Bestätigung des Insolvenzplans werden die Feststellungen zum Stimmrecht nicht mehr geprüft.[1038]

340 **Absonderungsberechtigte** Gläubiger sind nur hinsichtlich ihres voraussichtlichen Ausfalls oder im Falle des Verzichts auf die Geltendmachung des Absonderungsrechts zur Abstimmung als Insolvenzgläubiger berechtigt, wenn der Schuldner ihnen auch persönlich haftet.

1037 RegE-ESUG S. 50.
1038 BGH ZInsO 2011, 280, 281; 2009, 34.

§ 237 InsO ist auf die Ausfallforderungen der **aussonderungsberechtigten** Gläubiger analog anzuwenden, die auch als Insolvenzforderungen zu qualifizieren sind.

3. Stimmrecht der absonderungsberechtigten Gläubiger, § 238 InsO

Grundsätzlich steht den **absonderungsberechtigten** Gläubigern auch nur **ein** Stimmrecht zu, wenn deren Rechte durch den Insolvenzplan beeinträchtigt werden, §§ 238 Abs. 2, 237 Abs. 2 InsO. 341

Die absonderungsberechtigten Gläubiger können nach § 238 InsO nur in dieser Eigenschaft an der Abstimmung teilnehmen, auch wenn dem Absonderungsrecht eine Forderung gegen den Schuldner zugrunde liegt. In diesem Fall kann eine Spaltung des Stimmrechts mit der Maßgabe eintreten, dass, soweit das Absonderungsrecht besteht und sein Wert die Insolvenzforderung deckt, der Gläubiger das Stimmrecht nur für das Absonderungsrecht in der nach § 222 InsO gebildeten Gruppe ausüben kann, dagegen, soweit die Insolvenzforderung ungedeckt bleibt, das Stimmrecht für die Forderung – den Ausfall – in der Gruppe der Insolvenzgläubiger nach § 237 Abs. 1 S. 2 InsO besteht.

Bei der Feststellung der **Kopfmehrheit** ist ein absonderungsberechtigter Gläubiger somit sowohl in der Gruppe der **Absonderungsberechtigten** nach § 238 InsO als auch hinsichtlich seines **Ausfalls** in der Gruppe der **Insolvenzgläubiger** nach § 237 Abs. 1 S. 2 InsO mit jeweils einer Stimme zu berücksichtigen.

Im Sicherheitenpool ist das Abstimmungsrecht von der Zusammensetzung der absonderungsberechtigten Gläubiger und etwaigen besonderen vertraglichen Regelungen abhängig.[1039]

4. Stimmrecht der Anteilsinhaber, § 238 a InsO

Nach **Abs. 1** richtet sich das **Stimmrecht der am Schuldner beteiligten Personen ausschließlich nach der Höhe ihrer Beteiligung am gezeichneten Kapital des Schuldners, bzw. je nach Art des Rechtsträgers, an dessen Vermögen. Damit bleiben eventuell nach Satzung oder Gesellschaftsertrag oder auch nach Gesetz bestehende Stimmrechtsbeschränkungen, Mehrstimmrechte oder Sonderstimmrechte bei der Bemessung des Stimmrechts außer Betracht**. Die Stimmverhältnisse, wie sie außerhalb der Insolvenz nach dem einschlägigen Gesellschaftsrechts bestünden, werden damit außer Kraft gesetzt. In der Insolvenz kann lediglich noch die Kapitalbeteiligung relevant sein. Daher ist zu ermitteln, welcher Anteil am Rechtsträger dem einzelnen Anteilsinhaber zusteht. Bei Kapitalgesellschaften ist dabei auf den Anteil am eingetragenen Haftkapital abzustellen, was zur Folge hat, dass der Inhaber einer stimmrechtslosen Vorzugsaktie bei der Abstimmung über den Insolvenzplan zu beteiligen ist, dagegen alle Arten von Höchst- und Mehrstimmrechten außer Betracht bleiben.[1040] 342

Die Verweisung in **Abs. 2** stellt im Hinblick auf **§ 225 a Abs. 1 InsO** klar, dass die Ausübung des Stimmrechts davon abhängt, ob der Insolvenzplan zu einer Beeinträchti-

1039 Vgl. dazu im Einzelnen Obermüller, Eingriffe in die Kreditsicherheiten durch Insolvenzplan, WM 1998, S. 483 ff., 487.
1040 Böcker ZInsO 2015, 773 ff.; RegE-ESUG S. 51.

gung der Anteils- und Mitgliedschaftsrechte der in **Abs. 1** genannten Personen führt. Ist dies nicht der Fall, besteht kein Stimmrecht bei der Abstimmung über den Plan.

5. Änderungen des Insolvenzplans, § 240 InsO

343 Nach Feststellung des Stimmrechts der Beteiligten erfolgt die Erörterung des Inhalts des Insolvenzplans.

Einzelne Regelungen des Insolvenzplans können von dem Planvorleger noch in dem Termin inhaltlich geändert werden, soweit „der Kern erhalten bleibt".[1041] Maßgebend dafür ist **nicht**, inwieweit die Änderungen in die Substanz des vorgelegten Insolvenzplans eingreifen, sondern sie mit der **verfahrensrechtlichen** Stellung der Beteiligten vereinbar sind.[1042]

Danach ist z.B. eine – weitere – **Herabsetzung** der Forderungen zulässig, dagegen sind Änderungen unzulässig, durch die die Abstimmungsgruppen, §§ 222, 243 InsO, verändert werden, weiterhin Rechte von Beteiligten dem Plan unterworfen werden, die durch den ursprünglichen Plan nicht beeinträchtigt wurden, da diese kein Stimmrecht hatten, §§ 237 Abs. 2, 238 Abs. 2 InsO.[1043]

6. Gesonderter Abstimmungstermin, § 241 InsO

344 Kommt in dem einheitlichen Erörterungs- und Abstimmungstermin keine Abstimmung über den Insolvenzplan zustande, kann das Insolvenzgericht einen gesonderten Termin zur Abstimmung über den Insolvenzplan bestimmen.

Dies kann z.B. dann der Fall sein, wenn sich in dem Erörterungstermin herausstellt, dass umfangreiche Änderungen oder Ergänzungen des Insolvenzplans erforderlich sind oder die Feststellung der Stimmrechte der Beteiligten erhebliche Zeit in Anspruch nimmt.

Zu dem gesonderten Abstimmungstermin sind **nur** die stimmberechtigten Gläubiger und der Schuldner zu laden, im Falle einer Änderung des Insolvenzplans ist auf die Änderung besonders hinzuweisen.

345 Mit der Änderung des **§ 241 Abs. 2 S. 1 InsO** wird berücksichtigt, dass auch die Rechte von den am Schuldner beteiligten Personen in den Insolvenzplan einbezogen werden können und diese nach Maßgabe des **§ 238 a InsO** abstimmungsberechtigt sind. Die Stimmberechtigten Anteilsinhaber sind daher zum Abstimmungstermin ebenso wie bisher die stimmberechtigten Gläubiger und der Schuldner zu laden, in Anlehnung an **§ 235 Abs. 3 S. 3, 4 InsO** sind Aktionäre und Kommanditaktionäre börsennotierter Gesellschaften von der Ladungspflicht ausgenommen.

Einer Ladung des Insolvenzverwalters und der übrigen Beteiligten nach § 235 Abs. 3 InsO bedarf es nach dem Gesetzestext des § 241 Abs. 2 InsO nicht mehr, da in dem gesonderten Abstimmungstermin keine Erörterungen mehr vorgesehen sind und insoweit diesem Personenkreis kein rechtliches Gehör mehr gewährt werden muss.

1041 BT-Drucks. 12/7302, S. 183.

1042 Hiebert ZInsO 2015, 113 ff.; HK-Flessner § 240 Rn. 6.

1043 Braun/Uhlenbruck, a.a.O., S. 633 ff.; Smid/Rattunde, a.a.O., Rn. 222.

II. Annahme des Insolvenzplans

Wird **nicht** im **schriftlichen** Verfahren gem. § 242 InsO über die Annahme des Insolvenzplans entschieden, stimmen die durch den Insolvenzplan nach § 222 InsO gebildeten Abstimmungsgruppen jeweils gesondert ab, § 243 InsO. 346

1. Abstimmungsverfahren, § 244 InsO

Das Abstimmungsverfahren, durch das **innerhalb** jeder Gruppe, § 243 InsO, über die Annahme oder Ablehnung des vorgelegten und zugelassenen Insolvenzplans nach § 231 InsO entschieden wird, ist in § 244 InsO näher geregelt. 347

Für die Annahme des Insolvenzplans ist erforderlich, dass **innerhalb** jeder Gläubigergruppe eine sog. **„doppelte Mehrheit"** erforderlich ist, nämlich eine Mehrheit nach der

- Zahl der Gläubiger (**Kopfmehrheit**) und
- Höhe der Ansprüche (**Summenmehrheit**)[1044]

Steht den Gläubigern ein Recht **gemeinsam** zu, kann es bei der Abstimmung nur **einzeln** gewertet werden.

Diese Mehrheiten können aufgrund Abwesenheit oder fehlender Mitwirkung – sog. **passives Gläubigerverhalten** – von den realen Kopfzahlen der Gläubiger und damit nach den gem. § 76 Abs. 2 InsO erforderlichen Mehrheiten, abweichen, das sog. „passive Gläubigerverhalten" ist danach **planunschädlich**.[1045]

Ist in der jeweiligen **Abstimmungsgruppe** nach den vorgenannten Grundsätzen eine Mehrheit für die Annahme des Insolvenzplans erreicht, ist der Insolvenzplan damit angenommen.

Hinsichtlich der Mehrheitserfordernisse wird durch den Verweis auf **§ 244 Abs. 1 Nr. 2 InsO** in dem neu eingefügten **§ 244 Abs. 3 InsO** den Wertungen des Gesellschaftsrechts Rechnung getragen, indem abweichend von der nach Abs. 1 grundsätzlich maßgeblichen Kopfmehrheit die Kapitalmehrheit entscheidet. Die Zustimmung der Gruppe der Inhaber von Anteils- oder Mitgliedschaftsrechten liegt danach vor, wenn die Summe der Beteiligungen der zustimmenden Anteilsinhaber mehr als die Hälfte der Summe der Beteiligungen der abstimmenden Anteilsinhaber beträgt.[1046] 348

Wird dagegen die **Mehrheit** in auch nur einer Gläubigergruppe **nicht** erreicht, ist damit der Plan grundsätzlich abgelehnt (zum Obstruktionsverbot vgl. unter Rn. 350).

2. Konkurrierende Insolvenzpläne

Gesetzlich nicht geregelt ist die Fallgestaltung, dass von verschiedenen Planinitiatoren mehrere **konkurrierende** Insolvenzpläne vorgelegt werden. 349

1044 Smid/Rattunde, InsO, § 244 Rn. 1; HK-Flessner § 244 Rn. 4/5.

1045 Smid/Rattunde, a.a.O., § 244 Rn. 3.

1046 Böcker ZInsO 2015, 773 ff.; RegE-ESUG S. 53.

Nach einer Ansicht[1047] soll die Erörterung und Abstimmung möglichst in einem einheitlichen Termin nacheinander erfolgen. Sofern beide Pläne von den Gläubigern angenommen werden, solle das Insolvenzgericht darüber entscheiden, welchen Plan es bestätige. Dabei sei die **Gläubigermehrheit** zu berücksichtigen, somit dem Insolvenzplan den Vorzug zu geben, der eine **größere** Anzahl von zustimmenden Gläubigergruppen erhalten hat.

Scheide eine gemeinsame Erörterung und Abstimmung aus, da ein weiterer Insolvenzplan vor dem Abstimmungstermin eingereicht werde, habe das Insolvenzgericht unter Berücksichtigung der **wirtschaftlichen** Interessen der Gläubiger zu entscheiden, ob das ältere Insolvenzplanverfahren regulär weitergeführt und der erste Insolvenzplan zur Abstimmung gestellt werde. Im Falle der Annahme und Bestätigung des ersten Insolvenzplans erledige sich die Erörterung und Abstimmung über den zweiten Insolvenzplan.

Nach a.A.[1048] verstoße die Auffassung, dass dem Insolvenzgericht die Entscheidung übertragen werden solle, welchen der angenommenen Insolvenzpläne es bestätige, der gesetzlichen Konzeption des **gläubigerautonomen** Insolvenzplanverfahrens. Stattdessen sollte eine gemeinsame Abstimmung über beide Insolvenzpläne mit der Maßgabe erfolgen, dass **innerhalb** der jeweiligen Gläubigergruppen zunächst **nacheinander** über beide Insolvenzpläne abgestimmt werde und in die zweite Abstimmung nur der Insolvenzplan gelange, der über die **Forderungsmehrheit** innerhalb der zustimmenden Gläubigergruppen verfüge. Durch dieses qualifizierte Abstimmungsverfahren sei gewährleistet, dass alle Gläubiger die Möglichkeit der Zustimmung oder Ablehnung des Insolvenzplans hätten. Soweit dagegen eine Abstimmung in einem einheitlichen Termin nicht möglich sei, weil ein Insolvenzplan erst verspätet eingereicht werde, sei der Auffassung von Braun/Uhlenbruck zu folgen, da anderenfalls die Gefahr einer erheblichen Verfahrensverzögerung bestehe.

3. Obstruktionsverbot, §§ 245, 246 InsO

350 Wird die **Mehrheit** in auch nur einer der Gläubigergruppen **nicht** erreicht, ist der Insolvenzplan damit grundsätzlich **abgelehnt**.

Um andererseits zu verhindern, dass die Annahme des Insolvenzplans an Partikularinteressen einzelner Gläubiger oder Gläubigergruppen scheitert, ist nach § 245 InsO ein **Obstruktionsverbot** zur Beseitigung von Akkordstörungen vorgesehen. Das Verbot obstruierender Versagung der Zustimmung zum Insolvenzplan soll die notwendigen Voraussetzungen dafür schaffen, dass Insolvenzpläne nach §§ 248 ff. InsO auch dann vom Insolvenzgericht **bestätigt** werden können, wenn **keine** Mehrheit der Gläubiger erzielt wurde.

1047 Braun/Uhlenbruck, a.a.O. S. 642 ff.

1048 Hess/Weiß, Der Insolvenzplan, WM 1998, S. 2349 ff., 2359.

Das **Obstruktionsverbot** greift ein, wenn eine Gläubigergruppe die Zustimmung zu dem Insolvenzplan versagt, obwohl die Voraussetzung des **§ 245 Abs. 1 InsO** – **kumulativ** – vorliegen:

- **Nr. 1**: Die Gläubiger dieser Gruppe durch den Insolvenzplan nicht schlechter gestellt werden, als sie ohne einen Plan stünden. **351**

  Der von dem Insolvenzgericht vorzunehmende Vergleich erfordert eine **wirtschaftliche** Bewertung der Alternativen mit der Maßgabe, dass **nicht** der Wert des gesamten Insolvenzplans mit einer **Gesamtverwertung** der Insolvenzmasse für alle Beteiligten zu vergleichen ist, sondern **nur** der Wert der Planbefriedigung für die **Gläubiger** derjenigen **Gruppe**, um deren Zustimmung es geht, mit dem Wert, der **diesen** Gläubigern aus einer Regelverwertung zufließen würde. Die Plan- und Regelbefriedigung müssen in Zahlen verglichen werden. Mit dem Prüfungstermin und der Festlegung des Stimmrechts sind die Geldbeträge bekannt, für welche die Insolvenzgläubiger und die Absonderungsberechtigten Befriedigung verlangen können.[1049]

  Hinsichtlich der **absonderungsberechtigten** Gläubiger ist zu prüfen, ob sie trotz der Eingriffe in ihre Sicherheiten durch den Insolvenzplan tatsächlich **nicht** schlechter gestellt werden, als sie ohne den Plan, d.h. bei Durchführung eines Insolvenzverfahrens, stünden. Danach ist der **Erlös**, der aus den Sicherheiten bei sofortiger Verwertung aus einem in der Stilllegungsphase befindlichen Unternehmen zu erzielen ist – **Zerschlagungswert** – mit dem Wert zu vergleichen, den die Sicherheiten, soweit sie von dem Insolvenzplan betroffen sind, bei Fortführung des Unternehmens darstellen – **Going-Concern-Bewertung** –.[1050]

  Hat sich das Insolvenzgericht **nicht** von der Gleichbehandlung i.S.v. Nr. 1 überzeugen können, darf es die Zustimmung **nicht** als erteilt ansehen, Zweifel gehen zulasten des nicht einstimmig angenommenen Insolvenzplans.

- **Nr. 2**: Die Gläubiger werden angemessen an dem wirtschaftlichen Wert beteiligt, der den Gläubigern aufgrund des Plans zufließen soll. **352**

  Die **Angemessenheit** wird nach § 245 Abs. 2 Nr. 1–3 InsO – diese Voraussetzungen sind **abschließend**[1051] – näher bestimmt, wenn – **kumulativ** –:

  - kein **anderer** Gläubiger wirtschaftliche Werte enthält, die den vollen Betrag seines Anspruchs übersteigen,
  - **weder** ein **Gläubiger**, der ohne den Plan mit Nachrang gegenüber den Gläubigern der – widersprechenden – Gruppe zu befriedigen wäre, **noch** der **Schuldner** oder eine an ihm beteiligte Person einen wirtschaftlichen Wert erhält und

---

1049 HK-Flessner § 245 Rn. 10–12 m.w.N.

1050 Zur Frage der Schlechterstellung durch den Insolvenzplan im Vergleich zur Regelabwicklung im Hinblick auf die Zinsen – Markt-/Vertragszins als Bezugsgröße – bei sofortiger Verwertung der Sicherheiten sowie des Risikos einer Folgeinsolvenz. vgl. AG Mühldorf/LG Traunstein NZI 1999, 422; 461; mit Anm. Braun NZI 1999, 473 f.

1051 Braun/Uhlenbruck, S. 617.

- kein **Gläubiger**, der ohne den Plan gleichrangig mit den Gläubigern der – widersprechenden – Gruppe zu befriedigen wäre, bessergestellt wird als diese Gläubiger.

Zu den Voraussetzungen der **Vorrangbefriedigung** der Gläubiger vor Wertzuweisung an den Eigentümer nach § 245 Abs. 2 Nr. 2 InsO:

- Wahrung des **Rangverhältnisses**, Zuwendung eines **wirtschaftlichen** Werts an den Schuldner.[1052]

353 ■ **Nr. 3:** Die Mehrheit der abstimmenden Gruppen hat dem Plan mit den erforderlichen Mehrheiten zugestimmt.

Eine **Mehrheit** kann nur dann gegeben sein, wenn überhaupt in Gruppen abgestimmt wurde, und dann auch nur, wenn **wenigstens drei** Gruppen abgestimmt haben, weil nur dann eine Mehrheit von Gruppen sich bilden konnte. Da der Planverfasser sich somit durch Gruppenbildung Mehrheiten verschaffen kann, muss das Insolvenzgericht besonders die Kriterien dieser Gruppenbildung – **Gleichartigkeit** der Interessen, **Sachgerechtigkeit** – schon im Rahmen des § 231 InsO sorgfältig prüfen.[1053]

354 Die Annahme des Insolvenzplans setzt nach §§ 243, 244 InsO die Abstimmung in jeder Gruppe mit den erforderlichen Mehrheiten voraus, somit auch in der neuen Gruppe der an dem Schuldner beteiligten Personen nach **222 Abs. 1 S. 2 Nr. 4, InsO**. In bestimmten Fällen, in denen die erforderlichen Mehrheiten nicht erreicht worden sind, wird die Zustimmung einer Abstimmungsgruppe unter den Voraussetzungen des § 245 InsO als erteilt fingiert. Der Anwendungsbereich des § 245 InsO wird nunmehr nach **§ 245 Abs. 1 Nr. 1 und 2, Abs. 2, Abs. 3 InsO** auf die Gruppe der Anteilsinhaber erstreckt, um diesen, wie den anderen Gläubigern auch, das „strategische Blockadepotenzial" zu nehmen.[1054]

Die Zustimmung der Gesellschafter zum Insolvenzplan wird somit durch eine entsprechende Entscheidung des Insolvenzgerichts ersetzt, wenn sich die Lage des Abstimmenden durch den Insolvenzplan gegenüber einer Durchführung des Regelinsolvenzverfahrens nicht verschlechtert. Vergleichsmaßstab ist die Durchführung des Insolvenzverfahrens ohne Insolvenzplan, ggf. somit die Liquidation der Gesellschaft. Es kommt dagegen für die Anwendung des Obstruktionsverbots nicht darauf an, ob die Lage eines Mitgesellschafters ohne das Insolvenzverfahren günstiger wäre, sondern darauf, wie der Mitgesellschafter stünde, wenn das Insolvenzverfahren ohne Umsetzung des Insolvenzplans durchgeführt würde. Dann ist in der Regel mit einer Liquidation der Gesellschaft zu rechnen, die Gesellschafter erhielten nichts. Ohne Insolvenzplan ist der Wert eines Geschäftsanteils am Unternehmen des Schuldners in der Regel wertlos, da die Löschung der Gesellschaft am Ende des Insolvenzverfahrens zum Untergang aller Anteile führt. Auch bei einem Ausscheiden ohne eine Abfindung stünde der Altgesellschafter

1052 Vgl. noch Braun NZI 1999, 473 f, 477.

1053 HK-Flessner § 245 Rn. 7 m.w.N.

1054 Eidenmüller/Engert ZIP 2009, 54; Bay/Seeburg/Böhmer ZInsO 2011, 1927, 1932, 1933 ff.

insoweit nicht schlechter.[1055] Im Ergebnis führt das dazu, dass auch ohne Zustimmung der Gesellschafter der Insolvenzplan zu Stande kommt, wenn nur die Gläubiger zustimmen.[1056] Der Insolvenzplan kann **„ohne die Gesellschafter gegen die Gesellschafter"** verabschiedet werden.[1057]

Nach **§ 245 Abs. 1 Nr. 3 InsO** muss zunächst die Mehrheit der abstimmenden Gruppen dem Plan mit den erforderlichen Mehrheiten zugestimmt haben. Des Weiteren setzt die Ersetzung der Zustimmung einer Gruppe voraus, dass die Angehörigen dieser Gruppe durch den Insolvenzplan voraussichtlich nicht schlechter gestellt werden, als sie ohne einen Plan stünden, Abs. 1 Nr. 1. Schließlich ist es nur gerechtfertigt, von einer Obstruktion dann zu sprechen, wenn die Angehörigen der opponierenden Gruppe nicht angemessen an dem wirtschaftlichen Wert beteiligt werden, der auf der Grundlage des Plans den Beteiligten zufließen soll, Abs. 1 Nr. 2. **355**

Abs. 3 erstreckt das bestehende Obstruktionsverbot auf die am Schuldner beteiligten Personen und konkretisiert, was im Hinblick auf den **Anteilsinhaber** als angemessene Beteiligung an dem wirtschaftlichen Wert der Haftungsmasse anzusehen ist. Die pauschale Regelung nach **Abs. 3 Nr. 2**, nach der jede Besserstellung einzelner Anteilsinhaber oder Gruppen von Anteilsinhabern unzulässig ist, entspricht der Wertung hinsichtlich der angemessenen wirtschaftlichen Beteiligung von Gläubigern nach Abs. 2 Nr. 3., nach der jede Benachteiligung einer Gläubigergruppe gegenüber gleichrangigen Gläubigern zur Verneinung der angemessenen Beteiligung am wirtschaftlichen Wert führt.

Nach der Gesetzesbegründung kann für den Fall, dass zum Beispiel die Angehörigen ei- **356**
ner Gruppe der geringfügig beteiligten Anteilsinhaber i.S.d. § **222 Abs. 3 S. 2 InsO** nach dem Plan mehr bekommen sollen als die übrigen, rechtlich gleichstehenden Anteilsinhaber, kann die fehlende Zustimmung der Gruppe dieser übrigen Anteilsinhaber nicht durch das Obstruktionsverbot überwunden werden.

Andererseits kann sich die pauschale Regelung jedoch im Ergebnis auch sanierungshemmend auswirken, wenn unterschiedliche Sanierungsbeiträge einzelner Anteilsinhaber oder bestimmter Gruppen von Anteilsinhabern im Insolvenzplan im Falle der Besserung mit einem Sanierungsbonus berücksichtigt werden sollen, und andere Anteilsinhaber, die mit geringeren Sanierungsbeiträgen ein geringeres Risiko eingegangen sind, dem Insolvenzplan ihre Zustimmung verweigert haben. Eine Möglichkeit könnte darin bestehen, hinsichtlich der Besserstellung eines Anteilsinhabers auf seine Beteiligung am Sanierungserfolg „ohne einen Plan" abzustellen, also nicht die Beteiligungsquote nach Sanierung – und damit nicht nach Leistung des Sanierungsbeitrags wie z.B. einer Anteilsübertragung oder einer Kapitalherabsetzung. Das liefe dann im Ergebnis auf ein Gebot der Gleichbehandlung als Maßstab hinaus, nach dem wesentlich Gleiches nicht ungleich behandelt werden darf, sodass die Übernahme eines erhöhten Sanierungsrisikos entsprechend berücksichtigt werden könnte.[1058]

1055 Wertenbruch ZIP 2013, 1693, 1702; Decher/Voland ZIP 2013, 103, 104; Martini/Horstkotte ZInsO 2012, 557, 561.

1056 Simon/Merkelbach NZG 2012, 121, 123; Martini/Horstkotte ZInsO 2012, 557, 561.

1057 Schmidt ZIP 2012, 2085, 2086.

1058 Hirte/Knof/Mock Der Betrieb 2011, 637, 640, 641 m.w.N.

Entgegen dem Gesetzestext des § 245 InsO „gilt als erteilt" sind die Rechtswirkungen des Obstruktionsverbots von dem Insolvenzgericht zu prüfen und festzustellen.[1059]

Das Obstruktionsverbot wird in Bezug auf nachrangige Insolvenzgläubiger in § 246 InsO dahin ergänzt, dass die Zustimmungsersetzung aufgrund der geringeren Schutzwürdigkeit der nachrangigen Gläubiger vereinfacht ist.

4. Zustimmung der Anteilsinhaber, § 246 a InsO

357 Die Vorschrift regelt die Annahme des Insolvenzplans durch die Anteilsinhaber und dient der Vereinfachung des Abstimmungsverfahrens. Entsprechend der Regelung des **§ 246 Nr. 2 InsO** über die Zustimmung der nachrangigen Insolvenzgläubiger gilt auch bei der Gruppe der Anteilsinhaber die Zustimmung zum Insolvenzplan als erteilt, wenn sich kein Mitglied der Gruppe an der Abstimmung beteiligt. Das Interesse der Anteilsinhaber an der Abstimmung wird gering sein, wenn offensichtlich ist, dass die Anteile durch die Insolvenz wertlos geworden sind und auch der Plan keine Leistungen an sie vorsieht.[1060]

5. Annahme des Insolvenzplans durch den Schuldner, § 247 InsO

358 Nach **§ 247 InsO** kann die Zustimmung des Schuldners vom Insolvenzgericht ersetzt werden, wenn dessen Rechtsstellung durch den Plan nicht verschlechtert wird. Hat der Schuldner einem Insolvenzplan bis zum Abstimmungstermin schriftlich oder zu Protokoll der Geschäftsstelle widersprochen – **verspätete** Widersprüche werden **nicht** berücksichtigt –, hat das Insolvenzgericht zu prüfen, ob der Widerspruch beachtlich ist.

Der Widerspruch des Schuldners ist **unbeachtlich**, wenn

- Nr. 1: der Schuldner durch den Plan nicht schlechter gestellt wird, als ohne Plan, wozu wiederum eine Vergleichsrechnung erforderlich ist, und
- Nr. 2: kein Gläubiger einen wirtschaftlichen Wert erhält, der den vollen Betrag seiner Forderung übersteigt.

Nach überwiegender Meinung[1061] ist der **Widerspruch** des Schuldners auch unbeachtlich, wenn er **treuwidrig** gegen den von ihm selbst vorgelegten Plan Widerspruch einlegt.

III. Bestätigung des Insolvenzplans durch das Insolvenzgericht, § 248 InsO

1. Allgemein

359 Hat die Mehrheit der Gläubiger dem Insolvenzplan zugestimmt oder gilt die Zustimmung nach §§ 245, 246 InsO als erteilt und liegt auch die Zustimmung des Schuldners

1059 Braun/Uhlenbruck, S. 610; HK-Flessner § 245 Rn. 15.

1060 RegE-ESUG, S. 54.

1061 Smid/Rattunde, S. 185; HK-Flessner § 247 Rn. 5.

vor oder gilt nach § 247 InsO als erteilt, hat das **Insolvenzgericht** unter den weiteren Voraussetzungen der §§ 249 ff. InsO den Plan zu **bestätigen, § 248 Abs. 1 InsO.**

Das Insolvenzgericht soll **vor** der Entscheidung über die Bestätigung den Insolvenzverwalter, den Gläubigerausschuss, wenn ein solcher bestellt ist, und den Schuldner anhören, § 248 Abs. 2 InsO.

2. Gerichtliche Bestätigung einer Planberichtigung, § 248 a InsO

Nach der Begründung des Rechtsausschusses des Bundestages zu **§ 221 S. 2 InsO** ist es erforderlich, die Vorschriften über den Insolvenzplan um ein Nachbesserungsrecht für den Insolvenzverwalter zu ergänzen, um in Abstimmung mit dem Gericht etwaige Unzulänglichkeiten im Plan korrigieren zu können, ohne zuvor eine Gläubigerversammlung einberufen zu müssen.[1062] **360**

Das Insolvenzgericht muss dementsprechend die vom Insolvenzverwalter beabsichtigte Berichtigung nach Anhörung der Betroffenen bestätigen, wobei im Interesse einer effektiven Verfahrensabwicklung dabei neben dem Insolvenzverwalter, dem vorläufigen Gläubigerausschuss und dem Schuldner nur diejenigen Gläubiger und Anteilsinhaber anzuhören sind, die von der beabsichtigten Änderung betroffen sind, **§ 248 a Abs. 2 InsO**. Nach der Begründung des Rechtsausschusses des Bundestages sei eine umfassende Anhörung aller Gläubiger bzw. Anteilsinhaber, sofern deren Rechte in den Insolvenzplan einbezogen wurden, dagegen nicht erforderlich, da diese nicht betroffen sind und zum Plan selbst bereits zuvor gehört wurden.

Nach **§ 248 a Abs. 3 InsO** ist die Bestätigung – entsprechend **§ 251 Abs. 1 Nr. 2 InsO** (vgl. Darstellung unter Rn. 364) – zu versagen, wenn die Berichtigung einen in den Insolvenzplan einbezogenen Gläubiger oder Anteilsinhaber voraussichtlich schlechter stellt, als er nach dem ursprünglich vorgelegten Plan stünde.

Gegen den Beschluss steht den Beteiligten i.S.d. **Abs. 2** die sofortige Beschwerde zu, **§ 248 a Abs. 4 InsO**, im Interesse einer zügigen Umsetzung des Insolvenzplans unterliegt die sofortige Beschwerde jedoch dem Verfahren des **§ 253 Abs. 4 InsO** (vgl. Darstellung unter Rn. 375).

3. Bedingter Plan, § 249 InsO

Ist ein Insolvenzplan von der Erbringung bestimmter Leistungen oder Verwirklichung **361**
anderer Maßnahmen **vor** der Bestätigung abhängig, darf der Insolvenzplan erst nach Vorliegen dieser Voraussetzung bestätigt werden, § 249 InsO.

- Leistung i.S.d. § 249 InsO ist z.B. die Bestellung von **neuen** Sicherheiten, Darlehensgewährung, Zusage von Belieferungen, Ausführungen von Arbeiten pp.
- Unter **anderen Maßnahmen** sind insbesondere **gesellschaftsrechtliche** Beschlüsse zu verstehen, die für den Insolvenzplan vorausgesetzt werden, z.B. Ausschluss und Aufnahme von Gesellschaftern, Erhöhung von Kapitalbeträgen.

1062 BT-Drucks.17/7511 zu Nr.17.

Das Insolvenzgericht kann eine angemessene Frist zur Vornahme setzen, nach fruchtlosem Ablauf ist die Bestätigung von Amts wegen zu versagen.

4. Verstoß gegen Verfahrensvorschriften, § 250 InsO

362 Nach **§ 250 Nr. 1 InsO** hat das Insolvenzgericht von Amts wegen **erneut**, vgl. oben zu § 231 InsO, zu prüfen, ob die **inhaltlichen** Voraussetzungen des Insolvenzplans und die **Verfahrensvorschriften** über die Behandlung des Plans, die Annahme durch die Gläubiger und die Zustimmung des Schuldners eingehalten wurden.[1063] Die Vorschriften über die Feststellung der Forderungen der Insolvenzgläubiger können in einem Insolvenzplan nicht abbedungen werden.[1064]

Ein wesentlicher Verstoß i.S.d. **§ 250 Nr. 1 InsO** gegen die Vorschriften des Insolvenzplanverfahrens, der zur Versagung der Bestätigung des Plans von Amts wegen führt, liegt dann vor, wenn es sich um einen Mangel handelt, durch den die Willensbildung der Gläubiger bei der Entscheidung über die Zustimmung zum Plan beeinflusst wird.[1065] Ein wesentlicher Mangel ist demzufolge anzunehmen, wenn die Angaben erforderlich sind für die Vergleichsberechnung zu der Frage, inwieweit der Plan die Befriedigungschancen der Gläubiger verändert. Hierbei ist der Umfang der Masse von wesentlicher Bedeutung. Grundlage für die naturgemäß nur mögliche Schätzung wird in der Regel das nach § 151 Abs. 1 InsO vom Insolvenzverwalter aufzustellende Verzeichnis der Massegegenstände sein und die dabei nach § 151 Abs. 2 InsO anzugebenden Werte.[1066] Anzugeben sind jedenfalls die Werte, die im Verhältnis zur Größe des Verfahrens von Bedeutung sind für die Meinungsbildung der Gläubiger und des Gerichts.

363 Darüber hinaus ist die Bestätigung des Insolvenzplans nach **§ 250 Nr. 2 InsO** zu versagen, wenn die Annahme **unlauter**, insbesondere durch Begünstigung eines Gläubigers, herbeigeführt wurde, unabhängig davon, ob und inwieweit dies den abstimmungsberechtigten Gläubigern bekannt war.[1067]

Es ist streitig, wann die Annahme eines Insolvenzplans „unlauter" i S. d. **§ 250 Nr. 2 InsO** herbeigeführt worden ist.

Dies ist z.B. im Falle des **Stimmenkaufs**, der Anerkennung fingierter Forderungen oder des Verheimlichens von Vermögensstücken zum Zweck späterer Zuwendung an den Gläubiger anzunehmen.[1068]

Der Forderungskauf zu einem höheren Preis als der im Insolvenzplan vorgesehenen Quote ist als unlautere Handlung anzusehen, auf Offenlegung oder Verheimlichung kommt es nicht an. Nach **§ 226 Abs.1 InsO** sind innerhalb der Abstimmungsgruppen allen Beteiligten gleiche Rechte anzubieten. Die Begünstigung eines Gläubigers, welcher

1063 BGH ZIP 2010, 1499, 1501; 2005, 1648, 1649.

1064 ZIP 2009, 480, 482 – „Phoenix".

1065 BGH ZIP 2012, 187, 188 – Versagung der Bestätigung eines Insolvenzplans wegen Nichtangabe von Insolvenzstraftaten nur bei geplanter Unternehmensführung; ZIP 2010, 1499, 1501; 341; ZIP 2009, 1384, 1386 – Restschuldbefreiungsversagungsgründe; BGH ZIP 2011, 781, 782 – Verstoß gegen § 235 Abs. 3 InsO.

1066 MK-Eilenberger § 220 Rn. 4.

1067 BGH ZIP 2005, 719, 720.

1068 MK-Sinz § 250 Rn. 24, 25; HK-Flessner § 250 Rn. 7.

die anderen Gläubiger nicht zustimmen, ist nach **§ 226 Abs. 2 InsO** unzulässig. Ist die Begünstigung Gegenstand eines Abkommens, durch das dem Gläubiger für sein Verhalten bei Abstimmungen oder sonst im Zusammenhang mit dem Insolvenzverfahren ein nicht im Plan vorgesehener Vorteile gewährt wird, so ist das Abkommen nach **§ 226 Abs. 3 InsO** nichtig, falls der Insolvenzplan zu Stande kommt. Wird das Abkommen vorher bekannt, darf das Insolvenzgericht den Plan nicht bestätigen, wenn dieser auf dem Abkommen beruhen kann. Ob die Begünstigung offen oder versteckt gewährt wird, ist nur insofern erheblich, als die anderen Beteiligten ihr zustimmen können, falls sie im Insolvenzplan ausgewiesen wird.

Auch **§ 250 Nr. 2 InsO** unterscheide nach seinem Wortlaut nicht zwischen einer offenen und einer heimlichen Gläubigerbegünstigung. Es ist nicht ersichtlich, dass der Gesetzgeber nur die heimliche als „unlauter" hat behandeln wollen.[1069]

5. Minderheitenschutz, § 251 InsO

Auf **Antrag** eines **Gläubigers** kann die Bestätigung des Insolvenzplans weiterhin versagt werden, wenn der Gläubiger dem Plan spätestens im Abstimmungstermin schriftlich oder zu Protokoll der Geschäftsstelle widersprochen hat und er glaubhaft macht, dass er durch den Plan **voraussichtlich** schlechter gestellt wird, als er ohne den Plan stünde. Durch diese Gesetzesfassung soll dem Insolvenzgericht die Prognoseentscheidung erleichtert werden.[1070] **364**

Ob der Gläubiger, der den Versagungsantrag nach § 251 InsO stellt, durch den Insolvenzplan wirtschaftlich benachteiligt wird, ist auf der Grundlage des glaubhaft gemachten Vorbringens des Gläubigers zu beurteilen.[1071]

Eine Verletzung der Vorschriften über die Bestätigung des Insolvenzplans kann zwar nur von solchen Beteiligten gerügt werden, die durch die Entscheidung des Insolvenzgerichts beschwert sind. Ein Bestätigungsbeschluss beschwert jeden Gläubiger, der dem Plan gemäß § 251 InsO widersprochen hat.[1072]

Der Minderheitenschutz, der bisher nur für die Gläubiger galt, wird auf die Anteilsinhaber erstreckt. Danach ist der einzelne Anteilsinhaber innerhalb seiner Gruppe davor geschützt, dass er von den anderen Anteilsinhabern in seiner Gruppe überstimmt wird und es so gemäß § 244 InsO zu einer ihm nachteiligen Annahme des Insolvenzplans durch seine Gruppe kommt.

Formale Voraussetzung einer gerichtlichen Versagung der Bestätigung des Insolvenzplans ist nach **Abs. 1 Nr. 1** – unverändert –, dass der Antragsteller spätestens im Abstimmungstermin dem Plan schriftlich oder zu Protokoll der Geschäftsstelle widersprochen hat. Nach dem neu eingefügten **Abs. 2** muss der Antragsteller zusätzlich ebenfalls spätestens im Abstimmungstermin seine voraussichtliche Schlechterstellung glaubhaft gemacht haben. **365**

1069 BGH ZIP 2005, 719, 721.
1070 BT-Drucks. 14/120, S. 14.
1071 BGH ZIP 2010, 1499, 1501; 341; 292, 293; 2009, 1336, 1337; 1384, 1386; 2007, 923, 924.
1072 BGH ZInsO 2011, 280, 281; 2010, 1448; MK-Sinz Rn. 12 e.

366 Der in **§ 251 Abs. 1 Nr. 2 InsO** statuierte Minderheitenschutz wird mit der Höhe des Abfindungsanspruchs nach **§ 225 a Abs. 5 S. 1 InsO** verbunden (vgl. Darstellung unter Rn. 394). Durch das Abstellen auf Liquidationswerte wird sichergestellt, dass die Anteilsinhaber ihre Rechtsstellung nicht verlieren und durch den Plan nicht schlechter gestellt werden, als bei einer Abwicklung des Rechtsträgers. Eine Einschränkung oder der Verlust des Mitgliedschaftsrechts im Insolvenzplanverfahren ist gerechtfertigt, weil der Anteilsinhaber nach Eröffnung eines Insolvenzverfahrens, das ohne den Plan zu einer Abwicklung des Rechtsträgers führt, ohne ihn nicht mehr mit dem Erhalt seines Anteils- oder Mitgliedschaftsrechts rechnen kann.

Dem im Einzelfall möglicherweise fortbestehenden restlichen Vermögenswert des Anteils- oder Mitgliedschaftsrechts ist durch einen Ausgleich im Insolvenzplan Rechnung zu tragen.[1073]

Gegenüber dem Obstruktionsverbot nach **§ 245 InsO** (vgl. oben unter Rn. 350 ff.) ist im Rahmen des **Minderheitenschutzes nicht** die angemessene Beteiligung an den im Insolvenzplan vorgesehenen Vermögenswerten zu prüfen, sondern nur die **voraussichtliche** Schlechterstellung gegenüber der gesetzlichen Abwicklung.

Für diese Prognoseentscheidung ist ein **konkreter** Vergleich der Quote mit und ohne Insolvenzplan erforderlich, antragsberechtigt ist auch ein Gläubiger, dessen Stimmrecht verneint wurde.[1074]

367 Nach **§ 251 Abs. 3 S. 1 InsO** ist der Antrag eines Beteiligten auf Versagung der Bestätigung des Insolvenzplans nach **Abs. 1** für den Fall des Nachweises einer Schlechterstellung bei Bereitstellung von Mitteln im gestaltenden Teil des Plans abzuweisen. Erhält der widersprechende Beteiligte für diesen Fall einen finanziellen Ausgleich, z.B. durch eine Rücklage oder Bankbürgschaft, liegt im Ergebnis keine Schlechterstellung mehr vor. Zugleich hat damit der Gesetzgeber die schon bisher in Bezug auf die Gläubiger bestehende Streitfrage der Zulässigkeit vonsog. „salvatorischen Klauseln" im Insolvenzplan[1075] geklärt.

Der Rechtsstreit darüber, ob der Beteiligte einen Ausgleich aus diesen „Rücklagen" erhält, ist nach **§ 251 Abs. 3 S. 2 InsO** außerhalb des Insolvenzverfahrens vor den ordentlichen Gerichten auszutragen, damit eine Verzögerung der Insolvenzplanbestätigung und der Aufhebung des Insolvenzplanverfahrens vermieden wird. Nach der Gesetzesbegründung muss das Insolvenzgericht jedoch vor der Bestätigung des Insolvenzplans prüfen, ob die bereitgestellten Mittel für die Beteiligten ausreichend sind, um eine Schlechterstellung des widersprechenden Beteiligten durch den Insolvenzplan auszugleichen.[1076]

1073 RegE-ESUG S. 53.

1074 Smid/Rattunde, S. 189; kritisch Eidenmüller NJW 1999, 1837, 1838.

1075 Vgl. dazu im Einzelnen MK-Sinz § 251 Rn. 18 ff. m.w.N.

1076 RegE-ESUG S. 53; kritisch dazu Frind ZInsO 2011, 1524, 1526 – Einholung eines Gutachtens führt zur Verzögerung der Erstellung eines Insolvenzplans.

6. Bekanntgabe der Entscheidung

Der Beschluss über die Bestätigung oder Zurückweisung des Insolvenzplans ist nach § 252 InsO im Abstimmungstermin oder einem zu bestimmenden besonderen Termin zu verkünden. Ein besonderer Termin wird insbesondere in den Fällen des **Obstruktionsverbots**, **Zustimmungsersetzung** des Schuldners und des **Gläubigerwiderspruches** erforderlich sein, das Insolvenzgericht muss diese Entscheidungen in den Beschluss über Bestätigung oder Versagung des Insolvenzplans aufnehmen. 368

Nach der gesetzlichen Neuregelung des **§ 252 Abs. 2 S. 2, S. 3 InsO** wird die Übersendung von Unterlagen nach der Bestätigung des Insolvenzplans durch das Gericht auf die Anteilsinhaber erstreckt. Werden die Anteils- oder Mitgliedschaftsrechte der am Schuldner beteiligten Personen in den Plan einbezogen, ist auch diesen ein Abdruck des Plans oder eine Zusammenfassung seines wesentlichen Inhalts zu übersenden. Dies gilt jedoch nicht für Aktionäre oder Kommanditaktionäre, die durch die öffentliche Bekanntmachung des Erörterungs- und Abstimmungstermins, bzw. des gesonderten Verkündungstermins im Falle des § 252 Abs. 1 InsO informiert sind. Darüber hinaus müssen sich Aktionäre oder Kommanditaktionäre von börsennotierten Gesellschaften über die Internetseite des Schuldners über den wesentlichen Inhalt des Plans informieren können.[1077]

7. Rechtsmittel, § 253 InsO

Nach **§ 253 InsO** kann gegen den Beschluss, mit dem der Plan bestätigt oder die Bestätigung versagt wird, die **sofortige Beschwerde** eingelegt werden, vgl. §§ 6, 7 InsO.[1078] 369

a) Einbeziehung der Anteilsinhaber, § 253 Abs. 1 InsO

Durch die Einbeziehung der Anteils- und Mitgliedschaftsrechte der Anteilsinhaber in den Insolvenzplan, vgl. **§§ 217 S. 2, 225 a Abs. 1 InsO** muss diesen Rechtsschutz gewährt werden. Daher steht auch den am Schuldner beteiligten Personen die sofortige Beschwerde gegen den Beschluss zu, durch den das Insolvenzgericht den Insolvenzplan bestätigt oder dessen Bestätigung versagt, § 6 InsO i.V.m. § 253 InsO. 370

b) Erschwerung der Zulässigkeitsvoraussetzungen, § 253 Abs. 2 InsO

Gegenstand der sofortigen Beschwerde ist die Verletzung von Vorschriften über die Bestätigung oder Versagung des Insolvenzplans, §§ 248–252 InsO. Da die Zulässigkeit der sofortigen Beschwerde bisher an keine weiteren besonderen Voraussetzungen geknüpft war, bestand ein erhebliches „Stör- und Erpressungspotenzial", z.B. Erwerb einer kleinen Forderung allein zum Zweck, gegen den Plan zu opponieren und sich das Obstruktionspotenzial abkaufen zu lassen.[1079] 371

1077 RegE-ESUG S. 53.

1078 BGH ZIP 2014, 2040; LG Berlin ZIP 2014, 2197 – **überwiegendes Vollzugsinteresse** – BGH ZIP 2011, 781, 782 – Beschwerdebefugnis eines Gläubigers mit auf Null festgesetztem Stimmrecht gegen Bestätigung des Insolvenzplans; Böcker ZInsO 2015, 773 ff.

1079 So ausdrücklich Gesetzesbegründung RegE-ESUG S. 53; MK-Sinz § 253 Rn. 3 m.w.N.

Da die Wirkungen des bestätigten Insolvenzplans nach § 254 Abs. 1 InsO solange suspendiert sind, bis der Insolvenzplan rechtskräftig bestätigt ist, kann die sofortige Beschwerde schon allein wegen der mit ihr verbundenen zeitlichen Verzögerungen, auch über Monate, eine effiziente Umsetzung von Sanierungsmaßnahmen verhindern oder sogar vereiteln.

372 Aus diesen Gründen werden die Voraussetzungen für die Zulässigkeit der sofortigen Beschwerde nach **§ 253 Abs. 2 InsO** verschärft. Neben der bisher schon erforderlichen materiellen Beschwer wird zusätzlich eine formelle Beschwer in der Form verlangt, dass der Beschwerdeführer seine verfahrensrechtlichen Möglichkeiten zuvor voll ausgeschöpft hat. Der Beschwerdeführer muss

- dem Plan spätestens im Abstimmungstermin schriftlich oder zu Protokoll widersprochen haben **(Nr. 1)** und
- gegen den Plan gestimmt haben **(Nr. 2)**
- glaubhaft machen, dass er durch den Plan wesentlich schlechter gestellt wird, als er ohne einen Plan stünde und dass dieser Nachteil nicht durch eine Zahlung aus den in § 251 Abs. 3 InsO genannten Mitteln ausgeglichen werden kann **(Nr. 3)**

Macht ein Gesellschafter glaubhaft, durch den Insolvenzplan wesentlich schlechter gestellt zu werden als ohne ihn, ist seine **sofortige Beschwerde zulässig**, auch wenn er im Rahmen der Planbestätigung keinen Antrag auf Minderheitenschutz gestellt hat, §§ 253 Abs. 2 Nr. 3, 251 InsO.[1080]

Nach der Gesetzesbegründung könne eine wesentliche Schlechterstellung in diesem Sinne jedenfalls dann nicht angenommen werden, wenn die Abweichung von dem Wert, den der Beschwerdeführer voraussichtlich bei einer Verwertung ohne Insolvenzplan erhalten hätte, unter 10% liegt. Das Bundesverfassungsgericht[1081] habe darüber hinaus bestätigt, dass weder durch den allgemeinen Justizgewährungsanspruch noch durch Art. 19 Abs. 4 GG garantiert werde, dass gegen eine richterliche Entscheidung eine zweite richterliche Instanz angerufen werden müsse. In der Entscheidung, die zur Stimmrechtsfestsetzung im Insolvenzverfahren erging, werde unterstrichen, dass der Schutz der Rechte der Gläubiger einen zügigen und reibungslosen Ablauf des Insolvenzverfahrens verlangt.[1082]

373 Schließlich wird klargestellt, dass eine materielle Beschwerde nur dann in Betracht kommt, wenn ein etwaiger Nachteil nicht durch eine Zahlung aus den in **§ 251 Abs. 3 InsO** genannten Mitteln ausgeglichen werden kann. Enthält der Insolvenzplan eine sog. „salvatorische Klausel", die einen finanziellen Ausgleich für den Fall vorsieht, dass ein Gläubiger oder Anteilsinhaber durch den Plan schlechter gestellt wird, ist eine Beschwerde in der Regel unzulässig, da eine Beschwer nicht besteht.[1083]

1080 BGH ZIP 2014, 1442; Madaus EWiR 16/2014, 521; Böcker ZInsO 2015, 773 ff.; Brünkmanns/Uebele ZInsO 2014, 265, 273 ff.

1081 Beschl. v. 26.11.2009 – 1BvR 339/09 ZIP 2010, 237.

1082 RegE-ESUG S. 53.

1083 RegE-ESUG a.a.O.; kritisch dazu Frind ZInsO 2010, 1524, 1527 – Beschwerdebefugnis abhängig vom Ausgang des Zivilrechtsstreits.

c) Besonderer Hinweis auf die Notwendigkeit des Widerspruchs und der Ablehnung des Insolvenzplans, § 253 Abs. 3 InsO

Durch **Abs. 3** soll sichergestellt werden, dass dem Kreis der betroffenen Personen die Notwendigkeit der Mitwirkung während des Insolvenzplanverfahrens für die Geltendmachung ihrer Rechte nach **Abs. 1** und **2** bekannt gemacht wird. Hatte der Beschwerdeführer keine Kenntnis und keine Möglichkeit der Kenntnisnahme davon, ist es aus rechtsstaatlichen Gründen geboten, ihn nicht grundsätzlich von Rechtsmitteln auszuschließen.[1084] 374

d) Antragsrecht des Insolvenzverwalters auf unverzügliche Zurückweisung, § 253 Abs. 4 InsO

Abs. 3 schränkt die Beschwerdemöglichkeit für den Fall ein, dass der Beschwerdeführer ausschließlich wirtschaftliche Nachteile geltend macht, sofern diese durch Mittel ausgeglichen werden können, die der Insolvenzplan für diesen Zweck bereitstellt. 375

Nach der Begründung des Rechtsausschusses des Bundestages wird mit Abs. 4 zur Erwirkung eines beschleunigten Insolvenzplanvollzugs auch in anderen Fällen die Möglichkeit geschaffen, dass das Landgericht die Beschwerde auf Antrag des Insolvenzverwalters zurückweist, sofern das Vollzugsinteresse der Beteiligten das Aufschubinteresse des Beschwerdeführers überwiegt.

Eine weitere Beschleunigung wird dadurch erreicht, dass die Abhilfebefugnis des Insolvenzgerichts nach § 572 Abs. 1 S.1 ZPO ausgeschlossen wird. Überwiegt das Vollzugsinteresse des Insolvenzplans, so hat das Insolvenzgericht die Beschwerde unverzüglich dem Landgericht vorzulegen. Geht der Antrag des Insolvenzverwalters beim Beschwerdegericht ein, so hat entsprechend der Regelung in § 541 ZPO dessen Geschäftsstelle beim Insolvenzgericht unverzüglich die Gerichtsakten einzufordern.

Die Regelung folgt dem Vorbild des aktienrechtlichen Freigabeverfahren gemäß § 246a AktG, in dessen Rahmen ausgesprochen werden kann, dass angefochtene Beschlüsse ungeachtet der Anhängigkeit von Anfechtungsklagen in das Handelsregister eingetragen und damit vollzogen werden können.[1085]

Stellt der Insolvenzverwalter den Antrag nach **Abs. 4,** ist das Beschwerdegericht gehalten, das Vollzugsinteresse gegen das Aufschubinteresse des Beschwerdeführers abzuwägen. Gebührt dem Vollzugsinteresse nach Überzeugung des Gerichts der Vorrang, weist es die Beschwerde zurück, S. 1, wenn nicht ein besonders schwerer Rechtsverstoß vorliegt, S. 2. 376

In den Fällen, in denen die Beschwerde Aussicht auf Erfolg gehabt hätte, kann der Beschwerdeführer den Ersatz des ihm durch den Vollzug des Insolvenzplans entstandenen Schadens verlangen, S. 3 Hs. 1, die Rückgängigmachung der Wirkungen des Insolvenzplans kann dabei allerdings nicht begehrt werden, S. 3 Hs. 2. Für die Geltendmachung

1084 RegE-ESUG a.a.O.

1085 BT-Drucks. 17/7511 zu Nr. 40.

des Schadensersatzanspruches ist das Landgericht als Prozessgericht erstinstanzlich zuständig, das die sofortige Beschwerde zurückgewiesen hat, S. 4.

G. Wirkungen des rechtskräftig bestätigten Insolvenzplans

377 Mit formeller Rechtskraft des insolvenzrechtlichen Bestätigungsbeschlusses, vgl. **§§ 248, 248 a InsO**, treten die in den **§§ 254 ff. InsO** bezeichneten Rechtsfolgen ein.

I. Aufhebung des Insolvenzverfahrens

378 Mit Eintritt der formellen Rechtskraft des Bestätigungsbeschlusses ordnet das Insolvenzgericht durch **besonderen** Beschluss die Aufhebung des Insolvenzverfahrens an, **§ 258 Abs. 1 InsO**.

Die Änderung in **Abs. 1** stellt eine Folgeänderung zu der Ergänzung in **§ 217 S. 1 InsO** dar. Es wird klargestellt, dass das Insolvenzgericht nach rechtskräftiger Bestätigung eines Insolvenzplans die Aufhebung nur dann alsbald zu beschließen hat, wenn der (Teil-)Insolvenzplan nichts anderes vorsieht, insbesondere die Voraussetzungen für die Aufhebung des Insolvenzverfahrens dem Regelinsolvenzverfahren vorbehält.

Nach dem bisherigen Gesetzestext des § 258 Abs. 2 InsO hat der Insolvenzverwalter nach der Bestätigung eines Insolvenzplans noch vor der Aufhebung des Insolvenzverfahrens alle unstreitigen Masseansprüche zu erfüllen, auch die noch nicht fälligen, was bei einer Fortführung des sanierten Unternehmens nicht sinnvoll ist.[1086] Nach der gesetzlichen Neufassung ist hingegen ausreichend, dass die unstreitigen fälligen Masseansprüche beglichen werden. Für die streitigen oder noch nicht fälligen Masseansprüche genügt der Insolvenzverwalter hingegen seinen Pflichten, wenn Sicherheit geleistet wird. Im Falle der noch nicht fälligen Masseansprüche reicht es sogar aus, dass die Erfüllung der Verbindlichkeit im Zeitpunkt des Fälligwerdens durch eine belastbare Liquiditätsrechnung gesichert ist. Gemäß **Abs. 2 InsO** hat danach der Insolvenzverwalter vor Aufhebung des Insolvenzverfahrens die nicht fälligen Masseansprüche nicht mehr zwingend zu erfüllen, sondern kann stattdessen auch einen Finanzplan vorlegen, aus dem sich ergibt, dass ihre Erfüllung gewährleistet ist.[1087]

379 Im Falle des **§ 210 a InsO** gilt **§ 258 Abs. 2 InsO** nicht für die Massegläubiger mit dem Rang des § 209 Abs. 1 Nr. 3 InsO, da diese an die Stelle der nicht nachrangigen Insolvenzgläubiger treten.

Voraussetzungen dafür sind nach **§ 258 Abs. 2 InsO**, dass der Insolvenzverwalter die **unstreitigen** Masseansprüche, vgl. §§ 53 ff. InsO, **befriedigt** und für die **streitigen Sicherheiten** geleistet hat. Die Mittel sind dem Barvermögen zu entnehmen oder durch weitere Verwertung des Schuldnervermögens zu beschaffen, da der Insolvenzplan keine Masseverbindlichkeiten betrifft.

1086 RegE-ESUG S. 54.

1087 Kritisch dazu Frind ZInsO 2010, 1524, 1525 – Beschränkung auf Masseverbindlichkeiten nach § 54 InsO zur Sicherstellung einer schnellen Aufhebung des Verfahrens nach Planbestätigung.

Die Verpflichtung des Insolvenzverwalters umfasst nach h.M.[1088] auch die von ihm selbst begründeten Masseverbindlichkeiten, **§ 55 Abs. 1 Nr. 1 InsO**, auch wenn diese erst nach Bestätigung des Insolvenzplans entstehen.

Für streitige Masseverbindlichkeiten hat der Insolvenzverwalter nach **§ 258 Abs. 2 InsO** Sicherheit zu leisten, was wegen fehlender anderweitiger gesetzlicher Regelungen nach §§ 232 ff. BGB erfolgt. Den Streit über das Bestehen der sichergestellten Forderung muss der Gläubiger nach Aufhebung des Insolvenzverfahrens mit dem Insolvenzschuldner führen, der die Verfügungs- und Prozessführungsbefugnis nach § 259 InsO wiedererlangt hat. Dies führt zu einer erheblichen Beeinträchtigung der Massegläubiger, der Gesetzgeber hat versäumt, die Vorschriften über die Nachtragsverteilung, vgl. §§ 203 ff. InsO, für entsprechend anwendbar zu erklären oder eine Sonderregelung zu treffen.[1089]

Zwar gewährt **§ 258 Abs. 2 InsO** dem Massegläubiger keinen einklagbaren Anspruch gegen den Insolvenzverwalter, dieser kann jedoch persönlich nach §§ 60, 61 InsO haften.[1090]

Die Verfahrensaufhebung bewirkt das Erlöschen der Ämter des Insolvenzverwalters[1091] und der Mitglieder des Gläubigerausschusses, der **Schuldner** erhält das Recht zurück, über die Insolvenzmasse frei zu verfügen, § 259 InsO, soweit er nicht Einschränkungen durch die Insolvenzplanüberwachung nach §§ 260 ff. InsO unterliegt.

Der **Insolvenzverwalter** bleibt trotz der Verfahrensaufhebung zur Weiterverfolgung eines bereits rechtshängigen **Anfechtungsrechtsstreits** berechtigt, **§ 259 Abs. 3 InsO**.[1092]

Er hat dagegen keine Prozessführungsbefugnis für einen neuen Anfechtungsprozess nach Bestätigung des Insolvenzplans und Verfahrensaufhebung. Eine solche Befugnis kann dem Insolvenzverwalter auch nicht durch eine Entscheidung des Insolvenzgerichts eingeräumt werden.[1093]

Nach **§ 259 Abs. 3 InsO** kann der Insolvenzverwalter nach Bestätigung des Insolvenz- **380**
plans und Aufhebung des Insolvenzverfahrens einen anhängigen Anfechtungsrechtsstreit fortführen, wenn dies im gestaltenden Teil des Insolvenzplans vorgesehen ist. Zwar kann die Insolvenzanfechtung grundsätzlich nur während der Dauer des Insolvenzverfahrens von dem Insolvenzverwalter/ Sachwalter kraft seines Amtes ausgeübt werden, §§ 92, 280 InsO i.V.m. §§ 129 ff. InsO. In Durchbrechung dieses Grundsatzes wird ausnahmsweise durch § 259 Abs. 3 InsO aufgrund der Entscheidung der Gläubiger in dem Insolvenzplan die Prozessführungsbefugnis des Insolvenzverwalters für schwebende Verfahren über die Dauer des Insolvenzverfahrens hinaus aufrechterhalten.

1088 Kübler/Prütting/Otte § 258 Rn. 10; MK-Huber § 258 Rn.10 m.w.N.

1089 MK-Huber InsO § 258 Rn. 14 m.w.N.

1090 MK-Huber, a.a.O.

1091 OLG Celle ZIP 2006, 2394, 2395.

1092 BGH ZIP 2015, 1346, 1350; 2013, 998, 999; 738; m. Anm. Wollweber/Hennig ZInsO 2013, 1182 ff.; BGH ZIP 2006, 44, 45 – zur Auslegung der Klausel im Insolvenzplan: „§ 259 Abs. 3 InsO findet Anwendung".

1093 BGH ZIP 2010, 102, 103.

381 Ist dagegen das Insolvenzverfahren aufgehoben, schließt das Gesetz eine Prozessführungsbefugnis des Insolvenzverwalters für neue, erst anhängig zu machen der Anfechtungsklagen aus.[1094] Nach dem Wortlaut der gesetzlichen Regelung kann der Insolvenzverwalter einen „anhängigen Rechtsstreit", der eine Insolvenzanfechtung zum Gegenstand hat, auf der Grundlage des Insolvenzplans auch nach Aufhebung des Verfahrens fortsetzen.

Nach der bisherigen Rspr. des BGH findet durch die Eröffnung des Insolvenzverfahrens über das Vermögen einer Partei eine Unterbrechung des Rechtsstreits nach § 240 ZPO nur statt, wenn ein durch Klagezustellung bewirktes rechtshängiges Verfahren vorliegt.[1095] In Übereinstimmung damit scheidet ein „anhängiger Rechtsstreit" i.S.d. § 259 Abs. 3 InsO aus, wenn zum Zeitpunkt der Verfahrensaufhebung lediglich eine Anfechtungsklage eingereicht, aber noch nicht zugestellt ist. Dieses Verständnis liegt auch den §§ 85, 86 InsO zugrunde, wo auch unter „anhängig" „rechtshängig" zu verstehen ist.

Danach muss der Insolvenzverwalter spätestens im Zeitraum zwischen der Abstimmung über den Insolvenzplan und der Verfahrensaufhebung die Anfechtungsklage erheben und kann nur einen bereits rechtshängigen Anfechtungsprozess fortsetzen.[1096] Der Insolvenzverwalter muss somit in Insolvenzplanverfahren sicherstellen dass die Anfechtungsklagen spätestens im Zeitpunkt der Verfahrensaufhebung rechtshängig sind, wenn er seine Klagebefugnis aus § 259 Abs. 3 InsO in Anspruch nehmen will. Die Rückwirkungsfiktion des § 167 ZPO wendet der BGH nicht an, da diese Vorschrift nicht einschlägig sei.

382 Eine Beschränkung der Ermächtigung des Insolvenzverwalters nur zur Führung bestimmter Anfechtungsprozesse im Insolvenzplan ist zulässig. Unterwirft das Gesetz die Fortsetzung anhängiger Anfechtungsprozesse durch § 259 Abs. 3 InsO dem Inhalt des Insolvenzplans, ist kein Grund ersichtlich, dass sich die Ermächtigung nur auf bestimmte Anfechtungsprozesse bezieht. Es ist auch sachgerecht, die Prozessführungsbefugnis des Insolvenzverwalters unter Berücksichtigung der jeweiligen Risiken und Erfolgsaussichten auf bestimmte Anfechtungsklagen zu begrenzen. Dies gilt insbesondere auch dann, wenn der Rechtsstreit abweichend von **§ 259 Abs. 3 S. 2 InsO** für Rechnung der Masse fortgesetzt werden soll.[1097]

Offen bleibt nach der Entscheidung des BGH, ob § 259 Abs. 3 InsO so auszulegen ist, dass sich deren Ermächtigungswirkung bei einer bloßen Bezugnahme auf die Vorschrift im Insolvenzplan[1098] nur auf solche Verfahren bezieht, die zum Zeitpunkt des Beschlusses der Gläubigerversammlung über den Insolvenzplan bereits rechtshängig waren. Anderenfalls könnte der Insolvenzverwalter sich in der Gläubigerversammlung die Ermächtigung zur Fortführung von Anfechtungsprozessen einholen, um daraufhin auch gegen solche Gläubiger die Anfechtungsklage zu erheben, die dieser Ermächtigung ohne Kenntnis der Absicht des Insolvenzverwalters zugestimmt haben. Das Recht des

1094 BGH ZIP 2010, 102.
1095 BGH ZIP 2009, 240.
1096 BGH ZIP 2014, 330; 2013, 998, 999; 2010, 102.
1097 BGH ZIP 2014, 330; 2013, 738; MK-Huber § 259 Rn. 21; Wischemeyer/Dimassi ZIP 2017, 593 ff.
1098 BGH ZIP 2015, 1346; 1350 f.

Insolvenzverwalters, erst unmittelbar vor Aufhebung des Insolvenzverfahrens die Anfechtungsklage zu erheben, führte dazu, dass der Anfechtungsgegner seinerseits seine Ansprüche nach § 144 InsO nicht mehr durch Forderungsanmeldung zur Insolvenztabelle geltend machen kann.[1099] Die Gläubiger könnten dieses Risiko jedoch vermeiden, wenn sie bei der inhaltlichen Abfassung des Insolvenzplans darauf hinwirken, dass der Insolvenzverwalter nur bestimmte Anfechtungsprozesse erheben darf.

Eine gemäß dem Insolvenzplan treuhänderisch an ihn abgetretene Masseforderung kann er nach Aufhebung des Insolvenzverfahrens nicht mehr als Partei kraft Amtes, sondern nur aus eigenem Recht als Zessionar weiterverfolgen.[1100]

II. Materiell-rechtliche Wirkungen

1. Allgemeine Wirkungen, § 254 InsO

Mit der formellen Rechtskraft des Bestätigungsbeschlusses treten die – **materiell-rechtlichen** – Gestaltungswirkungen des Plans, vgl. § 221 Abs. 1 InsO, gemäß **§ 254 Abs. 1 S. 1 InsO** ein. 383

Dabei handelt es sich um die im gestaltenden Teil des Insolvenzplans vorgesehenen, materiell-rechtlichen Regelungen wie z.B. Erlass, Verzicht, Stundung, Fristverlängerungen.

Ein bei Eröffnung des Insolvenzverfahrens bestehendes Aufrechnungsrecht bleibt auch dann erhalten, wenn die aufgerechnete Gegenforderung nach einem rechtskräftig bestätigten Insolvenzplan als erlassen gilt.[1101]

Die bisher in § 254 Abs. 1 S. 2, 3 InsO enthaltenen Regelungen über die Wirkungen des Insolvenzplans hinsichtlich der Rechte an Gegenständen und Anteilen sowie über den Umfang der Bindungswirkung des Plans werden in den **§§ 254 a und 254 b InsO** übernommen.

Nach **§ 254 Abs. 2 InsO** werden durch den Insolvenzplan **nicht** die Rechte der Insolvenzgläubiger gegenüber **mithaftenden Dritten** – Mitschuldner, Bürge[1102] – und die Geltendmachung von dritter Seite gewährter **dinglicher** Sicherheiten beeinträchtigt. Zum Schutz des Schuldners ist der Rückgriffsanspruch gegen ihn auf die im Insolvenzplan vorgesehene Regelung für die Hauptforderung begrenzt, § 254 Abs. 2 S. 2 InsO. 384

Nach **§ 254 Abs. 3 InsO** ist der Gläubiger nicht zur Rückgewähr des Erlangten verpflichtet, wenn er weitergehend befriedigt worden ist, als er nach dem Insolvenzplan zu beanspruchen hat.

1099 BGH ZIP 2015, 1346; 1350; Wollweber/Henning ZInsO 2013, 1182, 1183.

1100 BGH ZIP 2008, 1615, 1616; 546, 548.

1101 BGH ZIP 2011, 1271, 1273.

1102 OLG Dresden ZInsO 2013, 139.

2. Ausschluss der Differenzhaftung, § 254 Abs. 4 InsO

385 Um eine Sanierung im Insolvenzplanverfahren zu ermöglichen, muss Planungs- und Kalkulationssicherheit für die Gläubiger bestehen, die im Rahmen des Planverfahrens Forderungen gegen den Schuldner im Wege der Sacheinlage einbringen und damit Anteilsinhaber werden. Mit Dept-Equity-Swap Transaktionen nach § 225 a Abs. 2, Abs. 3 InsO bestehen für die Beteiligten erhebliche Risiken, insbesondere die Differenzhaftung nach **§ 56 Abs. 2 i.V.m. § 9 GmbHG** und die Rechtsfolgen einer verdeckten Sacheinlage nach **§ 19 Abs. 4 GmbHG, bzw. § 27 Abs. 3 AktG**. Scheitert die Sanierung, droht dem Gläubiger nicht nur der Ausfall seiner Forderung, sondern auch eine Nachschusspflicht in Höhe der Differenz zwischen dem Nennbetrag der Einlage und dem wirklichen Wert der Forderung. Durch den Ausschluss dieser Haftung nach Abs. 4 ist sichergestellt, dass der Schuldner oder – in einer weiteren Insolvenz – dessen Insolvenzverwalter später nicht geltend machen kann, dass die eingebrachte Forderung im Plan überbewertet war. Der mit der Differenzhaftung angestrebte Schutz der bisherigen Anteilsinhaber sowie der übrigen Gläubiger ist durch das Planverfahren gewährleistet. In diesem haben die Beteiligten die Möglichkeit, auf eine fehlerhafte Bewertung der Sacheinlage hinzuweisen und Rechtsmittel gegen den Plan – und damit die Bewertung der Sacheinlage – einzulegen. Ein weitergehender Schutz sei nicht erforderlich.[1103]

Das ESUG drängt damit jedoch die gläubigerschützenden Kapitalaufbringungsvorschriften zurück, was zur Folge habe, dass die Kapitalaufbringungsregeln nur zu einem bloßen „Seriositätssignal" zurückgestuft werden. Zwar ist zutreffend, dass der durch die Differenzhaftung bezweckte Gläubigerschutz durch die Abstimmung aller Gläubiger über den Insolvenzplan erreicht werde. Haben jedoch die im Wege der Sacheinlage eingebrachten Gläubigerforderungen nicht den ihnen im Rahmen der Einlageleistung beigemessenen Wert, geht dies zulasten der neuen Gläubiger des Unternehmens, die am Insolvenzplanverfahren nicht beteiligt waren.[1104]

386 Im Zusammenhang mit den Dept-Equity-Swap Transaktionen stellt sich weiterhin die Frage nach der Bewertung der Forderungen. In der Gesetzesbegründung wird dazu lediglich ausgeführt, dass zur Frage der Werthaltigkeit des Anspruchs nach Maßgabe des einschlägigen Gesellschaftsrechts gegebenenfalls ein Gutachten einzuholen ist, was allein schon wegen der hohen Kosten zweifelhaft ist.[1105] Der Insolvenzverwalter werde einer möglichen Haftung nach § 60 InsO wegen einer Falschbewertung von Ansprüchen dadurch begegnen können. Denn liege ein solches Gutachten über die Forderungen vor, werde in der Regel ein schuldhaftes Verhalten des Insolvenzverwalters ausscheiden.[1106]

Die Werthaltigkeit der Forderungen wird aufgrund der Insolvenz des Schuldners regelmäßig reduziert sein und der Wert wird nicht dem buchmäßigen Nennwert entsprechen, sondern deutlich darunter liegen. Hierbei kann auch die Quotenerwartung be-

---

1103 Brünkmanns ZInsO 2015, 1585 ff.; RegE-ESUG S. 46, 52.

1104 Kanzler/Mader GmbHR 2012, 992, 993 ff.; Brinkmann WM 2011, 97,101; Hölzle NZI 2011, 124, 129; Meyer/Degener BB 2011, 846, 849.

1105 Brinkmann a.a.O.; Meyer/Degener a.a.O.; Urlaub ZIP 2011, 1040, 1044, 1045.

1106 RegE-ESUG S. 55; kritisch Frind ZInsO 2010, 1524, 1525 – kein Zusammenhang zwischen Feststellung angemessener Entschädigung und Vermeidung eigener Haftung des Insolvenzverwalters.

rücksichtigt werden. Der Insolvenzplan hat eine entsprechende Wertberichtigung vorzusehen.[1107]

Die Gesetzesbegründung geht demnach vom Vollwertigkeitsprinzip als Voraussetzung der Sacheinlageleistung aus und verlangt in den Fällen, in denen diese Vollwertigkeit nicht vorliegt, eine entsprechende Berichtigung des Werts der umzuwandelnden Forderung, was im Übrigen der Rechtslage auch außerhalb des Insolvenzverfahrens entspricht. Dort muss der Wert der Sacheinlage den Betrag der Anrechnung auf die Einlage voll decken, § 5 Abs. 4 GmbHG.[1108] Daher hat die seitens der Gesellschaft vorgenommene Verrechnung der offenen Einlageschuld eines Gesellschafters mit einer gegen die Gesellschaft gerichteten Forderung nur dann Erfüllungswirkung, wenn der Anspruch vollwertig, fällig und liquide ist, was gegebenenfalls von dem Gesellschafter zu beweisen ist.[1109] Die Einlagepflicht in Höhe des Nennwerts der Forderung wird deshalb nur dann erfüllt, wenn diese vollwertig ist.

Für die Umwandlung von Forderungen in Anteilsrechte in der Insolvenz bedeutet das, **387**
dass die Einbringung der Forderungen zum Nennwert wegen der Insolvenz – zumindest bei ungesicherten Forderungen[1110] – im Regelfall wegen der eingetretenen Wertverluste praktisch ausgeschlossen ist. Darüber hinaus ist für die Frage der Bewertung auch offen, ob der Abwertung der Forderung die Zerschlagung oder die Fortführung des Unternehmens zu Grunde zu legen ist.[1111] Der Hinweis in der Gesetzesbegründung, bei der Bewertung der Forderung könne die voraussichtliche Insolvenzquote ein relevantes Kriterium sein, spricht für die Bewertung nach Zerschlagungswerten. Das entspricht im Übrigen den allgemeinen gesellschaftsrechtlichen Maßstäben, nach denen es für die Bewertung einer Forderung als Sacheinlage außerhalb des Insolvenzverfahrens auf den Zeitpunkt der Eintragung der Kapitalmaßnahmen im Handelsregister ankommt. Auch die Rechtsfolgen der verdeckten Sacheinlage – „sog. Anrechnungslösung" – stellen auf den Wert des Vermögensgegenstandes im Zeitpunkt der Anmeldung der Gesellschaft ab, §§ 19 Abs. 4, 27 Abs. 3 AktG. Diese gesellschaftsrechtlichen Bewertungsmaßstäbe dürften danach auch innerhalb des Insolvenzverfahrens gelten, zumal hinsichtlich der Höhe des Abfindungsanspruchs gemäß **§ 225 Abs. 5 InsO** und des Minderheitenschutzes gemäß **§ 251 Abs. 1 Nr. 2 InsO** nach der Gesetzesbegründung auf den Zerschlagungswert abzustellen ist.[1112]

Den Gläubigern, die durch eine Umwandlung ihrer Forderungen zu Anteilsinhabern **388**
werden, kommt das Sanierungsprivileg des **§ 39 Abs. 4 S. 2 InsO** und gegebenenfalls das Kleinbeteiligungsprivileg des **§ 39 Abs. 5 InsO** zugute.[1113] Erwirbt der Gläubiger die Anteile aufgrund eines Dept-Equity- Swap in einem Insolvenzplan, soll nach der Gesetzesbegründung davon auszugehen sein, dass sie zum Zwecke der Sanierung i.S.d. **§ 39 Abs. 4 S. 2 InsO** erworben wurden.[1114]

1107 RegE-ESUG S. 46, 48 ff.; Cahn/Simon/Theiselmann Der Betrieb 2012, 501 ff.
1108 Baumbach/Hueck/Fastrich § 5 Rn. 28 m.w.N.
1109 Spliedt GmbHR 2012, 462 ff.; Wansleben WM 2012, 2083 ff.; Baumbach/Hueck/Fastrich § 19 Rn. 33 m.w.N.
1110 Eckert/Harig ZInsO 2012, 2318 ff.
1111 Brinkmann WM 2011, 97, 101.
1112 Wansleben WM 2012, 2083 ff.
1113 Hirte/Knof WM 2009, 1961.
1114 RegE-ESUG S. 48.

389 Ungeklärt bleibt allerdings weiterhin der Zeitpunkt der „nachhaltigen Sanierung", mit der die Privilegierung nach § 39 Abs. 4 S. 2 InsO endet. Das Sanierungsprivileg dürfte nicht schon dann enden, wenn die Insolvenzgründe der drohenden Zahlungsunfähigkeit bzw. Zahlungsunfähigkeit oder Überschuldung der Gesellschaft beseitigt sind. Im Übrigen sollte für die Auslegung des § 39 Abs. 4 S. 2 InsO gelten, dass eine nachhaltige Sanierung und damit eine Aufhebung des Privilegs erst dann eintritt, wenn die ergriffenen Maßnahmen zur Sicherung der Fortführungsfähigkeit i. S. einer positiven Fortführungsprognose dazu geführt haben, dass die Gefährdung des Unternehmens, also insbesondere die Gefahr des Eintritts von Zahlungsunfähigkeit oder Überschuldung, mindestens für das laufende und das gesamte folgende Geschäftsjahr abgewendet worden ist.[1115]

3. Rechte an Gegenständen. Sonstige Wirkungen des Plans, § 254 a InsO

aa) Rechte an Gegenständen, § 254 a Abs. 1 InsO

390 **Abs. 1** entspricht, von redaktionellen Änderungen abgesehen, § 254 Abs. 1 S.2 InsO in der bisherigen Fassung und ergänzt **§ 254 InsO** dahin, dass mit der Bestätigung des Insolvenzplans die in dem Plan aufgenommenen Willenserklärungen der Beteiligten als in der vorgeschriebenen Form abgegeben gelten.

bb) Einbeziehung der Anteils- oder Mitgliedschaftsrechte, § 254 a Abs. 2 InsO

391 Nach **Abs. 2** ersetzt der Plan auch die Gesellschafterbeschlüsse und Erklärungen zur Übertragung von Anteilen oder zur Entgegennahme von Sacheinlagen, die für die enthaltenen gesellschaftsrechtlichen Regelungen notwendig sind. Alle für die beabsichtigte Maßnahme erforderlichen Formvorschriften gelten als gewahrt, auch ersetzt das Insolvenzplanverfahren die Bekanntmachungen, die nach dem einschlägigen Gesellschaftsrecht erforderlich sind, z.B. §§ 183 Abs. 1 S. 2, 186 Abs. 4 S.1 AktG.

Nicht durch den Plan ersetzt werden nachfolgende konstituierende Publizitätsakte wie die Eintragung ins Register. Die im Insolvenzplan gefassten Beschlüsse, bzw. sonstigen Willenserklärungen müssen nach Maßgabe der einschlägigen gesellschaftsrechtlichen Bestimmungen in das jeweilige Register eingetragen werden, um Wirksamkeit zu erlangen. Dabei hat das Registergericht nur eine eingeschränkte Prüfungskompetenz, da das wirksame Zustandekommen des Insolvenzplans bereits durch das Insolvenzgericht überprüft wurde. Die erforderlichen Anmeldungen obliegen nach dem jeweiligen Gesellschaftsrecht den zuständigen Organen des Schuldners. Zur Vereinfachung des Verfahrens und zur Vermeidung von Verzögerungen wird jedoch der Insolvenzverwalter ermächtigt, die Anmeldungen anstelle der Organe unverzüglich zu veranlassen.

1115 Bay/Seeburg/Böhmer ZInsO 2011, 1927, 1932, 1933; Hirte/Knof/Mock Der Betrieb 2011, 637, 643 m.w.N.

cc) Erweiterung auf Verpflichtungserklärungen, § 254 a Abs. 3 InsO

Abs. 3 entspricht der bisherigen Regelung in § 254 Abs. 1 S.2 InsO und erweitert ihren Anwendungsbereich auf Verpflichtungserklärungen aufgrund von Regelungen, die einen Insolvenzplan nach **§ 225 a InsO** vorsehen kann. Verpflichtungserklärungen, die aufgrund von Regelungen nach **Abs. 1, 2** in den Insolvenzplan aufgenommen wurden, gelten mit der Rechtskraft der Bestätigung des Plans als in der vorgeschriebenen Form abgegeben. **392**

4. Wirkung für alle Beteiligten, § 254 b InsO

Die Vorschrift enthält die bisher in § 254 Abs. 1 S. 3 InsO geregelte Bindungswirkung des Insolvenzplans für desinteressierte Insolvenzgläubiger und dissentierende Beteiligte. **393**

5. Wiederauflebensklausel, §§ 255, 256 InsO

a) Wiederauflebensklausel nach § 255 InsO

Soweit der Insolvenzplan **keine** andere Regelung vorsieht, § 255 Abs. 3 InsO, greift die sog. **Wiederauflebensklausel** des § 255 Abs. 1 InsO ein. Danach leben die ursprünglichen Forderungen der Gläubiger wieder auf, wenn der **Schuldner** bei Erlass oder Forderungsstundung mit der Erfüllung der durch den Insolvenzplan anerkannten Forderungen der Gläubiger in einen **erheblichen Rückstand** gerät. **394**

Ein erheblicher Rückstand liegt vor, wenn der Schuldner trotz schriftlicher Mahnung, § 126 BGB, des Gläubigers mit der Begleichung fälliger Verbindlichkeiten wenigstens **zwei Wochen** im Rückstand ist, wobei für die Art der Erfüllung die allgemeinen bürgerlich-rechtlichen Regelungen der §§ 269, 270 BGB maßgeblich sind.

Soweit es sich um **Insolvenzforderungen** handelt, die zur Tabelle festgestellt wurden, werden **Forderungsstundung** oder **-erlass** für die Gläubiger, denen gegenüber der Rückstand eingetreten ist, nach § 255 Abs. 1 InsO **hinfällig**.[1116]

b) Wiederauflebensklausel, § 256 InsO

§ 256 InsO bestimmt für **bestrittene** Forderungen und **Ausfallforderungen** der **Absonderungsberechtigten**, deren endgültige Höhe noch nicht absehbar ist, dass der Schuldner in diesem Fall nur zu einer anteiligen Befriedigung in Höhe des von dem Insolvenzgericht im Abstimmungsverfahren festgestellten Stimmrechts verpflichtet ist. **395**

H. Zwangsvollstreckung aus dem Insolvenzplan, §§ 257 ff. InsO

Die Insolvenzgläubiger, deren Forderungen zur Tabelle angemeldet und nicht im Berichtstermin bestritten worden sind, können aus dem rechtskräftig bestätigten Insolvenzplan nach § 257 Abs. 1 S. 1 InsO gegen den **Schuldner** die Zwangsvollstreckung betreiben. Dies gilt entsprechend für die Zwangsvollstreckung gegen **Dritte**, die durch **396**

1116 HK-Flessner § 255 Rn. 10.

eine bei dem Insolvenzgericht eingereichte schriftliche Erklärung ohne die Einrede der Vorausklage Verpflichtungen für die Erfüllung des Insolvenzplans neben dem Schuldner übernommen haben – sog. **„Plangaranten"**.

Zwangsvollstreckungstitel ist die mit einer **Vollstreckungsklausel** versehene **Ausfertigung der Insolvenztabelle**, der eine mit Rechtskraftklausel versehene Ausfertigung des Planbestätigungsbeschlusses, der für die Vollstreckung erhebliche Teil des Insolvenzplans sowie eine Bestätigung über das Nichtbestreiten der Forderung beigeheftet sind.

I. Einstellung/Aufhebung der Zwangsvollstreckung, § 259 a Abs. 1, 2 InsO

397 Gläubiger, die sich im Insolvenzplanverfahren nicht gemeldet haben, können auch noch nach Abschluss des Planverfahrens ihre Forderungen geltend machen. Gemäß **§ 254 b InsO** entfaltet der Insolvenzplan seine Wirkungen zwar auch für und gegen diese Insolvenzgläubiger, sie werden mit ihren Forderungen den Beschränkungen unterworfen, die der Plan für vergleichbare Ansprüche vorsieht. Damit ist jedoch nicht ausgeschlossen, dass sich nach der Bestätigung des Plans Gläubiger melden, mit deren Forderungen – auch in der durch den Insolvenzplan reduzierten Höhe – bei der Gestaltung des Plans nicht zu rechnen war und die damit die Umsetzung der mit dem Insolvenzplan beabsichtigten Sanierung beeinträchtigen. Die Sanierung des Unternehmens solle nicht daran scheitern, dass Gläubiger, die sich verschwiegen haben, nach Abschluss des Insolvenzverfahrens wegen Ansprüchen in beträchtlicher Höhe die Zwangsvollstreckung gegen den Schuldner betreiben. Diesem Zweck dient der besondere Vollstreckungsschutz nach **Abs. 1, 2**. Ein allgemeiner Vollstreckungsstopp kraft Gesetzes würde einen zu weit gehenden Eingriff in die Gläubigerrechte bedeuten, denn er würde auch in Fällen greifen, in denen die Beschränkung durch überwiegende Interessen der Sanierung nicht geboten ist, z.B. bei kleineren Forderungen[1117]

Der Vollstreckungsschutz soll deshalb nur auf Antrag gewährt werden. Zuständig ist das Insolvenzgericht, weil es die Verhältnisse des Unternehmens aufgrund der vorangegangenen Befassung mit dem Insolvenzplan am besten beurteilen kann. Der Vollstreckungsschutz kann in der einstweiligen Einstellung der Zwangsvollstreckung, der vollständigen oder teilweisen Aufhebung bereits erfolgter Vollstreckungsmaßnahmen bestehen, auch können künftige Vollstreckungsmaßnahmen für die Dauer von maximal drei Jahren untersagt werden.

II. Änderung/Aufhebung des Beschlusses, § 259 a Abs. 3 InsO

398 **Abs. 3** gibt dem Insolvenzgericht entsprechend § 765a Abs. 4 ZPO die Möglichkeit, seinen Beschluss nach **Abs. 1** auf Antrag einer Partei aufzuheben oder abzuändern, wenn dies mit Rücksicht auf eine Änderung der Sachlage, d.h. nicht nur der rechtlichen Beurteilung, geboten ist. Damit wird die Möglichkeit geschaffen, auch nach Rechtskraft des Beschlusses nach **Abs. 1** neuen Tatsachen Rechnung zu tragen, die eine Abweichung vom Ausgangsbeschluss rechtfertigen.

1117 RegE-ESUG S. 56.

I. Besondere Verjährungsfrist, § 259 b InsO

I. Verjährungsfrist von einem Jahr, § 259 b Abs. 1, 2, 3 InsO

Der Vollstreckungsschutz nach **§ 259 a InsO** wird ergänzt von einer besonderen Verjährungsregelung in **§ 259 b InsO**. Ansprüche, die nicht bis zum Abstimmungstermin angemeldet worden sind – und damit nicht in die Finanzplanung im Planverfahren aufgenommen werden konnten – verjähren nach **Abs. 1** in einem Jahr, Fristbeginn ist nach **Abs. 2** der Tag der Rechtskraft des Beschlusses, mit dem der Plan bestätigt worden ist. Die Frist beginnt jedoch nicht vor der Fälligkeit der Forderung. Eine früher vollendete Verjährung nach den allgemeinen Vorschriften geht nach **Abs. 3** vor. **399**

II. Hemmung der Verjährung, § 259 b Abs. 4 InsO

Abs. 4 stellt sicher, dass ein Anspruch nicht verjährt, während der Gläubiger aufgrund einer Anordnung des Insolvenzgerichts nach **§ 259 a InsO** keine Möglichkeit hat, seinen Anspruch geltend zu machen. Die Hemmung endet in Anlehnung an § 204 Abs. 2 BGB drei Monate nach der Beendigung des nach **§ 259 a InsO** gewährten Vollstreckungsschutzes. **400**

J. Anhang: Steuerrechtliche Aspekte

Das ESUG sieht keine gesetzliche Regelung betreffend die Besteuerung von Sanierungsgewinnen vor und trägt damit nicht zur Rechtssicherheit im Steuerrecht bei.[1118] **401**

Nach dem Beschluss des Großen Senats des BFH[1119] bestätigt durch das Urteil des BGH[1120] verstößt der sog. Sanierungserlass des BMF vom 27.03.2003,[1121] ergänzt durch die Schreiben des BMF vom 22.12.2009[1122] und 27.04.2017,[1123] gegen den Grundsatz der Gesetzmäßigkeit der Verwaltung.

Die Auswirkungen der vorgenannten Entscheidungen sind streitig. Jedenfalls sind aus deren Gründen nicht zu entnehmen, dass der Sanierungsgewinn im Billigkeitsweg überhaupt nicht mehr steuerfrei bleiben kann.[1124] Weiterhin ist zweifelhaft, ob ein Sanierungserlass beihilferechtlich gerechtfertigt ist.[1125]

Ergänzend wird zur ertragssteuerlichen Behandlung von Sanierungsgewinnen auf das Schreiben des BMF vom 28.03.2018 verwiesen.[1126]

1118 Kahlert ZIP 2014, 1101 ff.; Mertzbach GmbHR 2013, 75 ff.
1119 ZIP 2017, 338.
1120 ZIP 2017, 2158.
1121 ZIP 2003, 690.
1122 ZIP 2010, 104.
1123 BStBl. I 2017, 741.
1124 Anzinger EWiR 2017, 761; Schüppen ZIP 2017, 752 ff.
1125 Kahlert ZIP 2016, 2107.
1126 ZInsO 2018, 1036 ff.

K. Planüberwachung, §§ 260 ff. InsO

I. Grundlage der Planüberwachung

402 Im gestaltenden Teil des Insolvenzplans kann nach § 260 Abs. 1 InsO die **Überwachung** der **Insolvenzplanerfüllung** nach der Verfahrensaufhebung durch den bisherigen **Insolvenzverwalter**, dessen Amt insoweit **fortbesteht**, vorgesehen werden. Auch die Mitglieder des Gläubigerausschusses und die Aufsicht des Insolvenzgerichts bestehen in diesem Falle fort.

Zum Zwecke der Planüberwachung gewährt das Gesetz dem Insolvenzverwalter Zugangs- und Auskunftsrechte, die denen eines vorläufigen Insolvenzverwalters entsprechen, sodass sich dieser z.B. auch Zugang zu den Geschäftsräumen einer Übernahmegesellschaft und Einsicht in die Bücher verschaffen kann, § 261 Abs. 2, 262 InsO.

II. Zustimmungsvorbehalte, § 263 InsO

403 Da der Schuldner nach der Verfahrensaufhebung auch bei Anordnung der Planüberwachung uneingeschränkt verfügungsbefugt ist, vgl. § 259 Abs. 1 S. 2 InsO, kann der Insolvenzplan zusätzlich zu der Überwachung vorsehen, dass der **Schuldner** zur Vornahme **bestimmter** Geschäfte der **Zustimmung** des Verwalters bedarf, § 263 InsO. Fehlt die Zustimmung des Insolvenzverwalters, sind die Rechtsgeschäfte des Schuldners oder der überwachten Übernahmegesellschaft unwirksam, §§ 263 S. 2, 81 Abs. 1, 82 InsO.

III. Kreditrahmenvereinbarung, §§ 264 ff. InsO

404 Zur **Sicherstellung** der Kreditaufnahme in der Sanierungsphase durch den Schuldner beinhaltet § 264 InsO eine **Sonderregelung** für Kredite, die während der Überwachung aufgenommen wurden oder in die Überwachung hinein stehengelassen worden sind. § 264 InsO gewährt die Möglichkeit, für derartige Forderungen den Vorrang eines nachfolgenden Insolvenzverfahrens zu vereinbaren, wobei ein Kreditrahmen festgelegt werden muss, der nicht überschritten werden darf.[1127]

IV. Aufhebung und Kosten der Planüberwachung

405 Die Planüberwachung ist aufzuheben, wenn

- Nr. 1: **alle** Insolvenzplanansprüche erfüllt bzw. deren Erfüllung gewährleistet ist,
- Nr. 2: seit der Aufhebung des Insolvenzplanverfahrens **drei Jahre** verstrichen sind und kein Antrag auf Eröffnung eines neuen Insolvenzverfahrens vorliegt.

1127 Braun/Uhlenbruck, S. 647 f.

6. Abschnitt: Eigenverwaltung, §§ 270 ff. InsO

A. Voraussetzungen, § 270 Abs. 2 Nr. 1, Nr. 2, Abs. 3, 4 InsO

I. Voraussetzungen der Anordnung, § 270 Abs. 2 Nr. 1, Nr. 2 InsO

Zur Erhöhung der Anzahl der Verfahren der Eigenverwaltung des Schuldners[1128] **entfällt** der bisherige **Abs. 2 Nr. 2** – Erfordernis der Zustimmung des Gläubigers zur Anordnung der Eigenverwaltung bei Stellung eines Gläubigerantrags. Nach der Gesetzesbegründung soll damit dem Gläubiger, der mit seinem Eröffnungsantrag dem Schuldner zuvor gekommen ist, eine Blockademöglichkeit genommen werden, die im Widerspruch zu der Intention besteht, die Eigenverwaltung zu stärken. Der Einfluss der Gläubiger auf die Anordnung der Eigenverwaltung bei der Eröffnung des Insolvenzverfahrens soll durch den vorläufigen Gläubigerausschuss ausgeübt, **Abs. 3**, dagegen nicht durch die ablehnende Entscheidung eines einzelnen Gläubigers ausgehebelt werden.[1129] Zugleich ist damit klargestellt, dass der Antrag auf Eigenverwaltung grundsätzlich nicht notwendig einen Eigenantrag des Schuldners voraussetzt, vielmehr kann sich dieser auch einem Antrag des Gläubigers anschließen, indem er lediglich die Eigenverwaltung beantragt.[1130] 406

Weiterhin werden die Voraussetzungen für die Anordnung der Eigenverwaltung in dem bisherigen Abs. 2 Nr. 3 – nach den Umständen zu erwarten, dass die Anordnung nicht zu einer Verzögerung des Verfahrens oder zu sonstigen Nachteilen für die Gläubiger führen wird – in **Abs. 2 Nr. 2** dahin geändert, dass nunmehr nur keine Umstände bekannt sein dürften, die erwarten lassen, dass die **Anordnung zu Nachteilen für die Gläubiger führen wird.** Voraussetzung für die Eigenverwaltung ist das Nichtvorliegen von Umständen, die erwarten lassen, dass die Anordnung nicht sowohl zu **„rechtlichen wie auch wirtschaftlichen Nachteilen"** für die Gläubiger i.S.d. **§ 270 Abs. 2 Nr. 2 InsO** führt. Der Begriff „Nachteil" ist weit auszulegen.[1131]

Damit können Anträge auf Eigenverwaltung nur noch dann abgelehnt werden, wenn bereits konkrete Anhaltspunkte für eine zu erwartende Benachteiligung der Gläubiger bestehen, dagegen ist für eine Ablehnung die bloße Prognose, das Verfahren könne für die Gläubiger nachteilig sein, nicht genügend. Das neue Recht gestaltet die Anordnung der Eigenverwaltung von der Ausnahme zur Regel um und setzt die Anforderungen an die Begründung herab. Der mit der Beantragung erkennbare Wille des Schuldners, das Verfahren in Eigenverwaltung durchzuführen, ist ausreichend, die Vorlage eines schlüssigen Sanierungsfortführungs- oder Liquidationskonzeptes ist nicht erforderlich. Unklarheiten über mögliche Nachteile für die Gläubiger gehen damit nicht mehr zulasten des Schuldners.

1128 Dazu allgemein Buchta/Ott ZInsO 2015, 288 ff.; Laroche/Pruskowski/Schöttler/Siebert/Vallender ZIP 2014, 2135 ff.; Thole/Brünckmanns ZIP 2013, 1097 ff.; Flöther ZIP 2012, 1833 ff.; Schneider/Höpfner BB 2012, 87 ff.; Brinkmann/Zipperer ZIP 2011, 1337, 1340; Fröhlich/Bächstädt ZInsO 2011, 985 ff.

1129 RegE-ESUG S. 58.

1130 Pape ZInsO 2011, 2154, 2157.

1131 AG Köln ZIP 2017, 889; AG Freiburg ZInsO 2015, 1167 ff.; AG Essen ZIP 2015, 841.

407 Fraglich ist, ob das Insolvenzgericht aufgrund der neuen gesetzlichen Regelung nach **Abs. 2 Nr. 2** gezwungen ist, seine Entscheidung auf eine beschränkte Erkenntnisgrundlage zu stützen – mit der Folge der „Einladung" für arglistige Schuldner zum Missbrauch/Begehung von Insolvenzverschleppungstatbeständen[1132] – oder ob es vor diesem Hintergrund Umstände, die für eine Verschlechterung der Gläubigerinteressen sprechen, von Amts wegen ermitteln darf. Hinsichtlich der bisherigen Gesetzeslage gemäß Abs. 2 Nr. 3 sind nach allgemeiner Meinung die materiellen Voraussetzungen für die Anordnung der Eigenverwaltung von Amts wegen nach § 5 Abs. 1 InsO zu prüfen.[1133] Durch das mit der gesetzlichen Neuregelung vorgesehene Regel-Ausnahme-Prinzip zugunsten der Eigenverwaltung wird jedoch die Ermittlungsbefugnis des Insolvenzgerichts eingeschränkt, denn sie erstreckt sich nur auf bereits bekannt gewordene, nachteilige Umstände für die Gläubiger. Damit scheidet insbesondere die Beauftragung eines Sachverständigen aus, da bisher nicht bekannte Umstände für die Anordnung der Eigenverwaltung nicht mehr von Bedeutung i.S.d. § 5 Abs. 1 InsO sind.[1134]

408 Unklar ist weiterhin, welche Ermittlungen von Amts wegen im Übrigen noch statthaft sind. Auskünfte beim Gewerbeamt und der Schuldnerkartei, die Informationen über die Zuverlässigkeit des Schuldners geben, dürften als bekannt i.S.d. **Abs. 2 Nr. 2** zulässig sein. Die Auskünfte begründen jedoch allenfalls Unklarheiten an der Befähigung und Zuverlässigkeit des Schuldners, die wohl nicht zu seinen Lasten gehen dürfen, von der Ausnahme abgesehen, dass nach der Strafregisterauskunft eine Verurteilung des Schuldners wegen eines Bankrottdelikts vorliegt.[1135]

409 Der Begriff des Nachteils wird nicht gesetzlich definiert und auch in der Gesetzesbegründung nicht näher erläutert, sodass insoweit auf den bisherigen Abs. 2 Nr. 3 abzustellen ist, der ebenfalls schon eine fehlende Nachteiligkeit für die Gläubiger – bestmöglichstes Befriedigungsinteresse der Gläubiger – voraussetzte.[1136]

Das Schuldnerunternehmen/Organe müssen **Kenntnisse für eine insolvenzspezifische Betriebsfortführung** haben und darlegen, dass sie in der Lage sind, die nach der Insolvenzordnung einem eigenverwaltenden Schuldner obliegenden Pflichten zu erfüllen, da das Fehlen solcher Kenntnisse regelmäßig als für die Gläubiger nachteilig angesehen werden muss.[1137] Es muss daher in die Geschäftsführung ein **Sanierungsgeschäftsführer,** sog. Chief-Restructuring-Officer, eintreten, der von der übrigen Geschäftsleitung und der Sanierungsberatung unabhängig ist.[1138] Während der Sanierungsberater nicht den Gläubigern, sondern ausschließlich seinem Auftraggeber gegenüber verpflichtet ist, hat der sog. Chief-Restructuring-Officer ausschließlich nur die Interessen der Gläubigergesamtheit nach Maßgabe des § 1 InsO zu beachten. Der Sanie-

---

1132 Brinkmann/Zipperer ZIP 2011, 1337, 1341.

1133 Uhlenbruck InsO § 270 Rn. 22 m.w.N.

1134 Smid ZInsO 2013, 209 ff.; Brinkmann/Zipperer ZIP 2011, 1337, 1341; Hirte/Knof/Mock Der Betrieb 2011, 693, 695 m.w.N; a. A. Frind ZInsO 2011, 2249, 2260 – Prüfung der „offensichtlichen Aussichtslosigkeit" i.S.d. **§ 270a Abs. 1 InsO** durch Beauftragung eines Sachverständigen zur Sicherung der Gläubigerinteressen von Anfang an mit der Prüfung der Sicherungsvoraussetzungen nach **§ 270 Abs. 2 Nr. 2 InsO**.

1135 Brinkmann/Zipperer ZIP 2011, 1337, 1341 Fn. 22.

1136 AG Freiburg ZInsO 2015, 1167; AG Essen ZIP 2015, 841; AG Hamburg ZIP 2013, 1684; AG Potsdam ZIP 2013,1476; MK-Tetzlaff § 270 Rn. 31, 32 m.w.N.

1137 Ehlers BB 2013, 1539, 1545; Siemon ZInsO 2012, 1045, 1047ff; Ringstmeier Inso 2013, § 270 Rn. 29.

1138 OLG Düsseldorf ZInsO 2017, 2114; Mielke/Sedlitz ZIP 2017, 1646 ff.; Klein/Thiele ZInsO 2013, 2233, 2238.

rungsgeschäftsführer des eigenverwaltenden Schuldners hat danach die Interessen der Gläubigergesamtheit vor die individuellen Interessen zu stellen, weil er die Stellung eines Treuhänders für die Gläubiger einnimmt.[1139]

Das Insolvenzgericht hat das Nichtvorliegen von „Nachteilen" i.S.d. § 270 Abs. 2 Nr. 2 InsO schon bei der Entscheidung über die Frage der Anordnung der vorläufigen Sachwaltung nach § 270 a InsO zu prüfen, da die abzulehnende Eigenverwaltung bereits ein Fall einer „offensichtlichen Aussichtslosigkeit" i.S.d. § 270 a Abs. 1 InsO ist, vgl. noch § 270 a Abs. 2 InsO. Nach § 270 Abs. 3 S. 2 InsO gilt die Anordnung jedenfalls dann nicht als nachteilig für die Gläubiger, wenn der Antrag von einem einstimmigen Beschluss des vorläufigen Gläubigerausschusses unterstützt wird.[1140]

II. Gläubigerbeteiligung, § 270 Abs. 3 InsO

Die Erleichterung der Beantragung der Eigenverwaltung wird in **Abs. 3** durch eine direkte Einflussnahmemöglichkeit der Gläubiger ergänzt. Neben einer verpflichtenden Anhörung des vorläufigen Gläubigerausschusses vor der Anordnung der Eigenverwaltung, **S. 1,** kann dieser bei Einstimmigkeit eine entsprechende Anordnung erzwingen, **S. 2**. Ein einstimmiger Beschluss des Gläubigerausschusses zugunsten der Eigenverwaltung hat die Wirkung, dass das Gericht bei seiner Entscheidung über den Antrag des Schuldners zu unterstellen hat, dass die Anordnung der Eigenverwaltung nicht zu Nachteilen für die Gläubiger führt. Bei Vorliegen der Einstimmigkeit gilt die Anordnung der Eigenverwaltung als nicht nachteilig i.S.d. **§ 270 Abs. 2 Nr. 2 InsO**.[1141] **410**

Das nach **Abs. 3** vorgesehene Anhörungsverfahren des vorläufigen Gläubigerausschusses führt zu Verzögerungen und ist zum Eilcharakter des Eröffnungsverfahrens kontraproduktiv.[1142] Für das Insolvenzgericht besteht die zeitaufwändige Schwierigkeit, die Gläubiger festzustellen, **§ 13 Abs. 1 S. 3 InsO** gibt keine hinreichend sichere Grundlage.

Die Anhörung kann unterbleiben, wenn sie offensichtlich zu einer nachteiligen Veränderung in der Vermögenslage des Schuldners führt. Ob die Befürchtung eintritt, die Insolvenzgerichte werden sich die Mühen der Einsetzung eines vorläufigen Gläubigerausschusses ersparen und so die gesetzliche Regelung leerlaufen lassen,[1143] bleibt abzuwarten.

III. Kein Rechtsmittel, § 270 Abs. 4 InsO

Hinsichtlich der Entscheidung des Insolvenzgerichts ist kein Rechtsmittel vorgesehen, womit auch künftig keine wirksame Kontrolle der Ablehnung der Eigenverwaltung besteht. Insoweit ändert auch die Begründungspflicht bei Ablehnung der Eigenverwaltung nach **Abs. 4** nichts an deren fehlender Überprüfbarkeit. Der Versuch, die Eigenverwaltung zu stärken, wird nur halbherzig umgesetzt. Ein Beschwerderecht des Schuld- **411**

1139 Haarmeyer/Wutzke/Förster/Buchalik InsO § 270 Rn. 17 m.w.N.

1140 Kritisch dazu Pape ZInsO 2013, 2077, 2080.

1141 AG Freiburg ZInsO 2016, 1167 ff.; Hammes ZIP 2017, 1505 ff.; Hirte/Knof/Mock Der Betrieb 2011, 693, 694, 695 m.w.N.

1142 Pape ZInsO 2011, 1033, 1036; 2010, 1582, 1588.

1143 So ausdrücklich Brinkmann/Zipperer ZIP 2011, 1337, 1342.

ners gegen die Ablehnung der Eigenverwaltung würde dagegen das Gericht zwingen, konkrete Tatsachen zu ermitteln, die der Eigenverwaltung entgegenstehen.[1144]

Die Begründung ist durch die Verweisung auf **§ 27 Abs. 2 Nr. 5 InsO** in den Eröffnungsbeschluss aufzunehmen. Nach der Gesetzesbegründung werde so der Gläubigerversammlung ermöglicht, auf Basis dieser Begründung die Entscheidung zu fällen, ob nachträglich dennoch eine Eigenverwaltung beantragt wird.[1145]

B. Eröffnungsverfahren, § 270 a InsO

412 Nach bisheriger Rechtslage war die Einsetzung eines vorläufigen Insolvenzverwalters im Eröffnungsverfahren auch bei beantragter Eigenverwaltung zulässig. Nach allg. M. kam der sog. „schwache vorläufige Insolvenzverwalter" mit Sicherungs- und Gutachterfunktion in Betracht, streitig war hingegen, ob auch die Einsetzung des sog. „starken vorläufigen Insolvenzverwalters" zur hinreichenden Wahrung der Gläubigerinteressen zulässig ist.[1146]

413 Mit der Neuregelung der Vorschriften der Eigenverwaltung soll dieses Stigma der Insolvenz beseitigt werden, das sich insbesondere nachteilig auf die Beziehungen des Schuldners zu seinen Geschäftspartnern, bis zu deren Abbruch, auswirken kann.[1147] Ob die gesetzliche Neuregelung zu einer Änderung des Verhaltens der Banken und Warenlieferanten, die nur dann zu einer Mitwirkung an Betriebsfortführungen bereit sind, wenn der vorläufige Insolvenzverwalter zumindest zur Begründung von Masseschulden ermächtigt ist, bleibt abzuwarten. Aufgrund fehlender gesetzlicher Grundlage ist streitig, ob – entsprechend § 270 b Abs. 3 InsO – Masseverbindlichkeiten durch den eigenverwaltenden Schuldner im Eröffnungsverfahren nach § 270 a InsO begründet werden können. Nach nunmehr wohl überwiegender Meinung[1148] ist dem Schuldner die Möglichkeit einzuräumen, gerichtliche Einzel- und Gruppenermächtigungen zu beantragen, aufgrund deren er Masseverbindlichkeiten begründen kann. Der vorläufige Sachwalter, der primär Überwachungsaufgaben zu erfüllen hat, ist derart einzubinden, dass die dem Schuldner zu erteilende Ermächtigung an seine Zustimmung geknüpft wird. Zur Begründung wird im Wesentlichen ausgeführt, dass nur auf diesem Wege sichergestellt sei, dass dem Schuldnerunternehmen die wirtschaftliche Bewegungsfreiheit im Eigenverwaltungseröffnungsverfahren erhalten bliebe. Könne es den Lieferanten, die es im Eröffnungsverfahren weiter mit Roh- und Betriebsstoffen versorgen sollen, nicht die Zusage machen, dass ihre Forderungen nach Verfahrenseröffnung aus der Masse befriedigt werden, habe es in der Praxis nicht die Möglichkeit, eine Betriebsfortführung im Eröffnungsverfahren durchzuführen.

1144 So ausdrücklich Pape ZInsO 2011, 2154, 2157; Wuschek ZInsO 2012, 110, 112.

1145 Zimmer ZInsO 2012, 1658 ff. zum Vergütungsrecht.

1146 BGH ZIP 2004, 465; Dahl NZI 2004, 216 ff.; Uhlenbruck InsO § 270 Rn. 45 m.w.N.

1147 RegE-ESUG S. 60.

1148 BGH ZIP 2016, 831; LG Hannover ZIP 2016, 1790; AG Köln ZInsO 2012, 790; AG München ZIP 2012, 1470; LG Duisburg ZInsO 2012, 2346; Swierczok ZInsO 2016, 2366 ff.; Pape ZInsO 2013, 2129, 2134; ders. ZIP 2013, 2285, 2291, 2292; Buchalik/Hiebert ZInsO 2015, 1953 ff. – Insolvenzanfechtung und Eigenverwaltung.

I. Antrag des Schuldners auf Eigenverwaltung, § 270 a Abs. 1 Nr. 1, Nr. 2 InsO

Nach **Abs. 1 S. 1** soll das Insolvenzgericht im Eröffnungsverfahren bei fehlender offensichtlicher Aussichtslosigkeit des Antrags davon absehen **414**

- dem Schuldner ein allgemeines Verfügungsverbot aufzuerlegen **(Nr. 1)** oder
- anzuordnen, dass alle Verfügungen des Schuldners nur mit Zustimmung eines vorläufigen Insolvenzverwalters wirksam sind **(Nr. 2).**

Die Einsetzung eines „sog. starken vorläufigen Insolvenzverwalters" ist nicht mehr möglich. Es soll damit für den Regelfall vermieden werden, dass der Schuldner im Eröffnungsverfahren unmittelbar mit dem Antrag die Kontrolle über sein Vermögen verliert und das Vertrauen der Geschäftspartner in die Geschäftsleitung des Schuldners und deren Sanierungskonzept zerstört wird. Um eine Vorentscheidung gegen die Eigenverwaltung zu vermeiden, soll allenfalls ein vorläufiger Sachwalter mit den Befugnissen bestellt werden, die dem Sachwalter bei der Eigenverwaltung im eröffneten Insolvenzverfahren zustehen.[1149] Damit werden die fehlenden Beschränkungen des Schuldners nach Anordnung der Eigenverwaltung bereits in das Insolvenzeröffnungsverfahren übertragen.[1150]

Nach Abs. 1 S. 2 wird anstelle des vorläufigen Insolvenzverwalters ein vorläufiger Sachwalter bestellt, auf den die Vorschriften über den Sachwalter nach §§ 274, 275 InsO Anwendung finden. Für dessen Bestellung sind nach § 274 Abs. 1 InsO die allgemeinen Grundsätze anzuwenden, die auch für den Insolvenzverwalter gelten.[1151]

Durch die Einführung des § 56 a InsO besteht mit der Besetzung des vorläufigen Gläubigerausschusses mittelbar der größtmögliche Einfluss auf die Person des vorläufigen/endgültigen Sachwalters. Fasst der vorläufige Gläubigerausschuss einen einstimmigen Vorschlag eines vorläufigen/endgültigen Sachwalters, besteht – bei Beachtung der gesetzlichen Auswahlvorgaben – für das Insolvenzgericht keine Ablehnungsmöglichkeit.

Andererseits ist die Unabhängigkeit des (vorläufigen) Sachwalters zur Sicherstellung eines ordnungsgemäßen Verfahrensablaufs und zur Sicherung der Gesamtinteressen der Gläubiger unabdingbar, §§ 270 a Abs. 1 S. 2, 274 Abs. 1, 56 Abs. 1 InsO. Das Insolvenzgericht hat, auch bei einem einstimmigen Vorschlag des vorläufigen Gläubigerausschusses nach § 56 a Abs. 2 InsO sowie zum Anforderungsprofil, durch eigene Prüfung sicherzustellen, dass ein unabhängiger vorläufiger Sachwalter bestellt wird, der seiner Berichtspflicht nach § 274 Abs. 3 InsO nachkommt. Eine Suspendierung der Unabhängigkeitsprüfung wegen etwaiger vorgehender Sonderinteressen der Mitglieder des vorläufigen Gläubigerausschusses, der in seiner Zusammensetzung nur als eingeschränkt repräsentativ anzusehen ist, erfolgt nicht.[1152]

1149 RegE-ESUG S. 58.

1150 Wuschek ZInsO 2012, 110 ff.; Hirte/Knof/Mock Der Betrieb 2011, 693, 694, 695 m.w.N.; Siemon/Klein ZInsO 2013, 58 ff. – Haftung des Sanierungsgeschäftsführers.

1151 Siemon ZInsO 2014, 368 ff.; Frind ZInsO 2014, 1315 ff.

1152 Frind ZInsO 2014, 119, 127 ff.; Vallender DB 2012, 1609, 1612; Braun/Blümle § 56 a Rn. 18.

II. Rücknahme des Antrags, § 270 a Abs. 2 InsO

415 Dem Schuldner wird nach **Abs. 2** bei der Beantragung der Eigenverwaltung im Falle der drohenden Zahlungsunfähigkeit die Möglichkeit einer Antragsrücknahme eingeräumt, wenn das Insolvenzgericht die Voraussetzungen für die Anordnung einer Eigenverwaltung als nicht gegeben ansieht. In diesem Fall hat es den Schuldner darauf hinzuweisen, sodass dieser seinen Antrag zurücknehmen und damit der Gefahr der Eröffnung eines Regelinsolvenzverfahrens entgehen kann. Die Hinweispflicht des Insolvenzgerichts muss dabei bereits zu dem Zeitpunkt angenommen werden, von dem an es von der Ablehnung des Antrags auf Eigenverwaltung überzeugt ist.

Nach der Gesetzesbegründung dürfte einer der Hauptursachen für die geringe bisherige praktische Bedeutung der Eigenverwaltung darin liegen, dass ein Schuldner, dessen Unternehmen insolvent oder von einer Insolvenz bedroht ist, von einem frühzeitigen Insolvenzantrag mit Antrag auf Eigenverwaltung deshalb Abstand nimmt, weil er damit rechnen muss, dass das Insolvenzgericht seinen Antrag auf Eigenverwaltung ablehnt und ein Insolvenzverfahren mit Insolvenzverwalter eröffnet. Der Schuldner ziehe es deshalb vor, außergerichtliche Sanierungsbemühungen fortzusetzen und gegebenenfalls so lange weiter zu wirtschaften, bis auch im Insolvenzverfahren keine Sanierungsmöglichkeiten mehr bestünden. Die Regelung sei wegen der Verbindung von Überschuldung und Zahlungsunfähigkeit vor allem für natürliche Personen von Bedeutung. Insbesondere Kaufleute und Freiberufler, die nicht der Antragspflicht nach § 15 a InsO unterliegen, erhielten durch die Neuregelung größere Planungssicherheit. Bei anderen Schuldnern werde eine Rücknahme des Eröffnungsantrags daran scheitern, dass zusätzlich zur drohenden Zahlungsunfähigkeit auch Überschuldung vorliege und damit nach § 15 a InsO eine Pflicht zur Stellung eines Insolvenzeröffnungsantrags bestehe.[1153]

416 Neben dem Umstand, dass die Rücknahme des Insolvenzantrags nach **Abs. 2** voraussetze, dass keine Überschuldung oder Zahlungsunfähigkeit (mehr) vorliege – worauf auch schon in der Gesetzesbegründung hingewiesen wird –, wird eingewandt, dass mit der Hinweispflicht des Insolvenzgerichts Beihilfe zur Insolvenzverschleppung vorliege.[1154] Auch droht das Rücknahmerecht in der Praxis weitgehend leerzulaufen. Wird ein Antrag bei nur „drohender Zahlungsunfähigkeit" gestellt, wird der Schuldner in der überwiegenden Anzahl der Fälle zunächst – erst recht – zahlungsunfähig und überschuldet, z.B. weil ihm die Kreditlinien gekündigt werden oder Warenlieferanten die Lieferung weiterer Waren einstellen, sodass er nach einer Rücknahme des Antrags nach § 15 a InsO unmittelbar verpflichtet wäre, einen neuen Insolvenzantrag zu stellen. In diesen Fällen sei die Antragsrücknahme rechtsmissbräuchlich und damit unbeachtlich,[1155] sodass die Hinweispflicht des Insolvenzgerichts keinen Sinn mache.[1156]

417 Die gesetzliche Neuregelung sieht weder für das Eröffnungsverfahren noch für das sog. „Schutzschirmverfahren" nach **§ 270 b InsO** (vgl. Darstellung unter Rn. 418) ein Moratorium vor. Die Gläubiger können somit während dieser Phase ihre Forderungen zwar

1153 RegE-ESUG S. 58.
1154 So ausdrücklich Frind ZInsO 2011, 656, 660; auch kritisch zu dieser „goldenen Brücke" Hölzle/Pink ZIP 2011, 360, 365.
1155 BGH ZIP 2008, 1596; Hirte/Knof/Mock Der Betrieb 2011, 693, 694, 695.
1156 Hölzle NZI 2011, 124, 130; Brinkmann/Zipperer ZIP 2011, 1337, 1343.

nicht mehr vollstrecken, aber fällig stellen und so die Zahlungsunfähigkeit des Schuldners herbeiführen. Für das Unternehmen, das vor Eintritt der Zahlungsunfähigkeit einen Insolvenzantrag verbunden mit dem Antrag auf Anordnung der Eigenverwaltung gestellt hat, ist – entgegen der Intention des Gesetzgebers – die vorgesehene Rücknahmemöglichkeit des Insolvenzantrags ohne Vorteil. Die gesetzliche Neuregelung bleibt defizitär, weil dem Schuldner mit Antragstellung droht, materiell insolvent zu werden und ihm damit die Insolvenzantragspflicht des § 15 a InsO die Rücknahme des Insolvenzantrags versperrt. Schuldner, die nicht der Insolvenzantragspflicht unterfallen, müssen befürchten, dass Gläubiger Insolvenzanträge stellen.[1157]

C. Vorbereitung einer Sanierung, § 270 b InsO

Die wohl wichtigste Neuerung des ESUG ist das sog. **„Schutzschirmverfahren"** nach **418**
§ 270 b InsO.[1158] Damit soll dem Schuldner im Zeitraum zwischen dem Insolvenzeröffnungsantrag und der Verfahrenseröffnung ein eigenständiges Sanierungsverfahren zur Verfügung gestellt werden. Er soll die Chance haben, im Schutz eines besonderen Verfahrens in Eigenverwaltung einen Sanierungsplan zu erstellen, der anschließend durch einen Insolvenzplan umgesetzt werden soll. Weiterhin soll für den Schuldner ein Anreiz bestehen, frühzeitig einen Insolvenzeröffnungsantrag zu stellen, um rechtzeitig die Sanierung des schuldnerischen Unternehmens einzuleiten. Zwar werde der Antrag auf ein Verfahren nach **§ 270 b InsO** zunächst weiteren Liquiditätsbedarf herbeiführen, da die Gläubiger Kenntnis von der drohenden Zahlungsunfähigkeit erhalten und versuchen werden, ihre Forderungen fällig zu stellen oder Verträge zu kündigen. Das Verfahren biete keinen Schutz davor durch ein Moratorium, denn es sei vor allem für solche Schuldner gedacht, die sich in Abstimmung und mit Unterstützung ihrer wesentlichen Gläubiger in einem Insolvenzverfahren sanieren wollen. Dazu sei es erforderlich, im Vorfeld mit den maßgeblichen Gläubigern einen Konsens zu erzielen. Der Schuldner könne durch vorher getroffene Absprachen mit den Banken und seinen Hauptgläubigern vermeiden, dass mit der Antragstellung eine Zahlungsunfähigkeit eintritt, weil z.B. Kredite fällig gestellt werden. Könne ein solcher Konsens im Vorfeld der Antragstellung nicht gefunden werden, so sei das schuldnerische Unternehmen auch nicht für eine Sanierung im Verfahren nach **§ 270 b InsO** geeignet.[1159]

Auch fehlt eine Regelung zu **§ 321 BGB** im Rahmen des Sanierungsverfahrens. Danach **419**
kann ein Gläubiger, der nach dem Vertrag zur Vorleistung verpflichtet ist, verlangen, dass der Schuldner vorleistet oder Sicherheit stellt, falls der Gläubiger nach Abschluss des Vertrages erkennt, dass sein Anspruch auf die Gegenleistung durch mangelnde Leistungsfähigkeit des anderen Teils gefährdet ist. Unzweifelhaft besteht bei einem Unternehmen, das sich unter den Schutz der **§§ 270 a ff. InsO** begibt, „mangelnde Leistungsfähigkeit".[1160]

1157 Brinkmann/Zipperer ZIP 2011, 1337, 1344.

1158 Begrifflichkeit nach RegE-ESUG S. 29; Buchalik ZInsO 2012, 349 ff.

1159 RegE-ESUG S. 64, 65.

1160 Willemsen/Rechel BB 2012, 203, 205, 206.

Zur Sicherstellung der Sanierung des schuldnerischen Unternehmens wird eine Verpflichtung zur öffentlichen Bekanntmachung von Anordnungen im sog. „**Schutzschirmverfahren**" verneint.[1161]

I. Antrag des Schuldners auf sog. „Schutzschirmverfahren", § 270 b Abs. 1 InsO

420 Formell setzt nach **Abs. 1 S. 1, 2** die Einleitung des sog. „Schutzschirmverfahrens" voraus, dass der Schuldner einen Antrag auf

- Insolvenzeröffnung, **§ 13 InsO**,
- Eigenverwaltung, **§ 270 a InsO** und
- Bestimmung einer Frist zur Vorlage eines Insolvenzplans (in der Praxis verbunden mit dem Vorschlag zur Person eines vorläufigen Sachwalters) stellt.

Zusätzlich muss der Schuldner eine mit Gründen versehene Bescheinigung eines in Insolvenzsachen erfahrenen Steuerberaters, Wirtschaftsprüfers oder Rechtsanwalts oder einer Person mit vergleichbarer Qualifikation vorlegen, aus der sich ergibt, dass

- drohende Zahlungsunfähigkeit oder die Überschuldung
- aber keine Zahlungsunfähigkeit vorliegen und
- die angestrebte Sanierung nicht offensichtlich aussichtslos ist, **Abs. 1 S. 3**.

Hinsichtlich der erforderlichen Qualifikation weist das Gesetz die genannten Berufsgruppen mit „Erfahrung in Insolvenzsachen" aus. Wie in **§ 56 Abs. 1 InsO** lässt **Abs. 1 S. 3** offen, welche positiven Qualifikationen zu fordern sind, insbesondere, ob praktische Erfahrungen ein Qualifikationskriterium für die Aufnahme in die Vorauswahlliste sind, weiterhin, ob Erfahrungen in Insolvenzsachen nachgewiesen werden müssen. Soweit die Insolvenzgerichte zu den „Erfahrungen in Insolvenzsachen" Anforderungsprofile entwickeln, könnten diese „eigenverwaltungsfreie" Gerichtsbezirke schaffen.[1162] Die **§§ 56, 56 a InsO** sind auf die Person des **Bescheinigers** nicht analog anwendbar.[1163]

421 Die **Bescheinigung** muss Ausführungen über die Insolvenzgründe enthalten. Für den Nachweis der drohenden Zahlungsunfähigkeit wäre daher ein Liquiditätsplan und für die Überschuldung i.S.d. § 19 Abs. 2 S. 1 InsO eine negative Fortführungsprognose erforderlich. Mit dem gesetzlichen Modell der „Geeignetheit" i.S.d. **§ 305 Abs. 1 Nr. 1 InsO** will der Gesetzgeber durch die Autorenschaft von qualifizierten Berufsgruppen die Insolvenzgerichte von einer inhaltlichen Prüfung entbinden. Damit scheidet die Beauftragung eines Sachverständigen aus, die Amtsaufklärung des Gerichts wird begrenzt. Die Vorlage der Bescheinigung dient dazu, eine schnelle und unkomplizierte Einleitung des sog. **„Schutzschirmverfahrens"** herbeizuführen. Diese Zielsetzung würde unterlaufen,

1161 Zum Streitstand Keller ZIP 2012, 1895 ff.

1162 Brinkmann/Zipperer ZIP 2011, 1337, 1344.

1163 Zum Streitstand Gutmann/Laubereau ZInsO 2012, 1861, 1867 ff. m.w.N.; Pape ZInsO 2013, 2077, 2081.

wenn das Insolvenzgericht die Voraussetzungen zeit- und arbeitsaufwändig prüfen müsste.[1164]

Nach der Gesetzesbegründung wird davon abgesehen, ein umfassendes Sanierungsgutachten entsprechend bestimmten formalisierten Standards zu verlangen, da dies mit erheblichen Kosten verbunden sei und damit insbesondere kleineren und mittleren Unternehmen der Zugang zu dem Verfahren nach **§ 270b InsO** erheblich erschwert worden wäre.[1165] Die Anforderungen an den Antrag hinsichtlich der „offensichtlich nicht aussichtslosen Sanierung" sind danach nicht allzu hoch anzusetzen, insbesondere muss kein umfassendes Sanierungsgutachten erstellt werden, es muss auch nicht den Anforderungen des IDW-Standards „Anforderungen an die Erstellung von Sanierungskonzepten" (**IDW S 6**) entsprechen.

Streitig ist, welchen Inhalt die Bescheinigung i.S.d. § 270 b Abs. 1 S. 3 InsO haben muss, **422**
insbesondere „wann die angestrebte **Sanierung nicht offensichtlich aussichtslos** ist".[1166]

Inhaltlich muss sich die Bescheinigung mit der Frage befassen, dass noch keine Zahlungsunfähigkeit eingetreten ist, diese aber droht oder Überschuldung vorliegt. Weiterhin muss die Bescheinigung Ausführungen darüber beinhalten, dass eine „angestrebte Sanierung nicht offensichtlich aussichtslos ist." Der Gesetzestext indiziert eine Prüfung **unterhalb der Standards nach IDWS 6**, der ein vollständiges und umfassendes Sanierungsgutachten voraussetzt.

In der Praxis ist eine sichere Prüfung der Zahlungsunfähigkeit nur durch Erstellung eines Liquiditätsstatus und eines Liquiditäts-/Finanzplans möglich. Es wird ergänzend auf die IDW S 1-Beurteilung des Vorliegens von Insolvenzeröffnungsgründen zur Prüfung eingetretener oder drohender Zahlungsunfähigkeit bei Unternehmen vom 05.03.2015 verwiesen.[1167]

Zur Prüfung der „nicht offensichtlichen Aussichtslosigkeit der angestrebten Sanierung" wird auf die Prüfungsstandards im **IDW S 9** Bezug genommen.[1168]

Unabdingbare Voraussetzung sollte jedoch sein, dass die Bescheinigung verlässlich und hinreichend begründet wird, um dem Insolvenzgericht eine hinreichende Prüfungsgrundlage für eine Plausibilitätskontrolle zu bieten.[1169] Dennoch wird aus den vorgenannten Gründen überwiegend befürchtet, dass die Bescheinigungen inhaltlich wenig aussagekräftig sein werden und die Kontrollbefugnisse hinsichtlich des Sanierungserfolgs durch amtswegige Ermittlungen dem Insolvenzgericht verwehrt sind.[1170]

1164 Kritisch dazu Hölzle ZIP 2012, 158, 160, 161.

1165 RegE-ESUG S. 62, 63.

1166 AG Erfurt ZInsO 2012, 944; Kraus/Lenger/Radner ZInsO 2012, 587, 588 ff.; Gutmann/Labereau ZInsO 2012, 1861 ff.

1167 Steffan/Solmecke ZInsO 2015, 1365 ff.; BGH ZIP 2014, 1289 ff. – Berücksichtigung künftiger Forderungen bei der Beurteilung der Zahlungsunfähigkeit; Sikora NWB 2012, 308 ff.; Neu/Ebbinghaus ZInsO 2012, 2229 ff.; Plagens/Wilkens ZInsO 2010, 2107 ff.; weiterhin auf die IDW – Empfehlungen zur Prüfung der Sanierung von Unternehmen (FAS Sanierung und Insolvenz FN - IDW S 6 Heft 2012, 719 ff.; Prütting ZIP 2013, 203 ff.; Pohl ZInsO 2011, 207 ff.; Greil/Herden ZInsO 2011,109, 111; Krystek/Klein Der Betrieb 2010, 1769 ff.; 1837 ff.

1168 Finale Fassung zum 01.01.2015; Steffan/Solmecke ZInsO 2015, 1365 ff.; zum Inhalt der Bescheinigung im Übrigen Hermanns ZInsO 2014, 922 ff.; Frind ZInsO 2012, 540 ff.; Kraus/Lenger/Radner ZInsO 2012, 587 ff.; vgl. auch www. bdu. De.

1169 Desch BB 2011, 841; Richter/Pernegge BB 2011, 876, 879.

1170 Schröder/Schulz ZIP 2017, 1096 ff. – Anforderungen an die Person des Ausstellers.

Liegen die Voraussetzungen des **Abs. 1 S. 1, 3** vor, hat das Insolvenzgericht die Eigenverwaltung anzuordnen und eine Frist von bis zu drei Monaten für die Vorlage eines Insolvenzplans zu bestimmen, **Abs. 1 S. 2**. In Bezug auf die Länge der Frist hat sich das Insolvenzgericht an der Komplexität des schuldnerischen Unternehmens und der Gläubigerstruktur zu orientieren, was ein entsprechendes Fachwissen der Insolvenzrichter und zukünftig auch erhöhte Anforderungen voraussetzt (vgl. zu **§ 22 Abs. 6 S. 2 GVG**[1171]).

II. Bestellung eines vorläufigen Sachwalters, § 270 b Abs. 2 InsO

423 In dem Beschluss über die Anordnung der Eigenverwaltung bestellt das Insolvenzgericht zugleich einen vorläufigen Sachwalter nach **§ 270 a Abs. 2 S. 1 InsO**, der – nach der Begründung des Rechtsausschusses des Bundestages zur Klarstellung[1172] – **personenverschieden** von dem Aussteller der Bescheinigung nach **Abs. 1 S. 3** zu sein hat, um die vom Sachwalter nach **§ 270 a Abs. 1 S. 2 InsO** i.V.m. §§ 274, 56 InsO verlangte Unabhängigkeit zu gewährleisten, **S. 1**.[1173]

Aufgrund fehlender gesetzlicher Regelung ist streitig, ob der Beschluss zur Anordnung des sog. **„Schutzschirmverfahrens“** zu veröffentlichen ist.[1174] Die Voraussetzungen des § 23 Abs. 1 InsO liegen nicht vor, da kein sog. „starker“ oder „schwacher“ vorläufiger Insolvenzverwalter bestellt worden ist. Die Gesetzesbegründung geht offensichtlich von einer Veröffentlichung aus, wenn ausgeführt wird, dass die Gläubiger ihre Forderungen fällig stellen könnten, wenn sie Kenntnis von der drohenden Zahlungsunfähigkeit erlangen.

Im Rahmen der von dem Insolvenzgericht gesetzten Frist, sog. „Schutzschirm“, soll der Schuldner die Planungssicherheit erhalten, die Sanierung durch das Insolvenzplanverfahren mit einer Person seines Vertrauens vorbereiten zu können. Damit kann der Schuldner einen Planersteller beauftragen und die Kosten bezahlen, was auf der bei ihm verbliebenen Verwaltungs- und Verfügungsbefugnis beruht. Das sog. „Schutzschirmverfahren“ hat damit für den Schuldner gegenüber der vorläufigen Eigenverwaltung den Vorteil, dass er selbst, zunächst ohne Beteiligung der Gläubiger, den vom Gericht einzusetzenden vorläufigen Sachwalter vorschlagen kann.

424 Das Vorschlagsrecht des Schuldners nach **§ 270 b Abs. 2 S. 1 InsO** ist die speziellere Norm gegenüber den allgemeinen Regeln zur Bestimmung des vorläufigen Sachwalters nach **§ 270 a Abs. 1 i.V.m. §§ 274 Abs. 1, 56 InsO**.[1175]

Von dem Vorschlag des Schuldners kann das Insolvenzgericht nur abweichen, wenn die vorgeschlagene Person offensichtlich für die Übernahme des Amtes nicht geeignet ist, was in der Praxis eher selten vorkommen dürfte, **S. 2 Hs. 1**.[1176] Vor der Einsetzung eines anderen vorläufigen Sachwalters hat das Insolvenzgericht dem Schuldner Gelegenheit

1171 Hirte ZInsO 2011, 401, 403.

1172 BT-Drucks.17/7511 zu Nr. 46.

1173 Ehlers ZInsO 2015, 1417 ff.

1174 Hirte ZInsO 2011, 401, 404; Desch BB 2011, 401, 404 m.w.N.

1175 Pape ZInsO 2011, 2154, 2158; Urlaub ZIP 2011, 1040, 1043.

1176 Frind ZInsO 2013, 59 ff.; 2010, 1524, 1529.

zu geben, einen anderen Vorschlag zu machen. Die Bestellung einer anderen Person ist vom Insolvenzgericht im Beschluss zu begründen, damit die Gläubiger in Kenntnis dieser Umstände nach Eröffnung des Verfahrens entscheiden können, ob eine Abwahl des gerichtlich bestellten und Neuwahl des vorgeschlagenen Sachwalters nach §§ 274, 56 InsO in Betracht kommt, **S. 2 Hs. 2**. Nach **§ 270 b Abs. 2 S. 1 InsO** ist als unterste Grenze der Prüfung der Unabhängigkeit geregelt, dass der vorläufige Sachwalter vom Aussteller der Bescheinigung **„personenverschieden"** zu sein hat.

Nach wohl h.M. soll jedenfalls **nicht** zum vorläufigen Sachwalter bestellt werden, wer das Schuldnerunternehmen vorgerichtlich insolvenzrechtlich beraten hat oder mit der Erstellung eines Sanierungskonzepts beauftragt war.[1177] Auch die Beauftragung des vorläufigen Sachwalters mit Beratungsleistungen durch den eigenverwaltenden Schuldner ist unwirksam.[1178]

Auch darf **keine** Kanzleiverbindung zwischen vorläufigen Sachwalter und Bescheiniger bestehen. Die weit verbreiteten gegenseitigen Kopplungsgeschäfte mit der Maßgabe: „A berät und schlägt B als Bescheinigung vor, beide empfehlen C dem Schuldner als vorläufigen Sachwalter – das nächste Mal läuft es umgekehrt –" sind dagegen nicht ausgeschlossen. **425**

Es wird insoweit die Verwendung eines standardisierten Fragebogens, der die wichtigsten, regelhaften Inhabilitätsprobleme enthält, vorgeschlagen. Erfragt werden sollte insbesondere, in welcher bisherigen Geschäftsbeziehung der vorgeschlagene Verwalter zu Schuldnerunternehmen und vorgeschlagenen Gläubigern sowie zu den Beratern stand, mit Ausweitung der Frage auf beiderseits „nahe stehende Personen und Unternehmen" i.S.d. §§ 138 InsO, 45 Abs. 3 BRAO.[1179]

Während des Laufes der Frist, dem sog. **„Schutzschirmverfahren",** kann das Insolvenzgericht weder einen vorläufigen Insolvenzverwalter mit oder ohne Zustimmungsvorbehalt bestellen – arg. kein Verweis auf § 21 Abs. 2 Nr.1 und 2 in **§ 270 a Abs. 2 S. 3 InsO**[1180] –, noch ein allgemeines Verfügungsverbot anordnen, auch darf es keinen Sachverständigen bestellen, **S. 3**. **426**

Das Anordnungsermessen des Insolvenzgerichts ist auf die Sicherungsmaßnahmen nach **§ 21 Abs. 1, 2 S. 2 Nr. 1a, 3 und 5 InsO** beschränkt, es hat Maßnahmen nach **§ 21 Abs. 2 S. 1 Nr. 3 anzuordnen**, wenn der Schuldner dies beantragt. Das könnte zur Flucht unter den sog. „Schutzschirm" einladen, gegebenenfalls mit der Folge, dass das letzte Vermögen des Schuldners der Haftungsmasse entzogen wird.[1181] In Bezug auf die konkrete Wahl der Sicherungsmaßnahme hat das Insolvenzgericht jedoch ein Auswahlermessen.[1182]

Die Anordnung einer Postsperre nach § 21 Abs. 1 S. Nr. 4 InsO erschwert es dagegen dem Schuldner, den Betrieb fortzuführen.

1177 Kübler/Prütting/Bork/Hofmann § 6 Rn. 16, 19; Frind ZInsO 2014, 119, 130 m.w.N.

1178 OLG Dresden ZInsO 2015, 1937 m. Anm. Vill 2245 ff.

1179 Vgl. zum Fragenkatalog im Einzelnen Frind ZInsO 2014, 119, 131; zur Vergütung des Sachwalters BGH ZInsO 2016, 1981; 1637; Haarmeyer/Mock ZInsO 2016, 1829 ff.; dies. ZInsO 2016, 1 ff.

1180 Desch BB 2011, 841, 842.

1181 Brinkmann/Zipperer ZIP 2011, 1337, 1345.

1182 MK-Haarmeyer InsO § 21 Rn. 74.

Nach § 21 Abs. 1 S. 2 InsO steht dem Schuldner ein Beschwerderecht gegen vorläufige Maßnahmen des Insolvenzgerichts zu.

III. Begründung von Masseverbindlichkeiten, § 270 b Abs. 3 InsO

427 Nach der Begründung des Rechtsausschusses des Bundestages soll es dem eigenverwaltenden Schuldner in dem Verfahren nach **§ 270 b InsO** ermöglicht werden, im Interesse der Betriebsfortführung – wie der vorläufige Insolvenzverwalter im Insolvenzeröffnungsverfahren nach **§ 55 Abs. 2 InsO** – Masseverbindlichkeiten zu begründen, um für Vertrauen im Geschäftsverkehr zu werben. Der Schuldner müsse in der besonders kritischen Phase der Unternehmenssanierung dadurch unterstützt werden, dass ihm die Möglichkeit eröffnet wird, über eine Anordnung des Insolvenzgerichts quasi in die Rechtsstellung eines sog. „starken vorläufigen Insolvenzverwalters" einzurücken. Liegen die allgemeinen Voraussetzungen für die Anordnung eines Verfahrens nach **§ 270 b InsO** vor, so hat das Gericht den Schuldner auf seinen Antrag hin mit dieser Befugnis auszustatten. Der eigenverwaltende Schuldner habe bei der Antragstellung abzuwägen, ob es in der konkreten Situation der Vorbereitung einer Sanierung sinnvoller ist, beim Insolvenzgericht Einzelermächtigungen zur Begründung von Masseverbindlichkeiten anzuregen oder von der Möglichkeit Gebrauch zu machen, sich mit einer globalen Ermächtigung ausstatten zu lassen. Mit dem neuen **Abs. 3** werde es bei Vorliegen eines Schuldnerantrags dem Insolvenzgericht ermöglicht, die Verfügungsbefugnis ausschließlich beim Schuldner zu konzentrieren und den vorläufigen Sachwalter lediglich auf eine Überwachungsfunktion zu begrenzen. Da beim Schuldner noch keine Zahlungsunfähigkeit vorliege, sei es gerechtfertigt, die Verfügungsbefugnis so auszugestalten, wie sie im Interesse einer möglichst optimalen Sanierung am sinnvollsten sei.[1183]

Nach der gesetzlichen Neuregelung hat das Insolvenzgericht ohne jede Prüfungsbefugnis dem Schuldner die Möglichkeit zur Begründung von Masseverbindlichkeiten, unbeschränkt, einzuräumen. In diesem Zusammenhang ist streitig, ob der Schuldner gegenüber jedem Lieferanten im Schutzschirmverfahren Masseverbindlichkeiten begründet oder nur im Einzelfall, was für die Gläubiger zu Rechtsunsicherheit führt.[1184] Die Rechtsmacht des Schuldners erstreckt sich auch auf Geschäfte nach **§ 275 InsO**.[1185]

Soweit Masseverbindlichkeiten begründet worden sind, besteht das Risiko, dass diese nach Eröffnung des Verfahrens nicht (vollständig) bezahlt werden können, da zwischenzeitlich Masseunzulänglichkeit, § 208 InsO, eingetreten ist. Auch besteht eine insolvenzgerichtliche Aufsicht nach § 58 InsO nur gegenüber dem vorläufigen Sachwalter, §§ 270 a, 274 Abs. 1 InsO.

Nach **§ 270 b Abs. 3 S. 2 InsO** wird die Umsatzsteuer immer zur Masseverbindlichkeit, wenn sie im Schutzschirmverfahren begründet wurde.[1186]

1183 BGH ZIP 2016, 1295 ff.; BT-Drucks.17/7511 zu Nr. 46; Klinck ZIP 2013, 853 ff.; Geißler ZInsO 2013, 531 ff.

1184 Geißler ZInsO 2013, 531, 536; Klinck ZInsO 2014, 365, 366 ff.; Marotzke Der Betrieb 2013, 1283, 1287.

1185 Buchalik ZInsO 2012, 349, 354; zur Systematik und Auswirkungen auf die Insolvenzgeldsicherung Geißler ZInsO 2013, 531 ff.

1186 Klusmeier ZInsO 2014, 488, 490.

IV. Beendigung des sog. „Schutzschirmverfahrens", § 270 b Abs. 4 InsO

1. Ablauf der Frist zur Vorlage des Insolvenzplans, § 270 b Abs. 4 S. 3 Alt. 2 InsO

Nach Ablauf der Frist entscheidet das Insolvenzgericht, ob ein Insolvenzverfahren eröffnet werden soll, **S. 3 Alt. 2** Soweit ein Sanierungsplan i.S.d. „pre-packaged-plans" ausgearbeitet wurde, kann dann entsprechend ein Insolvenzplanverfahren eingeleitet werden, im Übrigen kann auch – bei Vorliegen der entsprechenden Voraussetzungen – zur Eigenverwaltung übergegangen werden. Der vom Schuldner ausgewählte vorläufige Sachwalter des sog. **„Schutzschirmverfahrens"** muss nicht zwangsläufig zum Sachwalter bestellt werden. Es ist vielmehr der vorläufige Gläubigerausschuss anzuhören, der auch bei der Eigenverwaltung von seinem Vorschlagsrecht nach § 274 InsO i.V. m **§ 56 a InsO** Gebrauch machen kann.[1187] **428**

Allerdings wird sich die Relativierung der bisher streng gehandhabten Unabhängigkeit des Sachwalters fortsetzen. Gläubiger dürfen sich an der Auswahl nach § 274 InsO i.V.m **§ 56 a Abs. 1 InsO** nur durch Äußerungen zur Person des Sachwalters beteiligen, soweit dies nicht offensichtlich zu einer nachteiligen Veränderung der Vermögenslage des Schuldners führt. Das Insolvenzgericht ist auch nur an eine einstimmige Wahl durch den vorläufigen Gläubigerausschuss nach § 274 InsO i.V.m **§ 56 a Abs. 2 InsO** gebunden. Schon aufgrund des erheblichen Zeitdrucks wird der vom Schuldner vorgeschlagene vorläufige Sachwalter als endgültiger Sachwalter, bzw. Insolvenzverwalter weiterbestellt, da er im Rahmen der Sanierung die wirtschaftlichen Verhältnisse des Schuldners kennt und in den Vorgang umfassend eingearbeitet ist. Das hätte zur Folge, dass der an der Übernahme solcher Aufträge interessierte Sachwalter künftig bei den Organen der sich in der Krise befindlichen Unternehmen um das „Mandat als Sachwalter" werben müsste, was mit der Unabhängigkeit des Amtes kaum vereinbar sei.[1188] **429**

2. Aufhebung der Anordnung vor Fristablauf, § 270 b Abs. 4 S. 3 Alt. 1 InsO

Nach Abs. 4 S. 1 ist die Anordnung nach **Abs. 1, 2** vor Fristablauf vom Insolvenzgericht aufzuheben, wenn **430**

- die angestrebte Sanierung aussichtslos geworden ist **(Nr.1)**,
- der vorläufige Gläubigerausschuss die Aufhebung beantragt **(Nr. 2)** oder
- bei Fehlen eines vorläufigen Gläubigerausschusses ein absonderungsberechtigter Gläubiger oder Insolvenzgläubiger dies beantragt und Umstände bekannt werden, dass die Fortführung der Eigenverwaltung zu Nachteilen für die Gläubiger führt; der Antrag ist nur zulässig, wenn ein vorläufiger Gläubigerausschuss bestellt ist und die Umstände vom Antragsteller glaubhaft gemacht werden **(Nr. 3)**.

1187 Hirte/Knof/Mock Der Betrieb 2011, 693, 696.

1188 Desch BB 2011, 841, 843; Urlaub ZIP 2011, 1040, 1043.

431 Der Rechtsausschuss des Bundestages hat den noch in der Gesetzesbegründung vorgesehenen Fall, dass das sog. **„Schutzschirmverfahren"** zwingend zu beenden ist, wenn der Schuldner nach dessen Anordnung zahlungsunfähig wird, gestrichen. Er hat sich der in der Lit. geäußerten Kritik[1189] angeschlossen und zur Begründung ausgeführt, dass die vorgesehene gesetzliche Regelung einem einzelnen Gläubiger ermögliche, das Verfahren zu torpedieren, auch wenn die Sanierungsversuche durch die Gläubigermehrheit unterstützt werden. Einzelne Gläubiger, insbesondere Kreditinstitute könnten sich bei Stellung eines Insolvenzantrags wegen drohender Zahlungsunfähigkeit auf ein Kündigungsrecht wegen einer wesentlichen Verschlechterung der Vermögensverhältnisse berufen und damit sofort Zahlungsunfähigkeit des Schuldners herbeiführen. Entgegen der Intention des Regierungsentwurfs würde es letztlich von einzelnen Gläubigern abhängen, ob ein sog. **„Schutzschirmverfahren"** durchgeführt werden könne, das Verfahren werde in seiner Planbarkeit für den sanierungswilligen Schuldner erheblich entwertet.[1190]

Um die erforderliche Aufsicht durch das Insolvenzgericht sicherzustellen, ist die Anzeigepflicht des Schuldners bzw. des vorläufigen Sachwalters in Bezug auf den Eintritt der Zahlungsunfähigkeit in **Abs. 4 S. 2** beibehalten. Eine Verletzung dieser Anzeigepflicht ist nicht sanktioniert. Auch scheidet eine Schutzgesetzqualität des **Abs. 4 S. 2** aus, da mit der Anordnung des sog. „Schutzschirmverfahrens" bereits eine Massesicherung erreicht wird. Davon unberührt bleibt die allgemeine Haftung des vorläufigen Sachwalters nach §§ 274 Abs. 1, 60 InsO.

432 Nach **Nr. 1** wird das Verfahren aufgehoben, wenn die **angestrebte Sanierung aussichtslos** geworden ist. Gegenüber den Voraussetzungen der Beantragung des sog. „Schutzschirmverfahrens", wonach die angestrebte Sanierung nicht offensichtlich aussichtslos ist, wird somit bei der Aufhebung ein niedrigerer Maßstab zu Grunde gelegt. Nach der Gesetzesbegründung soll eine Aussichtslosigkeit zum Beispiel dann vorliegen, wenn die Bank, mit der der Schuldner über eine weitere Finanzierung verhandelt hat, die Verhandlungen endgültig abbricht und damit für ihn keine Möglichkeit mehr besteht, an neues Kapital zu gelangen.[1191] Eine Anzeigepflicht hinsichtlich der Aussichtslosigkeit besteht, anders als bei dem Eintritt der Zahlungsunfähigkeit, nicht.

433 Nach **Nr. 2** hebt das Insolvenzgericht die Anordnung auf, wenn der **vorläufige Gläubigerausschuss** dies beantragt. Das Gesetz sieht kein Einstimmigkeitserfordernis vor, sodass eine Kopfmehrheit ausreichend ist. Weiterhin ist eine Begründung nicht erforderlich. Das Insolvenzgericht hat dem ohne weitere Prüfung zu folgen. Dies birgt für den Schuldner ein nicht unerhebliches Risiko der Aufhebung der Anordnung des sog. **„Schutzschirmverfahrens"**. Er wird sich daher im Vorfeld mit den möglichen Ausschussmitgliedern abstimmen müssen, was ohnehin im Hinblick auf den Schuldnerantrag auf Eigenverwaltung nach **§ 270a Abs. 1 InsO** – nicht offensichtlich aussichtslos – sinnvoll ist. Der Schuldner muss, auch in Bezug auf den von ihm vorgeschlagenen vorläufigen Sachwalter, jedenfalls sicherstellen, dass der Gläubigerausschuss nicht aktiv mit Kopfmehrheit die Aufhebung des sog. **„Schutzschirmverfahrens"** betreibt.

1189 Desch BB 2011, 841, 843; Brinkmann/Zipperer ZIP 2011, 1337, 1345 Fn. 53 m.w.N.

1190 BT-Drucks.17/7511 zu Nr. 46.

1191 RegE-ESUG S. 63.

Nach **Nr. 3** hebt das Insolvenzgericht die Anordnung – wenn kein vorläufiger Gläubigerausschuss bestellt ist – auf, wenn ein **absonderungsberechtigter Gläubiger oder Insolvenzgläubiger** dies beantragt und Umstände glaubhaft macht, die erwarten lassen, dass die Anordnung zu Nachteilen für die Gläubiger führen wird. Auch insoweit besteht für den Schuldner das Risiko der Aufhebung der Anordnung, wenn einzelne obstruierende Gläubiger ihren Lästigkeitswert ausspielen. **434**

Nach Aufhebung der Anordnung des sog. **„Schutzschirmverfahrens"** soll nach der Gesetzesbegründung zunächst das Eröffnungsverfahren fortgeführt werden. Mit der Aufhebung wird auch die Frist zur Vorlage des Insolvenzplans aufgehoben und die Einsetzung des vom Schuldner vorgeschlagenen vorläufigen Sachwalters, wie sich aus der Gesetzesbegründung, „wonach wieder alle im Eröffnungsverfahren bestehenden Optionen zur Verfügung stehen sollen", ergibt.[1192] Zu berücksichtigen ist jedoch, dass das Insolvenzgericht nicht automatisch einen vorläufigen Insolvenzverwalter einsetzen kann, da auch nach Aufhebung des sog. „Schutzschirmverfahrens" es sich bei dem andauernden Eröffnungsverfahren um ein vorläufiges Eigenverwaltungsverfahren handelt, für das **§ 270a Abs. 1 InsO** maßgebend ist. Anderenfalls stünde der Schuldner schlechter da, als wenn er allein die Eigenverwaltung beantragt und dann einen Plan während der vorläufigen Eigenverwaltung ausgearbeitet hätte.[1193] **435**

D. Bestellung des Sachwalters, § 270 c InsO

Die Vorschrift entspricht inhaltlich der bisherigen Regelung des § 270 Abs. 3 InsO. **436**

E. Nachträgliche Anordnung der Eigenverwaltung, § 271 InsO

Nach bisheriger Rechtslage ist eine Anordnung der Eigenverwaltung nach Eröffnung des Insolvenzverfahrens – und damit nach Bestellung eines Insolvenzverwalters – nur dann möglich, wenn das Insolvenzgericht zunächst einen Antrag des Schuldners auf Eigenverwaltung abgelehnt hat, die erste Gläubigerversammlung jedoch eine Eigenverwaltung beantragt, § 271 InsO. Weiterhin ist umstritten, ob das Insolvenzgericht auch nachträglich die Eigenverwaltung anordnen kann, wenn vor Eröffnung des Insolvenzverfahrens kein Antrag des Schuldners auf Eigenverwaltung gestellt – und somit auch keiner abgelehnt wurde.[1194] **437**

Mit der gesetzlichen Neuregelung ist eine nachträgliche Anordnung der Eigenverwaltung auch in solchen Fällen möglich, in denen der Schuldner einen entsprechenden Antrag nicht bereits vor Eröffnung des Insolvenzverfahrens gestellt hatte, sofern sich Schuldner und Gläubigerversammlung über die Fortsetzung des Verfahrens in Eigenverwaltung einig sind. Entsprechend § 57 InsO ist neben der Summenmehrheit der abstimmenden Gläubiger nach § 76 Abs. 2 InsO auch eine Kopfmehrheit der abstimmenden Gläubiger für einen Beschluss erforderlich, **S. 1**. Damit soll dem Interesse der Gläubigergesamtheit Rechnung getragen und sichergestellt werden, dass die Eigenverwal-

1192 RegE-ESUG S.63.

1193 Siemon/Klein ZInsO 2012, 2009 ff. – Haftung des Sanierungsgeschäftsführers; Desch BB 2011, 841, 844, 845.

1194 MK-Wittig/Tetzlaff InsO § 271 Rn. 10 m.w.N.

tung nicht durch wenige Großgläubiger oder eine geschickt agierende Kleingläubigergruppe beherrscht wird.[1195]

Nach **S. 2** kann der bisherige Insolvenzverwalter zum Sachwalter bestellt werden.

F. Aufhebung der Anordnung der Eigenverwaltung, § 272 Abs. 1 Nr. 1, 2, Abs. 2 InsO

438 Durch die Änderung des **Abs. 1 Nr. 1** wird – entsprechend **§ 271 InsO** – aus den dortigen Erwägungen neben der Summenmehrheit auch eine Kopfmehrheit der abstimmenden Gläubiger verlangt.

Darüber hinaus hat eine Aufhebung auch dann zu erfolgen, wenn ein einzelner Gläubiger dies beantragt, die Voraussetzung des **§ 270 Abs. 2 Nr. 2 InsO** weggefallen ist und dem Antragsteller durch die Eigenverwaltung erhebliche Nachteile drohen, **Abs. 1 Nr. 2**. Nach dem eindeutigen Wortlaut der gesetzlichen Neuregelung muss dem einzelnen Gläubiger ein individueller Nachteil drohen. Dies soll im Vergleich zu **§ 270 Abs. 2 Nr. 2 InsO** eine höhere Schwelle darstellen. Da das Insolvenzgericht nach seiner Prüfung der Gläubigerinteressen zunächst die Eigenverwaltung angeordnet habe, sei es im Interesse der Planungssicherheit geboten, höhere Anforderungen an die Beendigung der Eigenverwaltung auf Begehren eines einzelnen Gläubigers zu stellen.[1196]

Abs. 2 S. 1 ist eine Ergänzung zu den Änderungen nach **Abs. 1 Nr. 2**.

G. Rechtsstellung des Sachwalters, § 274 InsO

439 Mit der gesetzlichen Neuregelung wird durch den Bezug auf **§§ 27 Abs. 2 Nr. 5, 54 Nr. 2 InsO** klargestellt, dass das Insolvenzgericht auch bei der Eigenverwaltung eine Abweichung von einem Vorschlag des vorläufigen Gläubigerausschusses zur Person des Sachwalters im Eröffnungsbeschluss schriftlich zu begründen hat.

H. Mitwirkung der Überwachungsorgane, § 276 a InsO

§ 276 a InsO ist nicht auf das Eigenverwaltungseröffnungsverfahren/Schutzschirmverfahren anwendbar, da die §§ 270 a, 270 b InsO nicht auf § 276 a InsO verweisen. Erst im **eröffneten Verfahren** gilt ein Vorrang des Insolvenzrechts vor gesellschaftsrechtlichen Bestimmungen.[1197]

440 § 276 a InsO betrifft nur das Verhältnis der Gesellschafterversammlung zur Geschäftsführung, dagegen nicht das Verhältnis der Gesellschafter zueinander. Die Gesellschafterversammlung kann keinen Einfluss auf die Geschäftsführung des Schuldners nehmen, insbesondere nicht durch Beschluss anweisen, bestimmte Maßnahmen zu ergreifen, z.B. den Antrag auf Einstellung des Verfahrens nach § 212 InsO zu stellen.[1198]

1195 RegE-ESUG S. 64; MK-Wittig/Tetzlaff InsO § 271 Rn. 15 m.w.N.

1196 RegE-ESUG S. 65.

1197 Meyer ZInsO 2013, 2361, 2363; Klöhn NZG 2013, 81, 83.

1198 Meyer a.a.O.

Nach der Gesetzesbegründung sollen die Überwachungsorgane bei der Eigenverwaltung im Wesentlichen keine weitergehenden Einflussmöglichkeiten auf die Geschäftsführung haben als im Falle einer Bestellung eines Insolvenzverwalters.

Danach sollen bei juristischen Personen oder Personen ohne Rechtspersönlichkeit der Aufsichtsrat, die Gesellschafterversammlung oder entsprechende Organe keinen Einfluss auf die Geschäftsführung des Schuldners nehmen können, **S. 1**.

Andererseits wird die Eigenverwaltung bei einer Gesellschaft nicht für eine bestimmte natürliche Person als Geschäftsführer angeordnet, sondern sie betrifft die jeweilige Geschäftsleitung der insolventen Gesellschaft. Um einen missbräuchlichen Austausch der Geschäftsleitung zu verhindern und die Unabhängigkeit der Geschäftsleitung von den übrigen Gesellschaftsorganen zu stärken, ist die Abberufung und Neubestellung von Mitgliedern der Geschäftsleitung jedoch nur mit Zustimmung des Sachwalters wirksam, **S. 2**. Diese ist allerdings schon immer dann zu erteilen, wenn die Maßnahme nicht zu Nachteilen für die Gläubiger führt, **S. 3**.

Unabhängig von **§ 276 a InsO** kann jedoch immer ein gesellschaftsrechtlich zulässiger Beschluss der Anteilsinhaber über den Austausch der Geschäftsleitung wie jede andere gesellschaftsrechtliche Maßnahme auch in den **Insolvenzplan** aufgenommen werden.[1199]

Ziel der Beschränkungen nach **§ 276 a InsO** ist es, das Verhältnis zwischen den gesell- **441**
schafts- und den insolvenzrechtlichen Überwachungsorganen eindeutig zu beschreiben, um etwaige Kompetenzkonflikte zu vermeiden.[1200] Es bleibt jedoch unklar, ob nur direkte Weisungsrechte bzw. Mitbestimmungsrechte – wie etwa die aktienrechtlichen Zustimmungserfordernisse der Hauptversammlung – oder auch allgemeine Prüfungs- und Auskunftsrechte erfasst werden sollen, wie sie für diese Organe bestehen. Ebenfalls nicht eindeutig geregelt ist, ob die Beschränkungen des **§ 276 a InsO** auch für die gesellschaftsrechtlichen Minderheitenrechte oder entsprechende Kontroll- und Einsichtsrechte – Kontrollrecht der Gesellschafter einer OHG, § 118 HGB, einer KG, § 166 HGB, oder einer GmbH, § 51 GmbHG – gelten, die letztlich auch der Beeinflussung der Geschäftsleitung durch deren Überwachung dienen. Vor dem Hintergrund der mit **§ 276 a InsO** beabsichtigten eindeutigen Kompetenzabgrenzung ist wohl im Ergebnis eine Beschränkung der Prüfungs- und Auskunftsrechte der anderen Gesellschaftsorgane und etwaiger Minderheitsgesellschafter anzunehmen, insbesondere weil die Gesetzesbegründung keine entsprechende zusätzliche Überwachung neben den insolvenzrechtlichen Überwachungsorganen für erforderlich hält. Vor diesem Hintergrund werden Bedenken geäußert, ob diese Einschätzung zutreffend ist, weil eine auf die Interessen der Gläubiger angelegte insolvenzrechtliche Überwachung der Geschäftsleitung nicht auch auf die Interessen der Minderheitsgesellschafter ausgerichtet ist.[1201]

1199 RegE-ESUG S. 66.

1200 RegE-ESUG S. 65; vgl. auch Kübler/Prütting/Bork-Pape InsO § 270 Rn. 44, 48 ff. m.w.N.

1201 Schmidt BB 2011, 1603, 1606, 1607; Hirte/Knof/Mock Der Betrieb 2011, 693, 697.

7. Abschnitt: Besondere Verfahrensarten

A. Das Verbraucherinsolvenzverfahren, §§ 304–311 InsO

442 Nach **§ 304 InsO** ist **Abgrenzungskriterium** für das **Regelinsolvenzverfahren** zum **Verbraucherinsolvenzverfahren** die Ausübung einer **selbstständigen wirtschaftlichen Tätigkeit**, die **Anzahl** der **Gläubiger – 20 –, § 304 Abs. 2 InsO**, sowie weiterhin, ob Verbindlichkeiten aus früheren oder gegenwärtigen **Arbeitsverhältnissen** bestehen, worunter auch die nach § 187 SGB III auf die Bundesanstalt für Arbeit übergegangenen Forderungen fallen.

Streitig ist, ob unter „Forderungen aus Arbeitsverhältnissen" auch Sozialversicherungsforderungen und Steuerforderungen fallen.[1202]

Maßgeblich sind die Verhältnisse zum Zeitpunkt der Antragstellung, vgl. **§ 304 Abs. 2 InsO**.[1203]

Nach dem Willen des Gesetzgebers soll das Gericht ein Regelinsolvenzverfahren eröffnen, wenn ihm keine Tatsachen bekannt sind, aus denen sich ergibt, dass der Schuldner trotz seiner früheren unternehmerischen Tätigkeit ausnahmsweise dem Verbraucherinsolvenzverfahren zuzuordnen ist. Wird das auf Antrag des Schuldners eröffnete Verbraucherinsolvenzverfahren in ein Regelinsolvenzverfahren übergeleitet, hat der Schuldner hiergegen das Rechtsmittel der sofortigen Beschwerde.[1204]

Die allgemeinen Vorschriften der InsO kommen daher nur zur Anwendung, wenn die **§§ 305 ff. InsO** nichts anderes bestimmen, **§ 304 Abs. 1 InsO**.[1205]

Das Verbraucherinsolvenzverfahren gliedert sich bei Antragstellung durch den Schuldner in **drei Stufen:**

I. Außergerichtliche Schuldenbereinigung

443 Zunächst muss eine **außergerichtliche Einigung** zwischen dem Schuldner und seinen Gläubigern über die Schuldenbereinigung auf der Grundlage eines sog. **Schuldenbereinigungsplans** versucht werden, **§ 305 Abs. 1 Nr. 1 InsO**.[1206]

Auf der Grundlage des **§ 305 Abs. 5 S. 1 InsO** ist die Verordnung zur Einführung von Vordrucken für das Verbraucherinsolvenzverfahren und das Restschuldbefreiungsverfahren vom 17.02.2002 am 01.03. 2002 in Kraft getreten.[1207]

Es ist **streitig**, ob im Schuldenbereinigungsverfahren ein sog. **„Null-"/„Fast-Null-Plan"** (keine Mindestquote) zulässig ist.
Nach h.M.[1208] sind sog. **„Null-Pläne"** und sog. **„flexible Null-Pläne"**, in denen der Schuldner sich verpflichtet, über einen bestimmten Zeitraum an die Gläubiger Abtretungsbeträge zu leisten, sofern sich seine wirtschaftliche Situation verbessert und er ein

---

1202 Bejahend h.M.; Kübler/Prütting § 304 Rn. 16; Pape ZIP 2002, 225; a.A. Kohte ZInsO 2002, 53.

1203 BGH ZInsO WM 2002, 2525: Betreiben einer Zahnarztpraxis.

1204 BGH ZInsO 2016, 1752; 2013, 1100, 1101.

1205 Pape/Pape InsO 2017, 793 ff.

1206 AG Darmstadt ZInsO 2012, 2261.

1207 Zum Zwang der Verwendung der Formulare BGH NJW 2003, 1187.

1208 BGH WM 2004, 2496; vgl. zum Streitstand MK-Ott/Vuia § 305 Rn. 65 ff.

pfändbares Einkommen erzielt, mit der **Insolvenzordnung** zu **vereinbaren**. Das Verbot von „Null-Plänen" könne weder aus dem Befriedigungszweck der Insolvenzordnung noch aus dem Gebot einer angemessenen Gläubigerbefriedigung abgeleitet werden. Der Gesetzgeber habe bewusst auf die Einführung von Mindestquoten verzichtet, sodass derartige Quoten auch nicht durch die Gerichte im Wege der Rechtsfortbildung eingeführt werden könnten.
Nach a.A. soll sich aus dem Gebot einer „angemessenen Schuldenbereinigung" i.S.d. § 305 Abs. 1 Nr. 4 InsO ein Indiz für die Unzulässigkeit von sog. „Null-Plänen" oder auch von Plänen, bei denen den Gläubigern nur eine geringfügige Befriedigungsquote angeboten wird, was einem Null-Plan gleichkomme, ergeben.

Nach **§ 305 Abs. 1 Nr. 3 InsO** muss der Schuldner im Verzeichnis der gegen ihn gerichteten Forderungen auch diejenigen angeben, deren Bestehen er bestreitet.[1209]

Während des außergerichtlichen Einigungsversuchs sind Einzelzwangsvollstreckungsmaßnahmen weiterhin zulässig, was eine Einigung mit allen Gläubigern zumindest erheblich erschwert.

Nach **§ 305 a InsO** gilt die außergerichtliche Schuldenbereinigung als gescheitert, wenn ein Gläubiger die Zwangsvollstreckung betreibt, nachdem die Verhandlungen über die außergerichtliche Schuldenbereinigung aufgenommen worden sind.

II. Gerichtliche Schuldenbereinigung

Scheitert eine außergerichtliche Einigung und legt der Schuldner eine entsprechende **444**
Bescheinigung vor, so kann er innerhalb von **sechs Monaten** die Einleitung des **gerichtlichen Schuldenbereinigungsverfahrens, §§ 305 Abs. 1 Nr. 1, 307–310 InsO**, beantragen; es wird insoweit im Einzelnen auf den Gesetzestext des **§ 305 Abs. 1 Nr. 1–4 InsO** verwiesen.[1210]

Das Verfahren über den Antrag auf Eröffnung des Insolvenzverfahrens ruht bis zur Entscheidung über den Schuldenbereinigungsplan, **§ 306 Abs. 1 S. 1 InsO**.

Nach **§ 306 Abs. 1 S. 3 InsO** soll das Schuldenbereinigungsverfahren nur noch **fakultativ** durchgeführt werden, was das Insolvenzgericht nach freiem Ermessen entscheidet.

Das Insolvenzgericht ordnet die Fortsetzung des Verfahrens über den Eröffnungsantrag an, wenn nach seinem freien Ermessen der Schuldenbereinigungsplan voraussichtlich nicht angenommen wird.

Während des Ruhens des Verfahrens kann das Gericht nach **§ 306 Abs. 2 S. 1 InsO i.V.m. § 21 InsO** Sicherungsmaßnahmen treffen, z.B. Erlass eines allgemeinen Verfügungsverbots, **§ 21 Abs. 2 S. 1 Nr. 2 InsO**, und einstweilige Einstellung der Zwangsvollstreckung, **§ 21 Abs. 2 S. 1 Nr. 3 InsO**.

Das Insolvenzgericht stellt den vom Schuldner genannten Gläubigern den Schuldenbereinigungsplan sowie die Vermögensübersicht zur Stellungnahme binnen einer Notfrist von einem Monat – unter Hinweis auf die Rechtsfolgen der **§§ 307 Abs. 2, 308 InsO** – nach **§ 307 Abs. 1 S. 1 InsO** im Wege der **Amtszustellung**, vgl. **§ 8 Abs. 1 S. 1 InsO**, zu.

1209 ZInsO 2009, 1459.

1210 BGH WM 2005, 1131; Pape/Pape ZInsO 2013, 268, 269 m.w.N.

445 Die Annahme des Schuldenbereinigungsplans erfolgt nach **§ 308 Abs. 1 InsO** durch Zustimmung aller Gläubiger oder Ersetzung der Zustimmung nach **§ 309 InsO**.

Die **fehlende Zustimmung** einzelner Gläubiger kann nach **§ 309 Abs. 1 InsO** auf **Antrag** eines Gläubigers oder Schuldners durch Gerichtsbeschluss ersetzt werden. Hierfür sind folgende **Voraussetzungen** erforderlich:

- Der Schuldenbereinigungsplan **muss** nach **S. 1** die Zustimmung von **mehr** als der **Hälfte** der benannten **Gläubiger** gefunden haben, **und** die Summe der Ansprüche der zustimmenden Gläubiger muss **mehr** als die **Hälfte** der Summe aller **Ansprüche** betragen. Es ist also sowohl eine **Kopf-** als auch eine **Summenmehrheit** erforderlich. Soweit Gläubiger auf ihre Forderungen verzichten, sind diese nicht zu berücksichtigen, ggf. ist bei wesentlich geänderten Quoten der Schuldner zur Änderung des Schuldenbereinigungsplans aufzufordern.[1211]

- Die **Gläubiger**, die Einwendungen erhoben haben, **müssen** nach **S. 2 Nr. 1** im Verhältnis zu den übrigen Gläubigern **angemessen** beteiligt sein. Dies verlangt zwar keine mathematisch genau gleiche Beteiligung, sondern lässt dem Insolvenzgericht einen gewissen, eng begrenzten Beurteilungsspielraum. Jedoch darf kein Gläubiger ohne sachlichen Grund weniger erhalten als andere Gläubiger in der gleichen rechtlichen Situation, sog. **Grundsatz der Gleichbehandlung**.
  Geringfügige Abweichungen, z.B. unterschiedliche Zinszeitpunkte, sind unschädlich.[1212] Hängt die angemessene Beteiligung von zweifelhaften oder bestrittenen Forderungen ab, ist die Ersetzung der Zustimmung ausgeschlossen.

- Die **Gläubiger**, die Einwendungen erhoben haben, **dürfen** nach **S. 2 Nr. 2** durch den Schuldenbereinigungsplan **wirtschaftlich** nicht **schlechter** gestellt werden, als dies bei Durchführung des Insolvenzverfahrens mit anschließendem Verfahren zur **Restschuldbefreiung** der Fall wäre.[1213]

  Streitig ist, ob dies eine Prüfung der Erfolgsaussicht der Restschuldbefreiung[1214] sowie die der Wirksamkeit von Abtretungen erfordert.[1215]

Gegen den Beschluss steht dem Antragsteller und dem Gläubiger, dessen Zustimmung ersetzt wird, die sofortige Beschwerde zu, **§§ 6 Abs. 1, 309 Abs. 2 S. 3 InsO**.

446 Ist der **Schuldenbereinigungsplan** entweder gemäß **§ 308 InsO** oder gemäß **§ 309 InsO** angenommen worden, hat er die Wirkung eines **Prozessvergleichs**, d.h., er stellt einen Titel dar, aus dem vollstreckt werden kann, **§ 308 Abs. 1 S. 2 InsO i.V.m. § 794 Abs. 1 Nr. 1 ZPO**.

Wird der Schuldenbereinigungsplan nicht oder nur unvollständig erfüllt, führt dies **nicht** zum Wiederaufleben der ursprünglichen Forderungen, es verbleibt bei der im Plan festgestellten Forderung.

1211 OLG Braunschweig ZInsO 2001, 227; Uhlenbruck/Sternal § 309 Rn. 24.

1212 MK-Ott/Vuia § 309 Rn. 13 ff.

1213 BGH ZInsO 2010, 2099.

1214 OLG Köln ZInsO 2001, 807 ff. nur bzgl. des Katalogs von § 290 Abs. 1 InsO; AG Mönchengladbach ZInsO 2001, 186.

1215 LG München NZI 2000, 382 f.; AG Köln ZIP 2000, 1542 ff.

Im Schuldenbereinigungsplan **nicht** benannte **Gläubiger** können von dem Schuldner – uneingeschränkt – Erfüllung verlangen, **§ 308 Abs. 3 S. 1 InsO**.

Die Zwangsvollstreckung aus einem bereits vorhandenen Titel ist **nicht** allein deshalb nach **§ 775 Nr. 1 ZPO** einzustellen, weil ein festgestellter Schuldenbereinigungsplan vorliegt. Der Plan ist keine vollstreckbare Entscheidung i.S.d. Vorschrift, materiell-rechtliche Einwendungen sind vor dem Prozessgericht nach **§ 767 ZPO** zu verfolgen.[1216]

447

Ablauf des weiteren gerichtlichen Schuldenbereinigungsverfahrens		
I	**II**	**III**
Es geht keine ablehnende Stellungnahme ein	Es gehen ablehnende Stellungnahmen ein; Kopf- und Summenmehrheit ist jedoch erreicht	Die Kopf- und Summenmehrheit wird nicht erreicht oder die Zustimmung nicht ersetzt
▪ Einverständnis der Gläubiger ▪ Annahme des Schuldenbereinigungsplans, **§ 308 InsO** ▪ deklaratorischer Feststellungsbeschluss ▪ Wirkung eines Prozessvergleichs ▪ Anträge auf Eröffnung und Restschuldbefreiung gelten als zurückgenommen, **§ 308 Abs. 2 InsO** ▪ nicht im Plan aufgenommene Forderungen werden nicht berührt	▪ Prüfung der Ersetzung der Zustimmung, **§ 309 InsO** ▪ nur auf Antrag eines Gläubigers oder des Schuldners ▪ Entscheidung durch anfechtbaren Beschluss ▪ nach Rechtskraft → Feststellung der Annahme des Plans, **§ 308 Abs. 1 InsO** → Aufnahme des Insolvenzeröffnungsverfahrens, **§ 311 InsO**	▪ Aufnahme des Insolvenzeröffnungsverfahrens, **§ 311 InsO** ▪ Prüfung des Eröffnungsgrundes und der Verfahrenskostendeckung

III. Verbraucherinsolvenzverfahren

Scheitert auch das gerichtliche Schuldenbereinigungsverfahren, wird das Eröffnungsverfahren **von Amts wegen** wieder aufgenommen, vgl. **§ 311 InsO**. 448

Beantragt ein **Gläubiger** die Eröffnung des Verfahrens und macht der **Schuldner** von der Möglichkeit, ebenfalls einen Antrag zu stellen, **keinen** Gebrauch, **§ 306 Abs. 3 InsO**, werden außergerichtliches und gerichtliches Schuldenbereinigungsverfahren übersprungen, es wird nur das Verbraucherinsolvenzverfahren gemäß **§ 311 InsO** durchgeführt. Stellt der **Schuldner** einen Antrag, hat er nach **§ 306 Abs. 3 S. 3 InsO** zunächst eine außergerichtliche Einigung nach **§ 305 Abs. 1 Nr. 1 InsO** zu versuchen.

Als **Eröffnungsgründe** kommen nur die **Zahlungsunfähigkeit**, vgl. **§ 17 InsO**, bei Antrag des Schuldners auch die **drohende Zahlungsunfähigkeit**, vgl. **§ 18 InsO**, in Betracht. (vgl. Rn. 10). 449

Weiterhin müssen die Verfahrenskosten nach **§ 54 InsO** gedeckt sein.

Die Abweisung des Antrags auf Eröffnung des Insolvenzverfahrens unterbleibt jedoch dann, wenn die Kosten nach **§ 4 a InsO** gestundet werden, vgl. **§ 26 Abs. 1 S. 2 InsO**.

1216 BGH ZInsO 2011, 1711; MK-Ott/Vuia § 308 Rn. 10.

450 Sowohl für das **Verbraucher-** als auch das **Regelinsolvenzverfahren** werden nach **§§ 4 a ff. InsO** allen **natürlichen Personen**, soweit sie einen Eigenantrag verbunden mit dem Antrag auf Restschuldbefreiung gestellt haben, die Verfahrenskosten gestundet, vgl. **§ 4 a Abs. 1 S. 1 InsO**.

Voraussetzungen für die Bewilligung der Stundung ist lediglich die Feststellung, dass das Vermögen des Schuldners **nicht** zur Deckung der Verfahrenskosten ausreicht, **§ 4 a Abs. 1 S. 1 InsO**. Im Gegensatz zur Gewährung von Prozesskostenhilfe findet zunächst **keine Einkommensprüfung** statt, des Weiteren **keine** Prüfung der **Erfolgsaussicht**.

Eine Gewährung der Stundung darf nur dann unterbleiben, wenn beim Antragsteller ein Versagungsgrund des **§ 290 Abs. 1 Nr. 1** vorliegt, **§ 4 a Abs. 1 S. 3 u. 4 InsO**.

Gestundet werden **alle notwendigen Kosten** für alle Verfahrensabschnitte, und zwar Gerichtskosten inkl. Zustellungs- und Veröffentlichungskosten, **§ 4 a InsO**, Verwalter- und Treuhänderkosten im Insolvenzverfahren, **§ 63 Abs. 2 InsO**[1217] und auch Treuhänderkosten in der Treuhandperiode, **§ 293 Abs. 2 InsO**. Den Verwaltern und Treuhändern wird insoweit ein Sekundäranspruch gegen die Staatskasse garantiert, der zum Tragen kommt, wenn die Masse nicht zur Deckung der Kosten ausreicht. Ausdrücklich vorgesehen ist auch die Stundung der Kosten eines beigeordneten Rechtsanwalts, **§ 4 a Abs. 2 InsO**.

451 Die **gestundeten Kosten** werden zunächst aus der vorhandenen Insolvenzmasse gedeckt, auch aus den Beträgen, die der **Treuhänder** während der Treuhandperiode, vor allem aus dem **Arbeitseinkommen** des Schuldners, erhält. Zunächst werden die – auch in vorhergehenden Verfahrensabschnitten – gestundeten Verfahrenskosten berichtigt. Damit wird aufgrund der langen Laufzeit der Abtretung nach **§ 287 Abs. 2 InsO** eine höhere Rückführungsquote erreicht.

Ist das Stundungskonto auch nach der Erteilung der Restschuldbefreiung nicht ausgeglichen, so kann das Gericht die Stundung verlängern und die zu zahlenden Monatsraten festsetzen, **§ 4 b Abs. 1 u. 2 InsO**. Der Umfang der Ratenzahlungen richtet sich nach den für die Bewilligung von Prozesskostenhilfe geltenden Grundsätzen, **§ 115 Abs. 1 ZPO**.[1218] In **§ 4 c InsO** werden abschließend Tatbestände normiert, die zu einer Aufhebung der Stundung führen, wenn der Schuldner ihm obliegende Mitwirkungspflichten verletzt.[1219]

452 Dem Verbraucherinsolvenzverfahren kann sich ein **Restschuldbefreiungsverfahren** – vgl. dazu Rn. 453 ff. – anschließen, wenn es von dem Insolvenzschuldner beantragt worden ist, vgl. **§ 305 Abs. 1 Nr. 2 i.V.m. § 287 InsO**.

B. Die Restschuldbefreiung, §§ 286–303 a InsO

453 Das Restschuldbefreiungsverfahren ist durch das am 01.07.2014 in Kraft getretene Gesetz zur Verkürzung des Restschuldbefreiungsverfahrens und zur Stärkung der Gläubigerrechte vom 15.07.2013 geändert worden.

1217 LG Dresden ZIP 2003, 1168 f.

1218 Vgl. dazu im Einzelnen Zöller/Geimer § 115 Rn. 3 ff.

1219 Vgl. im Einzelnen zur Verfahrenskostenstundung Pape/Pape ZInsO 2013, 265, 271 ff.

Nach **§ 1 S. 2 InsO** ist eines der Ziele des Insolvenzverfahrens weiterhin die **Restschuldbefreiung** zugunsten eines **redlichen** Insolvenzschuldners, vgl. **§ 301 InsO**.

Neben dem Restschuldbefreiungsverfahren nach **§§ 286 ff. InsO** besteht die Möglichkeit der **Restschuldbefreiung** nach dem Insolvenzplanverfahren gemäß **§§ 217 ff. InsO** für natürliche und juristische Personen und durch den Schuldenbereinigungsplan gemäß **§§ 305 ff. InsO** für Verbraucher.

Durch die Restschuldbefreiung wird das Recht der freien Nachforderung nach Aufhebung des Insolvenzverfahrens, vgl. **§ 201 Abs. 1 InsO**, zugunsten des redlichen Schuldners beschränkt, vgl. **§ 201 Abs. 3 InsO**. Denn das unbegrenzte Nachforderungsrecht nach Ende des Insolvenzverfahrens hat häufig zur Folge, dass der Schuldner nicht in der Lage ist, sich wieder eine dauerhaft gesicherte Existenz zu schaffen.[1220] Dem Restschuldbefreiungsverfahren muss ein Insolvenzverfahren **vorausgehen**, es handelt sich also nicht um ein von der Insolvenz abgelöstes selbstständiges Verfahren.[1221] Nicht notwendig für die Restschuldbefreiung ist ein durchgeführtes Insolvenzverfahren, auch ein massearmes Verfahren reicht aus, **§ 289 InsO**.

I. Begünstigter Personenkreis

Nach **§ 286 InsO** kann Restschuldbefreiung nur **natürlichen Personen** gewährt werden, wobei **nicht** danach unterschieden wird, ob es sich um **Verbraucher** i.S.d. **§ 304 InsO** oder (vormals) **selbstständig tätige natürliche Personen** handelt. 454

Die **§§ 304 ff. InsO** sehen jedoch für den dort genannten Personenkreis ein besonderes Schuldenbereinigungsverfahren vor (vgl. oben Rn. 443 ff.), sodass die Restschuldbefreiung insoweit subsidiär ist.

Juristische Personen und Gesellschaften ohne Rechtspersönlichkeit werden im Insolvenzverfahren liquidiert, vgl. z.B. **§ 131 Abs. 1 Nr. 3 HGB, § 60 Abs. 1 Nr. 4 GmbHG**, oder saniert, sodass für eine Restschuldbefreiung kein Anlass besteht.[1222]
Das Insolvenzverfahren muss über das **eigene** Vermögen des **Schuldners** eröffnet worden sein.

So kann z.B. der persönlich haftende Gesellschafter einer Gesellschaft nur aufgrund eines Insolvenzverfahrens über sein eigenes Vermögen von seiner Mithaftung für die Gesellschaftsschulden befreit werden.[1223]

II. Antrag des Schuldners, § 287 InsO

Die Restschuldbefreiung erfolgt nur auf **Antrag** des Schuldners, der mit dem Antrag auf Eröffnung des Insolvenzverfahrens verbunden werden soll. Wird er nicht mit diesem verbunden, so ist er innerhalb von **zwei Wochen** nach Hinweis des Insolvenzgerichts gemäß **§ 20 Abs. 2 InsO** zu stellen, **§ 287 Abs. 1 S. 2 InsO**.[1224] 455

Im **Verbraucherinsolvenzverfahren** muss der Schuldner zwingend schon mit dem **Insolvenzantrag** entweder den Antrag auf Restschuldbefreiung stellen oder eine Erklärung abgeben, dass Restschuldbefreiung nicht beantragt wird, **§ 305 Abs. 1 Nr. 2 InsO**.

Dem **Antrag** auf Restschuldbefreiung hat der Schuldner nach **§ 287 Abs. 2 InsO** eine **Abtretungserklärung** hinsichtlich seiner pfändbaren Bezüge aus einem Dienstverhält-

1220 Hess/Pape Rn. 1205; Wittge WM 1998, 157, 158.
1221 Jauernig § 66 I; Hoes/Peters WM 2000, 901 ff.
1222 Haarmeyer/Wutzke/Förster S. 920.
1223 Vgl. Kübler/Prütting S. 532.
1224 BGH WM 2004, 1740.

nis für die Dauer von **sechs Jahren** nach **Eröffnung** des Insolvenzverfahrens an den Treuhänder beizufügen.[1225]

III. Entscheidung des Insolvenzgerichts, § 289 InsO

1. Einleitungsentscheidung, § 287 a Abs. 1 InsO

456 Das Insolvenzgericht trifft eine **Einleitungsentscheidung** nach **§ 287 a Abs. 1 InsO**, mit der schon zu **Beginn des Insolvenzverfahrens** festgestellt wird, dass der Schuldner Restschuldbefreiung erlangt, wenn er seinen Obliegenheiten nach **§ 295 InsO** nachkommt und die Voraussetzungen für eine Versagung nach den **§§ 290, 297, 298 InsO** nicht vorliegen.

Damit soll frühzeitig Klarheit bestehen, ob der Schuldner am Ende des Verfahrens überhaupt eine Restschuldbefreiung erlangen kann. Bei Vorliegen offensichtlicher Gründe, aufgrund derer die Erteilung der Restschuldbefreiung von vornherein ausgeschlossen werden kann, sollen dem Schuldner Aufwand und Kosten eines für ihn überflüssigem Insolvenzverfahrens erspart bleiben.

Insoweit ist streitig, ob das Insolvenzgericht lediglich eine deklaratorische Feststellung trifft, dass eine Restschuldbefreiung möglich ist, oder ob es im Rahmen einer Prognoseentscheidung prüfen muss, ob bereits jetzt Versagungsgründe absehbar sind und daher das Restschuldbefreiungsverfahren erst gar nicht eingeleitet wird.[1226]

Entgegen dem Gesetzestext erfolgt die Entscheidung des Gerichts durch Beschluss sowohl bei Zulässigkeit als auch bei Unzulässigkeit des Antrags auf Restschuldbefreiung.[1227]

Dass die Entscheidung bereits im Eröffnungsverfahren erfolgen muss, ergibt sich aus dem Umkehrschluss von **§ 287 a Abs. 2 S. 2 InsO**, da das Gericht dem Schuldner die Gelegenheit geben soll, den Eröffnungsantrag vor der Entscheidung über die Eröffnung zurückzunehmen, wenn es von einem unzulässigen Antrag ausgeht. Da eine solche Möglichkeiten nur vor der Eröffnung bestehen kann, muss dementsprechend das Gericht bereits vorab die Zulässigkeit prüfen.

Eine Anhörung der Gläubiger vor dieser Entscheidung ist im Gesetz nicht vorgesehen. Nach **§ 287 Abs. 4 InsO** sind jedoch die Insolvenzgläubiger, die im Insolvenzverfahren Forderungen angemeldet haben, bis zum Schlusstermin zu dem Antrag des Schuldners zu hören.

457 In formeller Hinsicht setzt ein zulässiger Antrag auf Restschuldbefreiung voraus, dass dieser mit dem Eigenantrag verbunden oder innerhalb der Frist des **§ 287 Abs. 1 S. 2 InsO** gestellt wird. Nach **§ 287 Abs. 1 S. 3 InsO** ist dem Antrag eine Erklärung beizufügen, ob ein Fall des **§ 287 a Abs. 2 Nr. 1 oder 2 InsO** vorliegt.

*Bisher mussten diese Angaben nur im Rahmen des Stundungsantrags erklärt werden, nunmehr sind sie für **alle** Schuldner verpflichtend, die einen Antrag auf Restschuldbefreiung stel-*

1225 Uhlenbruck/Sternal § 287 Rn. 31 ff.

1226 Blankenburg ZInsO 2014, 801, 802; Frind ZInsO 2013, 1448; 1451.

1227 Blankenburg ZInsO 2014, 801, 803 m.w.N.

*len. Weiterhin bestimmt **§ 287 Abs. 1 S. 4 InsO,** dass der Schuldner die Richtigkeit und Vollständigkeit der Erklärung zu versichern hat. Die Vorschrift entspricht **§ 13 Abs. 1 S. 7 InsO**.*

Weitere formale Voraussetzung ist, dass dem Antrag auf Restschuldbefreiung eine Abtretungserklärung nach **§ 287 Abs. 2 InsO** beigefügt ist.

2. Unzulässigkeit des Antrags auf Erteilung der Restschuldbefreiung, § 287 a Abs. 2 InsO

a) Gesetzlich geregelte Unzulässigkeitsgründe

aa) § 287 a Abs. 2 Nr. 1 InsO

Nach **§ 287 a Abs. 2 Nr. 1 InsO** ist der Antrag unzulässig, wenn dem Schuldner in den **458** letzten zehn Jahren vor dem Antrag auf Eröffnung des Insolvenzverfahrens oder nach diesem Antrag Restschuldbefreiung erteilt oder dass ihm die Restschuldbefreiung in den letzten fünf Jahren vor dem Antrag auf Eröffnung des Insolvenzverfahrens oder nach diesem Antrag nach § 297 InsO versagt worden ist.

Mit dieser Neuregelung wird der bisherige § 290 Abs. 1 Nr. 3 InsO in den Beschluss zu Beginn des Verfahrens integriert, wobei die Frist im Falle des Scheiterns des früher gestellten Antrags auf Restschuldbefreiung allerdings nur noch fünf Jahre beträgt. Mit dieser Verkürzung soll dem Umstand Rechnung getragen werden, dass der Schuldner noch keine Chance auf einen wirtschaftlichen Neuanfang gehabt hat.

bb) § 287 a Abs. 2 Nr. 2 InsO

Nach **§ 287 a Abs. 2 Nr. 2 InsO** ist der Antrag unzulässig, wenn dem Schuldner in den letz- **459** ten drei Jahren vor dem Antrag auf Eröffnung des Insolvenzverfahrens oder nach diesem Antrag Restschuldbefreiung nach § 290 Abs. 1 Nr. 5, 6 oder 7 InsO oder nach § 296 InsO versagt worden ist; dies soll auch im Fall des **§ 297 a InsO** gelten, wenn die nachträgliche Versagung auf Gründe nach § 290 Abs. 1 Nr. 5, 6 oder 7 InsO gestützt worden ist.

*Damit hat der Gesetzgeber die Rspr. des BGH, wonach § 290 Abs. 1 Nr. 3 InsO eine Regelungslücke enthält, übernommen. Die weiteren von der Rspr. des BGH entwickelten Fallgruppen, in denen von einer dreijährigen Antragssperre ausgegangen wird, um den Missbrauch des Verfahrens durch ständige Antragswiederholungen zu verhindern, hat der Gesetzgeber dagegen **nicht** in die gesetzlichen Neuregelungen eingeführt (vgl. unter Rn. 460). Der Gesetzgeber beschränkt vielmehr die Einfügung einer **zeitlich befristeten Antragssperre** auf die Versagungsfälle des **§ 290 Abs. 1 Nr. 5, 6 oder 7 InsO**.*

b) Gesetzlich nicht geregelte Unzulässigkeitsgründe

Bei der gesetzlichen Neuregelung hat der Gesetzgeber nicht die Fälle übernommen, in **460** denen der BGH dem Schuldner die sofortige Wiederholung seines Antrags auf Restschuldbefreiung aus verfahrensrechtlichen Gründen versagt hat oder in denen der Schuldner dem Eingreifen einer Sperrfrist durch Rücknahme seines Restschuldbefreiungsantrags zuvorgekommen ist.[1228]

1228 BGH ZInsO 2011, 1127.

In der Gesetzesbegründung wird dazu ausgeführt, dass

... „Sperrfristen für anderweitige Fälle vorgehenden Fehlverhaltens des Schuldners nicht vorzusehen seien"...

*In dem **Beschluss des BGH vom 20.03.2014 – IX ZB 17/13** LG Traunstein – BGH ZIP 2014, 712, 713) – wird dazu wie folgt Stellung genommen:*

*„... (In der Gesetzesbegründung) werden mehrere Fallgestaltungen genannt, die der Regierungsentwurf bewusst anders entscheidet als bisher der Senat. Die Senatsrechtsprechung zur **Sperrwirkung des zurückgenommenen Antrags** wird nicht behandelt. Sie wird zu gegebener Zeit, nach Inkrafttreten der Vorschrift des **§ 287 a InsO** am 01.07. 2014, zu **überprüfen** sein ..."*

Nach der gesetzlichen Neuregelung hat somit ein Schuldner, der im Schlusstermin oder in der Wohlverhaltensperiode als Reaktion auf einen voraussichtlich aussichtsreichen Versagungsantrag eines Gläubigers seinen Antrag auf Restschuldbefreiung zurücknimmt, sofort wieder die Möglichkeit, einen Antrag auf Restschuldbefreiung zu stellen. Bei einer Versagung der Restschuldbefreiung nach den §§ 290, 295, 296, 297 InsO müsste er dagegen mit einer dreijährigen Sperrfrist rechnen.[1229]

Weiterhin wird auch die Nichtbeachtung des Hinweises des Gerichts nach § 20 Abs. 2 InsO auf die Möglichkeit, Restschuldbefreiung zu beantragen sowie die Ausschlussfrist des § 287 Abs. 1 S. 2 InsO unterlaufen, weil der Schuldner jederzeit nach Abschluss des laufenden Antragsverfahrens einen neuen Antrag stellen kann.

Es ist daher zweifelhaft, ob über die Unzulässigkeitsgründe des § 287 a Abs. 2 InsO hinaus weitere Versagungsgründe, die zu einer Sperrfrist führten, noch in Betracht kommen.[1230]

461 Gleiches gilt auch für die **Versagung** einer **Stundung**. In **§ 4 a Abs. 1 S. 3 InsO** ist die Regelung **gestrichen**, wonach der Schuldner seinem Stundungsantrag eine Erklärung beizufügen hat, ob ein Versagungsgrund nach § 290 Abs. 1 Nr. 3 InsO vorliegt. Er hat nur noch anzugeben, ob ein Versagungsgrund des § 290 Abs. 1 Nr. 1 InsO vorliegt.

Stattdessen hat der Schuldner nach der gesetzlichen Neuregelung in **§ 287 Abs. 1 S. 3 InsO** dem Antrag eine Erklärung beizufügen, ob ein Fall des § 287 a Abs. 2 Nr. 1 oder Nr. 2 InsO vorliegt (vgl. unter Rn. 455). Die Verletzung der Erklärungspflicht nach § 287 Abs 1 S. 3 InsO stellt einen Versagungsgrund nach **§ 290 Abs. 1 Nr. 6 InsO** dar, sodass der Schuldner bei vorsätzlicher oder grob fahrlässiger Nichtangabe früherer Erteilungen oder Versagungen der Restschuldbefreiung mit einer Versagung der Restschuldbefreiung auf Antrag eines Gläubigers im vorliegenden Verfahren rechnen muss.

3. Rücknahme des Antrags

462 In den Fällen der Unzulässigkeitsgründe nach **§ 287 a Abs. 2 S. 1 InsO** hat das Gericht dem Schuldner Gelegenheit zu geben, den Eröffnungsantrag vor der Entscheidung über die Eröffnung zurückzunehmen, **§ 287 a Abs. 2 S. 2 InsO**. Die Rücknahme des Rest-

1229 Pape ZInsO 2017, 565 ff.; Uhlenbruck/Sternal § 287 a Rn. 31 ff.

1230 Uhlenbruck/Sternal § 287 a Rn. 31 ff.

schuldbefreiungsantrags soll ihrerseits nach der Gesetzesbegründung keine neue Sperrfrist auslösen.

Erfolgt keine Rücknahme, wird der Restschuldbefreiungsantrag im Übrigen wegen Unzulässigkeit in den Fällen des **§ 287 a Abs. 2 InsO** abgewiesen. Gegen diese Entscheidung hat der Schuldner das Rechtsmittel der sofortigen Beschwerde, **§ 287 a Abs. 1 S. 3 InsO**.

4. Erwerbsobliegenheit des Schuldners, § 287 b InsO

Nach der gesetzlichen Neuregelung obliegt es dem Schuldner, ab Beginn der Abtre- **463**
tungsfrist bis zur Beendigung des Insolvenzverfahrens, eine angemessene Erwerbstätigkeit auszuüben und, wenn er ohne Beschäftigung ist, sich um eine solche zu bemühen und keine zumutbare Tätigkeit abzulehnen.

Damit besteht für den Schuldner nunmehr eine **Erwerbspflicht während des gesamten Verfahrens** und nicht nur – nach der bisherigen Gesetzeslage – bei Stundung der Verfahrenskosten nach § 4 c Nr. 4 InsO und in der Wohlverhaltensperiode. Bei Verletzung dieser Pflicht greift **§ 290 Abs. 1 Nr. 7 InsO** ein.

5. Verfahren zur Versagung der Restschuldbefreiung und Versagungsgründe

a) Verfahren zur Versagung der Restschuldbefreiung

Unabhängig von dem Ankündigungsbeschluss der Restschuldbefreiung nach **§ 287 a** **464**
Abs. 1 InsO erfolgt die Entscheidung über die Anträge der Gläubiger auf Versagung der Restschuldbefreiung im Schlusstermin nach **§ 290 Abs. 1, 2 InsO**. Entgegen der bisherigen Gesetzeslage können die Anträge auf Versagung der Restschuldbefreiung nicht mehr nur im Schlusstermin, sondern während des gesamten eröffneten Verfahrens gestellt werden. Zur Antragstellung berechtigt ist jeder Insolvenzgläubiger, der seine Forderung angemeldet hat.[1231]

Gegen den Beschluss steht dem Schuldner und jedem Insolvenzgläubiger, der die Versagung der Restschuldbefreiung beantragt hat, die sofortige Beschwerde zu, **§ 290 Abs. 3 InsO**.

b) Versagungsgründe

aa) Verurteilung des Schuldners wegen einer Insolvenzstraftat, § 290 Abs. 1 Nr. 1 InsO

Die Versagung der Restschuldbefreiung nach **§ 290 Abs. 1 Nr. 1 InsO** wird dahin einge- **465**
schränkt, dass eine rechtskräftige Verurteilung des Schuldners wegen einer Straftat nach den **§§ 283–283 c StGB** nur noch im Fall einer Verurteilung zu einer Geldstrafe von mehr als 90 Tagessätzen oder einer Freiheitsstrafe von mehr als drei Monaten ausreicht,

1231 Frind BB 2014, 2179, 2182.

um die Restschuldbefreiung zu versagen. Ferner sind Verurteilungen nur noch dann zu berücksichtigen, wenn sie in den letzten fünf Jahren vor dem Antrag auf Eröffnung des Insolvenzverfahrens oder nach diesem Antrag erfolgt sind. Mit der gesetzlichen Neuregelung übernimmt der Gesetzgeber die Rspr. des BGH zur bisherigen Gesetzeslage, wonach Verurteilungen nur innerhalb eines eingeschränkten zeitlichen Rahmens berücksichtigt werden dürfen.[1232] Die Neufassung der gesetzlichen Regelung orientiert sich an den Fristen des **§ 34 BZRG**, die für die Aufnahme einer Verurteilung in das Führungszeugnis gelten.

bb) Unrichtige oder unvollständige Angaben über wirtschaftliche Verhältnisse, § 290 Abs. 1 Nr. 2 InsO

466 Da nur ein redlicher Schuldner Restschuldbefreiung erlangen soll, stellt es einen Versagungsgrund dar, wenn der Schuldner in den letzten drei Jahren vor dem Antrag auf Eröffnung des Insolvenzverfahrens oder nach diesem Antrag vorsätzlich oder grob fahrlässig unrichtige Angaben über seine wirtschaftlichen Verhältnisse gemacht hat.

*Die Voraussetzungen von Abs. 1 Nr. 2 sind unabhängig von dem Vorliegen des Abs. 1 Nr. 1 zu prüfen, da dieser Versagungsgrund **keine Sperrwirkung** entfaltet.*[1233]

Die Angaben müssen im Zusammenhang mit einer Kredit- oder Leistungsbewilligung stehen oder zur Vermeidung von Leistungen an öffentliche Kassen, insbesondere in Steuerangelegenheiten, abgegeben werden. Der Begriff der wirtschaftlichen Verhältnisse umfasst das gesamte Einkommen und Vermögen des Schuldners.[1234]

Die Vorschrift verlangt, wie sich aus dem Gesetzestext ergibt, neben vorsätzlich oder grob fahrlässig gemachten unrichtigen Angaben, ein finales Handeln zur Verwirklichung der Zielsetzung, einen Kredit oder Leistungen aus öffentlichen Mitteln zu erhalten oder Leistungen an öffentliche Kassen zu vermeiden. Die unrichtigen oder unvollständigen Angaben des Schuldners müssen für die Kredit- oder Leistungsgewährung bzw. Vermeidung von Leistungen an öffentliche Kassen jedoch nicht ursächlich gewesen sein.[1235]

cc) Wegfall des § 290 Abs. 1 Nr. 3 InsO

467 *Die Unzulässigkeitsgründe für den Antrag auf Restschuldbefreiung nach **§ 287 a Abs. 2 InsO** sind der bisherige Versagungsgrund des **§ 290 Abs. 1 Nr. 3 InsO**.*

dd) Vermögensverschwendung oder Verletzung der Insolvenzantragspflicht, § 290 Abs. 1 Nr. 4 InsO

468 Die Frist des **§ 290 Abs. 1 Nr. 4 InsO** wird von bisher einem Jahr auf **drei Jahre** verlängert. Damit wird dem Wegfall einer Sperrfrist für einen erneuten Antrag auf Restschuldbefreiung nach Versagung in einem vorausgegangenen Verfahren Rechnung getragen.

1232 BGH ZInsO 2011, 834.

1233 Uhlenbruck/Stemal § 290 Rn. 41, 42.

1234 MK-Stephan § 290 Rn. 35, 36 m.w.N.

1235 BGH ZInsO 2008, 157, 158; Uhlenbruck/Sternal § 290 Rn. 60, 61m.w.N.

Durch die Vorlauffrist von drei Jahren soll sichergestellt werden, dass der Schuldner nicht weitere drei Jahre warten muss, bevor er einen erneuten Antrag auf Restschuldbefreiung stellen kann.[1236]

ee) Verletzung der Auskunfts- und Mitwirkungspflichten, § 290 Abs. 1 Nr. 5 InsO

Die gesetzliche Neuregelung übernimmt die Rspr. des BGH, wonach über den Wortlaut **469**
der derzeitigen gesetzlichen Regelung hinaus die Verletzung von Auskunfts- und Mitwirkungspflichten des Schuldners im Eröffnungsverfahren zu einer Versagung der Restschuldbefreiung führen kann.[1237]

ff) Falsche Angaben in der Erklärung zu § 287 a Abs. 2 S. 2 InsO, § 290 Abs. 1 Nr. 6 InsO

Die Verletzung der Erklärungspflicht nach **§ 287 Abs. 1 S. 3 InsO** zu einer Versagung **470**
oder Erteilung der Restschuldbefreiung in einem vorausgegangenen Verfahren führt zur Versagung der Restschuldbefreiung.

gg) Verletzung der Erwerbsobliegenheit des Schuldners im eröffneten Verfahren, § 290 Abs. 1 Nr. 7 InsO

Aufgrund der Neufassung des **§ 287 b InsO** wird die Erwerbsobliegenheit des Schuld- **471**
ners auch auf das **eröffnete Verfahren** erstreckt.

Damit soll sichergestellt werden, dass der Schuldner sich während des gesamten Verfahrens um die Befriedigung seiner Gläubiger bemüht. § 287 b InsO ergänzt die Regelung des § 295 Abs. 1 Nr. 1 InsO, der schon bisher die Regelung der Erwerbsobliegenheit für die Wohlverhaltensperiode enthält. § 287 b InsO stellt klar, dass jeder Schuldner, unabhängig von der Stundung der Kosten, vgl. **§ 4 c Nr. 4 InsO**, seine Arbeitskraft zur Befriedigung der Gläubiger einsetzen muss. Eine Verletzung dieser Obliegenheit kann somit nach **§ 290 Abs. 1 Nr. 7 InsO** auf Antrag eines Gläubigers zur Versagung der Restschuldbefreiung führen, sofern der Schuldner dadurch die Befriedigung der Insolvenzgläubiger beeinträchtigt, es sei denn, den Schuldner trifft kein Verschulden.

Mit dieser gesetzlichen Neuregelung ist zugleich auch klargestellt, was zu geschehen hat, wenn der wirtschaftlich selbstständig tätige Schuldner, dessen Tätigkeit der Insolvenzverwalter nach § 35 Abs. 2 InsO freigegeben hat, keine hinreichenden Einkünfte hat, um seine Gläubiger durch Zahlungen an den Insolvenzverwalter so zu stellen, als wenn er einer vergleichbaren abhängigen Beschäftigung nachgegangen wäre.

Der Schuldner wird sich in einem derartigen Fall – wie schon bisher in der Wohlverhaltensperiode – nachweisbar wie ein Beschäftigungsloser um eine abhängige Beschäftigung bemühen müssen, ohne allerdings verpflichtet zu sein, seine selbstständige Tätigkeit sofort aufzugeben. Inhaltlich wird die Rspr. des BGH zu §§ 295 Abs. 1 Nr. 1, 296 InsO zu der Erwerbsobliegenheit im eröffneten Verfahren, der Erforderlichkeit der Beeinträchtigung der Befriedigung

1236 Uhlenbruck/Sternal § 290 Rn. 66 ff.

1237 BGH ZInsO 2008, 1278; MK-Stephan § 290 Rn. 58 ff.

der Insolvenzgläubiger sowie die Anforderungen an den Entlastungsbeweis des Schuldners in Bezug zu nehmen sein und fortgelten.[1238]

c) Versagungsgründe in der Wohlverhaltensperiode, §§ 297, 297 a InsO

aa) Nachträgliche Verurteilung, § 297 InsO

472 Die gesetzliche Neuregelung ist der des **§ 290 Abs. 1 Nr. 1 InsO** angepasst, wonach für eine Versagung der Restschuldbefreiung nur noch ausreicht, wenn der Schuldner zu einer Geldstrafe von mehr als 90 Tagessätzen oder einer Freiheitsstrafe von mehr als drei Monaten verurteilt wird.

bb) Nachträglich bekannt gewordene Versagungsgründe, § 297 a InsO

473 Die gesetzliche Neuregelung bestimmt, dass die Gläubiger die Versagungsgründe des **§ 290 Abs. 1 InsO** noch geltend machen können, wenn sich erst nach dem Schlusstermin oder nach Einstellung des Verfahrens nach § 211 InsO herausstellt, dass ein Versagungsgrund nach **§ 290 Abs. 1 InsO** vorgelegen hat. Der Antragsteller muss glaubhaft machen, dass ihm dieser Grund erst innerhalb der letzten sechs Monate vor Antragstellung bekannt geworden ist.

Damit werden die Versagungsgründe des **§ 290 Abs. 1 InsO**, die an sich dem eröffneten Verfahren zugeordnet sind, in die Wohlverhaltensperiode mit einbezogen.

Der Schuldner muss daher bis zum Abschluss des Verfahrens damit rechnen, dass die Gläubiger nicht nur Versagungsanträge nach **§ 296 InsO** wegen der Verletzung von Obliegenheiten i.S.d. § 295 Abs. 1 InsO, sondern nach **§ 297 a InsO** – nachgeschoben – auch auf Versagungsgründe i.S.d. § 290 Abs. 1 InsO gestützte Anträge stellen.

Damit besteht eine erhebliche Rechtsunsicherheit für den Schuldner wie auch für die Rechtsanwendung überhaupt. Nach dem Wortlaut des **§ 297 a Abs. 1 S. 2, 3 InsO** ist allein maßgebend, ob dem **Antragsteller** der Versagungsgrund erst nach dem Schlusstermin bekannt geworden ist, unabhängig davon, ob der Versagungsgrund schon anderweit im Schlusstermin erörtert worden war, der Antragsteller an diesem aber nicht teilgenommen hatte. Auch ist zu befürchten, dass die gesetzliche Regelung eine Vielzahl von Versagungsanträgen provozieren wird.[1239]

6. Entscheidung über die Restschuldbefreiung, § 300 InsO

a) § 300 Abs. 1 S. 1 InsO

474 Nach **§ 300 Abs. 1 S. 1 InsO** ist spätestens mit **Ablauf der sechsjährigen Abtretungsfrist** über die Restschuldbefreiung zu entscheiden. Mit der gesetzlichen Neuregelung

1238 Pape WM 2013, 1145, 1152; MK-Stephan § 290 Rn. 74.

1239 Waltenberger ZInsO 2014, 808, 813; Uhlenbruck/Sternal § 297 a Rn. 9 ff.

wird die Rspr. des BGH übernommen, wonach über die Restschuldbefreiung auch dann zu entscheiden ist, wenn das Insolvenzverfahren noch nicht abgeschlossen ist.[1240]

b) § 300 Abs. 1 S. 2 Nr. 1 InsO

Nach **§ 300 Abs. 1 S. 2 Nr. 1 InsO** kann dem Schuldner die Restschuldbefreiung auf Antrag vorzeitig erteilt werden, wenn die Kosten des Verfahrens berichtigt sind und im Verfahren kein Insolvenzgläubiger eine Forderung angemeldet hat oder wenn die Forderungen der Insolvenzgläubiger befriedigt sind und der Schuldner die sonstigen Masseverbindlichkeiten berichtigt hat. Auch mit dieser gesetzlichen Neuregelung wird die Rspr. des BGH übernommen, wonach unter den genannten Voraussetzungen der Schuldner einen Anspruch auf vorzeitige Erteilung der Restschuldbefreiung hat.[1241] **475**

Gesetzlich nicht geregelt ist der Fall der Zustimmung der Tabellengläubiger zur Einstellung des Verfahrens. Die Interessenlage der Verfahrensbeteiligten entspricht jedoch den Einstellungsvoraussetzungen des **§ 300 Abs. 1 S. 2 Nr. 1 InsO**, sodass eine analoge Anwendung gerechtfertigt ist.[1242]

c) § 300 Abs. 1 S. 2 Nr. 2 InsO

Nach **§ 300 Abs. 1 S. 2 Nr. 2 InsO** kann dem Schuldner die Restschuldbefreiung auf Antrag vorzeitig erteilt werden, wenn die Kosten des Verfahrens berichtigt sind und **drei Jahre** der Abtretungsfrist verstrichen sind und dem Insolvenzverwalter oder Treuhänder innerhalb dieses Zeitraums ein Betrag zugeflossen ist, der eine Befriedigung der Forderungen der Insolvenzgläubiger in Höhe von mindestens **35%** ermöglicht. **476**

Nach Erhöhung der Quote um weitere 10% auf nunmehr 35% im Laufe des Gesetzgebungsverfahrens ist noch zweifelhafter, ob diese gesetzliche Neuregelung von praktischer Relevanz ist. Der Gesetzgeber hat insofern offensichtlich auch Zweifel, da er eine Berichtspflicht nach ***Art. 107 EGInsO*** *zum* ***30.06.2018*** *normiert. Es soll dann erstmals berichtet werden, in wie vielen Verfahren die Restschuldbefreiung nach drei Jahren erteilt worden ist.*

Nach der Gesetzesbegründung soll durch die gesetzliche Neuregelung erreicht werden, dass der Schuldner – auch – Drittmittel akquiriert und damit letztendlich mehr an die Gläubiger zahlt als ohne eine Verkürzung. Die Gläubiger bekämen danach mehr und schneller ihr Geld als im Insolvenzverfahren. Der Schuldner erhielte schneller die Restschuldbefreiung und eine Beseitigung des negativen SCHUFA-Eintrags.

Die Quote muss genau innerhalb von **drei Jahren** seit Eröffnung des Verfahrens erreicht werden, anderenfalls kann der Schuldner nur noch die Verkürzung auf **fünf Jahre** nach **§ 300 Abs. 1 S. 2 Nr. 3 InsO** in Anspruch nehmen.

Nach **§ 300 Abs. 1 S. 4 InsO** wird eine Forderung bei der Ermittlung des Prozentsatzes nach **S. 2 Nr. 2** berücksichtigt, wenn sie in das Verzeichnis aufgenommen wurde. Fehlt

1240 BGH ZInsO 2010, 102; Blankenburg/Godzierz ZInsO 2014, 1360 ff.; MK-Stephan § 300 Rn. 21, 22.

1241 BGH ZInsO 2016, 2357; 2005, 597; Frind ZInsO 2017, 814 ff.

1242 Waltenberger ZInsO 2014, 808, 810; Blankenburg/Godzierz ZInsO 2014, 1360, 1361 f.; Uhlenbruck/Sternal § 300 Rn 11, 12.

ein Schlussverzeichnis, so wird eine Forderung berücksichtigt, die als festgestellt gilt oder deren Gläubiger entsprechend **§ 189 Abs. 1 InsO** Feststellungsklage erhoben oder das Verfahren in dem früher anhängigen Rechtsstreit aufgenommen hat.

Zweifelhaft ist, wie Gläubiger zu behandeln sind, die Forderungen nach Ablauf der Anmeldungsfrist, aber noch unmittelbar vor Ablauf der Verkürzungsfrist nachmelden. Die Möglichkeit der Nachmeldung gem. ***§ 177 InsO*** *würde zu erheblichen Verschiebungen der erforderlichen Verteilungsmasse führen, eine Ausschlussfrist für die Forderungsanmeldung ist nicht vorgesehen.*[1243]

477 Nach der Gesetzesbegründung sind bei der Berechnung der Verwalter- bzw. Treuhändervergütung – auch – die akquirierten **Drittmittel** mit einzubeziehen. Da die Kosten des Verfahrens berichtigt sein müssen, führt dies im Ergebnis dazu, dass der Schuldner erheblich mehr als die 35% an Mitteln aufbringen muss.

In diesem Zusammenhang ist weiterhin zu beachten, dass der **Schuldner** in Bezug auf die Kosten weder gegenüber dem Treuhänder noch gegenüber dem Gericht einen **Auskunftsanspruch** hat.[1244] Liegt die Vergütung so hoch, dass die Quote von 35% nach Abzug der Kosten nicht erreicht wird, kann dem Antrag des Schuldners auf Restschuldbefreiung nicht stattgegeben werden, ohne dass ihm die Möglichkeit einer Ausgleichszahlung eingeräumt wird, da 35% der Forderungen zwingend nach Ablauf von drei Jahren eingezahlt sein müssen. Der **Schuldner** trägt damit das **Risiko**, dass mit der Bezahlung des Betrages an den Treuhänder auch tatsächlich ein Betrag für die Befriedigung der Gläubiger zur Verfügung steht, mit dem 35% ihrer Forderungen gedeckt sind.[1245]

Nach **§ 300 Abs. 2 InsO** ist der Antrag des Schuldners auf Restschuldbefreiung gemäß **§ 300 Abs. 1 S. 2 Nr. 2 InsO** weiterhin nur zulässig, wenn er Angaben macht über die Herkunft der Mittel, die an den Treuhänder geflossen sind und die über die Beträge hinausgehen, die von der Abtretungserklärung erfasst sind. Der Schuldner hat zu erklären, dass diese Angaben richtig und vollständig sind.[1246]

Auch insoweit erscheint zweifelhaft, ob ein **Drittmittelgeber** überhaupt bereit ist, sich Nachfragen oder gar Nachforschungen über die Herkunft des Geldes auszusetzen.[1247]

d) § 300 Abs. 1 S. 2 Nr. 3 InsO

478 Nach **§ 300 Abs. 1 S. 2 Nr. 3 InsO** kann sich der Schuldner jedenfalls noch ein Jahr der Laufzeit ersparen, wenn er die bis dahin aufgelaufenen Kosten des Verfahrens berichtigt hat. Eine Befriedigung der sonstigen **Masseverbindlichkeiten** ist nach **§ 300 Abs. 1 S. 2 Nr. 3 InsO nicht** erforderlich.

Diese Verkürzungsvariante der Restschuldbefreiungserteilungszeit wird voraussichtlich die am häufigsten vorkommende Verfahrensverkürzung bis zur Restschuldbefreiungserteilung werden, da die Voraussetzung mit relativ geringen Mitteln – ein Verbraucher-

---

1243 Grote/Pape ZInsO 2013, 1433.

1244 BGH ZInsO 2011, 777, 778.

1245 Frind ZInsO 2017, 814, 187; Blankenburg/Godzierz ZInsO 2014, 1360, 1365 f.

1246 Waltenberger ZInsO. 2014, 808, 811 – auch zur Berechnung der Quote.

1247 Uhlenbruck/Sternal § 300 Rn. 21 ff.

insolvenzverfahren „kostet" üblicherweise derzeit zwischen 1.500 € und 2.000 € Verfahrenskosten – erfüllbar ist.[1248]

*Mit dieser gesetzlichen Neuregelung sollen nach der Gesetzesbegründung höhere Rückflüsse im Bereich der Kostenstundung erreicht werden, im Vergleich zu der ansonsten im Verfahren nach **§ 4 b InsO** drohenden Beitreibung der Verfahrenskosten nach Ende des Gesamtverfahrens. Auf Gläubigerseite wird darauf abgestellt, dass Schuldner, die nur die Verfahrenskosten tragen können, auch im 6. Jahr keine Befriedigungsquote mehr erreichen werden.*

7. Folgen der Erteilung der Restschuldbefreiung

a) Neuerwerb im laufenden Insolvenzverfahren, § 300 a InsO

Nach § 300 a Abs. 1 S. 1 InsO fällt für den Fall der Restschuldbefreiung der **Neuerwerb** 479
des Schuldners, d.h. das Vermögen, das der Schuldner nach Ende der Abtretungsfrist oder nach Eintritt der Voraussetzungen des **§ 300 Abs. 1 S. 2 InsO** erwirbt, **nicht** in die Insolvenzmasse.

*Mit der gesetzlichen Neuregelung sind auch insoweit die von der Rspr. des BGH[1249] entwickelten Grundsätze umgesetzt, falls die Restschuldbefreiung noch im laufenden Insolvenzverfahren erteilt wird. Mit **§ 300 Abs. 4 S. 3 InsO** hat der Gesetzgeber klargestellt, dass die Abtretungserklärung entsprechend **§ 299 InsO** mit der Rechtskraft des Beschlusses zur vorzeitigen Erteilung der Restschuldbefreiung endet.*

Eine **Ausnahme** besteht nur dann, wenn der Erwerb dem Grunde nach schon **vor** dem Eintritt des Ablaufs der Laufzeit der Abtretungserklärung besteht. Bestandteil der Insolvenzmasse sind danach gemäß **§ 300a Abs. 1 S. 2 InsO** auch die Gegenstände, die aufgrund einer Anfechtung des Insolvenzverwalters zur Insolvenzmasse zurückgewährt werden oder die aufgrund eines vom Insolvenzverwalter geführten Rechtsstreits oder aufgrund Verwertungshandlungen des Insolvenzverwalters zur Insolvenzmasse gehören.

Nach **§ 300 a Abs. 2 S. 1 InsO** hat der Verwalter bis zur rechtskräftigen Erteilung der 480
Restschuldbefreiung den Neuerwerb, der dem Schuldner zusteht, treuhänderisch zu vereinnahmen und zu verwalten. Damit soll sichergestellt werden, dass der Neuerwerb im Falle der Erteilung der Restschuldbefreiung an den Schuldner auch tatsächlich ausgekehrt werden kann. Wird die Restschuldbefreiung erteilt, hat der Insolvenzverwalter bei Rechtskraft der Erteilung der Restschuldbefreiung dem Schuldner den Neuerwerb herauszugeben und über die Verwaltung des Neuerwerbs Rechnung zu legen, **§ 300 a Abs. 2 S. 3 InsO**. Die Neugläubiger können dann in dieses Treugut vollstrecken, da **§ 89 InsO** keine Anwendung findet, **§ 300 a Abs. 2 S. 2 InsO**.[1250]

Nach **§ 300 a Abs. 3 InsO** hat der Insolvenzverwalter für seine treuhänderische Tätigkeit 481
gemäß **Abs. 2**, sofern die Restschuldbefreiung rechtskräftig erteilt worden ist, gegenüber dem Schuldner Anspruch auf Vergütung und auf Erstattung angemessener Auslagen.

1248 Blankenburg/Godzierz ZInsO 2014, 1360, 1367 f.; MK-Stephan § 300 Rn. 31 ff.
1249 BGH ZInsO 2010, 102.
1250 Uhlenbruck/Sternal § 300 a Rn. 6, 7.

b) Ausgenommene Forderungen, § 302 InsO

482 Mit der gesetzlichen Neuregelung werden die von der Erteilung der Restschuldbefreiung. vgl. **§ 301 InsO**, ausgenommenen Verbindlichkeiten erheblich erweitert.

Nach **§ 302 Nr. 1 InsO** werden neben Verbindlichkeiten des Schuldners aus einer vorsätzlich begangenen unerlaubten Handlung, die bisher schon von der Restschuldbefreiung ausgenommen waren, auch Verbindlichkeiten aus rückständigem gesetzlichen Unterhalt, den der Schuldner vorsätzlich pflichtwidrig nicht gewährt hat oder aus einem Steuerschuldverhältnis, sofern der Schuldner im Zusammenhang damit wegen einer Steuerstraftat nach den **§§ 370, 373, 374 AO** rechtskräftig verurteilt worden ist, von der Restschuldbefreiung ausgenommen. Voraussetzung dafür ist, dass der Gläubiger die entsprechende Forderung unter Angabe dieses Rechtsgrundes nach § 174 Abs. 2 InsO angemeldet hat.[1251]

Damit wird der Gleichheitsgrundsatz zugunsten der Unterhaltsvorschusskassen und des Fiskus „aufgeweicht". Es ist zu befürchten, dass diese Entwicklung in der Zukunft anhält.[1252]

8. Widerruf der Restschuldbefreiung, § 303 InsO

a) § 303 Abs. 1 Nr. 1 InsO

483 Die gesetzliche Neuregelung, wonach auf Antrag eines Insolvenzgläubigers das Insolvenzgericht die Erteilung der Restschuldbefreiung widerrufen kann, wenn sich nachträglich herausstellt, dass der Schuldner eine seiner Obliegenheiten vorsätzlich verletzt und dadurch die Befriedigung der Insolvenzgläubiger erheblich beeinträchtigt hat, entspricht der bisherigen gesetzlichen Regelung nach § 303 Abs. 1 InsO.

b) § 303 Abs. 1 Nr. 2 InsO

484 Als weiterer Widerrufsgrund kommt gemäß **§ 303 Abs. 1 Nr. 2 InsO** der Fall in Betracht, dass sich nachträglich herausstellt, dass der Schuldner während der Abtretungsfrist nach Maßgabe von **§ 297 Abs. 1 InsO** verurteilt worden ist, oder wenn der Schuldner erst nach Erteilung der Restschuldbefreiung wegen einer bis zum Ende der Abtretungsfrist begangenen Straftat nach Maßgabe von **§ 297 Abs. 1 InsO** verurteilt wird.

c) § 303 Abs. 1 Nr. 3 InsO

485 Als letzter Widerrufsgrund greift **§ 303 Abs. 1 Nr. 3 InsO** ein, falls der Schuldner nach Erteilung der Restschuldbefreiung Auskunfts- oder Mitwirkungspflichten vorsätzlich oder grob fahrlässig verletzt hat, die ihm nach diesem Gesetz während des Insolvenzverfahrens obliegen.

d) § 303 Abs. 2 InsO

486 Nach **§ 303 Abs. 2 InsO** ist der Antrag des Insolvenzgläubigers in den Fällen des **§ 303 Abs. 1 Nr. 1, 2 InsO** nur zulässig, wenn er innerhalb **eines Jahres** nach der Rechtskraft der Entscheidung über die Restschuldbefreiung gestellt wird.

1251 Uhlenbruck/Sternal § 302 Rn. 21.

1252 Dornblüth/Pape ZInsO 2014, 1625 ff.; Grote/Pape ZInsO 2013, 1433, 1444, 1445.

Demgegenüber kann ein Widerruf nach **§ 303 Abs. 1 Nr. 3 InsO** nur in bis zu **sechs Monaten** nach rechtskräftiger Aufhebung des Insolvenzverfahrens beantragt werden.

Der Gläubiger hat in allen Fällen die Voraussetzungen des Widerrufsgrundes glaubhaft zu machen, in den Fällen des **§ 303 Abs. 1 Nr. 1 InsO** hat er weiterhin glaubhaft zu machen, dass er bis zur Rechtskraft der Entscheidung keine Kenntnis vom Widerrufsgrund hatte.

C. Das Nachlassinsolvenzverfahren, §§ 315–331 InsO

Gemäß **§ 11 Abs. 2 Nr. 2 InsO** kann das Insolvenzverfahren über den Nachlass nach **487**
Maßgabe der **§§ 315–334 InsO** eröffnet werden.
Zweck der sog. **Sonder- oder Partikularinsolvenz** ist die **Trennung** von **Nachlass** und **Eigenvermögen** des Erben mit der Folge des Eintritts der Haftungsbeschränkung des Erben und die Sicherstellung der ausschließlichen Verwendung der Insolvenzmasse zur Befriedigung der Nachlassgläubiger, vgl. **§ 325 InsO**.[1253]
Das Nachlassinsolvenzverfahren dient – wie die Nachlassverwaltung, **§§ 1975 ff. BGB**, – der **Haftungsbeschränkung** des **Erben, § 1975 BGB**.[1254]

Örtlich zuständig für das Nachlassinsolvenzverfahren ist – ausschließlich – dasjenige Insolvenzgericht, in dessen Bezirk der Erblasser zur Zeit seines Todes seinen allgemeinen Gerichtsstand hatte, **§ 315 InsO i.V.m. §§ 12 ff. ZPO**.
Der **Insolvenzschuldner** des Nachlassinsolvenzverfahrens ist der **Erbe** als Träger des Vermögens, bei einer Mehrheit von Erben ist **jeder** Erbe Insolvenzschuldner, **§ 316 Abs. 1, 2 InsO**.[1255] Auch dieses Insolvenzverfahren kann nur auf **Antrag** eröffnet werden, **§§ 317–319 InsO**. Eröffnungsgründe sind die **Zahlungsunfähigkeit** und die **Überschuldung**, vgl. **§ 320 InsO**. Die Insolvenzmasse umfasst den Nachlass zum Zeitpunkt der Eröffnung des Insolvenzverfahrens, nicht des Erbfalls.

Nach dem Tod des Schuldners richtet sich der Anspruch des Neugläubigers auf Aus- **488**
gleich einer Nachlassverbindlichkeit gegen den Erben.[1256]

Im Herausgabeprozess des Insolvenzverwalters gegen den Erben ist das Prozessgericht an den rechtskräftigen Eröffnungsbeschluss des Insolvenzgerichts gebunden.[1257]

D. Das Gesamtgutinsolvenzverfahren, §§ 332–334 InsO

Gemäß **§ 11 Abs. 2 Nr. 2 InsO** kann weiterhin über das Gesamtgut einer fortgesetzten **489**
Gütergemeinschaft, vgl. **§§ 37 Abs. 3, 332 InsO**, sowie über das gemeinsam verwaltete Gesamtgut einer Gütergemeinschaft, vgl. **§§ 37 Abs. 1, 333, 334 InsO**, ein eigenständiges Insolvenzverfahren eröffnet werden.

1253 Joannidis ZInsO 2016, 1889 ff.
1254 Palandt/Weidlich § 1975 Rn. 3 m.w.N.; Nöll ZInsO 2010, 1866 ff.
1255 Fischinger ZInsO 2013, 365 ff.
1256 BGH ZIP 2014, 137.
1257 BGH ZIP 2014, 134.

2. Teil: Die Anfechtung nach dem AnfG

1. Abschnitt: Der Zweck und Begriff der Anfechtung

490 Bei sich abzeichnendem Vermögensverfall und drohenden Zwangsvollstreckungsmaßnahmen übertragen Schuldner sehr häufig ihr Vermögen auf Dritte, um es dem Vollstreckungszugriff der Gläubiger zu entziehen. Die Anfechtung **außerhalb** des Insolvenzverfahrens **nach den Vorschriften des Anfechtungsgesetzes** bezweckt im Interesse des Einzelgläubigers, die Einzelzwangsvollstreckungslage so wiederherzustellen, wie sie ohne die „anfechtbare Rechtshandlung" des **Schuldners** bestanden hätte, **§§ 11, 1 AnfG.**[1258] Das Anfechtungsrecht entsteht als gesetzliches Forderungsrecht schon mit der Verwirklichung eines der gesetzlichen Anfechtungstatbestände und begründet ein **gesetzliches** Schuldverhältnis zwischen dem anfechtungsberechtigten Gläubiger und dem Empfänger der anfechtbaren Leistung.[1259]

Die Anfechtung außerhalb des Insolvenzverfahrens ist, wie auch die Insolvenzanfechtung, von der Anfechtung gemäß §§ 119 ff. BGB streng zu unterscheiden. Während durch die Anfechtung nach dem AnfG bzw. der InsO ein dem Vollstreckungszugriff des Gläubigers entzogener Gegenstand dem (Insolvenz-)Schuldnervermögen wieder zugeführt wird, beseitigt die Anfechtung nach §§ 119 ff. BGB rückwirkend das Rechtsgeschäft, vgl. § 142 Abs. 1 BGB.

§§ 138, 826 BGB sind nur anwendbar, wenn **außerhalb** der Anfechtungstatbestände Umstände vorliegen, die den Vorwurf der Sittenwidrigkeit rechtfertigen.[1260]

2. Abschnitt: Das Anfechtungsrecht

A. Die Geltendmachung des Anfechtungsrechts

491 Das Anfechtungsrecht kann nur **gerichtlich** entweder durch die **Anfechtungsklage**, vgl. **§ 13 AnfG**, oder im Wege der **Anfechtungseinrede**, vgl. **§ 9 AnfG**,[1261] geltend gemacht werden. Im letzteren Falle erfolgt dies insbesondere gegenüber der Drittwiderspruchsklage, **§ 771 ZPO**, oder der Klage auf vorzugsweise Befriedigung, **§ 805 ZPO**, über den Einwand der unzulässigen Rechtsausübung.[1262] Streitig ist dagegen, ob der Anfechtungsanspruch ein Interventionsrecht i.S.d. § 771 ZPO darstellt.[1263]

B. Der Anfechtungsgläubiger

492 **Anfechtungsberechtigt** nach **§ 2 AnfG** ist jeder **Gläubiger** einer **fälligen** Forderung, der einen **vollstreckbaren Titel,** vgl. **§ 14 AnfG**, erlangt hat und dessen **Zwangsvollstreckung** in das Vermögen des Schuldners **nicht** zu einer vollständigen Befriedigung geführt hat.

Die Tatbestandsmerkmale des **§ 2 AnfG** stellen **keine** materiellen Anspruchsvoraussetzungen dar, sondern sind **besondere Zulässigkeitsvoraussetzungen** der **Anfech-**

1258 BGH ZIP 2010, 793; 2008, 2272, 2274; Kirchhof ZInsO 2013, 1813 ff.

1259 BGH NJW 1961, 1463; Hess/Weis § 11 Rn. 990 ff.

1260 BGH NJW 2000, 2328; 1993, 2041; ZIP 1998, 793; Palandt/Ellenberger/Sprau § 138 Rn. 15; § 826 Rn. 2.

1261 BGH WM 2005, 1037; NJW 1986, 2252.

1262 Zöller/Herget § 771 Rn. 15.

1263 BGH NJW 2003, 3345; Thomas/Putzo/Seiler § 771 Rn. 22; Zöller/Herget § 771 Rn. 14 m.w.N.

tungsklage.[1264] Liegen diese bis zum Zeitpunkt der letzten mündlichen Verhandlung in der Tatsacheninstanz nicht vor, ist die Klage durch **Prozessurteil** als unzulässig abzuweisen.[1265]

Eine dem Schuldner erteilte Restschuldbefreiung steht der Gläubiger Anfechtung jedenfalls dann nicht entgegen, wenn der Gläubiger die Anfechtungsklage bereits vor Eröffnung des Insolvenzverfahrens erhoben hat und die Anfechtung Rechtshandlungen betrifft, die vor der Eröffnung des Insolvenzverfahrens vorgenommen worden sind.[1266] Dies gilt auch dann, wenn der Gläubiger die Anfechtungsklage erst nach der Aufhebung des Insolvenzverfahrens erhebt.

I. Vollstreckbarer Schuldtitel

Nach **§ 2 AnfG** ist jeder Gläubiger zur Anfechtung berechtigt, der einen vollstreckbaren **493**
Schuldtitel, der auf eine **Geldsumme** lautet, erlangt hat. Es ist nicht erforderlich, dass der Vollstreckungsgläubiger auch Inhaber des titulierten Anspruchs ist, vielmehr ist auch ein Gläubiger anfechtungsberechtigt, der in gewillkürter Prozessstandschaft ein Urteil auf Zahlung gegen den Schuldner erlangt hat.[1267]
Es genügt ein auf Zahlung gerichteter – rechtskräftiger oder vorläufig vollstreckbarer, vgl. **§ 14 AnfG** – Titel jeder Art, der erst in der letzten mündlichen Tatsachenverhandlung des Anfechtungsprozesses vorliegen muss. Es ist **nicht** erforderlich, dass die **Forderung vor** der angefochtenen Rechtshandlung entstanden ist oder der **Schuldtitel vorher** entstanden sein muss.[1268]

Vollstreckbare Schuldtitel i.S.d. **§ 2 AnfG** sind insbesondere die der §§ 704, 794 ZPO, weiterhin Leistungsverfügungen und Steuerbescheide.[1269] Arreste und einstweilige Verfügungen kommen grundsätzlich **nicht** in Betracht, da sie nur der Sicherung dienen.[1270]

Eine vollstreckbare Ausfertigung oder vorherige Zustellung des Titels ist **nicht** erforderlich, desgleichen **nicht** die Erbringung der die Vollstreckbarkeit bedingenden **Sicherheit.**[1271]

Fall 11:

Die klagende Bank nimmt den Beklagten aus Anfechtung nach dem AnfG wegen der Übertragung eines Bruchteils an einem Erbanteil in Anspruch. Die Schuldnerin, die Mutter des Beklagten, hatte ihm aufgrund notariellen Schenkungsvertrags ihren 1/2-Erbanteil am Nachlass ihres Vaters übertragen.
Die Klägerin hatte dem Vater des Beklagten über einen längeren Zeitraum Kredite gewährt, zu deren Sicherung dessen Ehefrau, die Mutter des Beklagten, u.a. an ihrem Hausgrundstück unter Verwendung des in der Kreditwirtschaft üblichen Grundschuldbestellungsformulars eine Grundschuld (nebst Nebenleistungen) bestellt und

1264 BGH WM 2000, 931, 932.
1265 BGHZ 53, 181; OLG Stuttgart NJW 1987, 71.
1266 BGH ZIP 2018, 935; 2015, 2428.
1267 BGH NJW 1983, 1678.
1268 BGH ZIP 1987, 49; 1984, 489.
1269 BFH ZInsO 2013, 344, 345; Huber § 2.
1270 BGH NJW 1991, 496, 498.
1271 RGZ 155, 42, 46; 110, 354.

sich unter Abschnitt II. der Grundschuldbestellungsurkunde der dinglichen Zwangsvollstreckung unterworfen hatte. Unter Abschnitt V. der Urkunde hatte sie weiterhin die „persönliche Haftung für den Betrag der Grundschuld nebst Zinsen" übernommen und sich deswegen der sofortigen Zwangsvollstreckung in ihr gesamtes Vermögen unterworfen.
Nachdem der Vater des Beklagten seine Zahlungsverpflichtungen gegenüber der Klägerin nicht mehr erfüllt hatte, stellte diese alle gewährten Kredite zur Rückzahlung fällig. Sie ist sowohl mit der in Abt. III Nr. 5 eingetragenen Grundschuld im Zwangsversteigerungsverfahren des Hausgrundstücks als auch mit ihrer titulierten persönlichen Forderung aus Abschnitt V. der Grundschuldbestellungsurkunde gegen die Mutter des Beklagten i.H.d. Grundschuldbetrags nebst Zinsen ausgefallen.
Die Klägerin begehrt die Verurteilung des Beklagten zur Duldung der Zwangsvollstreckung wegen dieses Betrags nebst Zinsen und Kosten in den auf ihn aufgrund des notariellen Schenkungsvertrags übertragenen 1/2-Erbanteil am Nachlass des Vaters seiner Mutter.
Der Beklagte hält die Voraussetzungen des § 2 AnfG für nicht gegeben, insbesondere sei die Übernahme der persönlichen Haftung in der Grundschuldbestellungsurkunde durch die Schuldnerin, seine Mutter, unzulässig.

494 **Zulässigkeit der Klage**

I. **Allgemeine Prozessvoraussetzungen**
Hinsichtlich der allgemeinen Prozessvoraussetzungen ergeben sich gegenüber dem „normalen" Klageverfahren keine Besonderheiten.
Zu beachten sind jedoch die:

1. Zuständigkeit
Nach h.M.[1272] kann die **Anfechtungsklage** nur im **allgemeinen Gerichtsstand** des Anfechtungsgegners, vgl. §§ 13 ff. ZPO, erhoben werden, da es sich um einen schuldrechtlichen Anspruch handelt.

Nach a.A. ist für Anfechtungsklagen, die mit dem Eigentum an einer unbeweglichen Sache oder dessen Belastung in Zusammenhang stehen, der ausschließliche dingliche Gerichtsstand des § 24 ZPO maßgebend.

1272 Zum Streitstand Zöller/Vollkommer § 24 Rn. 13 m.w.N.

Der Gerichtsstand des Ortes der Vertragserfüllung (§ 29 ZPO) und der Gerichtsstand der unerlaubten Handlung (§ 32 ZPO) scheiden dagegen aus.

2. Ordnungsgemäßheit der Klageerhebung gemäß **§ 253 Abs. 2 ZPO** i.V.m. **§ 13 AnfG**

Bei dem **Klageantrag**, der grundsätzlich auf die **Duldung** der **Zwangsvollstreckung** in den – konkret zu bezeichnenden – Anfechtungsgegenstand gerichtet ist, **§ 11 Abs. 1 S. 1 AnfG** (vgl. dazu im Einzelnen unten Rn. 504. ff.), ist auch die vollstreckbare **Forderung** unter Einbeziehung etwaiger Zinsen und Kosten anzugeben, **§ 13 AnfG.**[1273] Möglich ist auch die Benennung **mehrerer** Forderungen i.S.d. **§ 2 AnfG**.

Nur bei Einhaltung dieser Voraussetzungen hat die Klageerhebung fristwahrende Wirkung, vgl. **§§ 3 ff. AnfG** (vgl. dazu im Einzelnen Rn. 514).

Der Klageantrag der Klägerin ist vorliegend hinreichend bestimmt.

Im Übrigen bestehen hinsichtlich der allgemeinen Prozessvoraussetzungen keine Bedenken.

II. **Besondere Prozessvoraussetzungen** 495

Nach ganz h.M.[1274] handelt es sich bei den Voraussetzungen des **§ 2 AnfG** um **besondere Zulässigkeitsvoraussetzungen** der Anfechtungsklage.

1. **Vollstreckbarer Schuldtitel** i.S.d. **§ 2 AnfG** könnte vorliegend die Zwangsvollstreckungsunterwerfung wegen der **persönlichen Haftung** für den Grundschuldbetrag nebst Zinsen unter Abschnitt V. der notariellen Urkunde, vgl. **§ 794 Abs. 1 Nr. 5, Abs. 2 ZPO**, sein.[1275]

Der Beklagte wendet dagegen ein, dass die Übernahme der persönlichen Haftung in der Grundschuldbestellungsurkunde durch die Schuldnerin, seine Mutter, unzulässig sei und damit kein Vollstreckungstitel vorliege.

a) Es ist streitig, ob der Beklagte als **Anfechtungsgegner** Einwendungen gegen den zu **vollstreckenden Anspruch** geltend machen kann. 496

aa) In der Lit.[1276] wird die Auffassung vertreten, dass sich der Anfechtungsgegner auf das Fehlen des materiellen Anspruchs des Anfechtungsgläubigers gegenüber dem Schuldner berufen dürfe. Z.T. wird darauf abgestellt, dass das Anfechtungsrecht schon begrifflich einen materiellen Anspruch zwischen dem anfechtenden Gläubiger und dem Schuldner voraussetze, sodass bei dessen Fehlen auch das Anfechtungsrecht entfalle. Demgegenüber wird zwar eine Rechtskrafterstreckung über § 325 ZPO hinaus auf die Fälle bejaht, in denen die Rechtsstellung eines Dritten von der einer Partei des Vorprozesses abhängig ist. Für den Fall der Gläubigeranfechtung wird jedoch die Drittwirkung des Urteils zwischen Gläubiger und Schuldner mit

1273 BGH WM 2001, 164, 166; 1987, 228.

1274 Huber § 2 Rn. 13 f.

1275 BGH ZIP 2008, 834, 835; Zöller/Stöber § 794 Rn. 25 ff., 31 m.w.N.

1276 Paulus AcP 155, 277, 352 ff.; Henckel ZZP 1984, 447, 454.

der Begründung abgelehnt, dass sich der Anfechtungsgegner nicht das Ergebnis eines vom Schuldner geführten Prozesses entgegenhalten lassen müsse, weil dieser, meistens vermögenslos, den Prozess ohne eigenes Interesse am Ausgang geführt habe.

bb) Nach der st.Rspr.[1277] ist für die Geltendmachung des Anfechtungsrechts das Vorliegen eines Vollstreckungstitels des Gläubigers gegen den Schuldner ausreichend – es sei denn, der Anfechtungskläger habe den Titel erschlichen[1278] oder durch Kollusion mit dem Schuldner erlangt[1279] –, ohne dass es auf den Bestand der Forderung ankommt. Der Anfechtungsgegner könne nur noch solche Einwendungen erheben, die nach der letzten Tatsachenverhandlung im **Vorprozess** des **Gläubigers** gegen den **Schuldner** entstanden sind und die der Schuldner selbst noch hätte vorbringen können, **§§ 795, 767 Abs. 1, 2 ZPO**. Zur Begründung wird – unter ausdrücklicher Ablehnung einer Rechtskrafterstreckung – darauf verwiesen, dass die Anfechtung der Wiederherstellung der Zugriffslage dient, wie sie ohne die angefochtene Rechtshandlung bestanden hätte. Der Anfechtungsgegner dürfe dem Zugriff des Gläubigers nicht stärker ausgesetzt sein als der Schuldner selbst. Stehe diesem noch das Recht zu, die Zwangsvollstreckung durch die Erhebung von Einwendungen zu verhindern, müsse auch dem Anfechtungsgegner diese Verteidigungsmöglichkeit erhalten bleiben.[1280]

Dieser Auffassung ist insbesondere auch im Interesse der wirksamen Durchsetzung des Gläubigeranfechtungsrechts zuzustimmen, die anderenfalls durch das Führen von zwei Zivilprozessen erheblich beeinträchtigt wäre.

Der Beklagte kann sich danach gemäß **§§ 767, 795, 794 Abs. 1 Nr. 5 ZPO** auf die Unzulässigkeit der Übernahme der persönlichen Haftung durch die Schuldnerin, seine Mutter, unter Abschnitt V. der Grundschuldbestellungsurkunde, berufen, vgl. **§§ 797 Abs. 4, 767 Abs. 2 ZPO**.

497 b) Es ist somit zu prüfen, ob die formularmäßige Übernahme der **persönlichen Haftung** in der Grundschuldbestellungsurkunde wirksam ist.

Die **persönliche Haftungsübernahme** stellt ein **abstraktes Schuldanerkenntnis** bzw. Schuldversprechen i.S.d. **§§ 780, 781 BGB** dar, das dem Kreditinstitut neben der Grundschuld als weiteres Sicherungsmittel dient.[1281]

Da es sich bei dem Formular der Klägerin um **AGB** i.S.d. **§ 305 Abs. 1 BGB** handelt, ist zu prüfen, ob Abschnitt V. der notariellen Urkunde nicht wegen Verstoßes gegen **§§ 305 ff. BGB** unwirksam ist.

1277 BGH ZIP 2007, 1755, 1756; WM 1987, 228; NJW 1984, 1968; 1999, 33, 34; OLG München ZIP 2003, 650; Huber § 2 Rn. 33.
1278 BGH NJW 1964, 1277.
1279 BGH NJW 1961, 1463.
1280 BGH WM 1999, 33, 34.
1281 BGH WM 1992, 132; 1991, 758, 759; Palandt/Sprau § 781 Rn. 9 m.w.N.

aa) Nach ganz h.M.[1282] liegt ein Verstoß gegen §§ 305 ff. BGB dann **nicht** vor, wenn **Personenidentität** von **Darlehensnehmer** und **Sicherungsgeber** besteht.

bb) Demgegenüber wird für den – vorliegenden – Fall der **Nichtidentität** von **Darlehensnehmer** und **Sicherungsgeber** nach ganz h.M.[1283] ein **Verstoß** gegen **§§ 305 ff. BGB bejaht**.

Überwiegend wird ein Verstoß gegen **§§ 305 c Abs. 1, 307 Abs. 2 Nr. 1 BGB** angenommen und zur Begründung darauf verwiesen, dass der Grundschuldbesteller, der **nicht** Schuldner der gesicherten Forderung ist, nicht damit zu rechnen brauche, formularmäßig auch die persönliche Haftung zu übernehmen, er vielmehr davon ausgehen könne, dass er nur mit seinem Grundstück hafte.[1284] Darüber hinaus wird in der Rspr.[1285] ein Verstoß gegen **§ 309 Nr. 12 BGB** verneint, in der Lit.[1286] bejaht, im Übrigen auch eine Verletzung der Sicherungsabrede zwischen dem Kreditinstitut und dem Sicherungsgeber angenommen, nach dessen Inhalt aus Anlass der Kreditgewährung vom Sicherungsgeber als Sicherheit allein eine Grundschuld bestellt werden solle.

Danach ist die **persönliche Haftungsübernahme** in der Grundschuldbestellungsurkunde durch die Schuldnerin, die Mutter des Beklagten, wegen Verstoßes gegen **§§ 305 c, 307 Abs. 2 BGB unwirksam**; ein vollstreckbarer Schuldtitel i.S.d. § 2 AnfG liegt nicht vor.

2. Als vollstreckbarer Schuldtitel i.S.d. **§ 2 AnfG** kommt weiterhin der **dingliche Titel** gemäß **§§ 794 Abs. 1 Nr. 5, 800 ZPO** unter Abschnitt II. der notariellen Urkunde in Betracht. 498
Auch ein dinglicher Titel fällt unter den Anwendungsbereich des **§ 2 AnfG.**[1287]
Die Anfechtung betrifft jedoch **nicht** den von der dinglichen Zwangsvollstreckungsunterwerfung erfassten Gegenstand, hier das **Grundstück**, sondern den übertragenen **1/2-Erbanteil**.

Die Klägerin hat somit keinen vollstreckbaren Schuldtitel i.S.d. **§ 2 AnfG**.
Die Klage ist danach durch **Prozessurteil** als unzulässig abzuweisen.

II. Fälligkeit der Forderung

Weiterhin muss die Forderung des Anfechtenden gegenüber dem Schuldner **fällig** sein. 499
Es muss sich um einen **Geldsummenanspruch** i.S.d. §§ 803 ff. ZPO handeln. Sie darf weder betagt noch aufschiebend bedingt sein. Sie kann vor oder nach der angefochtenen Rechtshandlung entstanden, muss jedoch vor der letzten mündlichen Verhandlung des Anfechtungsprozesses fällig geworden sein.[1288] Auch die bis zur künftigen Vollstreckungsmaßnahme laufenden **Zinsen** gelten i.S.d. **§ 2 AnfG** als **fällig**.[1289]

1282 BGH WM 2003, 64, 65; NJW-RR 1990, 246; WM 1987, 228, 230; BankR-Hdb.-Epp § 94 Rn. 245 ff.

1283 BGHZ 114, 9, 12; OLG Köln WM 2003, 1323; Zöller/Stöber § 794 Rn. 31; BankR-Hdb.-Epp § 94 Rn. 245 ff.

1284 BGH a.a.O.; Palandt/Grüneberg § 305 c Rn. 11.

1285 BGHZ 114, 9 ff.; 9, 274 ff.

1286 Loewe/v. Westphalen/Trinkner, AGB-Gesetz, § 11 Nr. 15 Rn. 44 ff.

1287 BGH ZIP 1987, 439; Huber § 2 Rn. 34.

1288 BGH ZIP 1987, 49; 1984, 489; BGHZ 57, 123, 126; BGH KTS 1976, 132, 134.

1289 BGH WM 1985, 427; 1984, 440.

III. Unzulänglichkeit des Schuldnervermögens

500 Weiterhin muss die **Unzulänglichkeit** des Schuldnervermögens bestehen, d.h. dass für die Zwangsvollstreckung keine für die Forderungsbefriedigung ausreichenden verwertbaren Vermögenswerte vorhanden sind, die Zwangsvollstreckung wegen geltend gemachter Drittrechte eingestellt wird oder mit der Einstellung, vgl. § 771 ZPO, zu rechnen ist.[1290] Die Uneinbringlichkeit der Forderung muss am Schluss der letzten Tatsachenverhandlung im Anfechtungsprozess feststehen.[1291]
Kann der Anfechtungsgläubiger mit seiner Forderung, die der Anfechtung zugrunde liegt, gegen eine unstreitige oder titulierte Forderung aufrechnen, ist das Schuldnervermögen in diesem Umfang **nicht** unzureichend.[1292]

Der **Anfechtungsgläubiger** trägt für das Vorliegen der – mutmaßlichen – Unzulänglichkeit des Schuldnervermögens die **Darlegungs- und Beweislast**. Nach der Rspr. des BGH[1293] können jedoch bestimmte Indizien – z.B. andere Gläubiger haben bereits vergeblich Vollstreckungsversuche unternommen oder der Schuldner selbst gibt glaubhaft an, pfändbares Vermögen nicht zu besitzen – zu Beweiserleichterungen führen.
Die Abgabe einer **eidesstattlichen Versicherung** des Schuldners gemäß **§ 807 ZPO** ist **nicht** notwendig.[1294]

IV. Keine Eröffnung des Insolvenzverfahrens

501 Der Anfechtungsgläubiger verliert seine Anfechtungsberechtigung, wenn über das Vermögen des Schuldners das **Insolvenzverfahren** eröffnet wird, **§ 16 Abs. 1 AnfG**,[1295] soweit der anfechtbar weggegebene Gegenstand ohne die anfechtbare Rechtshandlung in die Insolvenzmasse gefallen wäre, vgl. **§§ 35, 36 InsO**. Bei der Forderung des Gläubigers muss es sich somit um eine **Insolvenzforderung** handeln.

Ist der Anfechtungsschuldner vor der Eröffnung des Insolvenzverfahrens aufgrund von Vorschriften des Anfechtungsgesetzes in Anspruch genommen worden, scheidet ein Anspruch auf Rückgewähr zur Insolvenzmasse im Umfang der Erfüllung des Anfechtungsanspruchs aus.[1296]

Der Insolvenzverwalter ist jedoch zur Verfolgung des von einem Gläubiger vor Insolvenzeröffnung verfolgten Anfechtungsanspruchs für die Insolvenzmasse auch dann berechtigt, wenn das im Anfechtungsprozess zugunsten des Einzelgläubigers erlassene Urteil bereits rechtskräftig geworden, aber die Vollstreckung noch nicht durchgeführt ist.[1297]

Absonderungsberechtigte Gläubiger, vgl. **§§ 49 ff. InsO**, und **Massegläubiger**, vgl. **§§ 53 ff. InsO**, fallen **nicht** unter **§ 16 Abs. 1 AnfG**.[1298]

1290 Huber § 2 Rn. 15 m.w.N.

1291 RGZ 155, 42, 45; Huber a.a.O.

1292 BGH ZIP 2007, 1755.

1293 ZIP 1990, 1420; 1982, 1362; Huber § 2 Rn. 4 m.w.N.

1294 BGH NJW 1983, 1678.

1295 BGH WM 2000, 324, 325; BGH ZIP 2010, 269, 270 – **auch Verbraucherinsolvenzverfahren**.

1296 BGH ZIP 2013, 131, 133.

1297 OLG München ZIP 2017, 239.

1298 BGH ZIP 1990, 25.

Ist das Verfahren über den Anfechtungsanspruch des Anfechtungsgläubigers im Zeitpunkt der Insolvenzeröffnung noch **rechtshängig**, so wird es gemäß **§ 17 Abs. 1 S. 1 AnfG unterbrochen**, vgl. noch **§ 240 ZPO**.
Der **Insolvenzverwalter** kann nach **§ 17 Abs. 1 S. 2 AnfG** das unterbrochene Verfahren durch Zustellung eines bei Gericht einzureichenden Schriftsatzes wieder aufnehmen, vgl. § 250 ZPO. Wird die Aufnahme verzögert, so finden nach **§ 17 Abs. 1 S. 3 AnfG** die Abs. 2–4 des § 239 ZPO entsprechende Anwendung.[1299]

Er kann nach **§ 17 Abs. 2 AnfG** den Klageantrag erweitern (vgl. dazu Rn. 103 ff.).

Lehnt der Insolvenzverwalter die Aufnahme des Rechtsstreits ab, kann er dennoch den Anfechtungsanspruch nach **§§ 129 ff. InsO** geltend machen, **§ 17 Abs. 3 S. 2 InsO**, vgl. noch **§ 85 Abs. 2 InsO**.

C. Der Anfechtungsgegner

Anfechtungsgegner – und damit Beklagter im Anfechtungsprozess – ist der **Empfänger** 502
der anfechtbaren Leistung bzw. ggf. dessen Erbe oder ein anderer Gesamtrechtsnachfolger, **§ 15 Abs. 1 AnfG**, weiterhin sein **Sonderrechtsnachfolger** unter den Voraussetzungen des **§ 15 Abs. 2 AnfG**.

Die Vorschrift entspricht **§ 145 Abs. 1 u. 2 InsO**.

In den Fällen des **§ 15 Abs. 2 AnfG** ist die Anfechtbarkeit gegenüber dem Sonderrechtsnachfolger dann gegeben, wenn der Ersterwerb, ggf. der Zwischenerwerb anfechtbar waren.[1300]

Sonderrechtsnachfolge i.S.d. **§ 15 Abs. 2 AnfG** liegt vor bei

- Übertragung des anfechtbar erworbenen Gegenstandes,
- Begründung eines Rechts daran (z.B. Bestellung eines Pfandrechts),
- Erwerb eines Rechts daran im Wege der Zwangsvollstreckung.

Weiterhin setzt die Anfechtbarkeit gegenüber dem **Rechtsnachfolger** nach **§ 15 Abs. 2** 503
Nr. 1 u. 2 AnfG voraus, dass dieser von der Anfechtbarkeit des Rechtserwerbs des Vorgängers **Kenntnis** hat. Dagegen kommt es auf die Kenntnis eines Pfändungspfandgläubigers, der aus einem gegen den Erwerber des – anfechtbar erlangten – Gegenstands gerichteten Titel vollstreckt hat, nicht an, da der Erwerb in der Zwangsvollstreckung **keinem Vertrauensschutz** unterliegt.[1301]

Beispiel 1: A vollstreckt aus einem Zahlungstitel gegen B in eine in dessen Gewahrsam befindliche körperliche Sache gemäß §§ 808 ff. ZPO, die dieser in anfechtbarer Weise von S erlangt hat.

Beispiel 2: A vollstreckt aus einem Zahlungstitel gegen B in eine – angeblich – diesem gegen D zustehende Forderung gemäß §§ 828 ff. ZPO, die dieser in anfechtbarer Weise von S erlangt hat.

Wenn der Gläubiger G des S gegen diesen fruchtlos die Zwangsvollstreckung betrieben hat, kann er in den beiden Beispielen gegen A die Drittwiderspruchsklage gemäß **§ 771 ZPO** erheben, da nach ganz

1299 MK-Kirchhof § 129 Rn. 204; Zöller/Greger § 240 Rn. 7 m.w.N.

1300 BGH NJW 1974, 57.

1301 Henckel JuS 1985, 842.

h.M.[1302] das Anfechtungsrecht ein „die Veräußerung hinderndes Recht" ist. Die Anfechtungsvoraussetzungen werden in dem Rechtsstreit inzidenter geprüft.[1303]

Im Falle des **§ 15 Abs. 2 Nr. 3 InsO** kommt es dagegen **nicht** auf die **Kenntnis** des Rechtsnachfolgers an, vielmehr darauf, ob ihm das Erlangte unentgeltlich zugewendet worden ist, beschränkt auf die noch vorhandene Bereicherung, wenn der Rechtsnachfolger beim Erwerb des unentgeltlich Erlangten in gutem Glauben war.

Die Rückgewährpflicht des **Rechtsnachfolgers** tritt neben die des **Rechtsvorgängers**; es besteht zwischen diesen ein Gesamtschuldverhältnis, **§ 421 BGB**.

D. Der Inhalt des Anfechtungsanspruchs

I. Der Anspruch auf Duldung der Zwangsvollstreckung

504 Der Anfechtungsanspruch gemäß **§ 11 Abs. 1 S. 1 AnfG** beinhaltet einen **schuldrechtlichen Anspruch** auf Wiederherstellung der Zugriffslage, d.h., der aus dem Vermögen des Schuldners weggegebene Gegenstand ist dem Vollstreckungszugriff des Gläubigers wieder in der Weise zur Verfügung zu stellen, als ob er sich noch im Vermögen des Schuldners befände.[1304] Der Anfechtungsgegner im Sinne der Anfechtung außerhalb des Insolvenzverfahrens muss daher grundsätzlich die Zwangsvollstreckung des Einzelgläubigers in die anfechtbar erlangten Vermögensgegenstände dulden, während er bei der Insolvenzanfechtung das Erlangte der Insolvenzmasse – zum Zwecke der Gesamtvollstreckung – zur Verfügung stellen muss.[1305]

Der entsprechende Tenor des stattgebenden Urteils lautet danach grundsätzlich:

„Der Beklagte wird verurteilt, die Zwangsvollstreckung des Klägers in ... (genaue Bezeichnung des Anfechtungsgegenstandes wegen der vollstreckbaren Forderung [genaue Bezeichnung]) zu dulden."

Vgl. **§ 13 AnfG**.[1306]

*Bei dem **Erwerb** eines **Miteigentumsanteils** an einem Grundstück in anfechtbarer Weise durch einen anderen Miteigentümer mit der Folge der Vereinigung der Anteile zum Alleineigentum, kann der Gläubiger von dem nunmehrigen Alleineigentümer die Duldung der **Zwangsversteigerung** des ganzen Grundstücks – nach Maßgabe der **§§ 180 ff. ZVG** – verlangen, jedoch mit der Einschränkung, sich nur aus dem **Anteil** an dem Versteigerungserlös, der dem Schuldner als **fingiertem** Miteigentümer zusteht, zu befriedigen.*[1307]

*Bei dem anfechtbaren Erwerb einer **Auflassungsvormerkung** lautet der Klageantrag auf Duldung der Zwangsvollstreckung in das Grundstück.*

*Bei **Belastungen** von beweglichen Sachen und Grundstücken geht der Anfechtungsanspruch dahin, dass der Anfechtungsgegner von seinem Recht dem Gläubiger gegenüber kei-*

1302 BGH NJW 1958, 914; Zöller/Herget § 771 Rn. 15.
1303 Zöller/Herget a.a.O.; Schmidt JZ 1987, 889, 892.
1304 BGH ZIP 2010, 793, 794; Huber NZI 2009, 70, 71; Kübler/Prütting S. 64.
1305 BGH WM 2007, 1474, 1475; 1987, 228; Kirchhof ZInsO 2013, 1813, 1814.
1306 BGH WM 2001, 164, 166.
1307 BGH ZIP 2008, 2136, 2137; 1985, 372; 1984, 753.

nen Gebrauch macht oder in die Auszahlung des auf ihn bei der Zwangsversteigerung des angefochtenen Rechts entfallenden Erlöses einwilligt.[1308]

Besteht der anfechtbar erworbene Gegenstand in einer ***Geldsumme****, kann der Gläubiger vom Anfechtungsempfänger unmittelbar Zahlung verlangen.*[1309]

Auch die Bestellung dinglicher Rechte am ***eigenen*** *Grundstück durch den Schuldner gewährt dem Gläubiger einen Anfechtungsanspruch nach* ***§ 11 Abs. 1 S. 1 AnfG*** *mit der Maßgabe, dass dem Anfechtungsgläubiger der Vorrang vor den – in anfechtbarer Weise (vgl. dazu Rn. 519) – bestellten dinglichen Rechten eingeräumt wird.*[1310]

II. Der Anspruch auf Wertersatz

1. Wertersatz in Geld

Ist die Zwangsvollstreckung in den **Gegenstand**, z.B. bei nachträglichem Untergang **nicht** möglich, so ist der Anspruch nach **§ 11 Abs. 1 S. 2 AnfG i.V.m. §§ 819 Abs. 1, 818 Abs. 4, 292 Abs. 1, 989, 990 BGB** durch **Wertersatz** in Geld zu erfüllen, und zwar auch dann, wenn der Anfechtungsgegner die Unmöglichkeit der Rückgewähr nicht verschuldet hat.[1311] Maßgebend ist der **Verkehrswert**, den der Anfechtungsgegenstand im Zeitpunkt der letzten mündlichen Verhandlung des Anfechtungsprozesses hat.[1312] 505

2. Sonderfall der Wertverbesserungen an dem Anfechtungsgegenstand

Der **Inhalt** des Anfechtungsanspruchs ist dann **streitig**, wenn der Anfechtungsgegner **Wertverbesserungen** an dem Anfechtungsgegenstand vorgenommen hat, die sich davon nicht trennen lassen (z.B. Ablösung von Rechten aus eigenen Mitteln, bauliche Veränderungen). 506

Nach h.M.[1313] hat der Gläubiger auch in diesen Fällen einen Anspruch auf Duldung der Zwangsvollstreckung in den Anfechtungsgegenstand, jedoch mit der Maßgabe, dass dem **Anfechtungsgegner** ein Anspruch auf **Ersatz** seiner **Aufwendungen** zusteht, soweit diese den Gläubigerzugriff verbessert haben. Zur Begründung wird angeführt, dass die in **§ 11 Abs. 1 AnfG** grundsätzlich vorgeschriebene Rückgewähr in Natur nicht unmöglich sei, den Gläubiger im Übrigen bei dem Anspruch auf Wertersatz in Geld das Insolvenzrisiko des Anfechtungsgegners treffe.
Der danach bestehende **Aufwendungsersatzanspruch** des Anfechtungsgegners ist **nicht** im Anfechtungsprozess selbst, sondern erst in der Zwangsvollstreckung bei der Verteilung des Erlöses zu berücksichtigen.[1314]

1308 BFH ZIP 2010, 1356, 1358; BGH WM 2013, 229, 2230; KG Köln ZIP 2014, 786.

1309 Weitere Fälle bei Hess/Weis Rn. 1000 ff.

1310 BGH WM 2011, 1955, 1956; BFH ZIP 2010, 1356, 1358; kritisch Kirchhof ZInsO 2011, 2009 ff.

1311 BGH NJW 1984, 2890, 2891; 1980, 1795; 1972, 719.

1312 I.Ü. wird auf die Darstellung zum Inhalt des Insolvenzanfechtungsanspruchs verwiesen.

1313 BGH NJW 1991, 2144, 2146; 1984, 2890, 2893.

1314 BGH NJW 1984, 2890, 2893 m.w.N.

Nach a.A. verbleibt der Gegenstand dem Anfechtungsgegner, und dem Gläubiger steht nur ein Anspruch auf Wertersatz in Geld zu. Zur Begründung wird angeführt, dass der Gläubiger aus dem Anfechtungsgegenstand nur seine **Geldforderung** befriedigen könne, während der Anfechtungsgegner daran interessiert sei, dass ihm die Sache selbst mit den ihm gebührenden Verwendungen in gegenständlicher Form erhalten bleibt.

III. Beschränkung bei unentgeltlicher Leistung, § 11 Abs. 2 AnfG

507 Nach **§ 11 Abs. 2 AnfG** ist die Pflicht des Empfängers einer unentgeltlichen Leistung, diese zur Verfügung zu stellen, dem Umfang nach auf die Bereicherung begrenzt, § 818 BGB. Dies gilt nicht bei Kenntnis bzw. Kennenmüssen des Empfängers von der Gläubigerbenachteiligung, **§ 11 Abs. 2 S. 2 AnfG**.

Der Anfechtungsgläubiger hat gegen den Empfänger einer teils entgeltlichen, teils unentgeltlichen Leistung des Schuldners einen Anspruch auf Duldung der Zwangsvollstreckung in den zugewandten Gegenstand. Der gutgläubige Empfänger einer teils entgeltlichen, teils unentgeltlichen Leistung, der eine Gegenleistung erbracht hat, kann bevorzugte Befriedigung seines Anspruchs auf Rückgewähr der Gegenleistung aus dem Verwertungserlös verlangen.[1315]

IV. Anspruch gegen den Gesellschafter, § 11 Abs. 3 AnfG

Nach **§ 11 Abs. 3 AnfG** hat der Gesellschafter die Zwangsvollstreckung in sein Vermögen bis zur Höhe des Betrags zu dulden, mit dem er als Bürge oder von der von ihm bestellten Sicherheit freigeworden ist, vgl. **§ 6 a AnfG**.

Es wird insoweit auf die Darstellung der – entsprechenden – Anfechtungsvorschriften der InsO, §§ 143 Abs. 3, 135 Abs. 2 InsO, Rn. 111 verwiesen.

Der **Anfechtungsanspruch** ist durch **einstweilige Verfügung** oder **Arrest** sicherungsfähig.[1316]

E. Die Voraussetzungen des Anfechtungsrechts

I. Rechtshandlung des Schuldners

1. Begriff der Rechtshandlung, § 1 AnfG

508 Unter den Begriff der Rechtshandlung fällt **jede Willensbetätigung** mit **Rechtswirkung**: Rechtsgeschäfte, rechtsgeschäftsähnliche Handlungen, Prozesshandlungen, auch Realakte.[1317]

Auch die Verpachtung eines land- und forstwirtschaftlichen Betriebs kann eine nach **§ 1 Abs. 1 AnfG** anfechtbare Rechtshandlung darstellen. Weggegeben und deshalb im Fall einer erfolgreichen Anfechtung vom Pächter dem Gläubiger nach **§ 11 Abs. 1 AnfG** zur Verfügung zu stellen sind die Nutzungen des Pachtgegenstands. Dazu gehört auch der aus dem Gewerbebetrieb gezogene Gewinn, soweit dieser nicht auf den persönlichen Leistungen oder Fähigkeiten desjenigen beruht, der die gewinnbringenden Einnahmen erzielt hat.[1318]

1315 BGH ZIP 2017,185, 186.

1316 KG ZInsO 2005, 656; OLG Hamm NZI 2002, 59.

1317 BGH ZIP 2010, 793; 2008, 2272.

1318 BGH ZInsO 2012, 1987; BGHZ 168, 220.

Nach **§ 1 Abs. 2 AnfG** ist das **Unterlassen** dem positiven Bewirken einer Rechtshandlung gleichgestellt.
Es wird auf die Darstellung der – entsprechenden Vorschrift **§ 129 InsO** unter Rn. 115 verwiesen.

2. Vollstreckungsmaßnahmen gegen den Schuldner, § 10 AnfG

Nach **§ 10 AnfG** sind grundsätzlich auch solche Rechtshandlungen des Schuldners der Gläubigeranfechtung unterworfen, für die ein vollstreckbarer Titel vorliegt bzw. deren Vornahme im Rahmen der Zwangsvollstreckung erwirkt wurde. Die Vorschrift stellt klar, dass eine Leistung des Schuldners, zu der er durch staatlichen Hoheitsakt verurteilt worden ist, dennoch anfechtbar ist. **509**
§ 10 AnfG entspricht insoweit **§ 141 InsO**, es wird auf die Ausführungen unter Rn. 116 Bezug genommen.

3. Zeitpunkt der Vornahme der Rechtshandlung

§ 8 AnfG, der den Zeitpunkt der Vornahme der Rechtshandlung gesetzlich regelt, entspricht **§ 140 InsO**, es wird daher auf die Ausführungen unter Rn. 142 verwiesen. **510**

II. Gläubigerbenachteiligung

Eine Gläubigerbenachteiligung liegt vor, wenn die **Zugriffsmöglichkeit** des Gläubigers auf das Schuldnervermögen **vermindert** und damit die **Befriedigungsmöglichkeit** des Gläubigers aus dem Schuldnervermögen **beeinträchtigt** wird.[1319] **511**

Ist dagegen der Gegenstand **wertausschöpfend** belastet, so stellt eine Verfügung über diesen **keine** objektive Gläubigerbenachteiligung dar, weil der Anfechtungsgläubiger mit einer Zwangsvollstreckung keinen Erfolg gehabt hätte.[1320]

Weiterhin **fehlt** es an der **Gläubigerbenachteiligung**, wenn der Schuldner über Gegenstände verfügt, die nicht der Zwangsvollstreckung wegen **Unpfändbarkeit**, z.B. gemäß **§§ 811, 850 ff. ZPO**, unterliegen. Maßgebender Zeitpunkt für die Beurteilung der Unpfändbarkeit ist grundsätzlich der der Vollendung der benachteiligenden Rechtshandlung.

Auch liegt **keine** Gläubigerbenachteiligung vor, wenn der Schuldner für die weggegebene Sache den entsprechenden **Gegenwert** erlangt hat.[1321]

Hinsichtlich der Einzelheiten wird auf die – entsprechende – Darstellung der Gläubigerbenachteiligung zu § 129 InsO Rn. 122 Bezug genommen.

III. Ursächlichkeit

Die Rechtshandlung des Schuldners muss **ursächlich** für die Benachteiligung des Gläubigers gewesen sein. **512**

1319 BGH ZIP 2010, 793; 2008, 2272; Huber § 1 Rn. 8 m.w.N.
1320 BGH ZInsO 2013, 608; ZIP 2007, 588; 1326; 2006, 387, 388; OLG Frankfurt ZIP 2013, 329.
1321 BGH ZIP 1999, 196, 197.

Die **Gläubigerbenachteiligung** muss ihre **Ursache** in der angefochtenen **Rechtshandlung** insoweit haben, als diese die **Zwangsvollstreckung unmöglich** gemacht oder erschwert hat.[1322]

Nach der Rspr. des BGH[1323] ist der **ursächliche Zusammenhang** zwischen der Rechtshandlung des Schuldners und der Vereitelung der Zwangsvollstreckung aufgrund des **realen Geschehens** zu beurteilen; nur gedachte Geschehensabläufe beseitigen die Ursächlichkeit nicht.
Bei den **Anfechtungsgründen, §§ 3 Abs. 1 u. 4 AnfG**, genügt eine **mittelbare Gläubigerbenachteiligung**, d.h. wenn die von dem Schuldner vorgenommene Rechtshandlung nach allgemeiner Lebenserfahrung dazu geeignet ist, bei Hinzutreten weiterer Umstände, deren Eintritt nicht außerhalb jeglicher Lebenserfahrung liegt, eine Benachteiligung des Gläubigers herbeizuführen.[1324]

Die **Vertragsanfechtung** nach **§ 3 Abs. 2 AnfG** setzt dagegen eine **unmittelbare Gläubigerbenachteiligung** voraus. Der Vertrag selbst muss ohne das Hinzutreten anderer, außerhalb des Rechtsgeschäfts liegender Umstände zu einer Vereitelung/Erschwerung des Zwangsvollstreckungszugriffs des Gläubigers geführt haben.[1325]

Hinsichtlich der Einzelheiten wird auf die Darstellung Rn. 128 verwiesen.

IV. Die Anfechtungsgründe

1. Übersicht der Anfechtungsgründe

513 Als Anfechtungsgründe kommen die „vorsätzliche Benachteiligung", **§ 3 Abs. 1 u. 2 AnfG**, und die sog. „Schenkungsanfechtung", **§ 4 Abs. 1 AnfG**, in Betracht. Dagegen gibt es **keinen** der besonderen Insolvenzanfechtung, vgl. **§§ 130–132 InsO** (s.o. Rn. 130), entsprechenden Anfechtungsgrund.

Als Sonderfälle betreffen der **§ 5 AnfG** die Anfechtbarkeit von **Rechtshandlungen** des **Erben** gegenüber Nachlassgläubigern und die **§§ 6, 6 a AnfG** die Anfechtbarkeit der Gewährung von Gesellschafterdarlehen (vgl. Darstellung unter Rn. 200 und zu §§ 143 Abs. 3, 135 Abs. 2 InsO unter Rn. 111).

2. Anfechtungsgrund gemäß § 3 Abs. 1 S. 1 AnfG

514 **§ 3 Abs. 1 S. 1 AnfG** erfordert den **Vorsatz** des **Schuldners** zur Benachteiligung der Gläubiger, wobei der **Anfechtungsgegner** jedenfalls zum Zeitpunkt der Handlung **Kenntnis** von dem Benachteiligungsvorsatz gehabt haben muss. Die Kenntnis des Anfechtungsgegners wird gemäß **§ 3 Abs. 1 S. 2 AnfG vermutet**, wenn dieser wusste, dass die Zahlungsunfähigkeit des Schuldners drohte und dass die Handlung die Gläubiger benachteiligte.

1322 BGH WM 2000, 324, 326; 1979, 776; RGZ 150, 42, 45.

1323 BGH WM 2000, 1459, 1460; NJW 1995, 659, 661; 1993, 2876.

1324 BGH WM 2000, 324, 326.

1325 BGH ZIP 2006, 387; Huber § 3 Rn. 16 m.w.N.

Fall 12:

Die klagende Bank nimmt den Beklagten aus Anfechtung nach dem AnfG auf Zahlung i.H.v. 100.000 € in Anspruch. Der Schuldner S, der eine Einzelfirma betrieb, hatte dem Beklagten nach Zahlungsrückständen im Januar zur Absicherung bestehender Forderungen aus Warenlieferungen den gesamten Warenbestand seiner Einzelfirma übereignet und sämtliche Forderungen abgetreten. Nachdem der Schuldner mit seinen Zahlungsverpflichtungen gegenüber dem Beklagten weiter in Rückstand geraten war, zog dieser unter Offenlegung der Globalabtretung die Forderungen ein und verwertete das Warenlager. Er erzielte einen Gesamterlös i.H.v. 25.000 €.
Im Juni wies das Insolvenzgericht den Antrag auf Eröffnung des Insolvenzverfahrens über das Vermögen des Schuldners mangels Masse ab, vgl. § 26 Abs. 1 S. 1 InsO. Im Juli gab der Schuldner die eidesstattliche Versicherung, vgl. § 802 a ZPO, mit dem Inhalt ab, über kein verwertbares Vermögen zu verfügen.

Die Klägerin erwirkte wegen ihrer Forderungen gegen den Schuldner einen rechtskräftigen Vollstreckungsbescheid. Die Zwangsvollstreckung aus dem Titel blieb erfolglos.
Mit ihrer im Oktober erhobenen Klage erklärt die Klägerin die Anfechtung der zugunsten des Beklagten bestellten Sicherheiten und trägt – unwidersprochen – vor, dass aus den Sicherheiten mindestens 50.000 € zu realisieren gewesen wären.

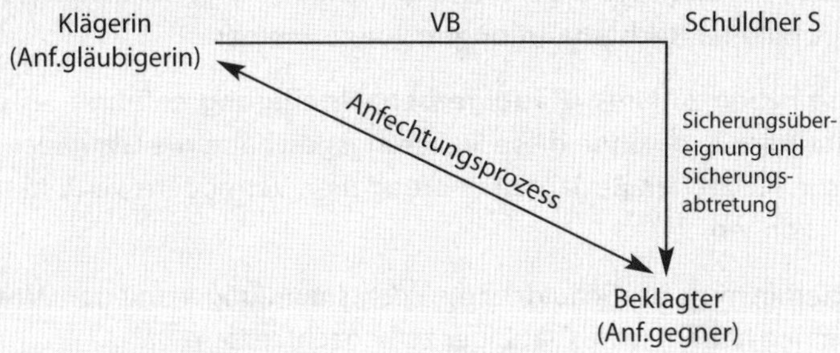

A. **Zulässigkeit der Klage** 515

I. Allgemeine Prozessvoraussetzungen
Hinsichtlich der **Ordnungsgemäßheit** der **Klageerhebung** gemäß **§ 253 Abs. 2 Nr. 2 ZPO** i.V.m. **§ 13 AnfG** – Stellung des richtigen **Klageantrags** – ergibt sich vorliegend die Besonderheit, dass die Zwangsvollstreckung in die – unterstellt – anfechtbar erworbenen Gegenstände aufgrund der zwischenzeitlichen Einziehung der Forderungen und der Verwertung des Warenlagers nicht mehr möglich ist, **§ 11 Abs. 1 S. 1 AnfG**.
Der Anspruch aus **§ 11 Abs. 1 S. 2 AnfG** i.V.m. §§ 819 Abs. 1, 818 Abs. 4, 292 Abs. 1, 989, 990 BGB ist danach durch **Wertersatz** in Geld zu erfüllen.

Der Klageantrag auf Zahlung ist somit ordnungsgemäß.

Hinsichtlich des Vorliegens der allgemeinen Prozessvoraussetzungen bestehen im Übrigen keine Bedenken.

II. Besondere Prozessvoraussetzungen

Die **besonderen Prozessvoraussetzungen** des **§ 2 AnfG** – vollstreckbarer Schuldtitel, fälliger Anspruch und Unzulänglichkeit des Schuldnervermögens – liegen vor. Weiterhin ist über das Vermögen des Schuldners auch **nicht** das **Insolvenzverfahren** eröffnet worden, **§ 16 Abs. 1 AnfG**.

Die Klage ist danach zulässig.

516 B. **Begründetheit der Klage**

I. Der Klägerin könnte ein schuldrechtlicher Anspruch auf **Wiederherstellung** der Zugriffslage gegen den Beklagten gemäß **§ 11 Abs. 1 S. 1 AnfG** zustehen.

Da die **Zwangsvollstreckung** durch die zwischenzeitliche Einziehung der Forderungen und der Verwertung des Warenlagers **nicht** mehr **möglich** ist, ist dieser Anspruch durch **Wertersatz** in **Geld** zu erfüllen, **§ 11 Abs. 1 S. 2 AnfG** i.V.m. §§ 819 Abs. 1, 818 Abs. 4, 292 Abs. 1, 989, 990 BGB.

Zu dessen Ermittlung ist der **Verkehrswert** maßgebend, den der Anfechtungsgegenstand im Zeitpunkt der letzten mündlichen Verhandlung des Anfechtungsprozesses hat. Nach dem – unbestrittenen – Vortrag der Klägerin betrug der Verkehrswert der Sicherheiten mindestens 25.000 €.

II. Als **Anfechtungsgrund** könnte **§ 3 Abs. 1 AnfG** in Betracht kommen.

1. Durch den Abschluss der Sicherungsverträge – sog. Deckungsgeschäfte – hat der Schuldner **Rechtshandlungen** vorgenommen.

2. Diese haben zu einer **Gläubigerbenachteiligung** geführt – es genügt eine **mittelbare** –, da ohne diese Sicherungsgeschäfte die Gläubiger des Schuldners in die an den Beklagten übertragenen Vermögenswerte hätten vollstrecken können.[1326]

3. Weiterhin muss der Schuldner die Rechtshandlungen mit dem **Vorsatz** vorgenommen haben, seine Gläubiger zu benachteiligen.

   a) Dieser ist dann anzunehmen, wenn Beweggrund und Endzweck seiner Rechtshandlung ist, den Zugriff anderer Gläubiger auf seine Vermögenswerte zu verhindern. Es genügt sog. **bedingter Vorsatz**, der vorliegt, wenn der Schuldner das Bewusstsein gehabt hat, seine Handlungsweise könnte sich zum Nachteil aller oder einzelner Gläubiger auswirken, und wenn er diese Folge in Kauf nimmt.[1327] Er muss dagegen nicht die Benachteiligung gerade des bestimmten, jetzt anfechtenden Gläubigers erstrebt haben.[1328]

   b) Ob der Schuldner S dieses Bewusstsein hatte, ist den Tatumständen zu entnehmen. Nach Abschluss der Sicherungsverträge im Januar hatte S keine Mittel mehr zur Verfügung, fällige Forderungen anderer Gläubiger zu befriedigen, sodass die Annahme naheliegt, dass er sich bewusst war, dass er

1326 BGH WM 2000, 324, 326.
1327 BGH ZIP 2015, 1447, 1449; 2014, 1639.
1328 BGH ZIP 2015, 1447, 1449; 2014, 1639.

seine Gläubiger in absehbarer Zeit weder wird freiwillig befriedigen können werden, noch dass diese mit Erfolg die Zwangsvollstreckung betreiben können.

Die Klägerin als **Anfechtende** trägt grundsätzlich die **Darlegungs- und Beweislast** – wie auch für alle anderen Voraussetzungen des **§ 3 Abs. 1 AnfG** – für das Vorliegen des Vorsatzes des Schuldners, seine Gläubiger zu benachteiligen.[1329]

c) Nach ganz h.M.[1330] greifen jedoch in den Fällen, in denen ein **illiquider Schuldner** einem **Gläubiger** eine sog. **inkongruente Sicherung** gewährt, die Grundsätze des **Beweises des ersten Anscheins** ein, mit der Folge, dass – tatsächlich – vermutet wird, dass der Schuldner das Bewusstsein hatte, seine übrigen Gläubiger infolge der Bevorzugung des einzelnen zu benachteiligen, und dass sein Wille auf die Benachteiligung gerichtet war.[1331] Die gewährte **Sicherheit** ist dann **inkongruent**, wenn der **Anfechtungsgegner** nach dem Grundgeschäft **keinen Anspruch** auf deren **Bestellung** hat[1332] (vgl. im Übrigen die Darstellung unter Rn. 200). Im vorliegenden Fall hatten der Schuldner und der Beklagte die Sicherungsverträge zur Sicherung bereits bestehender Kaufpreisforderungen des Beklagten abgeschlossen, ohne dass dies bei deren Begründung vereinbart worden war. Damit liegt ein sog. **inkongruentes Sicherungsgeschäft** vor. Da der Beklagte keine Tatsachen behauptet hat, die die tatsächliche Grundlage für das Eingreifen der Grundsätze des Beweises des ersten Anscheins ausräumen, ist vom **Vorsatz** des **Schuldners** zur **Gläubigerbenachteiligung** auszugehen.

4. Schließlich muss der andere Teil zum Zeitpunkt der Rechtshandlung Kenntnis vom Vorsatz des Schuldners gehabt haben. Kenntnis erfordert **positives Wissen**; Kennenmüssen – auch grob fahrlässige Unkenntnis – genügt nicht. **517**

Lässt sich der andere Teil vertreten, so ist bei gesetzlicher wie auch bei gewillkürter Vertretung grundsätzlich auf die Kenntnis des Vertreters abzustellen, vgl. jedoch § 166 Abs. 2 BGB.[1333]

Die **Darlegungs- und Beweislast** für die **Kenntnis** liegt auch hier – abgesehen von der Beweiserleichterung nach **§ 3 Abs. 1 S. 2 AnfG**[1334] – bei der Klägerin als **Anfechtender**.
Jedoch greifen auch hier bei Vorliegen eines sog. **inkongruenten Sicherungsgeschäfts** – wie hier – die Grundsätze des **Beweises des ersten Anscheins** für die Annahme der **Kenntnis** ein.

Der Beklagte wusste als Vertragspartner des Schuldners, dass dieser ihm **Sicherheiten** bestellte, auf die er nach dem Grundgeschäft **keinen Anspruch**

1329 BGH ZIP 1991, 807.

1330 BGH ZIP 2008, 714, 715; 2004, 1160; 2002, 1408; Huber § 3 Rn. 34.

1331 BGH a.a.O.

1332 BGH ZIP 2004, 1370.

1333 Palandt/Ellenberger § 166 Rn. 10 m.w.N.

1334 BGH ZIP 2008, 714, 716.

hatte. Da er auch insoweit keine Tatsachen behauptet hat, die die tatsächliche Grundlage des Eingreifens der Grundsätze des **Beweises des ersten Anscheins** ausräumen, ist von der Kenntnis des Beklagten bezüglich der Gläubigerbenachteiligungsabsicht des Schuldners auszugehen.

518 5. Anfechtungsfrist
Die Anfechtung kann nur innerhalb der in **§ 3 Abs. 2 AnfG** für die Anfechtung von sog. Deckungsgeschäften festgelegten **materiellen Ausschlussfrist** von **vier Jahren** durch Klageerhebung, vgl. **§§ 11, 13 AnfG** erfolgen. Im vorliegenden Fall ist die Anfechtbarkeit der Sicherungsgeschäfte rechtzeitig durch Klageerhebung geltend gemacht.

Die Anfechtungsklage ist danach gemäß **§§ 11, 13, 3 Abs. 1 S. 1 AnfG** begründet.

Die Anfechtung nach **§ 3 Abs. 1 AnfG** setzt voraus, dass „... der andere Teil ... den Vorsatz des Schuldners kannte", somit eine sog. **„Fremdbegünstigung"**.

Auch bei der Insolvenzanfechtung nach **§§ 129 ff. InsO** setzen die Anfechtungstatbestände grundsätzlich voraus, dass eine andere Person durch die Rechtshandlung eine Vermögenszuwendung erhält.[1335]

Fraglich ist, ob auch eine Gläubigeranfechtung gegen den Schuldner selbst, sog. **„Selbstbegünstigung"** zulässig ist.

Beispiel nach BFH ZInsO 2011, 2039: Der Schuldner bestellt an dem eigenen Grundstück dingliche Rechte, u.a. ein Nießbrauchsrecht, eine Eigentümergrundschuld.[1336]

519 Rn. 11: ... Eine andere Beurteilung ist nicht deshalb geboten, weil ein Eigentümernießbrauch dazu genutzt werden kann, Gläubigern den Zugriff auf das Grundstück zu erschweren. Diese Gefahr besteht bei der Eigentümergrundschuld ebenfalls; gleichwohl kann diese nach dem Gesetz ohne Nachweis eines berechtigten Interesses am eigenen Grundstück bestellt werden. Der benachteiligte **Gläubiger** ist deshalb nicht **schutzlos**, denn die **Bestellung dinglicher Rechte** am **eigenen** Grundstück, welche die Zugriffslage für ihn verschlechtert und in Benachteiligungsabsicht erfolgt, ist nach **§ 3 Abs. 1 AnfG** anfechtbar.[1337] Die Sonderregelungen der Gläubigeranfechtung verdrängen im Regelfall die allgemeinen zivilrechtlichen Vorschriften wie § 138 oder § 826 BGB.[1338]

Hinsichtlich der gesetzlichen Regelung des **§ 3 Abs. 3 AnfG** wird auf die – entsprechende – Darstellung zu **§ 133 Abs. 3 InsO** Rn. 181verwiesen.

3. Anfechtungsgrund gemäß § 3 Abs. 4 AnfG

520 **§ 3 Abs. 4 AnfG** erfasst als **Sonderfall** der sog. **„vorsätzlichen Benachteiligung"** die vom Schuldner mit einer ihm nahestehenden Person, vgl. **§ 138 InsO** (vgl. Darstellung unter Rn. 181), abgeschlossenen entgeltlichen Verträge.

Unter **„Verträge"** i.S.d. **§ 3 Abs. 4 AnfG** fallen sowohl schuldrechtliche als auch dingliche Verträge des Familien-, Erb- und Gesellschaftsrechts.

1335 BGHZ 162, 143, 154.

1336 BGH WM 2011, 1955, 1956; BFH ZIP 2010, 1356, 1358; Kirchhof ZInsO 2011, 2009 ff.

1337 BFH ZIP 2010, 1356, 1358 Rn. 25 ff.; offengelassen in BGHZ 130, 314, 321.

1338 BGH BGHZ 138, 291, 299 f.; NJW 1993, 2041 m.w.N.

Entgeltlichkeit ist dann gegeben, wenn nach dem Willen beider Parteien oder jedenfalls einer Partei der Erwerb von der Erbringung einer Gegenleistung abhängig ist.
Die Anfechtung des **§ 3 Abs. 4 AnfG** unterliegt einer **materiellen** Ausschlussfrist, wonach nur die innerhalb der letzten **zwei Jahre** vor der Anfechtung geschlossenen Verträge anfechtbar sind, **S. 2**. Die Frist beginnt mit der Vollendung des Zuwendungsvorgangs, z.B. bei der Übertragung eines Grundstücks im Zeitpunkt der Eintragung im Grundbuch.[1339]

Im Falle der Anfechtung gemäß **§ 3 Abs. 4 AnfG** besteht eine **gesetzliche Vermutung** für den Vorsatz des Schuldners zur Gläubigerbenachteiligung sowie hinsichtlich der Kenntnis des anderen Teils davon.
Aufgrund dieser **Beweislastumkehr** obliegt dem **Anfechtungsgegner** insoweit die **Darlegungs- und Beweislast**.[1340]

4. Anfechtungsgrund gemäß § 4 Abs. 1 AnfG

Nach **§ 4 Abs. 1 AnfG** – als Fall der sog. **Schenkungsanfechtung** – sind die in den letzten **vier Jahren** vor der Anfechtung vorgenommenen unentgeltlichen Leistungen anfechtbar, sofern sie nicht gebräuchliche Gelegenheitsgeschenke geringen Werts darstellen, **§ 4 Abs. 2 AnfG**. **521**

Eine **unentgeltliche Leistung** i.S.d. **§ 4 Abs. 1 AnfG** liegt dann vor, wenn diese ohne Rechtspflicht erfolgt und keine Gegenleistung in das Schuldnervermögen gelangt ist.[1341] Maßgebender Zeitpunkt für die Prüfung der Unentgeltlichkeit einer Zuwendung ist die Vollendung des Rechtserwerbs.[1342] Dabei ist nicht die **objektive Gleichwertigkeit** entscheidend, sondern ob die **Parteien** oder jedenfalls nur eine von ihnen eine **Gegenleistung** als **gleichwertig** betrachten.[1343] Im Gegensatz zur Schenkung ist dagegen eine vertragliche Einigung der Parteien über die Unentgeltlichkeit **nicht** erforderlich.

Beispiel 1: Die **Erfüllung** einer – unanfechtbar – begründeten Verbindlichkeit ist keine unentgeltliche Zuwendung.[1344] Bildet jedoch ein Schenkungsvollzug mit dem vorangegangenen Schenkungsversprechen eine Einheit, so stellt der Gesamtvorgang eine unentgeltliche Verfügung dar.[1345]

Beispiel 2: Die **Sicherung eigener Schulden** ist grundsätzlich entgeltliche Verfügung, auch wenn die Bestellung der Sicherheit selbst nicht geschuldet ist. Anders in den Fällen übermäßiger Sicherung hinsichtlich des überschießenden Sicherungsanteils.

Beispiel 3: Die Zahlung bzw. Sicherung **fremder Schulden** ohne rechtliche Verpflichtung und ohne einen Gegenwert zu erlangen ist dagegen regelmäßig eine unentgeltliche Zuwendung.
Dies ist auch dann anzunehmen, wenn der Anfechtungsgegner zum Zeitpunkt der Erlangung der Sicherheit auf eine eigene – wertlose – Forderung gegen den Schuldner verzichtet.

V. Anfechtungsfristen

Die **Berechnung** der **Fristen** der Anfechtungstatbestände ist einheitlich in **§ 7 AnfG** geregelt. **522**

1339 BGHZ 99, 274, 286; BGH NJW 1993, 633; 1983, 1679; WM 1972, 363, 364; OLG Celle ZIP 1987, 1331, 1332; a.A.: Kuhn/Uhlenbruck § 29 Rn. 10 a: im Zeitpunkt der Antragstellung.

1340 BGH ZIP 2006, 387, 388.

1341 BGH ZIP 2012, 234; 2008, 2136; WM 2004, 1044, 1045; OLG Koblenz WM 2004, 1931; Huber § 4 Rn. 35.

1342 BGH ZInsO 2013, 608; 2005, 431; NJW 1983, 1679 m. Anm. Brink WM 1984, 24.

1343 RGZ 165, 224; BGH WM 1975, 1182.

1344 RGZ 125, 283.

1345 Huber § 4 Rn. 23.

Bei den **Anfechtungsfristen** handelt es sich weder um prozessuale Fristen noch um Verjährungsfristen, sondern um **materielle Ausschlussfristen**, mit deren Ablauf der Anfechtungsanspruch erlischt.[1346]

1. Fristberechnung, § 7 Abs. 1 AnfG

523 Nach **§ 7 Abs. 1 AnfG** ist für die Berechnung der Frist die **gerichtliche Geltendmachung** des **Anfechtungsrechts** maßgebend. Diese kann im Wege der (Wider-)**Klageerhebung** nach **§ 13 AnfG** bzw. der Erhebung der **Anfechtungseinrede** nach **§ 9 AnfG** erfolgen (vgl. oben Rn. 491).
Fristbeginn ist die **Vollendung** der anfechtbaren Rechtshandlung i.S.d. **§ 8 AnfG**. Die Vorschrift entspricht **§ 140 InsO**.

2. Benachrichtigung des Anfechtungsgegners, § 7 Abs. 2 AnfG

524 Liegen die Voraussetzungen der gerichtlichen Geltendmachung des Anfechtungsrechts gemäß **§ 2 AnfG** (vgl. oben Rn. 492) – noch – **nicht** vor, ist z.B. die Forderung gegen den Schuldner noch nicht fällig oder liegt gegen diesen noch kein vollstreckbarer Schuldtitel vor, kann der Gläubiger gemäß **§ 7 Abs. 2 AnfG** zum Zwecke der Fristwahrung den Anfechtungsgegner durch Zustellung einer **schriftlichen Mitteilung** von seiner Absicht, das Anfechtungsrecht geltend zu machen, in Kenntnis setzen.
Die Voraussetzungen des Anfechtungsrechts im Übrigen – die der Anfechtung zugrunde liegende Forderung gegenüber dem Schuldner muss entstanden und der jeweilige Anfechtungstatbestand verwirklicht sein – müssen bei der Anfechtungsankündigung vorliegen.[1347]
Die **Zweijahresfrist** i.S.d. **§ 7 Abs. 2 AnfG** ist ebenfalls eine **materielle Ausschlussfrist**.

F. Die Ansprüche des Anfechtungsgegners

525 Nach **§ 12 AnfG** kann sich der **Anfechtungsgegner** wegen der Erstattung der Gegenleistung oder des Anspruchs, der infolge der Anfechtung wieder auflebt, nur an den **Schuldner** halten. Die Vorschrift entspricht der Regelung des **§ 144 InsO** (vgl. Darstellung oben Rn. 183).
Unter den Begriff der Gegenleistung fällt alles, was durch die anfechtbare Rechtshandlung in das Vermögen des Schuldners gelangt ist, z.B. der Kaufpreis. Der Schuldner selbst haftet nach Gewährleistungsrecht, **§§ 435, 437 ff. BGB**.
Ist die **Forderung** des **Anfechtungsgegners** aufgrund der anfechtbaren Rechtshandlung erloschen, so sind die Ansprüche, die infolge der Anfechtung und der Rückgewähr des Anfechtungsgegenstandes wieder aufleben, **nur** gegen den **Schuldner** geltend zu machen.
Weder die **Gegenforderung** noch die wieder aufgelebte Forderung kann der **Anfechtungsgegner** gegenüber dem **Anfechtungsgläubiger** geltend machen, es steht ihm auch **kein Zurückbehaltungsrecht** zu.

1346 OLG Düsseldorf ZInsO 2018, 31, 32; Huber § 7 Rn. 3.
1347 BGH WM 2012, 186, 187.

Stichwortverzeichnis

Die Zahlen verweisen auf die Randnummern.